三岔村的变化（上图为2003年，下图为2011年）

万名游客到三岔赶大集

三岔村举办的农民合作知识培训班（摄于2003年3月11日）

三岔村文艺队

村子里的宣传语

认真做笔记的学员

村民养的跑步鸡

顺平县康关村的果园地

绰墩山村农户在丰收节上献歌

丰富多样的农家种子

2016年青澄夏季学校合影

青澄计划的实习生在水稻田里劳作

青澄计划实习生向本地老农学习农耕知识

中日韩农人交流生态农业和乡村建设经验

稻鸭共作试验防治病虫害

2019年,邱建生应当地政府部门邀请,带着学生回到翟城村

温铁军老师与合作社学员做游戏

志愿者十年后重返翟城村

志愿者组织翟城妇女到北京农家女培训学校学习

分享收获农场生物多样性

分享收获创始人石嫣与程存旺

石嫣教小朋友认识植物

小毛驴市民农园的代言驴

充满活力的新农人——刚刚配完菜的小毛驴实习生

小毛驴市民农园创始骨干（左起：黄国良、黄志友、石嫣、严晓辉、袁清华）

小毛驴市民农园春景

在小毛驴晴耕雨读的城市农夫

打工博物馆
（摄于2014年6月）

皮村一瞥
（摄于2014年6月）

工人大学校门及教室内景

工友之家 CSA 农园的工作人员在分配订单（摄于2014年6月）

同心商店商品到达，居民前来挑选（摄于2014年6月）

同心学校（摄于 2014 年 6 月）

孙恒在皮村家中接受采访
（摄于 2014 年 6 月）

郝堂村图书馆

百信合作社妇女学习小组成员李辉在新乡村建设论坛上分析合作社经验

百信合作社联合打井

粮食信托

小蜜蜂公益信托

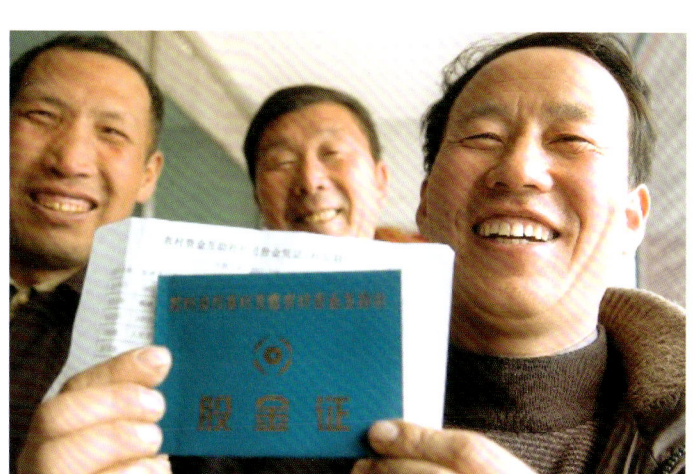

闫家村百信资金互助社
社员入股

闫家村农民合作讲习所

"爱故乡"小志愿者协会的孩子们讨论写下日常不可以做及可以做的事项

在汀塘村参加夏令营的小学生们

汀塘村村民在社区大学跟着老师学习十音八乐

汀塘村社区文艺晚会中，妇女们表演腰鼓

汀塘村妇女们在社区大学围坐一圈共同学习

汀塘村石头房

廖晓义在留守儿童项目点与老人交流

2006年制作完成九个民族十个乡村的纪录片《乡村长卷》

儒学乡村建设的试验场——山东曲阜书院村

廖晓义在大坪山盖生态房子

我们的生态化

二十年转型辑录

温铁军 张兰英 刘亚慧 编著

人民东方出版传媒
东方出版社

图书在版编目（CIP）数据

我们的生态化：二十年转型辑录 / 温铁军，张兰英，刘亚慧 编著. —北京：东方出版社，2020.10
ISBN 978-7-5207-1660-4

Ⅰ.①我…　Ⅱ.①温…②张…③刘…　Ⅲ.①城乡建设—研究—中国　Ⅳ.①F299.21

中国版本图书馆 CIP 数据核字（2020）第 159089 号

我们的生态化：二十年转型辑录
（WOMEN DE SHENGTAIHUA: ERSHI NIAN ZHUANXING JILU）

编　　著：	温铁军　张兰英　刘亚慧
责任编辑：	李　烨
出　　版：	东方出版社
发　　行：	人民东方出版传媒有限公司
地　　址：	北京市东城区朝阳门内大街 166 号
邮　　编：	100010
印　　刷：	北京明恒达印务有限公司
版　　次：	2020 年 10 月第 1 版
印　　次：	2023 年 2 月第 14 次印刷
开　　本：	660 毫米×960 毫米　1/16
印　　张：	31.25
字　　数：	450 千字
书　　号：	ISBN 978-7-5207-1660-4
定　　价：	72.00 元

发行电话：(010) 85924663　85924644　85924641

版权所有，违者必究

如有印装质量问题，我社负责调换，请拨打电话：(010) 85924602　85924603

"国仁文丛"（*Green Thesis*）总序

因为有话要说，而且要说在我们团队近期系列出版物的前面，①所以写总序。

我自20世纪60年代以来，从被动实践中的主动反思到80年代以来主动实践中的主动反思，经两个11年在不同试验区的历练，②加之后来广泛开展国内外调查和区域比较研究，且已经过了知天命之年……自忖有从经验层次向理性高度升华的条件，便先要求自己努力做到自觉地"告别百年激进"，③遂有21世纪以来从发起社会大众参与改良、对"百年乡建"（Rural Reconstruction）之言行一致地接续，而渐趋达至"国仁"思想境界，亦即一般学人必须"削足"才能跟从制度"适履"，但只要纳入主流就碍难达到的"实践出真知"。

因此，我在2016年暑假从中国人民大学退休之际，要求为今后

---

① 这几年我们会有十几本书分别以不同作者、不同课题成果的名义问世。这些出版物都被要求做单独的"成果标识"。但我们实际上要做的仍然是这几十年的经验归纳总结和理论提升，"实事求是"地形成"去意识形态化"的话语体系。由此，就需要为这个分别标识的系列出版物做个总序。

② 参见即将出版的《此生无憾：温铁军自述辑录》（暂定名），其中对20世纪80—90年代在官方政策部门开展农村改革试验区及新世纪启动民间为主的新乡村建设试验区，两个11年的经历分别予以归纳。

③ 参见温铁军：《告别百年激进》，东方出版社2016年版。这是我2004—2014年这10年演讲录的上卷，主要是与全球化有关的宏大叙事和对宏观经济形势的分析，甫一出版即被书评人排在当月优选10本财经类著作的第一位。

几年的一系列出版物担纲作序，也主要是想明了指出"国仁文丛"何词何意，亦即：这个丛书是什么思路和内涵。

一、释义之意

"国"者，生民聚落之域也。"上下五千年"是中国人开口就露出来的文化自豪！就在于，人类四大文明古国除了中华文明得以历经无数朝代仍在延续之外，其他都在奴隶制时代以其与西方空间距离远近而次第败亡。由此看中国，唯其远在千山万水之隔的亚洲之东，尤与扩张奴隶制而强盛千年的西方相去甚远，且有万代众生勉力维护生于斯而逝于斯之域，"恭惟鞠养，岂敢毁伤"，兹有国有民，相得益彰。遂有国民文化悠久于国家存续之理，更有国家历史传承于国民行动之中。

"仁"者"爱人"，本源于"仁者二人也"。先民们既受惠于光风水土滋养哺育的东亚万年农业，又受制于资源环境只能聚落而居，久之则族群杂处，而需邻里守望、礼义相习，遂有乡土中国仁学礼教上下一致维系大一统的家国文化之说，于是天下道德文章唯大同书是尊。历史上每有"礼崩乐坏"，随之社会失序，必有"国之不国，无以为家"。是以，"克己复礼为仁"本为数千年立国之本，何以今人竟至于"纵己毁礼为恶"……致使梁漱溟痛感"自毁甚于他毁"的现代性为表、横贪纵欲为里之巨大制度成本肆无忌惮地向资源环境转嫁而至人类自身不可持续！

据此可知我们提出"国仁"思想之于文丛的内涵：

中国人历史性地身处三大气候带覆盖、差异显著的复杂资源地理环境下，只有以多元文化为基础的各类社会群体兼收并蓄、包容共生，才能实现并绵延中华文明数千年的历史性可持续。

这个我们每个人都身处其中的、在亚洲原住民大陆的万年农业文明中居于核心地位的"群体文化"内核，也被老子论述为"阴阳之为道也"，进而在漫长的文化演进中逐渐形成了极具包容性的、儒释道合一的体系。①

由是，在21世纪初重启中国乡村建设运动之后，我们团队试图把近代史上逐步从实践中清晰起来的乡建思想，寻源上溯地与先贤往圣之绝学做跨时空结合，归纳为人类在21世纪转向"生态文明"要承前启后的社会改良思想。②

是以，"道生万物，大德中庸。上善若水，大润民生。有道而立，大象无形。从之者众，大音希声"。③ 此乃百年改良思想指导下的乡村建设运动之真实写照。

基于这些长期实践中的批判性思考，我们团队认同的"国仁文丛"的图形标志，是出土的汉代画像砖上那个可与西方文明对照的、扭合在一起的蛇身双人——创造了饮食男女人之大欲的女娲，只有和用阴阳八卦作为思想工具"格物致知"了人类与自然界的伏羲有机地合为一体，才有人类社会自觉与大自然和谐共生的繁衍。蛇身双人的扭结表明在中国人传统思想中物质与精神的自然融合，既得益于多样性内在于群体文化规范而不必指人欲为

---

① 最近10年一直有海内外学者在研究乡建。国外有学者试图把中国乡建学者的思想上溯归元到孔子或老子，国内也有人问我到底偏重晏阳初还是梁漱溟，还有很多人不理解梁漱溟晚年由儒家而佛家的思想演变。其实，我们从来就是兼收并蓄。在儒释道合一的顶天立地和五洲四海的融会贯通之中形成乡建思想。因此，这些海外研究者的关注点对我们来说本来不是问题。

② 本文丛并非团队的全部思想成果，但在"国仁文丛"设计之前的成果没法再纳入进来，只好如此。

③ 这些年，我一直试图对承上启下的中国乡村建设运动中形成的国仁思想做归纳，遂借作序之机凝练成这段文言，意味着国仁追求的是一种"大道、大润、大象、大音"的思想境界。

"原罪"而出伊甸园；也不必非要构建某一个派别的绝对真理而人为地分裂成唯物与唯心这两个体系，制造出"二元对立结构"的对抗性矛盾。

此乃思想理论意义上的"国仁"之意。

行动纲领意义上的"国仁"，十多年前来源于英文的"Green Ground"。

我们搞乡村建设的人，是一批"不分左右翼、但分老中青"的海内外志愿者。① 大家潜移默化地受到"三生万物"道家哲学思想影响，而或多或少地关注我自20世纪90年代以来坚持的"三农"问题——农业社会万年传承之内因，也在于"三位一体"：在于农民的生产与家庭生计合为一体，在于农村的多元化经济与自然界的多样性合为一体，在于农业的经济过程与动植物的自然过程合为一体。

据此，我们长期强调的"三农"的三位一体，在万年农业之乡土社会中，本来一直如是。告别蒙昧进入文明以来的数千年中，乡村建设在这个以农业为基础繁衍生息的大国，历来是不言而喻之立国之本。

据此，我们长期强调的三位一体的"三农"，本是人类社会转向生态文明必须依赖的"正外部性"最大的领域，也是国家综合安全的最后载体。

中国近代史上最不堪的麻烦，就在于激进者们罔顾"三农"的正外部性，把城市资本追求现代化所积累的巨大"负外部性"代价向乡土中国倾倒！于是，我虽然清楚"三农"本属于三位一体，也曾经在20世纪90年代末期和21世纪第一个10年特别强调"三农

---

① 中国乡建运动之所以能够延续百年而生生不息，乃在于参与者大抵做到了思想和行动上都"去激进"，不照搬西方的左右翼搞的党同伐异。

问题农民为首",主要是因为那个时期的形势严重地不利于农民这个世界上最大的弱势群体。实际上,也就是在做这种特别强调而遭遇各种利益集团排斥的困境中,我才渐行渐知地明白了前辈的牺牲精神。大凡关注底层民生的人,无论何种政治诉求、宗教情怀和文化旨趣,总难免因慈而悲、因悲而悯,在中国百年激进近现代史中,也就难免"悲剧意义"地、历史性地与晏阳初的悲天悯人[①]、梁漱溟的"妇人之仁"等,形成客观的承继关系。据此看,20世纪初期的"乡建派学者"也许应该被归为中国最早的女性主义。[②] 我们作为继往开来的当代乡村建设参与者,有条件站在前辈肩上高屋建瓴、推陈出新,不仅要认清20世纪延续而来的中国"三农"困境,而且要了解21世纪被单极金融资本霸权强化了的全球化,及其向发展中国家转嫁巨大制度成本的制度体系。这个今人高于前人的全球视野,要求我们建立超越西方中心主义意识形态的世界观和宏大叙事的历史观,否则,难以引领当代乡村建设运动,遑论提升本土问题的分析能力。

从2001年中央主要领导人接受我们提出的"三农"问题这个难以纳入全球化的概念以来,即有一批志愿者着手复兴百年传承的"乡村建设"。部分年轻的乡建志愿者于2003年在距北京大约300公里之遥的河北翟城村开始了新时期乡建,一开始根本就没有外部资金投入和内部管理能力。因为这种以民间力量为主的社会运动无权

---

① 参阅温铁军:《三农问题与制度变迁》,中国经济出版社2009年版。记得一位学者型领导曾经语重心长地告诫我:农民在现代化的大潮中挣扎着下沉,就剩下两只手在水面乱抓。你的思想无所谓对错,只不过是被溺水者最后抓住的那根稻草,再怎么努力,也不过是落得跟着沉下去的结局……

② 乡建前辈学者梁漱溟因在1953年与毛泽东激辩合作化问题而被后者批为"妇人之仁"。据此,梁漱溟可以被认为是中国20世纪50年代的早期女性主义者。尽管在实事求是的态度面前,打上何种类别的标签并不重要,但如果这是当代学者们的本能偏好,也只好任由其是。

无钱，很大程度要靠热血青年们艰苦奋斗。那，年轻人激情四射地创了业，也激情四射地生了孩子，老辈们就得跟上支持和维护。十多年来，有一句低层次的话多次被我在低潮的时候重复：存在就是一切。只要我们在随处可见的排斥下仍然以另类的方式存活下去，就证明了方式的可持续。我们在最开始心里就觉着，应该给这个社会广泛参与的乡建运动将来可能形成的可持续生存系统，提出一个可以做国际交流的概念，一个符合21世纪生态文明需要的、大家可以共享的名号。于是就跟海外志愿者们商量，提出了这个英文概念"Green Ground"。若直译，就是"绿色大地"；若意译，则是"可持续基础"。如果把音译与意译结合起来考量，那就是"国仁"。有国有仁，方有国人国祚久长不衰。

从十多年来的乡建工作看，这三个意思都对路。

二、文丛之众

俗话说，三人为众。子曰："三人行，必有我师焉。择其善者而从之，其不善者而改之。"如此看文丛，乃众人为师是也。何况，我们在推进乡村建设之初就强调"去精英化"的大众民主。[①]

前几年，一直希望整个团队愿意理解我试图"让当代乡建成为历史"的愿望。尤其希望大家能够结合对近代史中任何主流都激进推行现代化的反思，主动地接续前辈学者上一个世纪之交开始的乡村建设改良运动，在实际工作中不断梳理经验教训。或可说，我"野心勃勃"地企图把我们在新的世纪之交启动的新乡建运动，纳入

---

① 关于精英专政与大众民主的分析，请参阅《人间思想第四辑：亚洲思想运动报告》，人间出版社2016年版，第2—19页。

百年乡建和社会改良史的脉络。诚然，能够理解这番苦心的人确实不多。①

这几年，我也确实算是把自己有限的资源最大化地发挥出来，"处心积虑"地安排乡建志愿者中有理论建设能力的人在获取学位之后分布到设有乡建中心或乡建学院的不同高校，尽可能在多个学科体系中形成跨领域的思想共同体。目前，我们在海内外十几个高校设有机构或合作单位，有数十个乡村基层的试点单位，能够自主地、有组织有配合地开展理论研究和教学培训工作，立足本土乡村建设的"话语体系"构建，已经有了丰硕成果。②

总之，我们不仅有条件对新世纪已经坚持了15年的"当代新乡建"做个总结，而且有能力形成对20世纪前辈乡村建设运动的继承发扬。

我们团队迄今所建构的主要理论创新可以表述为以下五点。

一是人类文明差异派生论：气候周期性变化与随之而来的资源环境条件改变对人类文明差异及演化客观上起决定作用。据此，人类文明在各个大陆演化的客观进程，至少在殖民化滥觞全球之前应

---

① 近年来，我不断在乡建团队中强调对乡建经验的归纳总结要尽可能提升到理性认识高度，并且要努力接续百年乡建历史，并带领团队申报了一批科研项目。那么，要完成科研任务，就要花费很多精力。对此，就有一些长期从事乡村基层工作，必须拿到项目经费才能维持单位生存，为此来不及形成理论偏好的同人难以接受，甚至有些意见相左之人表达了误解、批评。这本来不足为怪，对批评意见也不必辩解。总体上看，大乡建网络的各个单位还是积极配合的。但，考虑到这些批评说法将来可能会被人拿去当某些标题党的报道和粗俗研究者的资料，因此，我才不得不以总序的方式让相对客观些的解释在各个著述上都有起码的文字依据——尽管这些话只是简单地写在脚注中。

② 中国有中国人民大学、中国农业大学、中共中央党校（国家行政学院）、清华大学、重庆大学、华中科技大学、北京理工大学、上海大学、西南大学、福建农林大学、香港岭南大学。海外有英国舒马赫学院、美国康奈尔大学，近期正在形成合作的还有国际慢食协会的美食科技大学（意大利）等。

是多元化的，不是遵循在产业资本时代西方经典理论家提出的生产方式升级理论而展开的。这个理论有助于我们构建不同于主流的生态化历史观。

二是制度派生及其路径依赖理论：不同地理条件下的资源禀赋和要素条件，决定了近代全球化之前人类文明及制度的内生性与多元性，也决定了近代史上不同现代化的原始积累（东西方差异）途径，由此形成了不同的制度安排和体系结构，并构成其后制度变迁的路径依赖。这也成为我们开展国别比较和区域比较研究的重要理论工具。

三是成本递次转嫁论：自近代以来，在全球化所形成的世界体系中，核心国家和居于主导地位的群体不断通过向外转嫁制度成本而获取收益，得以完成资本原始积累、实现产业资本扩张和向金融资本跃升，广大发展中国家及底层民众则因不断被迫承受成本转嫁而深陷"低水平陷阱"难以自拔。当代全球化本质上是一个因不同利益取向而相互竞争的金融资本为主导、递次向外转嫁成本以维持金融资本寄生性生存的体系。在人类无节制的贪欲面前，最终承担代价转嫁的是"谈判缺位"的资源和生态环境，致有人类社会的不可持续之虞。

四是发展中国家外部性理论：第二次世界大战后绝大多数发展中国家都是通过与宗主国谈判形成主权，这可以看作一个"交易"。任何类型的交易都有信息不对称带来的风险，因转交交易范围之外的经济和社会承载而为外部性问题，任何信息单方垄断都在占有收益的同时对交易另一方做成本转嫁，由此发展中国家谈判形成主权必有负外部性，导致难以摆脱"依附"地位。但，越是一次性博弈则风险爆发造成谈判双方双输的可能性越大，发达国家在巧取豪夺巨大收益的同时，其风险也在同步深化和加剧。

五是乡土社会应对外部性的内部化理论：中国作为原住民人口大国中唯一完成工业化的国家，其比较经验恰恰在于有着几千年"内部化处理负外部性"的村社基础，其中的村社理性和政府理性构成中国的两大比较制度优势。但政府同样是人类制造出来但反过来统治人类自身的成本高昂的产物。遂有政府与资本相结合激进推进现代化之后的经济、社会、文化、资源、环境等负外向性问题，成为中国通往可持续的障碍，才有如此广泛的民众愿意参与进来，以期通过乡村建设使"三农"仍然作为中国危机"软着陆"的载体。

以上五点核心思想，主要体现于我们基于"本土化"和"国际化"两翼而展开的以下五个领域的研究工作中。

一是应对全球化的挑战。在资本主义三阶段——原始积累阶段、产业资本扩张阶段和金融资本阶段，核心国家/发达国家总是不断以新的方式向外转嫁制度成本，乃是全球化给广大发展中国家、给资源环境可持续带来的最大挑战。这个思想，在我们的主要课题研究中，作为全球宏观背景，都有所体现，也发表在我们关于全球资本化与制度致贫等一系列文章中。

二是发展中国家比较研究。团队与联合国开发计划署合作，构建了"南方国家知识分享网络"，开展了"新兴七国比较研究"和"南方陷阱"等发展中国家的深入研究。目前正在进行比较研究的新兴七国包括中国、土耳其、印度、印度尼西亚、巴西、委内瑞拉、南非。已经发表了有关文章和演讲，两部专著也在起草和修改之中。

三是国内区域比较研究。中国是个超大型国家，各区域的地理条件和人文环境差异极大，对各区域的发展经验进行研究、总结和归纳，是形成整体性的"中国经验"并建立"中国话语"的基础。

团队已经完成了苏南、岭南、重庆、杭州、广西左右江、苏州工业园区等不同地区的发展经验的分析。已经发表了多篇文章，形成的专著也获得多项国家级、省部级出版奖和科研奖。

四是国家安全研究。国家综合安全是当前面临"以国家为基本竞争单位的全球化"的最大挑战。基于国际比较和历史比较，团队研究表明了新中国通过土地革命建立政权与其利用"三农"内部化应对经济危机之间的相关关系——从历史经验看，新中国在其追求"工业化+城市化=现代化"的道路上，已经发生了九次经济危机，凡是能动员广大农村分担危机成本的，就能实现危机"软着陆"，否则就只能在城市"硬着陆"。团队正在开展的研究是以国家社科基金重大项目为依托，探讨如何从结构和机制上改善乡村治理以维护国家综合安全。

五是"三农"与"三治"研究。我们自提出"三农"问题并被中央领导人接受之后，用了十多年的时间来研究乡村"三治"问题（指县治/乡治/村治）。自20世纪80年代农村去组织化改革以来，作为经济基础的"三农"日益衰败，而作为上层建筑的"三治"成本不断上升，二者之间的错配乃至哲学意义上的冲突日益深化！其结果，不仅是农村爆发对抗性冲突，陷入严重的不可持续困境，还在生态环境、食品、文化等方面成为国家综合"不安全"的重要"贡献者"。比形成对问题的完整逻辑解释更难的，是我们如何打破这个"囚徒困境"。也因此，任何层面上的实践探索都难能可贵，即使最终被打上"失败"的标签，也不意味着这个堂吉诃德式的努力过程并不重要，更不意味着这个过程作为一种社会试验没有记录和研究价值。

综上，"大乡建"体系之中从事研究的团队成员众多，且来去自由，但混沌中自然有序，我认为团队在这五个领域的思想创新，在五个方面所做的去西方中心主义、去意识形态的理论探索，已经形成了"研究上顶天立地，交流上中西贯通"的蔚然大观。仅"国仁文丛"的写作者就有数十人，参与调研和在地实践者更无以计数，收入的文字从内容到形式都有创新性，且不拘一格。如果从我20世纪80年代就职于中央农研室做"农村改革试验区"的政策调研和国内外合作的理论研究算起，我们脚踏实地开展理论联系实际的科研实践活动已经数十年了。其间，团队获得了十多项国家级"纵向课题"和数十项"横向课题"，获得了十几项省部级以上国内奖及一项海外奖。在高校这个尚可用为"公器"的平台上，我们团队通过这些体现中国人民大学"实事求是"校训的研究和高校间的联合课题调研，已经带出来数百名学生，锻炼了一批能够深入基层调研，并且有过硬发表成果能力的人才，也推进了分散在各地城乡的试验区的工作水平。

由此看，当代大乡建由各自独立小单位组成，虽然看上去是各自为政的"四无"体系——"无总部、无领导、无纪律、无固定资金来源"，却能"聚是一团火、散是满天星"，做出了一般海外背景或企业出资的非政府组织"做不到、做不好、做起来也不长久"的事业。诚然，这谈不上是赞誉我们团队的治理结构，因为各单位难免时不时发生各种内部乱象。但，乡建参与者无论转型为NGO（非政府组织）还是NPO（非营利组织），都仍愿意留在大乡建之中，否则再怎么干得风生水起也难有靠自己的思想水平形成"带队伍"的能力！若然，则乡建改良事业得以百年传承的核心竞争力，恰在于"有思想创新，才能有人才培养，才有群体的骨干来带动事业"。君不见：20世纪乡村建设大师辈出、试验点竟以千数，21世纪新乡建则学者咸从、各界群众参与者更有数十万！

这就是大众广泛参与其中的另一种（alternative）社会历史……

由此看到：发展中国家为主的"世界社会论坛"（World Social Forum）打出的口号是"另一个世界是可能的"（another world is possible）；而在中国，我们不习惯提口号，而是用乡建人的负重前行，在大地上写下"另一个世界就在这里"（another world is here）。

人们说，20年就是一代人。从2001年算起，我们发扬"启迪民智，开发民力"的前辈精神，在新世纪海内外资本纵情饕餮大快朵颐中勉力传承的"大乡建"，作为大众广泛参与的社会改良事业已经延续15年了！再坚持5年，就是一代人用热血书写的历史了。

作为长期志愿者，大家都辛苦，但也乐在其中！吾辈不求回报，但求国仁永续。唯愿百年来无数志士仁人投身其中的乡建事业，在中华文明的生生不息中一代代地传承下去。

以此为序，上慰先贤；立此存照，正本清源。

温铁军

丙申年甲午月

公元二〇一六年六月

目 录

序　新时代乡建20年需要真实叙事 …………………… 001
前言　历史赋予我们这一代的责任 …………………… 009

第 一 章　那些年，那些事儿
　　　　　——新三岔建设纪事 ………………… 017
第 二 章　顺平案例 ……………………………………… 049
第 三 章　阳澄湖畔的青澄岁月
　　　　　——昆山乡村建设案例 ……………… 085
第 四 章　新世纪新乡村建设的起点
　　　　　——翟城乡村建设试验区 …………… 129
第 五 章　分享收获
　　　　　——一家基于CSA理念的农业社会企业 ……… 157
第 六 章　小毛驴市民农园
　　　　　——新型农耕社区与新农人 ………… 193
第 七 章　皮村的故事 …………………………… 229
第 八 章　组织动员、资源整合与多元共治
　　　　　——外部资源输入背景下郝堂村不同发展阶段的
　　　　　　案例分析 ……………………………… 305

第 九 章　咱老百姓自己的"银行"
　　——梨树合作金融发展记录 ………………… 369

第 十 章　以青春救乡村
　　——福建省秀屿区东峤镇汀塘村乡村建设工作
　　　纪实 ………………………………………… 413

第十一章　乐和家园，我们的乡村梦
　　——北京地球村 ……………………………… 459

后　　记 ………………………………………………… 481

序
新时代乡建20年需要真实叙事[①]

温铁军

本书是参与乡建的中青年对 20 年左右时间里"实践出真知"的过程所做的梳理。

我们各地乡建团队确实有遍及全国的大量实践活动,也由这些丰富多彩的实践活动产生了一代人的思想理论的创新。我们团队的研究者们一直在协助大家把这些经验及思考做一个归纳,我也有对 20 年乡建做个总结的意思。

新时代乡建起步于世纪之交的 2000 年。这 20 年是很重要的时间段,大家都知道 20 年算是一代人。新时代乡建事业通过一代人的努力才取得成果。

第一,应该先讨论宏观背景。

20 世纪末的整个 90 年代,农民负担都比较重,"三农"问题也趋于严峻,但却长期没有利益代表。也是在那时,我们提出应该把农民问题作为首位来强调,中国主要针对的应该是"三农"问题,而不是简单地把西方国家的农业概念搬过来,作为中国的政策指导

[①] 本文原稿是温铁军 2020 年 5 月 16 日上午在"乡建 20 年座谈会"的发言记录,张辰辉整理,温铁军修改。

思想。当然，这也是当时比较明显的、具有争论性的提法。我强调"三农"问题的时候，就是要把问题意识做个调整，拿出一个符合中国国情的新提法。

当年提出"三农"问题的时候，还处在非常复杂的国际背景之下。

大家都知道1991年12月苏联解体，世界由此进入"后冷战"时期。其重要特点，可以叫作"一超独霸"。也就是美国单极化霸权掌控世界秩序。中国在这个世界秩序之中是很难有位置的。因为，1991年不仅是苏联解体，中国也被以美国为首的西方国家制裁封锁，外资大量撤离中国，造成财政赤字和通胀危机不断发生。当时，"中国崩溃论"在很大程度上成为国内外主流的共识。

在大危机的挑战之下，中国采取了一系列措施。这些措施某种程度上有着比较大的制度成本。诚然，任何政策都有收益和成本，但这个成本很大程度上是被基层社会所承载的。在城市，国企改革出现大量的下岗职工，在农村则是农民负担过重。在这种情况之下做农村研究，比较关注的当然应该是"农民问题"。因此在那个阶段上，"三农"问题的提出是符合时代演化的阶段性特点的。

从这个角度看，中国官方认可"三农"问题，并且随之派生出乡村建设的这个经验过程，是有客观背景的；此后发生的乡建常态化，也不是谁的主观意志决定的。若然，也就不必认为这是哪一部分小知识分子突发奇想，延续了19世纪末至20世纪初乡建前辈的新一轮乡村建设运动。

第二，看政策环境演变。

因为，乡建百年内在地有一个继往开来、承上启下的演化规律。

20世纪末的大多数时候，我还没有发起乡建这么明确的想法，就是迫于当时的现实问题，提出用"三农"问题来替换照搬西方"农业问题"的政策导向。

那时提出已属不易，缓解困境更难！该怎么缓解"三农"问题呢？我们使用的还是20世纪80年代我在中央农村政策研究室下农村基层调研的那些老方法——发动成千上万的知识分子下乡去开展调查研究。其实这也是百年来进步学者通行的做法。

到2000年，我在中国经济体制改革杂志社建立了一个小办公室——大学生支农办公室，这只是个临时性机构，没有编制，也没有固定经费支持。刘相波、邱建生等几个青年就是那个办公室的工作人员，主要是想发动高校的青年知识分子——大学生下乡去支农，名义是调查研究，实际工作主要是发动群众。新时代的乡建就从这里起步了。

整个20世纪90年代中国都处在"崩溃论"的国际环境下，各种困难都在接连发生着，甚至叠加着。在这样一个困难的局面之下，当然就会有社会各界针对当时社会的各种现实问题所做出的各种努力。所以，我说乡村建设"起于青蘋之末"是个客观表述。亦即这并不是一个经过反复筹划、形成完备方案再如何起步的过程。我们最初既没有经费也没有机构，20年前乡建是在宏观形势重大变化之中出现的客观过程，而非哪个人的主观决定使然。

第三，乡建起于青蘋之末。

这里须简单介绍一下起步阶段的进步知识分子的作用。

新时代乡建起步也跟一部分进步知识分子的主观思考及客观努力直接相关。比如，刘健芝、张兰英两位老师，当年我们协商要搞乡建的时候，他们是最早跟我合作的人。那时候刘健芝在香港岭南大学搞了一个"群芳文化研究中心"，在江西帮助农村妇女脱贫，也开展各种各样的乡村组织活动。她本来就已经长期下乡、在中国内地开展很多工作了。而张兰英刚从国外回来，是国际行动援助组织（Action Aid International，AA）驻中国代表处的负责人。我们这三家正好机缘巧合走到一起，各自出一点小经费，来维持最初乡建的启动活动。一些进步知识分子在一起交流，认同当前形势之下需要农村社会自组织的发展过程，应该有一种和当年民国乡建相似的"启迪民智、开发民力"的经验过程。

新时代乡建当年就是这样发展起来的。所以虽然说是以客观因素为主，但也有一定的主观努力。面对这个复杂局面，人们自然会有各种应对方法。所以，我们归纳案例，并结集出版，必须是对客观经验的尊重。

百年乡建起于青蘋之末，有几层含义。

一是从起步开始，并没有很强的官方色彩。

当时缓解危机，最有效的办法仍然是如何让危机代价能够得到有效的转嫁。这个时候让官方调整政策方向是有很大难度的。但至少我们通过一定的努力，能够让官方从大局出发，考虑到弱势群体承担过量的制度成本，势必造成严重的不稳定。我们曾经说农民用脚投票，也就是弱势群体在承担过量制度成本的压力之下用转身这种方式，转向了一种上下对立，演化成了局部对抗性矛盾冲突。于是，那个阶段每年群体性治安事件在农村发生的数量和规模都在不断增加，这些不稳定因素是官方必须关注的。在这种情况下，上下结合缓解"三农"困境就有可能。但它首先是起于受到了巨大压力、承载过多制度成本的基层。所以我说的这个"起于青蘋之末"，就有起于基层的意思。

二是参与这项活动基本上是要去精英化的。

20 世纪 90 年代末，参与到乡建活动之中的大部分人是小知识分子，或者农民、打工者，再就是其他弱势群体。这也是"青蘋之末"的内涵。

从当年起步来看，我们能够很清楚地看到这不是一个主观决策过程。因为占据话语权、政策权、制度权、资本权地位的，都不可能是从事乡建的这批人。

可见，在 20 世纪 90 年代大危机不断演化、国际环境十分不利的条件下，起于青蘋之末的演化本身，应该是非主观因素所形成的客观经验过程。

当然，毫无疑问，最初发起乡建的几个人是精英分子。

例如，刘健芝老师当年是香港大学的高才生，是英文翻译系的博士，岭南大学文化研究系的老师。张兰英大学一毕业就是北京大学的老师，出国那么多年之后，回来成为海外机构在中国的代表。我当时是中国经济体制改革杂志社的社长兼总编辑，按照当时中央机构编制委员会办公室给定的序列，属于事业单位正局级。

这些精英人士为什么会发起乡建？

当然其中有一定的主观因素。我当时就说："不忍。"忍，这个字在儒家思想中具有重要而丰富的内涵，而"不忍"就明显对当时经济社会问题有了一种反思的能力。所以，出于"不忍"，就形成了一些比较另类的社会思潮，并且另类的社会思潮要见之于另类的社会运动。

这样的情况下，乡建就有了第三个特点。第一个特点是客观，第二个特点是有一部分进步知识分子参与，第三个特点是国际化。

刘健芝老师和张兰英老师都有极为丰富的国际资源。于是一开始搞乡建就有一定的国际资源介入。除了他们个人参与些小额的经费之外（我们当时每个人差不多出资 6 万元，加一起 20 万元左右，算一笔小小的启动经费），大家也在发动国际资源。刚刚启动乡建的时候，最早参与进来的，除了刚才所说的两位老师之外，还有"社区伙伴（PCD）"。

PCD 是香港嘉道理基金会的分支，即从嘉道理主流之中分出来的一个支持社区工作的小基金会。它支持我们，从起步一直支持到现在，成为乡建一个很重要的资源。如果没有这些资源，乡建碍难起步。

"捡到碗里的都是菜"，乡建要起步，总要有经费支持。那个时候，起步阶段我们拿到了各种经费支持，折成人民币有 200 多万元。

于是很多人觉得乡建一下子就发展到这么大的规模。但他们想象不到，起步阶段是这三个方面的因素都在发挥作用。将来的年轻人需要理解，尤其是我们老一代交班、你们中青年接手的时候，千万不要以为乡建就是好人好事。我希望以后搞乡建总结的人不要只看到好人好事，要看到相对比较有结构性的演化过程。须知，乡建不是靠着有点热情，有点工作能力，就能把这个事情搞起来的。当时能成事，这是很重要的背景。

乡建起步至少有这几个方面的情况。

2004年起中央接连发一号文件，把"三农"问题作为重中之重，通过一号文件这种高度政治正确的方式来做表达，才是乡村建设得以全面推进的外部政治环境。因为，"三农"问题有了和中央保持高度一致的政治正确。

特别提醒各位从事乡建的小知识分子，别以为是自己的本事推动了乡建。如果不是党中央把"三农"问题作为重中之重，如果不是中央连续发一号文件一直到现在，如果没有新时代这样一个政治环境的重大改变，乡建难以大范围推进。

当然，这跟1999年中央提出将发展的重点放在"以人为本"，而不是"以资为本"有关。客观地看，我们过去资本极度短缺，而当1997—1998年我们成功应对了亚洲金融风暴，以举国体制克服了整个90年代连续发生的危机，具备了调整到"以人为本"的条件时，接着才强调"三农"问题是全党工作的重中之重。

没有这样几个外部条件，我们的起步，很难说是顺畅的。

第四，乡建不是好人好事。

大家都是当事人。后来我看到很多中青年在写乡建的经验过程。当你们想把它变成历史的时候，切不可主观臆测。要理解我一开始就强调的，这是客观经验过程，尽管主观上也有少数进步知识分子发挥了一些作用。他们原来应该属于精英群体，但他们跳出了自己的圈子，敢于反思，更敢于把反思见之于行动，敢于实践出真知。这确实是个因素，但不是主要因素。主要因素是我刚才所说的那些，几乎缺一不可。但在这些大背景的叙述上，却没有见到任何一个小知识分子在表述乡建的时候做引述，除了表述自己的伟大之外，没有把这些客观因素做一个基本的描述。那我们用什么来告诉后人呢？我们乡建人自己在书写历史的时候如果用这些虚假的、纯粹精神上自娱自乐的、好人好事的东西，来作为经验去告诉后人的话，后人难道能得到真知吗？什么叫作实践才能出真知？

今天，乡建 20 年需要总结，我们还是要把客观经验过程、形成这些客观经验过程的时空背景，当成重要的内容。

如果不了解，那请你先去了解。我们应该选择比较严肃的话题。

我多少算责任感较强的人，至少不能愧对历史，不能把一堆虚无缥缈的、云里雾里的东西，拿来教育后人。我也知道过去的小青年现在已经步入中年了，都有孩子了。看到上一代人留下的资料著作中就有很多所谓精神层次的表达，那些是把他们的这些经验过程剪切出一些非常光彩亮丽的材料，拼接成一个叙事。当你们看到这些东西的时候可能会感动落泪。可一旦进入这个领域开始工作的时候，你们会觉得动辄得咎，举步维艰，到处是陷阱，到处是坑。然后就觉得走不下去，就产生了情绪，怪别人，却没有人怪自己读错了，没有来得及再深挖他们当年到底是怎么回事。所以，我还是觉得要提醒一下。

今天我先把乡建的起步至少要考虑的几个因素告诉大家。把这些考虑进来，大家在总结 20 年发展过程的时候，才不至于满足于对别人的好人好事和对自己的好人好事的那种庸俗化的叙事；要有能力改变成具有宏大叙事能力的一种反思性的介绍，要告诉后人真实的乡建——什么是实践出真知。这才是我们对自己、对他人、对这 20 年历史负责任的态度。

前　言
历史赋予我们这一代的责任

无论近代风云如何复杂变幻，贯穿于百年中国追求现代化的历史进程之中的"乡村建设"，都以平和的渐进改良，达到了精神与思想上的一以贯之。其作为一种大众广泛参与的社会自觉活动，发端于饱经风雨的乡土中国，展开于自救自强的广阔天地，绵延于厚重多元的田垄文化。1894年"最后一个状元"张謇被甲午国耻所激励，确立了毕生坚持的"村落主义"理想，从而投身南通"在地化"经济社会综合发展，一百二十余年间，各类参与者们自强不息，对"乡村建设"的思考与实践一直以多样化的形式与路径延续至今。

自20世纪末以来重新起步的、在21世纪拓展开来的当代"乡村建设"，既是对历史前辈所走道路的继承与发扬，又是直面"三农"问题的自觉与担当。

本案例集就是这个阶段参与乡村建设工作的青年学者们整理出来的。我们希望通过对最近20年来全国各地、各人开展的若干代表性乡村建设活动的记叙，展现这个时代中常被忽视的历史侧面。百年前的中国出现了张謇、梁漱溟、晏阳初、陶行知、黄展云、卢作孚等不同的乡建先贤，也曾有上千个不同类型的乡村建设试验区，当代也同样有各种优秀的乡村工作团队和在跌宕起伏中成型的诸多乡村建设试验点，形成了新时代推进"乡村振兴"战略的鲜活经验。

党的十九大报告提出"乡村振兴战略"二十字方针："产业兴旺、生态宜居、乡风文明、治理有效、生活富裕。"据此，要"培育新型农业经营主体，健全农业社会化服务体系，实现小农户和现代农业发展有机衔接。促进农村一二三产业融合发展……健全自治、法治、德治相结合的乡村治理体系。培养造就一支懂农业、爱农村、爱农民的'三农'工作队伍。"

我们只不过按照客观规律做事情，恰好呼应了乡村振兴这个国家新战略而已！

君不见：本案例集介绍的乡村建设的经验和形成社区新型主体的人，都与党的十九大报告习近平总书记的要求"一懂两爱（懂农业，爱农民，爱农村）"，构建"自治、法治、德治"等新时代中国特色社会主义的美丽乡村不谋而合。这些案例经验以农村基层的有效治理、城乡融合发展为基本出发点，以"三位一体"的农民合作组织为载体，达致一二三产业融合，以综合性手段和多元化途径，推动以生态环境友好型、社区互助型为主导目标的农村综合发展实践，增强农户自我管理、自我服务的能力，切实提高农民有组织的谈判地位，保护农民权益，形成城乡融合良性互动。我们相信对这些鲜活经验和材料做出的总结，有利于各地认真贯彻国家确定的乡村振兴战略。

任何关注"三农"而心无偏见的人都会看到，基于自然与农耕生产的和谐共生关系，发挥着经济、社会、文化、生态等多重功效的乡村建设实践，从一开始就以其重视社会有机生态系统的天然特性，将经济建设、社会建设、文化建设、生态文明建设有机地整合在一起，从而使生态文明成为在"三农"领域推进生产方式调整的指导思想。

也许，这里我们需要再次介绍什么是"乡村建设"。

百年来，海内外无数有识之士都试图用自己的理论与文字对其进行表述。他们对于乡村建设的实践形式、政治理念、理论概念等方面的阐述，都存在或多或少的不同。可以说，"乡村建设"既包容开放又丰富多义。但其内核目标却万变不离其宗，即：促使长期外流的人才、资本、土地"三要素"，以及其他有利于可持续发展的各种资源回流乡土中国，重思乡土价值，重建更为合理、包容和可持续的城乡关系，以实现资源环境可持续条件下的民生安全。

这个万变不离其宗的内核，也可以总结为"农民生计为体，多元文化为用，社会参与为纲"的乡建基本原则（英文雅译为：People's Livelihood Diversity, People's Culture Dignity, People's Participatory Sustainability）。

当代中国，以举世瞩目的"和平发展"重新成为世界焦点，进而提出了 21 世纪战略转型以"生态文明"为最重要的指导思想。在这个大背景下，怎样推进可持续的乡村综合性发展、多元参与的社区治理创新，以及城乡一体化建设等，成为当代乡村建设所面对的基本问题。

当代乡村建设，正是基于自然与农耕的生态化和谐共生关系，探索着农业在经济、社会、文化、生态等方面的多重功效。其从一开始就以尊重社会生态系统为基本出发点，将经济建设、社会建设、文化建设、生态文明建设有机结合，从而成为生态文明建设在"三农"领域的突出表现。

正是在这个意义上，当代"乡村建设"含义广泛，要体现"资源节约环境友好"的两型农业，达到"绿色生产方式"的转型目标；而绝不是对下层社会"施恩"，或者简单化地在乡村做"好人好事"，更不是配合在城市已经严重过剩的资本下乡，去"建造"（construct）一些新的钢筋水泥建筑物……

诚然，百年来的乡村建设都是要扶助弱势群体组织，以重新唤醒这片热土的生机，接续以乡土社会为基础的中华民族生生不息的文明传承。因此，在英文的表述上，我们一开始做 21 世纪当代乡村建设时，就有很多讨论，要将以前乡建学者们提出的 rural reconstruction（乡村再建）演变成 rural regeneration（乡村再生），以体现乡土社会的有机生命力，并对以往将乡村视为"问题"的简单做法进行反思。因思想上的自觉性，当代乡村建设，无论在整体思路、学科视野，还是策略设计、工作方法等诸多方面，都对历史实践进行了创新与发扬。

当代乡村建设的基本方针仍然是百年来一以贯之的"组织创新"与"制度创新"。文化复兴、互助金融、联合购销、生产合作、养老协会、社区教育……各种来自乡土基层的创新性实践，鲜活地体现了这相辅相成的"两大创新"方针。

在 21 世纪确立的"生态文明"战略转型的历史背景下，"城乡互助与多元包容"是当代乡村建设的基本方向。我们要建设可持续的美丽乡村，需做的不仅是农村的事情，正如梁漱溟先生所言，"乡村建设，非仅建设乡村"，"三农"问题常在"三农"之外。因此，乡村建设的探索方向，既不是田园牧歌式的浪漫怀旧，也绝非圈地盖楼的造城运动，而是创建以"城乡交融"为目标、市民与农民通过风险分担以实现利益分享、在互相支持中重建信任的包容性社会化农业体系。

毛泽东说过"历史的经验值得注意"。在乡村建设方法与内容上，前辈学者留下了丰富的经验。例如，晏阳初先生曾经创设"生计、卫生、文艺、公民"四大教育综合发展模式，梁漱溟先生曾提出"团体组织、科学技术"的乡村建设核心内容，卢作孚先生则从教育、经济、交通、治安、卫生、自治六个角度综合开展嘉陵江三峡乡村建设实验。

当代新乡村建设，在学习继承前辈经验的基础上，结合当代新形势进行了创新与发扬。我们可以把新世纪乡村建设 20 年的做法，归纳总结为"四项建设""五大体系"。

四项建设与 2017 年中央确立的"乡村振兴战略"一致，但更偏重社会生态。这是指生计建设——社会化农业可持续创新；文化建设——中华本土文化再生；生态建设——乡村环境综合治理；社会建设——城乡融合互助组织，以此四项建设综合推动可持续的城乡社区建设。

五大体系意指学生、农民、工友、市民、文化人等五种社会力量积极参与，包括学生下乡支教支农、农民合作改善治理、工友互助尊严劳动、社会农业城乡融合、大众参与文化复兴。

这五个方面的工作，在乡建实践中，已经演绎出多种多样的形式与内容的参与式创新——乡土教育、学生支农、妇女协会及文艺队、乡村老人协会与康养自助、互助金融、立体循环农业及综合性合作社、生态种养殖与生态修复技术、市民参与式的社区互助农业、新工人艺术团、新工人互助社区、农村垃圾治理、农村生态厕所、村户小型污水净化系统、古村落保护、社区传统文化活化与传承、乡土游学、美丽乡村设计、本土化乡村建筑，等等。

在"农民"的角度，它以农民合作组织为基础载体、以综合性手法和多元化社会参与途径，增强农户的自我管理、自我服务能力。并尝试提高农民组织谈判地位、保护农民权益、形成城乡融合良好互动。

在"农村"的角度，它以农村社区稳定和城乡关系和谐为基本出发点、推动以"环境友好型、社区互助型"为主导目标的农村综合发展实践。

在"农业"的角度，当代乡建对仅靠大规模集约化的"一产式"农业、工厂化种养殖的"二产式"农业进行反思。乡村建设必须响应党中央号召，提倡向绿色生产方式转型的"两型农业""一二三产结合式"的多功能社会化生态农业。

在中共中央十九大确立"习近平新时代中国特色社会主义思想"指导下的乡村建设，更是尝试通过"爱故乡计划"、"中国社会生态农业联盟"、乡村建设参与式认证体系（RRPGS）等网络和平台的搭建，从乡村文化、生态农业、社会参与的不同角度，促进各界自主创新的实践者与研究者的交流与互助，倡导更为和谐永续的发展模式。

这些工作内容，大多能够超越激进主流的体制障碍，而与国际社会在全球化挑战下的另类制度创新接轨，因此促进了中国生态文明转型迫切需要的多元化国际交流。例如：公平贸易及消费者运动（fare trade & consumers campaigning），绿色发展、资源节约与环境保护运动（green growth, resources saving & environment protection），转型城镇、慢食及慢生活运动（transaition towns, slow food & slow life），原住民文化复兴与社区营造（indigenes' culture regeneration & community reconstruction），永续农业、CSA市民农业和有机农业运动（permanent agriculture, CSA & organic agriculture），等等。这些广泛交流的存在，充分体现出国际社会提出的口号"另一个世界是可能的"（another world is possible）。

乡村建设在当代已经演变为体现大众民主、带动社会多种群体自由参与的最大平台。来自社会各界不同阶层的人们，可以通过多样化的探索与实践，用行动无声地讲述"什么是乡村建设""谁在做乡村建设"，以及"乡村建设何以可能"。由此带动大量知识分子参与乡建，形成了理论与实践相结合的学术创新，以及教育与实践相结合的教育创新。

当代的乡村建设，既起于全球化内生的三大资本全面过剩向发展中国家转嫁制度成本，也起于中国本处于边缘的"三农"问题进入中央决策，成为全党全国的"重中之重"；随之，兴于2005年，新农村建设作为国家战略，带动大规模投资下乡，开展基本建设；2008年华尔街金融海啸爆发之后，转型于中国城市化加快与全球金融危机代价转移而对乡土社会造成大规模破坏。由此而有历史性的起承转合。这使参与乡村建设的学者们得以直面农民、农村、农业的"三农"问题的演变，从而其实践中形成的思考和理论提升，都具有清晰的依靠民力、自主创新的现实意义。

综上所述，本书写作的基本出发点就是希望展现起于青蘋之末的乡建实验作用于基层社区变化的轨迹，也在客观事物变化的叙述中表达完全平民化的乡建人的心路历程。简单地说，就是一个村庄和一个人（或者一群人）的故事。本书的整体风格并非规范的学术性的，而是希望将对乡村社会肌理的认识与建设理念的思考融入具体的记叙性的细节中，从而赋予文章一定的可读性和感染力。这样的历程，一般并不是成功的，而往往是充满顿挫和曲折的。本书中的案例，虽然基本上是以一个社区的变化历程为主线，但正如在郝堂村案例中李昌平所提到的，单个社区建设试验的背后，定与实践者更长时间的追索有着自然的联系。从这个角度看，本案例集也许更像一个稀有物种的DNA库。保存一粒原种，也就存留了另一种选择的全部基因序列。而记叙这些在地化的、秉着古老的乡土契约的人际信任、而在当代的生态、食品、互助金融与文化保护上进行着新路的探索和尝试的经验，也可为以后的人作为再出发的行动指南。

罗素在《贝多芬传》中写道，"不甘于平庸的人们在孤寂中展开无日不有的斗争，大多数人隔离着，甚至不知道彼此的存在……让我们摧毁这时间的阻隔，使英雄的种族再生"。希望这本案例集也能为摧毁这地域和时间的阻隔做出贡献。

本案例集对于各案例的写作风格不求统一，唯以平实的语言与实践者的敏感性，记叙时代背景中新乡村建设运动在村社的发生、发展；记叙乡建者的求索、彷徨与坚守；记叙改变，见人见事的改变。

在践行社会改良的过程中，乡村建设的参与者们从大地之中汲取了无穷的生命力、创造力与前行的动力，也在丰富多彩的实践与思考中变得更加坚韧与包容。在一百二十多年的乡建史和十数年来的当代乡建工作中，无数在地的农民、乡村基层工作者、农村发展志愿者、支农学生及乡建学者们，活跃在田间地头与城乡互动之间，他们从纷繁复杂的乡土社会内在肌理出发，将深沉的社会关怀内化于具体的细微改变之中,在艰辛和曲折的阡陌纵横中走出一条世上本没有的路。这也正是建设美丽乡村、建设美丽中国,实现中华民族永续发展的探索之路。

　　乡村建设之路,愿你我一路同行。

第一章
那些年,那些事儿
——新三岔建设纪事

詹玉平[①]

【导读】 那些宏大叙事中家国的真实进步,总该发端于阡陌间个体精神的自觉。这样的精神自觉,也许是一次腼腆着站起来的公开发言,也许是有了一张属于一个村子的报纸。"我的梦想就是,回到咱们自己村里,可以建立一个像三岔一样的文艺演出队。"神农架深山里一位大娘的发言,却让人心情久难平静。长久以来,文化与知识的生产似乎成为特定职业群体的专利,教育与智识的训练,乃至对于"梦想"的定义,也无一不是城市的导向;而在新乡建诸多案例中,能看到来自山坳的农民自己对合作、参与的理解与活用,对改造家乡面貌的热情与智慧。很大程度上,三岔的故事,在价值思考、方法论乃至运作模式上,为之后十余年的乡建定了调。这不仅是说文艺队、合作社、"十佳儿媳"成为之后乡建手法的标配,也不仅是那句"改变自我,做家乡主人;团结起来,建设新乡村"直到现在还在培训课堂上屡屡响起,更重要的是,误打误撞中拓出了新时代"小知识分子与底层民众结合"的路数。如钱理群先生所说,两个群

---

① 本文作者现就职于贵州师范大学。

体都在这个过程中，实现了自我更新与成长，改变了人生的路径。

一、用年轻的力量重塑乡村

2003年秋，在武汉大学上大四的我正准备实习。有一天，我接到老石的电话，问我是否有兴趣去房县参与一个农民合作社培训的项目。老石告诉我，这是一个新乡村建设人才培训项目，旨在提高农民的组织化程度，需要在村子里待上一两年，在安徽南塘工作的肖青也会去。我和肖青2003年年初在全国支农调研大学生培训会上相识，随后又一起到翟城和顺平县下乡，是合得来的小伙伴。没有多想，也没有多问，我欣然同意，唯一的要求就是请当时的项目实施单位中国经济体制改革杂志社在我的实习证明上盖个章。

11月19日，我从武汉出发，肖青从北京出发，我们在十堰火车站会合。房县窑淮乡三岔村的向昌海到火车站接我们。后来才了解到，老向是个老访民，因反映村干腐败问题到杂志社上访，与老石相识。老向带着我们，以及肖青从北京带来的一台联想一体机，坐上了去房县的最后一趟班车。一路漆黑，只感觉到盘旋的山路弯弯曲曲，时而爬坡，时而又是一段长长的下坡路。晃悠了大约3个小时，我们抵达房县县城，然后转乘一辆面包车，又经过约一个小时的颠簸，终于抵达三岔村。沿途无事，老向开始跟我们讲述三岔的故事。

隶属于湖北十堰市房县窑淮乡的三岔村，因村内有一条呈三岔状的马尾河而得名。三岔村不大，400多户，1800多人。人均旱地0.54亩，水田0.4亩。主种水稻、玉米、小麦、油菜、土豆等，少量养殖鸡、猪、鸭等家畜。因临近神农架，当地出产香菇、黑木耳、天麻、黄姜等特产及药材。和南方众多农村一样，这里人多地少，居住分散。由于农业收入低，大部分青壮年靠外出打工来维持一家老小生计。当年人均纯收入不足900元，三成左右村民尚未解决温饱问题。村虽不大，在当地却是小有名气。2002年税费改革前，该村农民负担沉重，上级乱摊派、村干部腐败，乡村关系、干群关系极为紧张。村级负债逾 10 万元。村民因对村委乱收税费，贪污挪用极度不满，自 1995 年开始上访到市县，直至酿成 2001 年 7 月 5 日公安局入村抓捕访民代表，村民围车救人的"七五事件"。后来村民依法罢免了原来的村委班子，民主选举出了向昌海为村主任的新班子。

老向把我们安排在村民刘清国家。他是老党员，与老向一样，都是替村民维权的骨干。第二天一早，老向、张兴全、张啸等到老刘家与我们见面。他们因村委会账务不清上访而结成好友，也深得多数村民信赖。我们跟他们讲明来意，此行不是支持他们继续上访，而是要和他们一起，带动村民搞合作社、协会，组织起来建设新乡村。几位骨干维权多年，已经筋疲力尽，也希望换个方式来带动村庄发展，于是大家一拍即合，推举老张和张啸先带我们熟悉村庄，拜访村民。

就这样，我们吃住在老刘家，每天带上设计的问卷，随老张和张啸逐户走访村民。社区调查包括两部分，一是向村民宣传项目的具体内容和实施计划，征求村民意见，了解村民参与的兴趣；二是摸底三岔经济和文化状况。没过几天，我们感觉有些不对劲，部分村民似乎并不愿意和我们多谈，每次问到一些家庭生产和经济情况，也是顾左右而言他。这样调研下去，恐怕得不到我们想了解的信息。加之在老刘家吃住，也会影响到他们日常的作息安排。我们跟老向提出换住宿，最好是相对独立的地方，不影响村民生活为佳，因为需要长久住下来。老向左思右想后告诉我们，只有村里的老茶厂符合我们要求。可是茶厂原来不住人，只通电，水要到旁边的水井取，做饭只能烧柴。考虑到这是村里的公共空间，我们马上答应搬家。

搬到茶厂后的第一件事就是报装座机电话，以便保持与在北京的老石随时沟通工作进展，毕竟那时的手机费还是很贵的。在乡电信局报装电话后，对方不负责线路安装。没办法，我和肖青开始自己拉线，从老杜家跨过村里的小河，到茶厂约 1 公里左右。我们买来电话线，借了架木梯，两人就开工了。折腾了一整天，电话线终于到了茶厂。晚上饥肠辘辘，住在茶厂后面的张克儒拿来米酒和饭菜，大家一起畅饮，算是安顿下来。电话开通后，我们用自带的老台式机开始拨号上网，一方面通过网络与北京沟通，另一方面在大学生支农论坛分享我们的工作进展。老乡们送来了蔬菜，我们采购了米和油，从房前屋后捡来柴火，便开伙了。生火可不是件容易事儿，捡回来的多是潮湿的树枝，很难点着。以至老石笑话我来自农村，却不知道怎么生火。那时候，每天大清早老石都会从天津打电话到办公室来，看我们出工没有，远程监督。

二、社区公益组织先行

安营扎寨之后，我们继续和老张一起，走村串寨。一段时间之后，我们发现村民居住分散，人与人之间的交往不多，村民参与村庄公共事务的积极性不高。

因此，我们建议村委号召组建文艺队，搞文艺比较容易把大伙儿聚集到一起，得到了老向和老张的支持。老张是个文艺骨干，在他的张罗下，村里的妇女主任，爱好文艺的大叔大娘，被请到了茶厂，商讨如何恢复村里的文艺队。经过几天讨论和筹备，2003年12月6日，三岔文艺队就正式成立了。十多名成员以中老年妇女为主，七十多岁的老谭也加入进来担任队长，另有老张和邻村铺沟的一个男人加入。文艺队里好几个老太太也都是20世纪70年代的文艺骨干。

文艺队成立后的第一件事情就是排一台节目，准备在即将开始的第一期新乡村建设人才培训班开幕时演出，同时在春节期间在村里公演。大伙儿兴致很好，每天吃完早餐，安排好牲畜，就来到茶厂进行排练。饿了就回家做饭，吃过了再来。队长老谭年龄最大，从家里到茶厂要走五六公里，为省时间，中午就和我们一起煮面条。而且总是来得最早，走得最晚。文艺队成立初期一穷二白，但大家干劲十足，缺少的乐器、道具等材料自己凑钱买。

练了没几天，问题来了，有的丈夫不让妻子来了，甚至威胁和打骂，认为是不务正业。还有村民议论说这些老婆子不害臊，这么大岁数了还成天扭来扭去。部分村民骂文艺队员是妖精，搞歪门邪道。还有村民说他们演出是为了混吃混喝，拿了工资的。文艺队员们承受着越来越大的压力。于是，大家分头去找家属做工作，向村民宣传为什么要搞文艺队。队伍终于慢慢稳定下来了。在后来的演出中，文艺队得到了大家的一致好评，也得到了乡政府的肯定和支持。就连县电视台在黄金时段也播出文艺队的精彩表演。可见，文艺队的成立对推动三岔村的新乡村建设是有着积极意义的，既促进了村民之间的互动，改善了人际关系，又丰富了群众文化生活。

文艺队恢复了当地传统的采莲船表演，大家还觉得不过瘾，想有点创新。于是第二年春天，我们请来了中原石油的退休工程师衡生喜老师，教大家打腰鼓。衡老师免费在兰考教了好几支腰鼓队，小有名气。在衡老师的带领下，文艺队开始打腰鼓，还吸引了不少年轻的新队员参加。不久，三岔腰鼓队就亮相了。

三、老年协会和妇女协会

在前期调研中，我们发现对老年人的照顾和关怀是个大问题。因为大部分中青年人都外出打工，留下的都是"386199"（编者注：即妇女、儿童、老年人的俗称）。一些70岁以上的老年人自己生活都难以照顾，还得照看孙子孙女。而且村里不孝敬老人、虐待老人的现象时有发生。部分孤寡老人生活无依无靠，非常困难。有了文艺队的经验，我们建议村委推动成立老年人协会，以维护老年人的合法权益，充实老年人的精神生活，帮助那些无助的老人安度晚年，使其老有所乐，老有所养，老有所为。在老向和老张的动员下，老年协会在12月成立了，老张被大家推举为会长。成立当天，老人们聚集在茶厂，讨论协会规章制度，选举协会负责人，讨论协会日常活动，还一起下棋打牌，非常热闹。老人家都非常开心。

然而，从后面的运作来看，协会并未发挥预期作用。对于不孝敬老人的投诉，协会负责人多次调解，做儿女的思想和教育工作，但子女们买账的并不多。批评教育不见成效，协会决定换个角度，在三八节评选"十佳儿媳"，表彰尊老爱老的模范，以鞭策后进者。但评选过程也是费尽周折，部分妇女对于当选的儿媳还颇有微词。做得比较成功的事情，是给老年人分发大学生募捐来的衣服。

鉴于前期调研发现妇女的家庭地位和社会地位较低，妇女承担了大部分家务，还得不到男人的尊重和认可，我们建议村委动员妇女成立妇女协会，以维护妇女权益，促进男女平等。很快，妇女协会也在同月成立。然而，除了三八节和老年协会联合组织了"十佳儿媳"的评选活动，协会没有开展其他活动，名存实亡。

回头看，无论是文艺队、老年协会，还是妇女协会，其成立都主要是我们外部人在促成，在组织酝酿和社区动员方面都没有做足功课就仓促成立。但大家对成立的目的没有进行充分讨论达成共识，因此协会就是个空架子，社区内部的力量没有被激发出来，内在的需求也没有被真正挖掘。因此，即便是运作较好的文艺队，在日常活动中仍很依赖我们外部力量，比如在经费方面没有保障时就停滞不前。老年协会和妇女协会，仅有的几次活动也就是开开会，似乎在应付我们的要求。

四、开班育才

经过一个多月的互动，我们与核心村民已经基本熟悉，对村子的状况也有了基本了解，举办新乡村建设人才培训班的时机渐趋成熟。社区组织建设和乡村建设人才培养是我们工作的主要内容。我们拿着村委会推荐的名单，翻山越岭逐户走访，完成走访后，我们再邀请他们到项目办进行面谈，才最终敲定人选。当时我们项目组找了茶厂的一间小屋子，老刘我们几个人坐在里边，村民挨个进来，说自己的情况。现在回想起来那情景真有意思。没有公共交通，甚至连自行车也没有，村里也不通电话，因此我们出门基本靠走，通信基本靠吼，每天几十里山路是常事。首批30名村民被确定为培训班学员，并定于12月23日开班。因为村里没有公共场所，我们的培训选在了一所废弃的村小学进行。在两间教室的地面上铺上稻草，上面铺上学员自带的棉被，所有人一起住大通铺。12月的三岔村，已经是寒风凛冽，教室的窗户没有玻璃，只能钉上塑料薄膜遮风。吃饭是简单的大锅菜。

七天的培训是封闭式的，吃、住、学都在小学。对于参与培训的村民来说，最新鲜的莫过于重新回到集体生活的环境，每天遵循严格作息制度的规律生活。每天六点半起床，七点开始晨练。七点整，大家已经在操场上集合完毕，然后由学员中选出的体育委员带领大家慢跑，边跑步还边喊口号："改变自我，做家乡主人；团结起来，建设新乡村。"跑完步，接着做第八套广播体操。学员多是50岁上下的中老年人，已经几十年没有跑过步，做过操。最开始，个别村民总是顺拐，引得大伙儿哈哈大笑。村民们边做边感叹，已经好多年没有像这样和大家聚在一起运动了。村民日常的生活都是各过各的，根本没有运动的说法，每天只有地里干不完的活儿。这样的锻炼既是身体上的运动，也是组织和合作意识的培养。

开始两天七点半就结束了晨练。第三天有学员提议，可以在早上练习演讲，得到大伙儿的一致响应。那之后，每天早上晨练完，保留节目就开始了，每个人讲"我的梦想"。最开始，有人站到众人面前说："我昨晚没有做梦，讲不好。"大家在大笑之余，开始跟这位学员解释什么叫我的梦想，鼓励他。慢慢地，大家都明白这是一个讲自己的愿望与理想的时刻，纷纷要求上台讲演。每天，他们都会有不同的体会，都会有新的愿望产生。"我的梦想就是，回到咱们自己村里，可以建立一个像三岔一样的文艺演出队。"一位来自邻村的大妈富有激情地讲着她这几天一直憋在心里的话。一位大叔紧跟着上去，大声地说："改变自我，做家乡主人；团结起来，建设新乡村。"赢得一阵掌声。这不只是培训期间随便喊喊的口号，也是大家想了许久的心愿，或是以前未曾想到的心愿。一位村民在演讲中说，万万没想到竟然是可以称呼自己为家乡主人的，自己原来是与别人一样的公民，那么，我们就该拿出自己的勇气来，以主人翁的精神来建设自己的家乡，建设自己的村子。

每天正式上课之前，先是唱歌。经过学员们改编的《团结就是力量》《不该这样活》《我们走在大路上》等歌，朗朗上口，充分展示了村民们的创造力及想象力。从歌声中可以听到他们对于团结起来的渴望，对新家乡的满腹热忱。

培训内容涵盖村庄发展的方方面面，包括中央一号文件，协会、合作社基础知识，村民委员会组织法，土地承包法，木耳、香菇种植技术等。培训老师既有从全国各地请来的农民，也有本县本村的土专家。如安徽阜阳南塘村的杨云标，在家乡创办农民文艺队和合作社的山西农民王淑霞，以及在河南兰考帮助建立了许多乡村文艺队的衡生喜老师等。而在种植技术方面，则请的是县农业局的技术人员和当地菌种研究所的科研人员讲木耳、香菇栽培技术，请村里天麻大户讲天麻种植技术。在普法方面，请的是村主任讲村委会组织法，等等。

在培训方式上，我们尝试参与式教学法，让村民成为课堂的主人。比如，农民常用文书写作课是我来协作的。讲到诉讼状的书写，几个以前参加过维权的学员，除了在黑板上演示如何写诉讼状之外，还讲了在递交诉讼状前后该注意的各种问题。在过去打官司的过程中，他们积累了很多的经验，在课堂上毫无保留地分享给其他学员，俨然成了农民律师。比如法官找你谈话时做的笔录，一定要复印一份留下来；要注意递交上诉书，申请再审的时效一般都是以收到法院判决书的日子开始计算，因此要让邮递员在你收到的文件上签字表明收到日期；重要的证据要开庭时才能提供，书面证据自己要多复印几份；对于法官与你的私人谈话，也要把具体的时间、地点等翔实地记录下来；等等。

课堂学习除了知识讲授，也有角色模拟，而这也是最受村民喜欢的部分。在培训班一开始是选举的模拟，选举出班委会。选举班委的消息一公布，协作者们就退到了教室的角落，让学员们自己来完成选举过程。开始几分钟，大家你看看我，我看看你，都傻眼了。僵持了一会儿，一位学员主动站出来组织大家竞选。他把在座的学员以座次分成两队，然后要求每队自己推选候选人。这样的非法操作，自然不能令大家信服。协作者不失时机地点评，指出选举中存在的错误，并指导选举规范的操作，选出了符合民意的班委。此外，所有学员都需要参加一个服务委员会，分别负责卫生、纪律、后勤等事务，做到"我为人人，人人为我"。在学习选举的罢免程序时，设置了一个真实的情节，就是对在任的不称职班委提出罢免提议。于是对班务有较多批评的学员马上跳出来主持罢免。而班委，首先从班长开始，进行了自我申辩。经过这次真实的罢免学习，大家对于班级事务变得更加关心和热心。在合作社的组建课上，协助者扮演各种反面角色，阻挠合作社的成立，以培养学员应对现实生活中各种阻挠的能力。

一次培训下来，感觉脱了一层皮，手脚都生了冻疮。但看到村民的改变，也非常欣慰。与其说是培训，不如说是互相学习的过程。一位参加培训的女学员，在最初两天非常含蓄，不敢发言，站起来也无话可说；但是经过几次即席演讲，从站在众人面前脸红到敢于信心满满地大声演讲，这种潜能着实令我惊讶。另一位学员说，实在没想到培训的老师能和大家一起滚稻草，一起跑步，没有半点特殊，真正感觉大家是一伙的。一位男学员说："我本来是喜欢在下面使坏的，就是看不惯村委会的人，平时看到你们和他们走得近，对你们也没什么好感，还和别人议论你们是不是搞什么功，或者搞传销的，认为你们组织的唱歌、军训完全是形式主义，甚至还说这是志愿者为了应付上级检查或汇报而做的。但经过这几天的相处，我了解到你们不是歪门邪道，不是骗人的。以后谁要私下说你们的坏话，我就跟他过不去！"这位学员后来成为合作社的得力干将！培训那阵子，学员白天上完课，到晚上也不睡觉，可以听见他们彻夜兴奋地聊天。

这样的培训在2004年我们又连续举办了四期，共有100余人参加。除了三岔村，周边的铺沟村、观音堂村、西沟村、窑场村，以及门古镇的几位村民都慕名而来。2004年春节过后，还在天津科技大学读书的白亚丽决定休学一年，来参与三岔村的乡村建设工作，平衡了蹲点团队的性别分配，也更好地带动了社区的妇女参与。春节和暑假期间，来自十多所高校的支农队员来到三岔村，在开展社区调研、支教的同时，协助项目宣传及物色培训人选。2005年春节期间，各地支农骨干聚会三岔，召开梁漱溟乡村建设中心首届成员代表大会。大家围坐在茶厂的火塘边，规划中心长远方向，制定年度工作计划。

系列培训提高了村民的合作意识，改变了"等靠要"的思想。老石常挂在嘴边的是"精神激励"，他认为扶贫先扶志。要改变村民和社区对外部支持和政府的依靠和依赖思想，转为"改变自我，做家乡主人；团结起来，建设新乡村"。这也成为培训班的口号和标语，以及学员演讲的主题。村民对待政府及官员的态度也有了转变。出于历史的原因，村民对政府是很抵触的，极不信任的。我们刚到三岔时，提到县乡政府，村民都是嗤之以鼻，义愤填膺。在很多村民眼里，政府就是使坏的，就是贪污的，就是剥削人民的，因此他们认为，做什么事情都不能让政府插手。村民对待地方政府的态度也影响了我们。刚到三岔不久的一个大雨天，乡党委书记和乡长来到茶厂，邀请我和肖青去乡里坐一坐，吃个饭。因为听了太多村民对政府的控诉，我本能是反感的，也不希望和政府走得太近。于是一开始是推辞说下雨天，只有布鞋不便出门。但书记非常坚持，一定要让我们去。涉世未深的我有些生气，对他们说，有什么要沟通的不能就在这里沟通吗？书记说，主要是想请我们去吃顿饭。说起吃饭，我就联想到有地方的乡村干部过去几年吃垮了村委会，还负债数万。书记说请你们吃饭不花老百姓的钱，我仍坚持不去。至此，书记很尴尬，没有再说什么，和乡长一起回去了。这事后来被村民传为美谈，连文艺队长老谭在他的节目里面都写上：做事要学包文正，做人要学詹玉平。可后来反思，这件事情的处理是很不恰当的，影响了我们与当地政府的关系。以至相当长一段时间，乡政府对三岔村都持观望态度，有什么政策也不考虑三岔，说他们有杂志社项目办。在一次培训班的开学典礼上，书记与老石私下交流，说我是没有培养前途的。

经过这件事情之后，我们也有反思，并在培训及与村民的日常交流过程中，引导村民改变对政府的抵触心理。毕竟，很多事情还需要当地政府的支持。慢慢地，无论是我们还是村民，与政府的关系都有所改善。我们在培训结束后，主动到县委会找县委书记张维国汇报培训情况及项目进展。每次培训也主动邀请乡干部参加开学仪式及讲话。新成立的三岔板栗协会会长张克儒主动联系县林业局，得到了林业局免费赠送的一万株板栗树苗，分发给会员栽种。县图书馆馆长得知三岔建立了村民图书室，除了捐赠1000多元的图书，还赠送"乡村图书室"匾额一块。我们和社区的工作逐步得到政府的认可，乡政府，县委宣传部、精神文明办，市委党校、市科协、信息局，省民政厅等单位先后到三岔调研。市、县电视台也进行专题报道。央视《社会纪录》栏目也派出记者到三岔采访人才培训班，做了一期节目。

在培训过程中，我们慢慢意识到有必要将这些培训内容编写成教材，以方便往后的培训使用，以及与其他地方的农民合作组织培训伙伴分享。于是，我们和一些参与过三岔培训的骨干支农队员一起，开始撰写《新乡村建设讲义》，共分三册，包括《学员用书》

《教师用书》和《新乡村建设日记》。《学员用书》包括乡村建设理论学习、最新涉农政策、合作组织的组建过程与方法、协会合作社案例及大学生如何参与乡村建设等内容。《教师用书》主要是教学参考书，包括学员选择、课程设计、内容准备、教学方法、后勤事项、歌曲、口号等。《新乡村建设日记》主要是我们三名蹲点志愿者以日记的形式，记录了从进入三岔的第一天开始，在三岔工作与生活的点点滴滴，期待作为未来的乡村建设研究用书，全文十万余字。

五、摸着石头过河的经济合作组织

经过几次培训，学员们坐不住了。他们认为，村庄要发展，只能靠自己，靠大家团结起来，组织起来，一起谋出路。于是，一个个村庄组织如雨后春笋般成长起来。

50多岁的张克儒看到村子里漫山遍野都是板栗树，但因为疏于管理，挂果的不多，个头也小，村民们没有得到什么收益。第一期培训班上，在"我们缺什么，出路在哪里"的讨论课上，学员张克儒提到板栗是三岔的一大特产，只是没有开发出来。于是提议成立板栗协会，把板栗发展起来。这一构想得到学员的广泛认同，大家集思广益，很快就拟定了成立三岔村板栗协会的构想。培训结束后，学员们立马开始宣传发动工作。2004年2月26日，板栗协会成立，共70多户参加。协会成立后，会长张克儒马上带领一帮人统计板栗亩数，指导村民剪枝、防虫，将板栗树从荒山中解放出来。应村民要求，第三期培训班我们请来了安徽霍山板栗协会的老师，为大家传授板栗栽培技术，还带来了安徽的优质枝条，指导村民嫁接。当年就嫁接板栗树苗100多亩。此外，协会还主动找到县林业局寻求帮助，林业局领导非常支持，当场表态免费资助板栗幼苗一万株，价值近3000元。

在2004年7月第四期培训后，又一批协会相继成立。30多户村民联合成立了养猪协会，魔芋协会、天麻协会也应运而生。8月18日，三岔村购销合作社成立。入社社员达66户，共筹集股金6200多元。因应社员要求，第六期培训班我们请来了吉林梨树县百信合作社的理事长，给学员讲述他们的成功经验，并指导三岔合作社的发展。2005年，又成立了茶叶合作社，合作社承包了老茶厂，更新了加工设备，开始制作优质绿茶。

这些村庄组织，有些发展得不错，有些没过多久就停办了。比如购销合作社，原想开展农资统购、农产品统销，但因为山大人稀，统购统销成本过高，合作社以失败告终。《中华人民共和国农民专业合作社法》到2007年7月才开始实施，因此2004年的合作社，算是无法可依，更谈不上注册了。但这些村庄组织化的实践，无疑推动了立法进程，也历练了村民的合作精神和能力。十年后，梁漱溟乡建中心的伙伴们回访三岔村时，当地政府干部谈到为什么要投资千万元将三岔作为新农村建设试点，看中的就是三岔人的合作精神和组织能力。十年前播下了种子，现在已经开花结果。三岔的花菇、黑木耳，也成为各大城市农夫市集的抢手货。

六、村民图书室与社区报

除了培训，我们还在三岔进行了其他社区发展的尝试，建立各类公益组织和经济合作组织。先是于2004年7月创办了三岔图书室，希望丰富村民的精神文化生活。我们通过网上募捐和大学生支农社团的支持，从各地募集了2000多册书籍，并培训村民做图书管理志愿者，为借书的村民办理借书证。但图书室红火了一个多月之后，就慢慢冷清下来。除了部分书籍偏城市文化，村民不感兴趣，图书管理制度也被证明不符合村民的习惯。

接着，在我们的主导下，又开办了社区报纸《新三岔》，刊登最新的农村政策法规，报道三岔新乡村建设进展，设有三岔动态、最新政策、致富信息、百姓生活等栏目。尤其是，百姓生活栏目全部为村民自己撰稿。《新三岔》一面世，就在村子里引起了强烈反响，三岔人做梦都没有想到居然能看上自己办的报纸。报纸的发行也是村里的义务发行员挨家挨户送的。考虑到报纸的持续性，我们尝试教村民用电脑排版，但在那个年代，全村只有项目办一台破台式机，上网还要靠电话拨号，结果没有村民掌握排版技术。尽管在我们2005年年初离开三岔后，报纸没能继续，但社区报纸确实成了我们与村民沟通的重要桥梁，也成了弘扬社区正能量的主战场。

七、后续

2011年夏天，我和肖青相约，回三岔看看老朋友。那时，十堰通往房县的公路已经升级改造，两个小时就到了县城。再驱车一小时，就到了村子里。比2003年那会儿缩短了近一半时间。从铺沟村进三岔的道路也已经硬化。当年的文书周本进，已经当上了村支书。原来村民骑着摩托车到处收购香菇、木耳，现在也换上了小汽车。村里建起了新的村委大楼和文化广场。张克儒和他儿子一起，向茶叶合作社承包了茶园，进行精品茶加工，还带动了村民种茶。胡子花白的老向带我们到老茶厂。看到墙上还张贴着当年成立板栗协会时的标语，我百感交集。文艺队的腰鼓，整齐地挂在老茶厂的墙上，看起来好像刚用过不久。老向说，他退居二线后，主要工作就是忙合作社的事情，而其中最多的工作，就是与各地购买三岔土特产的平台和个人对接，他成了快递公司的老朋友。周本进的儿子周益鑫，当年还没上幼儿园，成天跟着我们四处跑，如今已经上了小学，看见我们颇为腼腆。

2016年7月，我给老向电话，找合作社买香菇、木耳。老向激动地告诉我，三岔早已今非昔比，进村道路换成了柏油路，安上了太阳能路灯，种上了花草树木。村民的房子也进行了改造。村中心还建起了公园。生态茶园也小有规模。如今是十堰市生态家园创建示范区和社会主义新农村展览馆，湖北省"宜居村庄"。2016年元旦期间，县内外一万余人到三岔村赶大集，文艺队组织的采莲船队和腰鼓队还为游客们献上了精彩表演呢。尽管我们当年在村里驻点只有一年多，但三岔与梁漱溟乡村建设中心的联系从未间断，每年暑假都有大学生来村里调研、学习。巨变的山乡背后，是以老向为代表的三岔村民改变自我、当家做主、团结建设的结果。

2016年8月7日初稿

延伸阅读 1

三岔村文艺队创作和改编的乡建歌曲

全国农民唱新歌

作词：谭绪常

全国村村哎，
打起鼓敲起锣，
村民唱新歌，
"三个代表"到农村，
山笑水笑人欢乐。
党的政策好，哎
架起了幸福桥，
哎——
道路越走越宽阔，越宽阔。

家家户户哎,
搞种植,搞养殖,
造林满山坡,
办起了经济合作社,
日子越过越快活。
茶园绿油油,哎
梯田闪金波,
哎——
协会花开千万朵,千万朵。

九亿农民哎,
团结紧,向前进,
壮志震山河,
大家团结一条心,
建设农村新山河。
跟着胡锦涛,哎
跟着共产党,
哎——
全国人民唱新歌,唱新歌。

勤劳致富奔小康

词　张兴全

白:村民同志们,各位父老乡亲们,
今天村里开大会,党员干部带头参加
大家快去吧,张大娘——走哇
来了——

张大娘唱： 　　　　王大娘唱：

走一村来又一庄　　学习政策天天讲

"三个代表"是法宝　各项负担减轻了

"三个代表"是法宝　共产党恩情要记牢

向前进来向前进　　学习推广是根本

党的恩情比母亲　　"三农"之友是科技

全村人民要学习　　政策法律我牢记心

五星红旗在飘扬　　乡村建设放光芒

社会主义是天堂　　团结友爱坚如钢

妇女协会成立了　　团结友爱品德高

文艺宣传队成立了　新的风格变目标

经济合作社成立了　架起农村幸福桥

人人有颗红亮的心　家乡变成模范村

全村人民奋发强　　走上致富奔小康

合唱：走上致富奔小康，奔小康——

十劝世人莫赌博

词　谭绪常

一劝世人莫赌博，赌博场上是非多；

自古醒酒看醉人，哪个赌博有结果；

二劝世人莫赌博，输了银钱生邪恶；

输钱本从赢钱起，遭人赌博命难脱；

三劝世人莫赌博，伤害身体受折磨；

一心想发混水财，吃不香来睡不着；

四劝世人莫赌博，害儿害女害老婆；

家里事情无人管，柴米油盐无着落；
五劝世人莫赌博，伤风败俗人厌恶；
亲朋好友都不理，谁不背后捣脑壳；
六劝世人莫赌博，娘恨亲恼家不和；
离婚服毒生是非，一家骨肉动干戈；
七劝世人莫赌博，久而久之家必破；
输钱如同水退沙，赌债累累实难过；
八劝世人莫赌博，债多必定生邪恶；
偷摸扒窃要犯罪，打架斗殴起灾祸；
九劝世人莫赌博，法网恢恢跑不脱；
罚款坐牢不打架，人财两空划不着；
十劝世人莫赌博，恶习不改坏处多；
浪子回头金不换，遵纪守法是正果。

改变大男子主义

作者：邢方彦

女：（在门前望）

白：哎老头去开培训会，今天中午要回来的，怎么到现在还没回来，也那么大年纪了，在家一直吃隔饭，听说培训会中不允许喝酒，那他能吃下饭吗？真急人！

男：（边走边唱）向前进，向前进，妇女站起来……（女听见忙喊）

女：老头子，你回来，快、快、快，酒饭都准备好了，快吃吧，参加了几天培训，像变了个人似的，还一路唱着回家，是不是在路上喝了酒？

男：老婆子，我心情很激动，进屋里我把培训经过慢慢道来。(进屋内) 哟！老婆子，今天怎么弄这么多好酒好菜，是不是有客人来？

女：哪有什么客人，这都是给你准备的，快吃吧，别凉了。

男：不，要吃也等到孩子们到齐，你也上桌，我再吃。

女：怎么哪，以前吃饭我都不上桌的，而且一顿不这样做你就生气、闹事，今天变样了？不知培训会什么魔法，使你变了？

男：老婆子，我还忘了告诉你，我在培训班学习了怎样维护妇女合法权益、男女平等，又经小组讨论，使我回想过去我俩一起生活了三十多年，总是你伺候我，一天三餐给我做好的。吃、喝、端茶递水，一点不对我就发脾气，还打你，从来你都不吭声……

女：(点点头)，都过去的事了，还提什么，谁叫我们是老夫老妻呢？快吃吧！

男：老伴，你越是这样说，我心里越难受，在培训班里，很多人都提到好些活生生的例子。夫权、大男子主义太重，把老婆不当人，个个指责，虽说是讲人家，其实就讲我，我也是人哪，能不害臊吗？

女：老头子，那以前为我俩闹事，好多人都来劝过，什么话都给你讲了，你听了吗？这回只能管三天吧？

男：老婆子，你听我在路上唱歌了吗？那就是培训班编写的，是特地为你们妇女编的，让学员们个个会唱，领会透彻，今天我向你定个保证书。

女：(惊讶地) 呵，向我定保证书？我们夫妻这么多年第一次听到，我是不是在做梦？

男：（拍拍女肩头）没在梦中，请你原谅我以前的不对，我说的是真话，总不能让你委屈一辈子，从现在起我们权益平等，吃喝一样，你再也不要给我做隔饭吃了，要不你给我做一顿，我给你做一顿？

女：老头子，有你这句话我就心满意足了，不过我做习惯了，一时间不做还怪别扭。

男：不，今中午就算了，晚上我就给你做饭，烧洗脚水，明早晨我烧洗脸水做饭，你得给我睡到八点半起来梳洗吃饭，可我这大半辈子没做过饭，不顺口你就将就些，等时间长了就会做好的，行吗？

女：哎，老头子，你不是在损我吗？要是让外人知道了，我多不好意思，恐怕连孩子们都会说我不贤惠。

男：去去去，我就是要让所有人都知道，你伺候我大半辈子，我伺候你小半辈子还不行吗？其实，这都是培训班感动了我。老婆子，你不知道哇，这次培训班是多么打动人心，别看一个小小的三岔村金沟小学教室里，挤满了来自全国各地的大学生、记者、发家致富能手。

女：（不信似的）你别瞎吹，一个文盲能知道些什么呀？你能说出详细地址我才相信。

男：好，我说。有陕西的王老师、安徽杨老师、北京肖老师陈老师、天津白老师、河北葛老师谢老师、重庆姜老师刘老师、潜江王老师，还有一个你更不相信的是香港的郑老师。房县其他乡镇参加的也不少，开学那天可热闹了。

女：那这学习的内容一定很丰富吧？

男：那还用说，教我们学习了很多法律知识、发家致富经验，还教我们唱新歌，真叫我们洗心革面了，彻底醒悟，这你该信我说的是实话吧？

> 女：哈哈哈，信了，信——
>
> 男：老婆子，你说这该不该感谢培训班？
>
> 女：感谢。
>
> 男：怎么谢法？
>
> 女：这——哎，老鬼，我怎么知道啊！
>
> 男：好，我教你，不过有点苦。从明天起，我们两口子家家户户宣传怎么维护妇女的权益，提高妇女的地位，让广大妇女团结起来，建立妇女协会。答应吗？
>
> 女：（高声地）答应——
>
> 男、女：好了，我俩唱段天仙配来表达心意。
>
> 合唱：树上鸟儿成双对，绿水青山带笑颜；你做家务我栽树，处处都是幸福园；去掉夫权平等过，夫妻生活比蜜甜；夫妻好比鸳鸯鸟，比翼双飞在人间。

附录　新山乡巨变：三岔村的新乡村建设之路

大学生支农队三岔项目组（詹玉平　白亚丽　肖青等）

2003年11月19日，我们走进湖北房县三岔村。如今，进入三岔已经一年了，重温我们走过的路，回顾三岔村、三岔人的变化，既是对项目的总结，更是为以后工作更好地开展归纳经验和教训，打下坚实的铺垫。

一、一年前的三岔

三岔村，隶属于湖北十堰市房县窑淮乡，因村内有一条呈三岔状的河流而得名。现三岔村由原三岔村和原金沟村于2003年1月8

日合并而成。

2003年7月，来自中南财经政法大学新小康协会的7名大学生支农队员到三岔进行了为期10天的调研，他们走村串户，获得了大量的第一手资料，并形成了调研报告集，这也为后期驻村志愿者了解三岔村提供了丰富资料。有了初步准备后，2003年11月19日，三名驻村志愿者进驻三岔，准备在这里执行中国经济体制改革杂志社乡建中心等机构承办的建立学习型精神文明村的新乡村建设人才培训项目。

二、变化中的三岔

（一）项目前期准备工作

由于先期已经和当地县政府和三岔村委会达成合作的初步意向，一到三岔，村主任向昌海便积极与我们合作，配合项目启动工作。首先我们在全村进行了一次三岔概况的摸底调查，参与人员为项目组2名先期工作人员和当地2名村民。调查内容包括两部分，一是讲清项目的具体内容和实施计划，二是摸底三岔经济、文化、村民的参与积极性及对项目的建议。调查是逐户进行的。

摸底调查完成后，我们又召开了一次村民代表大会，更加具体翔实地讲明了项目的有关内容，听取了代表们的意见和建议，开会的目的是希望代表们回去之后加强宣传，为项目顺利执行创造良好的舆论氛围。

随后我们又和县委宣传部、乡党委就项目事宜交换了意见，得到了县乡领导的大力支持。

（二）公益性协会的建立

1. 三岔文艺队

2003年12月6日，三岔村文艺宣传队成立。三岔村文艺宣传队是最先成立的公益性组织，按照我们以往的工作经验，进入乡村以文艺的形式介入比较容易让村民接受。所以一进村，我们便建议村里成立文艺队。文艺队的发起人是村主任给我们推荐的一个村民代表，为方便深入社区工作，后来我们就聘请他为我们项目办公室工作人员。在他的带动下，十多个有点文艺特长的人便集合在一起，经过几天简单排练，文艺宣传队便成立了。当时的情况是：一无道具，二无材料，三无人员，四无资金。吹无喇叭，敲无锣鼓，拉没二胡，更谈不上化妆和服装了。没有素材他们自己编，没有服装他们随身穿。就连盛菜的碟子也成了他们的道具。加上居住分散，一些演出要参加排练得走十多里山路，大部分又是家庭妇女，家庭负担本来就重，但他们还是来到了文艺队。尤其是文艺队队长，是队员中年龄最大的，路程也是演员中最远的，家里就老两口相依为命，条件并不宽裕，老伴还常年瘫痪在床，但他毫无怨言，总是来得最早回得最晚。没有道具，病休老师主动掏出100元购买彩扇，村主任掏出几百元购买乐器。就是在这样的情况下，在文艺队成立后10多天的首期培训班开学典礼上，文艺队的8个节目受到学员的一致好评。在随后的春节期间，文艺队共在本村、邻村演出十多场，并前往乡政府汇报演出，得到乡政府的大力支持。年长的村民说，这种场面还是20世纪六七十年代有过的。如今，村里只要有什么活动，必然有文艺队的身影。事实证明，文艺队的成立对推动乡村建设是非常有用的，既促进了村民之间的交流和沟通，使人际关系更和睦了，又丰富了群众文化生活，打牌赌博的少了，婆媳吵架的少了，群众开心了，演员的身体也变好了。演员中有一名病休教师，她自己说：自从参加了文艺队，我的头也不疼了，身子也硬朗起来了。还有一名老年人，因为曾经得病，留下了一点后遗症，神经有点小毛病，以前稍有不顺心的事就喜欢骂人，邻里关系非常僵化，参加文艺队活动一段时间后，毛病也不怎么犯了，也不骂人了，和乡亲的关系也紧密多了。一名参加演出的老奶奶说，我还是三十年前这样开心过。

文艺队经过一年的发展，节目质量越来越高，也越来越受到村民和外界的欢迎。县电视台在黄金时段播出文艺队的精彩表演。县文化局、乡政府也纷纷邀请文艺队参加乡土文化大赛。

2. 三岔老年协会

2003年12月16日,三岔村老年协会成立。老年协会的成立也是本着从公益入手,着力乡村公共生活空间的培育入手,是在我们的推动下成立的。因为三岔村和全国大多数农村一样,大部分年轻人都外出打工了,留下的都是"386199"部队。老年人本来照顾自己都困难,还得拉扯着自己的孙子孙女,碰到不孝顺的儿女,老年人的生活就更困苦了。而且村里不孝敬老人,虐待老人的现象时有发生。部分孤寡老人无依无靠,生活非常困难。因此,我们建议村里成立一个老年协会,旨在维护老年人的合法权益,充实老年人的精神生活,帮助那些无助的老人安度晚年,使其老有所乐,老有所养,老有所为。其主要活动内容是,定期组织老年人集中开会、聊天谈心、娱乐活动、学习知识。老年协会成立以来,每季度召开老年人生活会,老年人除了在老年活动室一起读书看报,下棋玩牌外,还被负责人组织起来交流如何改善与子女关系,如何化解家庭纠纷的内容,并进行自我反省。除此之外,协助村委会调解村里各种纠纷也是老年协会的重要内容之一。如今,涉及老年人的纠纷,当事人都不找村委会了,直接找到老年协会的领导班子。老年协会还负责分发大学生给他们捐赠的衣服和钱物,慰问生病的老人,把温暖送到每一个老人手中。"十佳儿媳"的评选,极大地改善了婆媳关系。现在,村里老年人活得更开心了,不孝敬老人的少了,老人和孩子的关系更融洽了,老人也越来越关心和支持子女们发展经济了。

3. 三岔村妇女协会

2003年12月19日,三岔村妇女协会成立。常言道,妇女能顶半边天。然而三岔村位于偏僻山区,封建思想仍比较严重,男女不平等,尤其是家庭妇女,大部分都是常年在家劳动做家务,屋里屋外,轻活重活,什么事都得干。有些比较保守的丈夫甚至不让自己妻子出门。当初文艺队成立的时候，有妇女参加文艺队的积极性非常高，结果排练了一天，回家就遭到丈夫的威胁和臭骂，有的甚至被打。所以，我们认为成立一个维护妇女权益的组织是非常必要的。在做了一段时间村里妇女的工作后，妇女协会就应运而生了。由于文艺队的大部分演员都是妇女，自然妇女协会和文艺队有着天然的联系。除了协助村两委搞好计划生育工作，包括组织孕检、流动人口生育状况跟踪等常规工作，妇女协会还组织姐妹们在一起学习一些保护妇女权益的法律，初级文化，妇女保健知识，农业生产技术交流持家之道。在三八妇女节，老年协会、妇女协会、文艺演出队联合在全村开展评选"十佳儿媳"活动，并在三八妇女节举行了大型文艺演出，在大会上表彰十佳儿媳，同时给予一定的物质奖励。村民们说，这是从来没有过的事情。受到表彰的，无比自豪；没有受到表彰的，也暗自下定决心，争取明年能选上。妇协活动极大地改善了儿媳妇和公婆的关系。因为男人们大多出外打工了，碰到重的体力活，一个人做实在困难很多，于是，妇女们养成了互帮互助的习惯。哪家农活儿忙，不用请，一大帮人就主动去干了。今天你家，明天她家，姐妹们关系更加融洽了。妇女协会也承担着一部分调解家庭纠纷的事务，参与乡村图书室的管理。越来越多的妇女走出了家门，参与到村里公共事务的管理与服务中来了；而之前，没事干了就是三五个人聚在一起打牌玩麻将，如今这种现象已经越来越少了。现在要是有人还说女人就应该在家里，女主内，或者家务事就是女人的事，她们就会勇敢地站出来，用《妇女权益保护法》、妇女半边天、社会性别意识等前卫观点来教育他。而之前，她们不要说反抗，就是连反对的意思都不会表示出来的。

（三）新乡村建设人才培训班

自2003年12月23日首期新乡村建设人才培训班至今，我们共在三岔村举办了五期培训，分别在2003年12月、2004年2月、3月、7月、11月，为期一周。共培训学员100余人次。培训对象除三岔村民以外，还包括邻近镇村和来自外省的学员。邻近的有门古镇两个村子的 5 名学员，同乡铺沟村、观音堂村、西沟村、窑场村等村的部分村民。除最后一期外，前四期每期培训内容和学员选择都很相似。具体表现在以下几方面。

1. 学员选择

在学员选择上，我们遵循以下原则：首先由村两委和村民代表推荐和群众自荐等多种方式，因为项目工作人员对村民的了解程度是赶不上村里人的，在村两委推荐和自荐基础上由我们组织面试，择优录取。面试的主要内容是考查他们是否有为群众服务的思想，群众基础如何，是否追求上进等。因为一直以来，我们都比较注重宣传和发动工作，在全村形成了比较好的舆论氛围。群众的参与积极性慢慢被调动起来了，越来越多的村民要求参加培训班。但因为资金、场地等制约因素，我们每期培训学员在 30 人左右。

2. 教师和志愿者选择

在教师人选的确定上，我们一般请的都是农民精英，因为他们也是农民，农民之间有着天然的亲切感，也有共同语言，他们说的话老百姓也爱听。更为重要的是他们的讲课内容都源于自己的亲身实践，更有说服力和可信度。如探讨文艺队的发展时，我们请到了精通文艺的山西农民王淑霞老师和在河南兰考帮助建立了许多乡村文艺队的衡生喜老师；讲合作社知识时，我们请来了在全国有一定影响的吉林梨树百信合作社理事长周河老师；讲协会知识时，结合本村板栗较多的实际情况，我们请的是安徽霍山板栗协会会长刘太访和秘书长赵德清老师。他们既在课堂上讲自己协会的发展历程，还到山上教农民嫁接板栗；讲什么是新乡村建设，我们请的是走在乡村建设前列的实践者——来自四川的农民马昌华老师和安徽南塘的青年农民精英杨云标；请村主任讲村民自治与村委会选举与罢免，请重庆农民律师讲土地承包法……还应村民要求，我们请来了县农业局的技术人员和当地菌种研究所的科研人员给村民讲木耳、香菇栽培技术，请村里天麻大户讲天麻种植技术。

在协助者选择上，除了项目办常任工作人员外，我们邀请了一大批大学生支农队员以志愿者身份参与到项目建设上来。一是部分培训时的协作者，这些大学生都是参加过一年以上支农，有着一定下乡经验的人员。他们以双重身份参与到培训中来，既是学员，又是协作者；既接受教育培训，又承担了部分协助教学的任务。还有更多的大学生是利用寒暑假组队来到三岔村，进行支农支教和调研活动，他们的作用是不可小觑的。如早在项目进驻之前的2003年暑假，中南财大就来进行了调研，为项目开展打下了铺垫；2004年春节期间，来自10多所高校的大学生联合组队，在三岔及周边村庄进行项目宣传，并物色培训学员，做了大量工作。来自同济大学的支农队在三岔小学进行了一周的支教活动，深受老师、学员和学生家长的欢迎。从而使学校这一重要阵地参与到了新乡村建设中来。随着一批批大学生志愿者的到来，一个个贫困生得到了"手拉手"的帮助，解决了他们的上学难问题。

3. 授课内容

讲课的内容主要有："三个代表"重要思想，中央一号文件，村民委员会组织法，选举与罢免，土地承包法，协会合作社知识，适合当地的木耳、香菇种植技术等。整个培训以精神、合作、民主、意识提升作为主线，而资料性的东西作为辅助。我们认为除了教会学员如何写一个章程，更重要的是让学员了解章程的意义，了解章程可以保障每个学员的参与权、决策权，限制独裁垄断等。如果他们连这个章程精神都没有领会到的话，写一个再好的章程也是白费。在开学当天晚上，大家就依照村民委员会组织法选出了班委会，旨在培训学员的民主意识。同时，为让全体学员都认识到自己是团队的一分子，增强团结协作和为大家服务的意识，我们还成立了各服务委员会，要求学员人人参与。培训过程中，协作者和老师努力做到平等待人，采用参与式教学方法而避免训话式灌输式的教学方式，因为我们的待人方式也是学员潜移默化的模仿对象。另外，在学员分组讨论的合作过程中，协作者的作用之一就是在小组里促进大家的民主平等参与。授课我们更多采用的是参与式的讨论方法。我们不直接给出答案，让学员自己去找问题，找解决出路。我们认为，新乡村建设最终要以村民自己为主体。所以我们一直强调村民的主导性和参与性。我们采用半军事化管理，每天早上6点起床，跑步，演讲。为什么要半军事化管理？我们认为，这是培养学员组织观念、团结协作意识的很好方式，军训不是目的，而是一种潜移默化，使学员学会了协作和互助，参与和团结。在每期培训开始两天，都会有不少学员尤其是妇女同志显得十分拘谨，上课不敢发言，站起来无话可说，非常尴尬。于是有学员建议每天演讲，最开始大家站在队伍前面也脸红，不好意思，渐渐地，连最胆小的学员也能在众人面前大声疾呼：我们应该团结起来，改变自我，实现我们的新乡村建设梦想！每天上课前大家全体起立，举起右手，先喊口号：改变自我，做家乡主人；团结起来，建设新乡村。并一起高唱经过农民自己改编的革命歌曲。下课大家一起做游戏，这样既充分调动了学员的参与意识和主人翁意识，又将我们的教学内容融会到歌声和游戏中，学员更容易接受。

　　七天的密集式培训是紧张的，学员们虽然累，但机会难得，大家都喜欢这种一起学习、生活、娱乐（打球、游戏、聊天等）的方式。我们相信，只要他们觉得这种团结的精神生活是有吸引力的，他们就会有追求的动力。一些本来比较被动的学员慢慢主动起来，愿意提问、愿意提建议、愿意多参与讨论。有些学员坦言当初对培训班抱有很多怀疑，但亲自参与后看到培训班的种种好处，学到有用的学问。我们和农民朋友同吃同住同活动，对他们来说是有感染力的，让农民朋友们觉得自己要更争气、更努力。对培训中发现的有领导力的学员，我们予以更多的鼓励与培训，为农民组织化打好基础。整个培训过程我们致力于让学员亲身体会团结的精神和气氛，感受到它的可贵、欢乐。培训班所注重的合作团结精神、互相学习精神，以及抖擞精神等，都激发、鼓励学员往后对团结合作的追求。

（四）经济性协会和合作社的成立

板栗协会

2004年2月26日，三岔村板栗协会成立。三岔村盛产板栗，但长期以来，板栗树散布在荒山上，无人管理，板栗个小，产量不高。也没人想通过改良品种来提高板栗产量和质量，拿到市场去卖钱。第一期培训班上，在一次"我们缺什么，出路在哪里"的课上，学员张克儒想到了板栗是三岔的一大特产，只是没有开发出来。于是建议成立板栗协会，这一构想得到学员的广泛认同，大家集思广益，很快具体构想就拟定出来了。培训结束后，学员们回去立马着手进行宣传发动工作。2004年2月26日，板栗协会成立。协会成立后，会长张克儒开始带领一帮人统计板栗亩数，指导村民将板栗树从荒山中解放出来，如何剪枝，如何防虫。在第三期培训班期间，我们请来了安徽霍山板栗协会的老师，一为传授板栗栽培技术，二是带来了当地的优质枝条，指导村民嫁接。此外，板栗协会主动找到县林业局寻求帮助，林业局领导非常支持，当场表态免费资助板栗幼苗一万株，价值近3000元。如今，新嫁接和种植的板栗树苗正茁壮成长，协会又在组织会员进行冬季防虫了，河北一客商也来信开始商洽委托三岔板栗协会培育幼苗了。板栗协会红红火火，堪称协会之典范。

8月3日，三岔村养猪协会成立；

8月，三岔村魔芋协会成立；

8月，三岔村天麻协会成立；

8月18日，三岔村购销合作社成立；

……

就像群众改编的歌曲里唱的：协会花开千万朵。而这些变化，从来就不是项目办要求的，而是群众自发组织的，我们只是为他们提供诸如信息、与政府沟通等服务。

（五）其他社区配套组织和形式的健全

图书室

在三岔，我们越来越强烈地感受到村民对知识和信息的渴求。

于是,我们一直谋划着帮村民办一个自己的乡村图书室。我们通过网上募捐和大学支农社团的大力支持,共募集各类图书2000余册。2004年7月,三岔乡村图书室正式向村民开放。一开馆,借书的人就络绎不绝,科技的、法律的、致富信息的书成了抢手货,各类杂志也备受村民欢迎,开馆一个月就有近60名村民办了借书证,借出图书200多人次。图书室实行村民自我管理,10名村民自愿轮流值班。书籍编目、上架、借还,都管理得井井有条,而这些,项目办工作人员仅仅对这10多人进行了为期一天的简单图书管理知识培训。如今,只要有空,村民便来图书室,或借书回家,或就地阅览。他们说,我们终于有了自己的精神家园。农闲时节,没人打牌了,搓麻将的人也不多了,读书开始成了三岔人的一种习惯。村民张克儒从一本介绍猪草新品种的书上看到一种新型草种,便积极按照书上的联系方式与山东商家取得联系,如今,新品种猪草长势喜人。村民要是碰到什么经济纠纷,不再依靠简单粗暴的武力解决了,他们首先想到的是查询相关法律法规,寻求理性解决途径。学习法律政策的人多了,探讨新的种养殖技术的农民多了。县图书馆得知三岔人办起了自己的图书室,非常惊讶,因为这是全县农民自办的第一个图书室。馆长亲自为图书室送来图书100多册,价值1000多元,并赠送"乡村图书室"匾额一副。

三岔报

为全面反映三岔村新乡村建设的最新进展,报道三岔的新变化新发展,为村民提供最新的国家政策和市场信息,在项目办的推动下,三岔村两委主办了三岔有史以来的第一份社区报纸——《新三岔》。报纸为半月刊,每月1日、15日出版,共4版,设有三岔动态、最新政策、致富信息、百姓生活等栏目。其中百姓生活专版的稿件全部源于村民投稿。三岔新闻也是村委聘请的义务通讯员撰稿。项目办工作人员的唯一任务就是帮村民排版。为了让村民自己排版,我们还专门培训了几名村民电脑排版基础知识。《新三岔》一面市,就在三岔村引起了强烈反响，编辑部不断收到群众来信。一位村民的来信是这样写的：当我接到第一期《新三岔》时，我简直不敢相信这是真的，三岔人能看上自己办的报纸，这是我做梦都没想到的。报纸的发行也是村里义务发行员负责挨家挨户送的。不少村民将每期报纸仔细看完后珍藏了起来。要是哪期没有收到，就有人主动找编辑部要，非拿到不行。有一次发报纸，一名村民正在田里看报，待发行员用了一个多小时发完全组报纸返回时，发现这名村民还在捧着报纸津津有味地读着，到了忘我的程度。如今，每到月初和月中，等不及的村民便找上门来，问报纸印出来没有，当得知还要几天才能出来时，往往带着满脸的失望而归，而事实上，还没有到报纸的出版日期，有村民坐不住了，强烈要求把报纸办成周刊甚至日刊。百姓生活板块主要反映的是村里的好人好事，当村民从该栏看到自己的名字时，那个自豪和高兴啊，比吃了蜜还甜。同样地，要是看见自己的作品发表时，那个兴奋啊，好像自己离大作家已经不远了。

成人学校

除乡村图书室和社区报纸外，三岔还成立了成人学校。校长老师都是该村村民，考虑到三岔面积大，居住分散，学校分3个校区。每半个月上半天课，由成人学校聘请村里懂技术、文化水平较高的村民给大家传授种养殖新技术，讲解法律政策，交流生产情况，解决生产生活中遇到的各种难题。成人学校弥补了图书室只对识字村民有用的不足，也解决了报纸周期较长的弱点。

三个社区发展配套组织或形式相互依存，互为补充，极大程度上解决了村民缺信息、不懂技术、不了解法律政策等问题，深受村民欢迎。而且这些组织都是以社区村民为主体的，具有可持续发展的可能性。

在短短的一年时间内，三岔村能由一个远近闻名的上访村成为如今走红全县的精神文明村，可以说，是项目办和三岔人民共同努力的结果，足以证明新乡村建设之路是对的，走得通的。我们也相信，已经站起来的三岔人的物质文明建设也一定会步步高升。未来的三岔必将成为物质文明和精神文明共同发展的模范村，也必会成为实现科学发展观的好典范。

大学生支农队三岔项目组詹玉平、白亚丽、肖青等执笔

第二章
顺平案例

汪维行

【导读】 在资源极度稀缺、税费负担过重的压力下，一些农村"草根"阶层的生存状况就像"一个人长久地站在齐脖深的河水中，只要涌来一阵细浪，就会陷入灭顶之灾"。本文要介绍的这些农民，幸运地在另一群人的帮助下走出了维权陷阱，他们利用维权期间形成的动员力，组织起来成立合作社，开展文艺活动、经济活动，实现了组织内部的互相帮助。

从维权组织到合作社，不仅帮他们在税费时代走出维权陷阱，还让他们在后税费时代发挥出重要作用。

一、顺平县台鱼乡的基本介绍

顺平县位于河北省北部，保定市西郊，太行山东麓。县内交通四通八达，临近京昆高速公路，京广公路和京广铁路从县域穿境而过，北距北京150公里，东距天津190公里，南距石家庄119公里，西距太原300公里，大同260公里，处于环京、津、石、保、太大经济圈的中心地带，区位优势明显。

全县气候四季分明，干燥少雨，地理学意义上的温带大陆性气候。地形属低山丘陵区，地势由西北向东南倾斜，自然分为低山、丘陵、平原三大地貌形态，山区、半山区占全县面积的2/3，平原区占1/3。西北山区多属石头山，耕地天然碎化，水资源匮乏，无自然资源。全县总面积约714平方公里，总人口约30万人。

顺平县是国家级贫困县，2009年全县年财政收入不足2亿元，主要靠国家转移支付。县内经济以农业为主，工业主要有四大支柱产业，一是全国最大的聚氯乙烯生产基地，位于高家庄一带；二是正在扩大的现代制造业基地，从保定承接了部分转移产业；三是具有地方特色的肠衣产业，台鱼乡康关一带是主要产区，全国肠衣协会会长是康关人；四是果园经济，西北山区大面积种植桃子、柿子、苹果等，具备一定市场规模，桃子主要供应北京市场，柿子销往东北、山西等地。

台鱼乡位于顺平县西北部太行山区，北接易县，西邻唐县。山区地表多石头，水资源不足，柴各庄2003年机井深度达300米。距顺平县城20公里，保定市30公里，交通畅通。总人口17618人，4898户，城镇户口占1%—2%，主要是企业退休职工。主要产业有林果和肠衣业。全乡柿子种植历史悠久，根据地时期又开始推广种植苹果作为副业收入，中华人民共和国成立后普及开来，20世纪80年代出于品种、市场等原因在政府引导下改种桃子。康关肠衣厂有工人1000多人，主要是当地年轻人，工资每月1000元左右。

农户是典型的兼业小农，主要农业生产活动有粮食（玉米、红薯、粟米）生产，桃子、柿子树为主的林果业及小量的畜牧业（羊、猪）生产（见表2-1）。农业生产一般需要灌溉，另外因桃子的引进，需要大量的农药喷洒防虫害，时至今日，当地几乎所有的农作物和林果业都大量使用农药，给当地的生态和水资源造成了很大的压力。畜牧业主要以羊为主，妇孺及闲散劳动力还有着牧羊的习俗，生猪养殖以家庭残羹和红薯为主，主要是补贴一般家庭日常生活开销。

表 2-1 台鱼乡农牧业发展情况（2009 年）

	人口	农村居民人均生产性纯收入（元）	人均耕地面积（亩）	林果业产出（千克/人）		畜牧业生产（只/人）			
				桃子	柿子	羊出栏	羊存栏	猪出栏	猪存栏
柴各庄村	329	1900	1.21	213	851	1.0	0.91	0.30	0.33
康关村	1312	2000	1.28	1143	168	0.53	0.57	0.34	0.38
台鱼乡	17618	2118	1.29	1097	211	0.42	0.53	0.32	0.30

二、农民维权骨干松散组织雏形：大学生参与民间调研维权

2000 年前后，该地区因赋税过重，产生了诸多矛盾冲突，造成乡村治理失序，也引起了当地农民以各种理由对基层政府进行一系列的维权活动。税费改革之后，乡政府退出了对村庄的干涉与管理，乡村原有的价值生产能力弱化，基层政府组织基本处于瘫痪状态。而此时，一批农民在维权的过程中，经常进行交流和通气，同时又以传统的乡土人际关系为基础，由此形成了同一乡镇区域内的松散维权组织网络。

腰山镇的谢运生是上访维权者中的一员，因 20 世纪 90 年代农民合作基金改革下岗，为争取退休补贴，在一次找媒体反映问题过程中，结识了《中国改革·农村版》的记者刘老石[1]。小水村的葛

---

[1] 刘老石，即刘相波（1968—2011 年）。天津科技大学讲师，2002 年加入"新乡村建设团队"，中国人民大学乡建中心项目主任、北京梁漱溟乡村建设中心总干事、北京国仁绿色联盟秘书长、中国人民大学农业与农村发展学院 2010 级博士研究生。历任《中国改革·农村版》编辑、梁漱溟乡村建设中心总干事、国仁绿色联盟秘书长。2011 年 3 月 24 日，因车祸抢救无效在天津不幸逝世，年仅 43 岁。

和平从20世纪80年代上访成功之后便走上了利用法律为农民维权的职业道路。正如其报道中描述的:"葛和平是一个最最普通的北方农民。他不是基层的干部,不是共产党员,甚至没有在村里任过任何职务,他比别人多的仅仅是一股拗劲儿。这股拗劲儿在同村人眼里算不上优点,甚至还让他几乎丢了老婆。可是正是这股拗劲儿,支撑了他20年披荆斩棘的维权路。"

小水村和腰山镇距离较近,谢运生认识葛和平,谢运生就把记者刘老石介绍给了葛和平。葛和平感人的故事和热情引起了刘老石的注意,通过《中国改革·农村版》杂志的平台,两人便结下不解之缘。

《中国改革·农村版》杂志社创办于2002年4月,是一本"全心全意为农民服务"的杂志,它以"关注农民生存环境,维护农艺金权益,致力农村健康发展,引导农民勤劳致富"为办刊宗旨。深入探讨"三农"问题的症结和解决办法,广泛研究"三农"中的现实问题,创办以来深受从中央到地方政府,以及广大农民的欢迎与关注。杂志从创办那天起就旗帜鲜明地宣布其宗旨是为农民服务,第一期杂志封面上就是鲜艳的五星红旗,而当时农民最大需求就是希望党中央的政策得到贯彻执行,保护自己的合法权益。此时的《中国改革·农村版》一下子就成了农民的主心骨。

同时新兴起的大学生支农运动也方兴未艾,全国各地大批学生纷纷成立支农性社团,他们结合当前国家"三农"问题的焦点、当地农村的状况及自身的专业和兴趣,选择课题、预备、学习相关资料,进入农村进行实地调研。之后根据调研分析结果,撰写调研报告。每次调研结束后,《中国改革·农村版》杂志社都能收到各地高校寄来的大批调研报告。杂志社邀请温铁军、张晓山等对调研报告进行评奖,并将调研期间涌现出的大量优秀报告编辑成调研报告集。就这样,大学生逐渐参与到农民事务中来了。

2003年10月,刘老石带着大学生支农队(中央民族大学、河北大学等高校)进入小水村、柴各庄、史家沟等下乡实践,大学生们打着支农队的旗子,胳膊上系着红领巾,给村庄带来了新鲜的感觉。

大学生到村庄中,第一件事并不是去拜访村干部,而是走访村中有威望的老支书和困难户。2003年学生总共来了20多人,分成几个小组,白天分别到周边各个村庄调研,晚上回来一起开会讨论。

也正是学生的下乡调研给了农民勇气和希望。村里的意见领袖葛和平在访谈的时候说:"你们大学生能下来,即使什么事情都不做,就已经帮了我很大忙。你们大学生,特别是北京来的大学生,能来到我们这边,就已经是对我老葛莫大的支持。"也许,正如他所说的那样,只是下去造造势,就可以让那些农民精英们借势把他们想做的对大家有利的事情做起来。

走出"象牙塔"的青年大学生,深入农村现实的社会进行调研,协助农民进行维权。但是在这样的过程中,大学生却也有很多的无奈。一位下乡的大学生在亲自参与农民维权之后写道:"乡亲们在我们身上寄托了太多的我们无法承受的责任了。他们把我们当作中央特派员、新闻记者看待,以为我们有很大的能耐。实际上,我们也不知道我们到底能为此做些什么。我们难道仅仅是下来走走,看看,动一下感情,抹两滴眼泪,抱一堆数据回去,写写报告就完了吗?如果是这样,我们还不如不下来,除了徒增我们的痛苦,我们还能做些什么?"正是这些反思促使着青年学生开始通过其他的方法来继续关注乡村,推动农村的建设。

同时,由于长期的维权,维权的成本早已超出农民所能承受的代价。葛和平为了维权长期在外奔波,弄得家里非常糟糕,几乎是家徒四壁。而整个村庄也因为维权而产生派性斗争,村庄的民主、治理并没有因为维权而显得和谐,周边所有村庄都陷入一种无望的状态。

三、维权转为文艺建设

"十五"计划之初,中国开始了以减轻农民负担为中心、取消

"三提五统"等税外收费和改革农业税收为主要内容的农村税费改革，并于 2003 年在全国全面铺开。2004 年吉林、黑龙江等 8 个省份全部或部分免征了农业税，河北等 11 个粮食主产区降低农业税税率 3 个百分点，其他地方降低农业税税率 1 个百分点。全国的税费改革已经全面铺开，大大缓解了税费问题引发的冲突，农村矛盾也大大缓解了。2005 年，国家推出新农村建设的宏观战略。

就在此前一年，北京梁漱溟乡村建设中心成立，专门从事推动青年学生的下乡活动，并给予下乡的支农青年学生理论和实践的指导。同时，晏阳初乡村建设学院开始招收早先的维权农民（柴各庄）于宝银、（小水）葛和平、（史家沟）杨玉楼去进行培训学习。培训的主要内容以新乡村建设为核心内容，进行国家政策、理论和实践的学习。大学生支农队以"改变自我，做家乡主人；团结起来，建设新乡村"为动员手段。联合经过培训转化的维权骨干，准备开始一系列的乡村建设活动。

之后，刘老石带着学生再次进入柴各庄村，主要以文艺建设为切入点，通过维权骨干的介绍，挖掘村中有文艺特长和热心村庄公共事务的人，准备组建老年人协会。最终刘老石找到了原来的维权骨干于宝银作为主要联系人，筹备发起老年协会建设新农村，他们自称是"老年协会发起人"，主要有于宝银、尹章尔、贾更申等早先维权骨干。

2005 年正式成立老年协会，主要集中大家一起学习一些中央政策、法律文件以及讨论村里的公共事务方面。之后大家商量每个星期天开会学习，负责学习的是于宝银会长，主要学习的内容是国家的相关政策、文件，以及当时晏阳初乡村建设学院所提供的资料。2004 年暑假，在柴各庄举办第一次"十佳儿媳""五好家庭"评选活动，选出村内公认的孝顺儿媳进行颁奖，奖品以日常生活用品为主。2005 年 6 月老年人协会组织义务劳动，清理并维修废弃的化工厂。由于化工厂是村里原来的一个企业，之后被废弃不用了，但是化工厂有6间房，门口还有一大片空地，老年协会想向村委申请，把化工厂的地方作为活动场地。同时又由于化工厂被废弃已久，无人管理，被村里乱扔垃圾，弄得一片狼藉。于是老年协会组织大家志愿打扫化工厂，为期两天。后来村委把这片场地出租给村中大户，成为果品交易市场。

以柴各庄为核心，周边的三个村庄也开始以文艺活动为切入点，掀起了一场热闹的文艺汇演，同时在村里组建形成各种各样的组织，有老年人协会、乡村文艺队等。其中主要以受过"文革"时代组织训练和文艺培养的老人和在家留守妇女为主要参与对象。他们自筹经费，和大学生一起自己排练节目，自娱自乐。柴各庄老年协会文艺队缺少吹拉弹唱的，社员们就自己学，成立自己的演出班子。于宝银阿姨和丈夫王大叔一个拉二胡一个唱，令于阿姨吃惊的是，自己丈夫竟然还会拉二胡，若不是进行乡村文化建设，估计这辈子都不知道了。她丈夫则笑说，以前你没让我拉二胡。

文艺演出成了大学生下乡支农的必备活动，自2005年以后，几乎每年的寒暑假都会有大学生到村里开展活动，村民的文艺联欢会也成为村里每年都会开展的活动。也正是这一系列文艺和公益的组织活动，激发了农民的热情，培养了一些稍有组织能力的老人和妇女骨干，为后期试验区其他活动探索奠定了人才和组织的基础。

2005年，梁漱溟乡村建设中心派遣志愿者李欣和杨兴华来到柴各庄实习，主要是负责一些文化建设活动，如扭秧歌等，同时也统一指导和协助大学生下乡的支农工作，三个村庄基本的工作思路都一致，其间也会互相交流和支持。在原来维权网络的基础上进一步形成了以文化活动开展为主要方式的松散型网络，初步成为乡镇范围跨村的乡村建设试验区雏形。

有了文艺协会、老年协会这些基层组织之后，各地大学生、志愿者纷纷参与协会建设和村庄的发展，如河北保定农业大学杨雪，凭着一腔热血经常周末到村子交流，周一坐车回学校。后续一些大学生支农社团陆陆续续来柴各庄、小水、史家沟等地进行下乡实践，柴各庄的老年协会于宝银、葛和平、杨玉楼等是主要接待者。就这样依托文艺活动，合作社和大学生们可以"以文会友"。同时，各地区合作社之间的互动也逐渐展开。2007年元旦，柴各庄邀请保定北湖的赵全兴来教文艺，台鱼姜庄的腰鼓队在乡建中心的组织下也来演出和传播腰鼓技术。乡建中心在其中起到了桥梁的作用，连接全国各地区的文艺活动，让各地区文艺组织互相学习取经。当然在这个过程中，乡建中心也会适当支持各地区合作社的文艺活动，2007年，柴各庄村兴华合作社的文艺队缺少衣服，乡建中心知道后立即捐款1000元。

四、农民合作艰难探索："农资联合购销托管"试验失败

2005年国家开始推进社会主义新农村建设，2006年10月通过和颁布了《中华人民共和国农民专业合作社法》。农民的经济合作组织再次进入人们的视野。乡建中心早先就在探索通过文艺协会、老年协会等多种方式组织农民，使之合作起来。农民经过文艺组织、公益组织的锻炼，已经不仅仅满足于文化活动领域的跳舞唱歌，也希望可以趁着这股劲儿能够在经济合作方面有所突破。乡建中心则结合政策和现实需求在原先文艺队、老年人协会精神文化建设的基础上，进一步开展面向市场、经济领域的探索尝试。

（一）农民合作社初建成

2006年中央民族大学来下乡，除了正常的组织文艺活动、调研之外，还开展了合作社培训和前期的动员工作，在培训过程中大家都认同合作是个好东西，农村缺乏的就是合作。也有很多农户提到，具体到一些经济的合作社需要资金的问题，就不太容易办。现在更

需要的是一些成功的范本,才让大家觉得具有可操作性。

2006年11月,柴各庄召开全体社员大会,学习中央文件,讨论怎么办好合作社,以及发起合作社文艺队问题。开会学习的这个过程也是非常有意思,自从"文化大革命"之后,农村很少有开大会的场景了,也不知道如何来开会。几位老骨干就提出可以借鉴和学习以前的模式,再结合大学生之前培训的过程,创造了一套农民自己开会的程序和流程:会议开始第一项是喊口号,如"平等团结""互助合作""我为人人,人人为我"等一些有合作意义的口号。第二项是唱歌,歌曲也是一些比较振奋人心的,还有农民自创的《互助合作歌》《团结就是力量》等;第三项才是开会,主要讨论了新农村建设的希望以及如何在村里开办合作社。由于很长时间没有这么讨论了,大家对于合作社和乡村建设都有自己的想法,各抒己见。不管发言结果如何,至少这是农民对于乡村如何建设的一种表达,也是他们自我发展意识的一种萌芽。最后大家决定,以后逢二、七开展学习,于宝银担任主管;文艺由于宝银、马五十、尹成福、贾更中负责。2006年在乡建中心刘老石的支持下,葛和平开始着手准备发起合作社,以柿子协会的名义筹备了和平柿子合作社的前期准备工作。

整个2006年,各地区合作社一直处于筹备过程中。直到2007年《中华人民共和国农民专业合作社法》实施,在乡建中心王德斌、张可的协作之下,各个合作社才在工商局注册成立。在2007年9月12日,柴各庄原先的兴华合作社注册改名为闻名柿子专业合作社。其他合作社如小水村的和平柿子专业合作社,史家沟的众鑫柿子农民专业合作社等也先后注册成功。由于合作社在当时对绝大多数农户来说,还是一个新鲜的事物,所以各个合作社在成立之初的力量显得非常单薄。有些注册的资金也只有几百元(见表2-2)。

表 2-2 各个合作社注册时基本情况

	小水村	柴各庄村	史家沟村
名称	顺平县区县和平柿子专业合作社	顺平县区县闻名柿子专业合作社	顺平县区县众鑫柿子专业合作社
法人代表	葛和平	马兵云	杨玉楼
出资总额	380 元	4800 元	3000 元
出资人	19 人	48 人	115 人
注册成功时间	2007 年 9 月 12 日	2007 年 9 月 12 日	2007 年 9 月 17 日

同时也是在 2007 年之后，乡建中心几位志愿者常驻顺平，在于宝银的帮助下租了两间房子长期居住，房租一年 200 元。志愿者也把这儿当成了家，王德斌带了很多书在顺平县办起了志愿者长期驻村点。在开始的时候，驻村生活对于志愿者来说也是一大挑战，他们需要自己解决锅碗瓢盆、柴米油盐等问题。很多时候都是合作社的骨干来帮忙，他们会给志愿者送一些蔬菜、自己种的小米，有些甚至把自己家的锅具送给志愿者用。

志愿者的主要工作是负责合作社日常事务，如会议学习、文艺活动、农资购销、项目发展等，帮助村民解决一些实际问题，也包括接待外面进入顺平县区合作社参观者或下乡实践的大学生；也时常走家串户了解合作社中的问题，需要帮忙时，也下地干一些体力活。

合作社的探索标志着农民组织开始进入经济领域，但是却一直没有很好的项目能够无风险地进行尝试。早先指导成立文艺活动的志愿者也没有更好的主意。开始的设想是能不能和本地的种植产业结合，从种植最多的柿子入手做统一的销售？但是分析来分析去，还是觉得有些风险：首先是对于市场的风险把握不准，害怕出问题；

其次谁也不了解外部的市场状况，只是听说本村的柿子能销售到北京、上海，但自己并不清楚应该与谁联系；再就是合作社从来没有这样做过，附近乡村也没有这样的先例，不敢贸然尝试，因此社员也不敢把柿子销售给合作社。可以看到，当分散的、信息短缺的农民虽然能够组织起来，但是面对新鲜的做法和市场的不确定性，组织起来的农户也不能确保自己在市场的地位，所以任何一点发展都举步维艰。

单个合作社发展没有思路，进一步确定合作社之间能不能联合发展，进一步对原先有维权、文化初步形成的跨村网络进行经济联合，就成了更加迫切的需求。

(二)"农资联合购销托管"试验尝试

恰巧在这时，梁漱溟乡村建设中心在其他试验区探索经济联合发展的试验逐渐有了初步的效果，探索了一种叫作"托管直销模式"。效果非常明显，其间还总结出了一系列经营农资的经验。

延伸阅读 2

梁漱溟乡村建设中心的托管直销模式

姜庄合作社农资服务部是由梁漱溟乡村建设中心（以下简称"梁中心"）支持的、大学生志愿者参与的、以姜庄合作社为平台，探索合作社更好发展的另一种尝试。为了使合作社更好地发展，姜庄合作社农资服务部暂时由中心托管一年，梁中心支付农资服务部的前期所有成本，在农资服务部进入正常运作阶段交由合作社经营，并且抽回所有成本。托管期间，大学生志愿者负责农资服务部的所有经营活动。

2006年11月左右，一批称作"坦克部队"的学员从濮阳学习之后陆续赶到姜庄，准备以姜庄为中心，以姜庄合作社农资服务部为依托向周围村庄扩散，实现合作社成片发展。当时每天用广播宣传，还定期编辑《合作科技报》向周围村庄发放，还去一些村子放映电影。按照当初的设想，首先就是改造农资服务部，把它打造成一个为村民提供服务的场所。村民只要缴纳100元的股金和每年10元的会费就可以以成本价购买农资服务部的所有商品。先通过优惠的价格和优质的服务把周围的村民组织起来，再整合资源，谋求区域共同发展。

从目前做的情况来看，这种做法深受群众欢迎，开业不到两个月时间，营业额超过10万元，已经正式加入的新会员有30多户，影响已经扩大到周边十几个村，每次用药覆盖面积大概在2500亩。

具体运作模式如下。

采用两套价格机制：会员价和零售价。会员价即成本价，一般比进价稍微高出一点。零售价，基本上与市场价持平，视利润空间而定，若利润空间大，则比市场价也低一些；若利润空间小，则按市场价出售。这样做，一方面是区分会员与非会员，让会员实实在在得到更多的实惠，以增加农资服务部的吸引力；另一方面避免过早冲击区域市场，减少经销商的阻力。

为会员提供免费服务，目前主要是喷雾器的使用与测土。喷雾器是村民用药时必不可少的工具，凡是会员持会员证可以在我们这里免费借用。我们从济南找来专家为社员进行土壤化验，查看其中的各种元素的含量。这仅仅是我们计划的开始，后续服务还有待于进一步完善和改进。

信息技术上，我们以网络和县农业局为基础，及时向村民报告病情和作物管理，并适时地请县里有关技术人员亲自深入田间地头为农民解决病虫害。我们订有农业科技、信息等方面的报纸，供广大农民朋友阅读，让他们了解更多的农业信息。

另外，在店面布置上，强调农民的主体地位，我们有一标语为："没有农夫，谁能活天地间。"让他们进到我们的农资服务部里有一种归属感，整体布置宣扬的是一种时代文化，比如说"我为人人，人人为我""合作洪流不可阻挡"等口号。不像其他的农资店里都是农药、化肥的广告。

农资服务部的可行性分析：农资是农民种地必不可少的，分散的小农与市场交易成本非常之高，几经转手的农资流入农户手中，价格一般能达到成本价的2—3倍。据了解，一般厂家的利润有20%—30%，县级代理商利润为60%—70%，零售商的利润为20%—30%。所以，组织起来，达到一定规模，就可以直接与厂家联系，省去中间两个环节，就可以把农民的生产成本降低大约一半。还有一个问题是，单家独户与市场交易，力量微弱，容易被假货坑害，这也是我们经常听到农民朋友说的事，也是农民朋友信任我们的重要原因，用他们的话说，就是被假货害怕了。基于以上两个方面，以这种模式农资服务部是可以发展好的，我们良好的开局也证明了这一点。

基本经验如下。

一、要保证商品的质量。在一开始必然会遭到原有经销商的价格反扑，他们会把价格降到成本以下，以求将我们扼杀在起步阶段，甚至会不择手段，用劣质的东西来与我们抗衡，但是这种做法不会持续太长时间，只要我们自己不乱分寸，就产生不了多大的影响。

二、应该有对农资方面比较懂的人员参与。看起来是一个普通的农资服务部，其实也不是那么简单的事，它包括产品的质量、价格、用途，更重要的是向农民说清楚农资的用法和使

> 用最佳时期，所以应该至少有一个比较在行的人参与农资服务部的建设。
>
> 三、前期运行时间注意低成本运作。一般农药是可以退货的，所以农药品种要齐全，几个主打品种可以多进，其他辅助的要有。但肥料上切忌不要贪大。肥料基本是不能退货的，一旦你进货过多很容易造成积压，在资金有限的情况下这种事情要尽量避免。我们今年就只做了一个品牌，事实证明结果还不错。化肥销售截至现在营业额已经突破9万元。
>
> 我们现在进的货大部分是从县城的经销商处批发，刚开始也仅有杀虫剂、杀菌剂是从天津绿亨（以前的北农绿亨）进的。与这些商人打交道其中有很大的学问，首先要让他们知道我们的实力，大家要以诚相待。这样才比较容易相处。

梁中心为了能够推广"托管直销"的模式，开始在其他地区试验。而这时顺平地区已经初步形成了区域的合作社网络，同时顺平一带柿子、桃子种植面积广，对农药需求量大，每户平均需要2000元农药、化肥的费用支出。柴各庄几年前发生过"假化肥"事件，社员们觉得自己经营农资"质量保证，价格优惠"。

于是，梁中心派遣志愿者、工作人员到顺平各个合作社了解农资联合购销的意愿，之后，确定参与合作社农资服务部的人员，并一起开会讨论农资发展的思路及长期发展规划，会议上还把顺平将要做的农资作模拟，同时也确定了顺平农资服务部的工作是梁中心的重中之重。最终，梁中心与顺平地区6个合作社协商同意，共同开展农资联合购销。

通过努力，最终协调好山外合作社（南委、五里岗、庄里）各凑资2万元，中心投入1万元发展农资服务部A，山里（柴各庄、史家沟、小水村）每户社员入股 200 元，梁中心投入 1 万元发展另一农资服务部 B。

根据梁中心工作人员的预算，农资购销最低需要 3 万元的启动资金。当时合作社社员数量是史家沟 100 户，成了区域的合作社网络。根据合作社社员数目，每位社员大概需要入股 200 元，于是就以每股 200 元筹资。结果史家沟只入了 7 股、小水 21 股、柴各庄 46 股，总共筹集股金 14800 元。加上中心的 1 万元股金总计 24800 元，启动资金不足，乡建中心在柴各庄这边农资联合服务部又追加了 1 万元股金，用总计 34800 元的股金运作农资购销。顺平南边山外的合作社资金较充裕，每个合作社筹集股金 2 万元，总共是 6 万元，再加上乡建中心的 1 万元，是 7 万元起始资金。

在经过大家的讨论和协商之后，最终确定了联合农资服务部的管理制度、经营制度、财务制度、利润分配方式等。联合农资服务部是由乡建中心发起，合作社共同出资、统一进货、统一分货、统一价格销售。各合作社可以根据自己的实际情况设立店面，同时规定联合农资服务部进货、分货、销售、退货的各项规则。最后的利润分配 60% 按交易量（销售额）返还给各成员单位，40% 按股金分红到各成员单位（北京梁漱溟乡村建设中心享受股金分红）。北京梁漱溟乡村建设中心的股金分红主要用于奖励金、补偿金或其他公共费用。

山里农资联合服务部决定把总部设在柴各庄，山外农资联合服务部总部设在五里岗村。柴各庄的于宝银为了做农资店，在院南边花了 3000 多元盖起了两间新房子用于存储农资；小水和史家沟则是理事长家空出闲房存储农药化肥。以梁中心为中心，农资购销为依托，三个合作社联合起来了。各自之间分别签订了委托代理书，梁中心成立农资联合服务部具体负责。

2008 年 3 月份梁中心给属于农资联合服务部的合作社发了人大乡建中心的牌照。一个长 2 米、宽 0.8 米左右的牌照挂在外面很醒目。为了进一步扩大宣传和造势，各个合作社在成立农资服务部时，举行了隆重的开业典礼。在开业典礼的时候，各个合作社之间以文艺汇演的方式参与了合作社的开业。同年，梁中心开始派遣大量的志愿者和工作人员组成团队，常驻顺平，这也是梁中心作为外界机构对农村试验点投入人力、物力及智力最多的一次。青年学生带着热情和朝气，还有建设农村的理想进驻乡村，与当地的农民骨干一起开启一项新的项目，合作社的农民骨干也带着自豪自信，整个乡村都弥漫在一种轰轰烈烈的氛围之中。

山里合作社2008年总进货3次，销售额是12万元。中心和合作社签订了委托书，以联合农资服务部名义派志愿者管理。各个分销店不单独支付房租，一般放到谁家存放谁就管理销售，根据销售额的3%提取工资，2008年柴各庄的于宝银一年能得3000元左右，小水村1000多元（见表2-3）。

表2-3 2008年山里农资联合服务部运行整体情况表

单位：元

	交易额	交易额返还	股金	股金返还	合计
柴各庄合作社	99648.6	5177.7	9200	1302.7	6480.4
史家沟合作社	15624.4	811.8	1400	198.2	1010
小水合作社	26977.1	1401.7	4200	594.7	1996.4
中心	0	0	20000	2831.9	2832
小计	—	7391.2	—	4927.5	12318.8

2008年是农民合作经济运作的首年，为了让农民尝到甜头，梁中心志愿协商主张把所有盈利全部分红了，分红12318.8元。乡建中心股金分红2800元，800元用于搞元旦合作社间联谊，2000元投向资金互助。为了避免交易量和股金分红的争执，乡建中心就按照

合作社法中"六四开"的原则分红。联合起来的农资购销确实给各个合作社有了一些经济上的带动,但是从数据中可以看出,其带动的幅度并不大。梁中心刘老石总结:今天的经济合作社与其说是在赚钱,不如说是省钱,可以联合购销农资产品,可以共同运销节省运费,可以共享技术服务节省生产成本。

2008年,虽然农资联合购销的试验取得了一定的成绩,但是在其运行过程中却遭遇了外部市场打压和合作社内部冲突的问题。由于农资联合服务部的起步运行资金比较少,所以在经营的时候提出不予赊账,不管是对于分支合作社还是普通的农户。而在当地,农资赊账确实是很平常的一件事,有经销商就扬言:"到这里买,随便赊账,来年再还都可以。"这样使得很多合作社的社员也都到经销店购买。同时因为涉及行政许可经营,工商税务部门还是会来找"麻烦",也让村民有些担忧,销售量也有些影响。

而各个合作社在农资联合购销运行的过程中,同样存在争执,虽然争执的意见由梁中心协调暂时被压制下去了。最具有争执的地方体现在:①对于农资联合服务部总部地点设定的争议。因为农资联合服务部的总部设在哪儿,梁中心的志愿者和工作人员就会在哪儿,每个合作社都想把自己的合作社确定为总部。一方面可以提高合作社在村里的宣传力度和关注度,同时还能配合合作社做其他工作。从一年的运行中来看,无论是在销售量上还是在人数上,农资联合服务部总部设定的合作社都比其他的合作社有优势。②农资联合服务的总部运行设定在柴各庄,其他两个合作社就根据需要到总部来运货、调货,而这期间的运输费无疑增加了另外两个合作社的成本。这也同样使得其他合作社对总部设定的地点及其运行制度有些不满意。

2009年年初存货价值23000元,应收款8000多元,2000—3000元的现金流,农资无法运转。因为股金分红收益较高,史家沟又追加了13股,柴各庄追加了25股。同时顺平县其他两个合作社也参与到农资联合购销中来，2009年发展到五个合作社，这五个合作社分别是柴各庄闻名柿子合作社、小水和平柿子合作社、史家沟众鑫柿子合作社、北湖民心柿子合作社、康关爱民柿子合作社。康北赵爱民也成立了合作社，入股资金5000元。北湖合作社入股资金4200元。合计有了21000元流动资金开始统购进农资。

2009年年初的农资统购在初始资金很少的情况下启动，虽然新加入的两个合作社参与农资联合服务部，但是其整体销售量上并没有比2008年的时候增长多少，反而下降了。2009年农资联合销售额约11万元，比2008年整整少了一万多元。银行存款17000元，现金3679元，存货8000元，应收款18000多元（其中史家沟10000元、小水7500元、北湖900元、柴各庄200元（见表2-4）。

表2-4 2009年农资联合购销运行情况

单位：元

村庄	交易额（收入）	盈余返还	股金	剩余盈余	盈余合计	实际分配
柴各庄	67723.9	1635.73	14200	507.25	2142.98	2143
史家沟	22198.3	536.15	4200	150.03	686.18	686
小水	9329.9	225.34	5200	185.75	411.09	411
北康关	10320	249.25	5000	178.60	427.86	427
北湖	7563	182.66	4200	150.03	332.70	332
中心	0	0	20000	714.43	714.43	714
小计	117135.1	2829.16	52800	1886.11	4715.28	4713

一直到2009年年底，由于合作社农资联合服务部的存货压得比较多，同时各合作社的存货也比较多，很多应收的款项并没有收回来（史家沟合作社理事长杨玉楼由于家庭变故，便扣留了销售农资的资金10000元左右）。销售量比2008年也有所降低。农资联合购销面临着停止的局面和解散的危险，2010年由于没有进货，便开始

准备要解散农资联合服务部。梁中心一方面督促各个合作社归还农资联合服务部的应收款，一方面也开始着手准备核算库存，按照利益共享、风险共担的原则处理剩余库存。

原本希望做大做强并能够推广复制的模式，再次面临着实践的检验，农资联合购销也面临着解散的风险。梁中心的年轻团队似乎都还无法从原来轰轰烈烈的合作场景中转化过来。面对着实践探索的再一次失败，一位学员志愿者在面对农民合作无法发展的时候不禁这样写道："农民合作社的出路到底在哪？！"

无论是合作社本身还是作为外界参与的青年志愿者都不愿意看到联合购销解散，但最终还是不得不面临着解散的局面。一方面确实已经没有办法继续投入资金运行。另外，其联合购销产生的收益并不大，但是还要花费大量成本、精力来协调各合作社之间经营的复杂关系。另一方面，还需要面对其他农资经销商的竞争、打压。最终，梁中心召集五个合作社讨论：农资联合购销开始宣布解散。每个合作社开始核算亏损。每个合作社的股金加上2009年的利润高分配减去每个合作社所应承受的库存及应收款，得出每个合作社应该退还的股金。由于史家沟合作社的欠款超过其股金5000元左右，而这5000元被合作社理事长所挪用，所以大家暂时规定，先把农资库存分掉，各个合作社的剩余股金由梁中心保管，等到史家沟合作社把钱补上再统一返还。

史家沟合作社理事长杨玉楼却没钱一直拖欠欠款，梁中心也因此催了好几次，都无果而终。其他的合作社一方面要求梁中心退还其剩余的股金，同时还不愿承担杨玉楼因为个人原因而挪用的资金，明确表示这个资金并不能算到他们合作社的账上。2012年杨玉楼写下欠条，梁中心把剩余股金返还给各个合作社。最终亏欠的5000元左右只能由梁中心来承担。外部机构梁中心和志愿者在这次与农民合作的过程中，不仅承担了人力的成本，同时还承担了农户因为家庭意外而产生的风险。

农户在面对强大的市场环境时,迫切需要合作和联合起来发展,合作的需求也很强烈。但是在现实中,不管是合作社内部社员发展还是外部市场开拓,依旧是困难重重。在面对农民需要合作而又难以合作的时候,农民寄希望于通过组建合作社来解决农业、农村发展过程中所面临的资金、人才的短缺,以及避免市场风险,但是农民在组建合作社的发展过程中也面临着资金、人才的短缺及市场的风险。那组建的合作社还有什么意义?所以需要突破的关键点在于:合作社把农民的某些方面合作和组织起来了,谁有这个能力来协调和做这些事?在这个市场竞争很激烈的社会,有哪一块有利润的空间可以放开让农民来做?又有谁会因为农业的低收益而在乎农村的发展?这些很实际的问题都摆在农民合作社发展面前。

农资联合购销的探索尝试终止之后,各个合作社开始自己独立发展。梁中心也慢慢退出该地区。把工作的重点放在了合作社基础关系比较好的柴各庄。经历农资联合购销的失败,合作社和志愿者开始探索新的方向和出路,同时构建在联合购销基础上的合作社联合也随之解散。

五、新趋势、新探索:缓慢却不停止

1. 资金互助尝试

资金是农业生产中最具有组织性的要素,因此,在农村探索资金互助便成为提高农民组织化程度的重要路径。2009年,柴各庄开始探索尝试专业合作社内部成立资金互助。据乡建中心负责人刘老石说,主要有两个目的:一是进行农民合作互助金融试验,积累经验;二是合作社农资运营过程中存在资金短缺问题,希望提供资金互助吸纳资金，以解决合作社发展的资本稀缺问题。柴各庄村合作社资金互助组便开始筹备，开会讨论，制定章程于2009年2月10日正式通过，社员入股开始运作。启动资金为5000元，由于启动规模比较小，2009年试运行的资金互助并没有放开让农户来贷款，只提供了联合农资统购服务部4笔贷款15700元。2010年年初，联合农资购销试验失败，也导致原先资金互助组的管理团队随之解散。

为了探索新的合作方式，合作社和梁中心志愿者戴小明开始协商，准备在原来的资金互助基础上进一步扩大资金互助规模。2011年年底，开始重新筹备合作社的资金互助。其间，合作社骨干和志愿者利用晚上时间开了一个星期左右的会议，最终在入股、借贷流程、如何操作等各个方面达成了协议。

资金互助选举新的理事会、监事会及财务会计人员，组成新的团队。合作社希望中年骨干能够出任，老年的骨干能够作为监事。最终选举贾洪志为理事长。年长的5位为监事会成员：王春兰、尹成福、于宝银、马兵云、尹章儿，年龄基本都在65岁以上。2011年元旦，合作社资金互助部宣布成立。

资金互助部下设审核组、监督组和财务组，实行合作社理事会领导下的部长负责制。业务上与合作社实行分开经营、独立核算。同时规定互助部的股金分为资格股、投资股、流动股和社会公共股。投资股、社会公共股享受分红，流动股按约期支付利息。并规定资格股50元，投资股每股至少100元。流动股约期分活期、6个月期及一年期。活期为年息0.36%，6个月期为年息2.25%，1年期为年息2.55%。流动股少于1个月不支付利息。并随国家银行的规定不断调整。放款期为6个月期及10个月期。6个月期的费用：社员成员为月息10‰；10个月期的费用：社员成员为月息12‰，合作社及各部门为月息12‰。

贷款的程序：成员如需用款，先向审核组申请，审核通过后找部长批准，之后到财务组开票拿款；合作社及各部门用款，应经互助部部长、审核组、监督组、财务组成员全部通过，才可以拿到钱。互助部发起人为当然担保人，担保收益为担保金额利息收入的20%；如所担保借款未按时足额还款的，担保收益为加罚利息后担保金额利息收入的10%。

收益利润的分配：弥补互助部以前年度成员积累的亏损；提取法定盈余公积金12%；提取法定盈余公益金8%；提取风险基金20%；按股分红。

在这种草根的农民合作组织中，外界力量如果能够选择合适的时期介入所起到的效果是非常明显的。乡建中心汲取之前农资的经验和教训：乡建中心资金投入5000元，但是需要农民骨干自己筹资30000元。乡建中心利用5000元集合农民骨干入股的29900元，就这样，资金互助以40000元不到的规模再次开展起来。

延伸阅读

3

合作社资金互助部的股金构成

在开始的时候，合作社骨干都不愿拿钱出来，总共有7—8位骨干，共同商议自己凑一部分钱，同时乡建中心拿一部分钱，总共要凑齐5万元左右。在开始第一次合作社骨干入股的时候总共还不到2万元，最高的入股才2000元，最低的就只有400元，入股的人数总共有11人左右，还有一位志愿者参与入股。最后发现大家投资股的钱太少了，又不得不再次开会，重新增加股金，大家根据自己的实力追加股金。后来骨干中有4位又重新增加了3000元、2000元、1000元的股金，最高的入股股金为5000元。最后，乡建中心作为社会公共股入股5000元。最终确定该合作社资金互助部的发起时股金机构：社员资格股2300元（是由原来做农资店的时候转过来的），社员发起投资股29900元，社会公共股5000元。资金互助部总共37200元，这样就把资金互助部成立起来。2011年元旦的时候合作社资金互助部正式挂牌成立，并请合作社的文艺队表演庆贺。最终的入股情况如下：

		股金类别	股金数额（元）
社员资格股（46人×50元，原先合作社股金）		资格股	2300
发起人发起股（16）	合计	资股	29900
	马兵云		4000
	于宝银		4000
	靳保国		500
	赵建梅		500
	王春兰		500
	王志文		1500
	戴卫明		1000
	马五十		2000
	尹章尔		4000
	贾红志		5000
	马东升		2000
	马吉良		2000
	尹成福		400
	王金花		500
	贾军营		1000
	贾军全		1000
梁漱溟乡村建设中心		公共股	5000
合计			37200

在开始的时候，虽然只有不到4万元的起始股金，但是却因此有了合作社内部的金融机构，而且在制度和规定上并没有因为资金少而含糊。2011年，通过乡建中心志愿者的联系，王丹老师支持性追加投资1万元，希望能够推动更多骨干入股，带动其他农户的积极性。无论是乡建中心，还是王丹老师，在协议上都规定：此资金产生的收益归合作社集体所有，用于防范风险，同时没有任何的利息支付。任何经营都会存在风险和成本，外界资金进入农民组织，应该从承担风险和成本方面考虑更好地支持合作社。

尽管合作社经营部分的成本有外部支持性资金承担，但是资金互助内部管理的制度建设，以及操作人员的能力方面仍需实践磨炼。资金互助在农村毕竟是一种新的事物，在具体管理过程中如何避免管理人员因为村庄中的熟人家族关系而产生制度异化。同时也需要相应的财务人员不断提高其记账的能力，很难想象：一个已经好几年都不拿笔的农民骨干在接手资金互助财务的时候，得需要多大的勇气？不仅需要给他成长的时间，还需要不断的鼓励和肯定，另外也需要志愿者的不断督促和监督。

> 延伸阅读
>
> **4**
>
> ## 资金互助部的监督机制
>
> 2011年6月，因为资金互助部往外贷的金额并不是很多，特别是资金互助部部长贾洪志担心到年底时不够给大家支付定期利息，也一直很着急资金的外贷。该村村干部马小勇想贷款3万元用于买车运输，为期3个月。马小勇和贾洪志在村里有点亲戚关系，便召集合作社审核组开会，大家一致决定不贷给他，一方面是因为他不是社员，同时也由于他是村干部，认为

他贷款不是买车而是要用来填补该村的欠账。这事暂时搁置后，马小勇便找合作社社员尹彦广，想通过他来贷款。又开了一次会议，审核组都知道尹彦广贷款是给马小勇用，同时又因为金额太大而没有答应。但是贾洪志在大家都不认可的情况下，还是按照程序把钱贷给了尹彦广。问题就出在这里，在开会时大家很明显是不愿意的，但是在私下找各个审核组的时候还是签字把钱给贷出去了。合作社大部分骨干发现后都很生气，说资金互助部的部长在大家没有同意的情况下，把钱贷出去了。最后合作社骨干硬要一个解决办法，贾洪志只得把自己家的存折3万元放到了资金互助部作为抵押，事情才算得以平息。但是最有意思的是这笔贷款还了，只是超期了10天，还罚了200元，利息是2000元，这笔贷款的利息居然占了全年总贷款利润的58%，很大程度上解决了资金互助部该年存款利息支付及社员的股金分红。事后合作社进行总结，批评了资金互助部的部长，希望其能够严格按照资金互助的制度办事。

资金互助从2011年真正开始运行，到2012年合作社股金增长到7万多元，社员贷款累积11万多元，除去成本费用之后产生利润3000多元，每股分红3元左右。2013年合作社新增社员8户，股金增长到20万元左右，累计为社区社员提供19万元的借款数额。利息收入1万元左右，每股（100元/股）分红10元。资金互助从2010年开始运作以来，整体效果比较明显，起步资金比较低，从不到5万元起步，发展到现在20万元左右。从中可以看出其内在的资金互助发展潜力是比较大的。"这个资金互助比之前做农资要好，不用花很多精力，只要按照程序来，到年底还能分给社员钱。"合作社资金互助部部长贾洪志在合作社年终总结的时候这样说。

合作社资金互助在扩大规模的同时,对于财务人员和操作人员的要求也随之提高。2011年刚接触的时候,志愿者手把手地教他们基本财务知识、做账,两位财务人员还是比较陌生,梁中心志愿者会每月跟进其账务做账的情况。2012年经过一年的锻炼,基本操作他们都已学会,也能独立做账了。2013年基本能独立运行,外部机构或是志愿者只需年终总结的时候加以核对即可。其实对于这样的草根合作社来说,发展初期资金的规模小也并非坏事,规模小风险也小,有利于逐步锻炼合作社骨干的操作能力及熟悉业务的能力,最终能够越走越稳。

2. 生态农业、城乡互动持续

2006—2007年的时候,随着社会生态环境的变化及食品安全问题的日趋严重,社会各界人士及相关机构纷纷把目光投向生态农业。梁中心最早在2006年便在该地区合作社的实验基地开始探索生态农业,并于2006年推动成立国仁绿色联盟。

延伸阅读 5

国仁绿色联盟简介

2006年4月,来自全国五个省份的七家农民合作社为谋求自身的发展,在"三农"专家温铁军教授的倡导指导下成立了第一家全国性的农民合作组织——北京国仁绿色联盟联合社。国仁绿色联盟自成立以来,曾多次举办过关于可持续农业发展、城市文明消费的论坛、活动,并在山东莘县史河口村和河北顺平县小水村建立了生态养殖基地,得到了相关专家、学者的大力支持。七家农民合作社愿意通过农民合作生产的方式

> 为城市消费者提供有机健康的农产品。在诸多热心小农公益事业的志愿者的大力协助下,联合社在北京设有办公室。国仁绿色联盟多次成功举办了农民合作社与城市消费者社区之间的互访活动,让社区支持农业的理念能够付诸实际行动。国仁绿色联盟一头连着生产者,一头连着消费者,通过大学生支农参与、监督农户生产(参与式保障体系 PGS),在城市组织购买活动,搭建健康农产品的产销链条。

开始的时候是在柴各庄合作社的骨干于宝银家地里实验种植玉米、红薯和小米(谷子)。国仁绿色联盟也逐渐进入相关领域推动城乡互动,并开始与一些受到信任的农户进行合作,销售一些玉米初加工的玉米糁、玉米面,还有小米。2007 年 10 月 28 日,北京西二旗消费合作社到柴各庄合作社实地考察参访,也希望通过消费合作社支持村里的生态种植。在这次的参访和考察之后,柴各庄合作社受到很大鼓舞,和志愿者一起开始推动柴各庄的生态农业。之前为了合作社的社员创收,很多志愿者满怀热心地提出各种方案,社员们也讨论得热火朝天,但是都没有做起来。现在则看到了希望,希望通过推广生态种植来增加农户社员的收入。

2010 年 5 月,驻点志愿者王卫卫申请了小额项目,在柴各庄合作社做了一次生态农业技术的培训,邀请社区伙伴周辉、小毛驴市民农园技术主任袁清华到村里进行讲座。并向来参与培训的社员提出愿意帮助销售其种植的生态农产品,并进行了报名和统计。而量最多的应该是小米。在当地各家各户基本上都会养殖几头小尾寒羊,所以也都会有一些羊粪,而对于每家大部分的土地都是种植果树,只是留出平原上很少的土地用来种植一些杂粮。同时又由于该地区气候干旱,所以这边的传统种植就主要以抗旱作物小米、玉米为主,但是种植的面积都不大。

在很大程度上销售小米的收入占整个家庭收入的比例很少。很多农户原来在没有绿盟推广生态种植之前一直是用自家的粪上地,种植够自己一年食用的杂粮,很少卖出去。在绿盟和合作社取得联系之后,在原来的基础上不断挖掘一直进行生态种植的作物和农户,与其进行合作。很多农户在原来所投入成本不变的情况下,发现自己传统种植的这些农作物可以通过外来机构(绿盟)进行销售,甚至比在当地的价格要高出1元钱左右,因此也愿意继续从事传统的生态种植,同时又可以获得额外的收入。正因为这样,不断吸引一些农户报名参与尝试小范围的生态种植。

2011年,由于食品安全的形势更加严峻,北京国仁绿色联盟所连接的生态农产品越来越受到大中城市消费者的关注,来源于各地区生态产品的销售量也逐渐上升,绿盟对各地区合作社生态产品的需求也随之扩大。柴各庄合作社组织的小农户从原来零散的几户逐渐增加到20户,到2012年的时候有30户参与和绿色联盟的合作。

由于乡建中心志愿者在本地村庄留下了很好的信誉,于是种植农户也非常放心绿盟可以先把农产品拿走,等下一阶段卖完之后再支付。在销售过程中,首先通过合作社发放通知和宣传,合作社根据绿盟所需要的规模、品种,组织要种植生态产品的农户进行登记,登记内容包括种植的规模,土地的面积、位置,种植的种类,同时协商好销售价格。绿盟则提供生产的要求和产品的监督,主要由驻点志愿者来负责。绿盟则根据自己销售的情况,向合作社提供订单。合作社拿到订单之后,便开始先向年前报名的社员收购生态产品,或是通过大喇叭通知农户需要哪些产品,如果各家有的话就拿过来。之后统一称重,记账,运往北京绿盟。

绿盟和合作社的合作也并不是单一的销售业务的合作,和绿盟一起开展工作的梁漱溟乡村建设中心还会在村里组织各种讨论会:讨论如何保证产品的质量,如何保证农户不会施肥和喷药等一系列问题。这时候合作社的组织性作用就凸显出来了，要参加销售的农户必须加入合作社，还要接受合作社所有社员的监督。其实监督只是一种说法，更重要的是在培训过程中让这些农户理解：不用农药化肥其实是对自身身体最好的保护。绿盟收购合作社农产品的价格根据不同的品种来定，一般比当地市场价高出1—2元。销售的价格则根据北京生态产品的价格确定（见表2-5）。

表2-5 顺平地区收购及销售产品价格表

单位：元/斤

	红豆	绿豆	黄豆	黑豆	小米
当地市场价	5	6	3	5	4.5
收购价格	6	8	4	6	5
销售价格	26.67	26.67	15	16.67	10

合作社除了发展杂粮之外，还在社员中推广种植生态红薯。社员年前登记，确认种植面积之后，收获之后绿盟收购。由于在柴各庄有一个本地的红薯加工小作坊，绿盟通过合作社联系，在此加工成粉条销往北京。2012年总共加工6万斤粉条，给当地的加工小作坊带来一笔不小的生意。"本地种植基地结合民间作坊加工，最后由绿盟拿到大城市销售"，合作社开始向农产品初级加工方面探索，把初级的生态农产品红薯变成容易接受、易于消费的粉条，大大提高了农产品的附加值。红薯按照当地市场价0.3—0.6元/斤。加工粉条之后6元/斤，绿盟销售价格在15元/斤左右。同时也让合作社的农户有些吃惊："原来在村里用猪粪、羊粪种出来的这些谷物、红薯，能够受到北京大城市消费者这么大的欢迎，这些土里土气的产品价格可以这么高！"

由于顺平地区养猪主要是用来产肥，平常就喂些植物秸秆、草、麸子、厨余等，过年才宰杀，饲养时间达8—12个月（每年2—4月间开始饲养）。每到年末，一些老顾客也总会委托国仁绿色联盟向河北顺平县合作社的老乡要猪肉，过年食用或馈赠亲友。绿盟发现农村"种养结合"模式的价值后，为能够进一步推广顺平山区的农家猪，促进消费者与农户的沟通，同时鼓励农民用养猪而非购买化肥的方式获取肥料，绿盟便专门策划了"购猪认养"活动。消费者向养猪的农户支付一定定金，让农户可以放心饲养，不必担心猪养好了没收益。等到年末将猪宰杀，消费者收到猪肉后将余款补齐。消费者可以根据过年时要食用或馈赠亲友的量按份来定购，一份20斤，不分部位。如果认购整头猪，就预交人民币1000元整。如果只定若干份，预交猪肉总价的1/2。而对于顺平山区的合作社农户来说，没有想到的是，按照祖祖辈辈养猪的方式来养，也能够把猪肉卖到30元一斤。

身处河北保定顺平的合作社农户，因为长期身处大山中，保留着传统的可持续的生活方式。猪在当地的整个生态循环里起着极其重要的作用，一方面，它们消化掉厨余、废水、地里的杂草、秸秆、麸子；一方面，猪把秸秆等粗纤维与粪便通过踩踏使之混合、发酵，产出滋养庄稼的肥。所以，猪是生态循环里的重要一环。

国仁绿色联盟在消费者和农民之间搭起一座沟通的桥梁，在与合作社对接的过程中，不仅仅是从中收购产品，还多次组织合作社生产代表到社区与市民交流，也组织市民到农村生产基地参观体验，举办讲座论坛。从2006年开始，一直举办多种主题的活动，同时派遣实习生走访农户，和农民合作社一起开展生态农业种养殖。2012年5月绿盟组织合作社生态农业培训，陪同消费者参观生态农业的种养殖农户。2012绿盟推出"心"食物品尝活动，推动消费者和生产者直接对话，这些公益活动的举办对绿盟及合作社的社会公信力起到了关键性作用。由此对于其生产的生态产品，就可以跨过高成本的认证体系，直接对接消费者。

合作社与绿盟的对接从生态种植逐渐扩展到传统的加工到生态养殖，整个生态循环链在慢慢地形成。合作社生态产品的销售量逐渐开始增加，合作社开始从销售额中提出部分费用用于合作社基本开支。最初根据社员销售的重量来提，经过开会讨论，决定合作社每斤提取 0.5 元。后来合作社开始种植生态红薯，由于各个农产品之间销售的量大小不均，很容易造成小米、玉米提得少，红薯提取得多。于是便直接改为从销售额中提取：卖出 100 元提取 2 元。2012 年合作社提取的服务费总共是 1242 元，2013 年超出 2000 元，以此来形成合作社公共的收入。合作社对外连接绿盟，协作绿盟统购产品、监督生产，建立农户档案，对内指导农户种植，协调销售。2013 年由于合作社参与生态种植的农户开始增加，合作社开始针对这些农户分组，按照地理位置协调分成 6 个小组，每个小组选择小组长，协调小组农户的生产，合作社则直接对接小组。合作社的组织在协调种植生态农业的过程中开始成长。这种组织的成长体现为一方面可以更低成本协调种植农户的生产，另一方面也使得更多的骨干开始参与合作社的协调和管理。新时期合作社发展的探索主要以资金互助和生态农业为主，在整个过程中，青年志愿者跳出农民合作社本身的议题，开始着眼整体的农村内在需求和乡村价值及外部社会环境的变化。心态上开始接受和承认民间合作社发展缓慢的真实状态，农民组织的成长不仅是规模上的扩大和联合，其内在作用是能够以农民为主，农民骨干在其组织成长过程中不断完善制度，对农村的价值加以重新肯定。

后记　农民合作社成长需要空间和时间

通过对顺平试验区十多年的探索，我们看到太行山脚下朴实农民的又一次奋发和努力，他们希望通过各种机遇来改变乡村中不合理的现象，也看到新时代一批支农青年扎根乡土的情景。这个过程就像一块石头丢进平静的池塘，激起一阵涟漪。

合作社发展的复杂多元，其实就在于其参与的主体是多元的。

参与主体都有各自想达到的目标和利益诉求。在这样一个合作社成立外部环境很宽松的环境下,合作社的发展必然就会融入各种各样的人,即使在农民主体当中也会存在不同层次的农民,这些不同层次的农民因共同的需求或是发展诉求而合作,而承担合作社的不同工作。但是又由于农民自身的特点,在合作的过程中会不断地因为一些小事而产生协商或是隐性的成本。而正是在这样不断的协商过程中,不断地总结一些经验。甚至形成农民合作内部的一套约束章程,以此来更好地促进合作社的制度建设。当然在这个农民主体不断协商的过程中,会有一些农民的退出和加入,甚至陷入暂时性瘫痪。对于农民内部利益诉求的多样性处理,其实在农村内部会无形地被消化。同样,外部环境中参与的力量也是多方面的,而这些外部力量对农民合作社发展过程中的参与,主要起服务支持或是引导的作用。由于农村内部很多资源的缺乏及农业本身利润低的现实,加上改革开放之后农村三十多年的去组织化,农民群体合作的理念及组织的能力越来越弱化。在这样的环境下,要重新来做农民组织的事情,不仅需要空间,还需要时间,空间则不能限定农民合作社必须在农业领域来合作,可以延伸到生产的各个环节:包括金融、加工、运输行业等多领域,也可以往乡村生活领域延伸,幼儿教育、养老、文化生活等;需要时间则是说农民在发展的意识上也要突破农业局限,同时也需要通过各种长期的组织活动来提升农民的组织能力。

附录　学生支农队在早期乡村组织化中的作用

白亚丽

2000年,曾在湖南师范大学学生时代主持哲学沙龙的刘老石来到天津科技大学(原天津轻工业学院)任教,本身从事社科专业教学的他不满足空洞的课堂教学和死板的教育方式。于是，在这个以工科专业主导的学校里做的第一件事就是利用他在食工系做辅导员的一年，放松审批社团政策，学生可自发成立各种社团。于是二十多个社团如雨后春笋般成立起来，其中最有影响力的是"新希望农村发展促进会"。

2000年冬天，因很少有人愿意关注农村，仅有创始人的"新希望"在学校的食堂宿舍到处张贴海报，打着文化旅游的口号，才招来6个同学组成一小队，地点是一位熟人介绍的山西左权县麻田镇。

北京师范大学"农民之子"也在1999年暑假以"京楚大学生村民自治宣讲队"的名义组队去了一位老队员的家乡——湖北随州柳林镇。与此同时，北京大学"乡土中国"、中国农业大学"农村发展促进会"等社团相继成立并组队下乡。

最早的下乡点大部分是队伍成员的老家或者朋友介绍的，费用全部自理。为了节省经费，他们选择已经成为历史的绿皮车，当然，这本身就已经是活动的一部分，因为这样的车上大部分是往返城乡的农民工。而因为他们本身是抱着了解农村的心态去的，所以其实能做的事情仅为带上文具教教孩子，带上衣物看看孤寡老人，带上影碟利用老乡家的电视，组织大家看看科技种田和法律信息，回学校写一些总结或者报告。学生支农队开始有专题性和目的性的调查，是在接触了《中国改革》杂志社之后。

2001年5月1日，几个学校的老骨干通过朋友介绍相互认识，他们开始尝试组成一支跨校联队，辗转苏北丰县、沛县等地。机缘巧合，他们在南开大学走廊里听到"三农"问题专家温铁军在讲座中讲道："我们的教育出了问题，它教人吃饭不种粮、穿衣不纺棉。它教大家都拼命挤向金字塔的塔尖，离中国最根本的现实越来越远"，这之后，刘老石决定投奔温铁军创办的《中国改革·农村版》，从此开始了他北京、天津的两栖生活。那时，温铁军也在用自己微薄的课酬费资助为数不多的学生返乡调查，他说他只不过想延续老一辈农村工作者杜润生老先生"动员大批青年知识分子深入农村调查研究"的夙愿,以及给予长期脱离乡村而漠视乡土的孩子们再次了解家乡的机会,孩子们常因缺少微薄的路费而不能实现。那一年,杂志社来了因"我向总理说实话"而走投无路的李昌平、执着于平民教育事业的邱建生等,因此,这个时期也被人称为"改革"时代的开始。他们也开始加入推动大学生参与农村调查的事情中来。2002年,凭着杂志社的支持,大学生支农活动获得了5万美元的资助,零散的支农活动开始有资源注入,京津地区社团之间也开始了经验交流,也会联合像中国社科院农发所等单位开展调研报告的评选活动,这样做也可以让参与的大多数农家孩子多一个表彰,可让其在毕业找工作时能多一点胜出的筹码。

但对多数满腔活力和激情的青年学生参与者来讲,镀金的功利想法似乎不是他们的动机。相反,农村对他们来讲,是打开大门的另外一个世界。当时正值乡村矛盾的尖锐期,很多队伍都会受到不同程度的地方盘查、扣押证件,甚至有因径直入村遭到地方干部驱赶的事件。北京大学乡土中国的一支队伍在赤峰刚进村,就被村民集体包围并跪求解决问题,却受到某些部门的阻挠。在村民渴望的眼神中,这支队伍仍坚持留下来做完调查,由村民轮流彻夜站岗,直至七天后护送其安全离开火车站;中国政法大学的一队学生在江苏被冒充派出所民警的恶霸盘查身份证,带队人机灵应变,并反问对方是否有合法证件而躲过危险。类似这样的事情比比皆是,这尤其考验了在学校温室里没有任何社会经验的学生。但要想真正得到农民的信任和获得一手材料,同农民打成一片是必然的。和官方组织的由地方政府安排吃住在县城不同,支农的学生必须和农民同吃同住同劳动,不许接受任何礼品馈赠,不随便接受任何吃饭邀请。北京某大学的一支队伍在河北顺平的一个村,因为被腐败的村干部接到城里吃饭,而遭到村民抵制并拒绝其返回村中,这支队伍所在的社团也被支农队开除三年。在下乡之前,每支队伍都会接受一定的培训或由老队员传授经验，如安全问题应对、调研方法、熟悉相关的资料等。而每次最头疼的问题是向老乡支付食宿费，与刚开始到村庄找住宿难相反，每当离开时凭着学生和村民亲如一家的表现，很多老乡含泪不忍学生离去，更不愿意接受学生支付食宿费，而这必然是下乡的严格纪律，因此偷塞到老乡床头被发现追出几里地，是很多队伍常发生的事情。类似这样一些队伍陆续积累的经验被大家形成规定，奉为所有支农队学生的纪律。而正是这些不接受吃饭邀请，不用村委经费购买的矿泉水和洗漱用品等表现，在河南兰考某村支书含泪激动送别时被称为"红军精神"。

在《我们需要农村，农村需要我们》一文中，钱理群老师对中国知识分子"到农村去"的历次运动进行了历史性的考察和思考，他指出新时代的大学生支农调研是承接了"知识分子到民间去"的历史精神中"第六次上山下乡运动"，而与之前五次最大的不同是，这次的主角是在全球化背景下知识分子的自觉自发行动，并内含着对当今教育系统的创新和挑战。当然，这与"五四"时期欲用"民主与科学""平民教育"等试图改变对农民愚昧和乡村黑暗的情形有所不同，这一代人其实是在实现自救的同时促进着农村的变革，因此称之为一场"双向精神扶贫"运动。

第三章
阳澄湖畔的青澄岁月
——昆山乡村建设案例[①]

李管奇　刘紫微　唐义国　李宛乔　张兰英

一、转型的昆山农业

(一) 碰撞中转身：昆山县域工业化发展进程中的农业转型问题

昆山坐落于上海和苏州之间，北与常熟、太仓相连，南与上海嘉定、青浦两区接壤，西与吴江、苏州交界。昆山历史文化积淀丰厚，这里不仅有 6000 多年的稻作文化遗址，也是"百戏之祖"昆曲的发源地。近年来，昆山因经济快速发展而受到瞩目，连续多年被评为全国百强县之首，2019 年以地区生产总值 4092 亿元位列全国百强县名单榜首。

1979 年之前，昆山是一个地地道道的农业县。1978 年，昆山工

[①] 本文是中国人民大学昆山产学研基地与青澄计划集体行动研究的结晶。该计划得到中国人民大学高等研究院与昆山城市建设投资发展集团有限公司的大力支持。在此，特别感谢温铁军教授(福建农林大学)、宋一青研究员(中国科学院地理科学与资源研究所)、王建革教授(复旦大学)所给予的宝贵支持，特别感谢朱秀妹等昆山悦丰岛有机农场的诸位同人为项目计划所做的努力。

业总产值仅为 2.8 亿元，农业在当时整个经济中仍占据主导地位。改革开放初期，乡镇企业的发展为昆山的工业化奠定了基础，工业比重不断提高。1984 年昆山设立自费开发区后，其工业发展过程中对外资的利用程度不断增长，1992 年之后昆山实际利用外资进一步攀升，外向型经济成为推动昆山经济发展的主要力量。

尽管昆山地区的社会经济水平不断提高（见图 3-1），但耕地资源却在显著减少。1985—2005 年，昆山的工业发展和人口增长所带来的土地开发需求造成了耕地的流失和自然村落的消失，流失的耕地主要转变为城镇建设用地、人工养殖坑塘和工矿交通用地等，同时也造成了耕地板块化和细碎化的明显特征。据统计，截至 2010 年年底，昆山有 1386 个自然村落消失，占总数的 61.25%，许多文化遗址、文化遗产和民俗也在此过程中一同消亡或濒临消失。

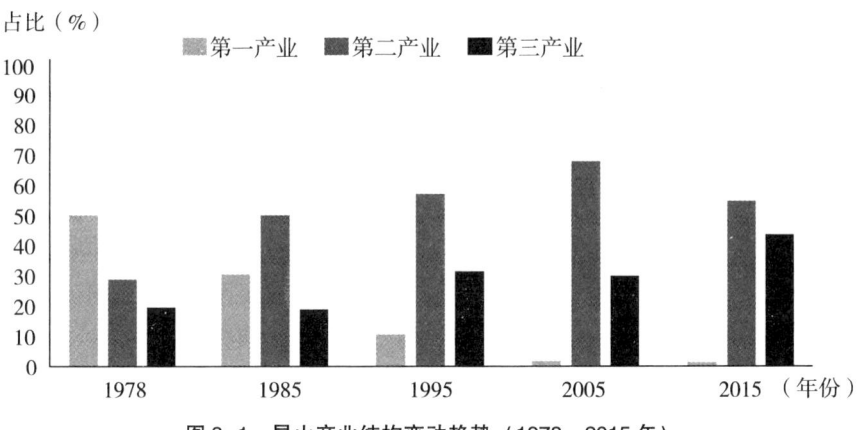

图 3-1 昆山产业结构变动趋势（1978—2015 年）

耕地和自然村落被工业和城镇建设用地取代，造成昆山粮食生产能力下降。研究表明，昆山在 2000 年从粮食产区转变为粮食销区。良种推广和机械化耕作等科技要素投入无法逆转粮食自给率不断下降的趋势，昆山粮食自给率在 2016 年已下降至 8%（见图 3-2），这意味着，昆山的粮食和食品质量几乎完全取决于外部市场变化。中国科学院农业政策研究中心 2016 年在昆山开展的一项关于农作物品种资源的调查结果显示,随着杂交和常规品种的快速推广和粮食生产向优势产区的集中,昆山本地各主要农作物的传统品种正在加速消失,作为农业基础性生产资料的种子也已完全市场化。

图 3-2 昆山的粮食自给率(2006—2016 年)

近年来,随着昆山市政府在耕地保护政策实施力度方面的加强和区域产业结构的调整升级,耕地占用成本的持续上升导致耕地占用的边际收益倾向逐步下降(见图 3-3)。提高土地的集约利用程度,协调经济、社会和生态综合发展,为昆山探索新的农业发展和城乡融合模式提供了创新空间。与此同时,长三角地区新兴的中等收入群体,特别是这个群体对于食品安全的重视,也为农业转型创造了新的市场机遇。

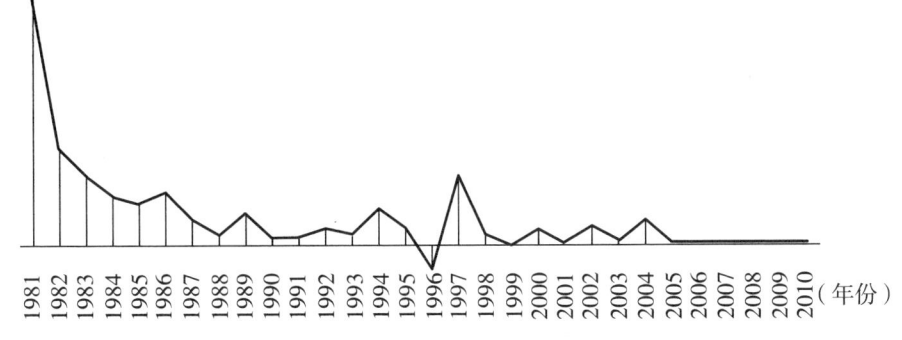

图 3-3 昆山工业产值的耕地资源占用边际收益趋势(1981—2010 年)

（二）风起悦丰岛：从有机农业迈向乡村建设和城镇转型

昆山城市建设投资发展集团有限公司（以下简称"昆山城投"）于2009年在阳澄湖东部沿岸创立了悦丰岛有机农场，创新性地将城市景观、绿地公园和农业生产进行结合，采用景观园林设计方法创造了独特的可食地景（Edible Landscape），成为解决城市绿化用地过高以及土地集约化利用的一种社会干预方案。2013年11月，昆山城投和中国人民大学可持续发展高等研究院共同发起成立了昆山产学研基地，将悦丰岛有机农场在有机农业和可食地景领域的试验成果进行总结和推广，构建了一个集有机农业生产、青年耕读学习和理论政策研究于一体的社会平台，推动昆山的农业发展和城镇建设朝向更加生态化和社会化的道路前进。

作为一家获得有机认证的农场，悦丰岛有机农场严格按照有机农业国家标准运营，生产过程中完全禁止使用化肥、农药和生长调节剂等对环境和身体健康有害的化学投入品。悦丰岛有机农场还鼓励和倡导健康、负责任的生活方式，通过自然教育课程和校园农耕活动让市民意识到农业、食物和生态环境的重要性。农场每年种植70多种蔬菜和水果，已累计生产约460吨有机蔬菜，服务300多户家庭，累计有2.5万人次参加过各类教育课程，其中儿童约1.8万人次。

此外，悦丰岛有机农场自成立以来，已累计减少使用化肥39吨和农药1.3吨，通过减少农业面源污染保护阳澄湖水源地的生态环境。监测数据表明，农场范围内的土壤有机质含量提高了3—5倍，阳澄湖畔的生物多样性状况也明显改善，目前已发现170多种鸟类在此栖息，以及多种野生水生植物如芍菜、野菱角和金银莲花。

2014年4月，昆山产学研基地启动了"青澄计划"这一综合试点项目，以悦丰岛有机农场所在的巴城镇绰墩山村为主要工作地点，结合乡村建设理念和本地实际，将有机农业生产扩展为可持续发展目标下的乡村建设和城镇转型试验，探索具有广泛参与性和包容性的社会生态农业模式。青澄计划由梁漱溟乡村建设中心和悦丰岛有机农场具体执行。2014—2017 年，在农业转型和公共倡导两个主要领域做了探索，不仅先后推出了市场反映良好的青澄米和具有本地特色的芡实等安全、优质的农产品，也形成了具有一定社会知名度的品牌项目，如"转型城镇讲座"和"青澄夏季学校"等。

（三）互信中扎根：青年人参与和地方性知识驱动的转型和创新

悦丰岛有机农场和绰墩山村村民委员会 2015 年签订了水稻生产协议，双方一致同意开展水稻的生态种植和加工，同期引入已在国外发展较为成熟的参与式互信体系（Participatory Guarantee Systems），构建能够增进生产者和消费者互信的产品质量保障和认证体系，替代经济成本和学习成本高昂的商业有机认证。青澄计划根据前期基线调研成果，设计了参与式互信体系本地化的实施方案，同时也明确了绰墩山村负责生产、悦丰岛有机农场负责营销和青澄计划负责监测动员的分工模式。2015—2017 年，绰墩山村的生态水稻种植面积不仅稳步增加，还通过开掘历史文化创意提升了产品的附加值，青澄米比市售普通大米溢价 3—5 倍，绰墩山村集体经济组织和悦丰岛有机农场共享了生态农业带来的市场收益。

在参与式互信体系的引进和落地过程中，青澄计划特别重视利用地方性知识和资源解决农业转型过程中的挑战，其中较有代表性和启发性的两个案例是稻飞虱的物理防治和苏御糯的复种扩繁。在开发适用性技术的过程中，青澄计划特别重视当地农民的参与和这些农民长期积累掌握的农耕知识，无论是病虫害防治、农家种试验还是传统农具恢复等都得益于这类本土经验。事实证明，尽管源自本乡本土的经验很难用现代自然科学和社会科学的概念进行表达，但在实务层面确实有助于农业生态化和社会化水平的提升。

> **延伸阅读 6**
>
> ## 老品种焕发市场新活力
>
> 青澄计划2015年从江苏省农科学院获得少量"苏御糯"水稻种子,这个品种曾因产量不高和替代品种的推广而被农民弃种。青澄计划通过参与式选育种试验重新检验其是否能够适应昆山本地环境并获得本地消费者的青睐。试验结果表明,苏御糯品种的本地市场反响良好,这主要得益于该品种不仅能够很好地适应本地环境,而且能满足昆山本地人的饮食文化需求。因具备生态和经济上的双重价值,青澄计划和悦丰岛有机农场2016年对苏御糯进行了扩繁,2017年联合巴城镇农服中心合作开展提纯复壮和品种改良工作,以苏御糯为代表的传统品种的就地保持,为发展和推广生态农业提供了种质资源基础。

青年人下乡支农对于活跃乡村氛围和提升自我认知具有积极作用。青澄计划自成立起一直重视推动青年人参与乡村建设工作,并在每年暑期举办"青澄夏季学校",通过主题调研和劳动体验来记录昆山乡村和农业转型过程中面临的问题,为高校学生搭建了社会实习的平台。

> **延伸阅读 7**
>
> ## 病虫害防治本乡本土经验传承与发扬
>
> 2015年9月,绰墩山村的稻田里飞虱数量超标,由于采取生态种植方式,生态田不能使用农药解决这个迫切的严重问

题。青澄计划的新农人在农史专家游修龄的《中国稻作史》一书中发现，宋朝时期苏州农民曾使用油类防治稻飞虱，具体方法是在水田倾倒适量油将其铺开，使用扫帚、竹竿或绳子摆动稻株，令飞虱落入油膜以达到防除效果。20世纪70年代，昆山有些地方还在使用这种方法。在运用该方法的过程中，绰墩山村的老农人和青澄计划的新农人一起合作研究，针对如何提升油膜的防治效果和操作效率做了两项重要改进，每天可防治近20亩稻田，效果明显。

（四）生态产学研：连接基层实践和政策设计促进昆山生态文明建设

党的十八届五中全会提出了"五大发展理念"，中共中央、国务院发布的《关于加快推进生态文明建设的意见》将首次提出的"绿色化"概念与新型工业化、城镇化、信息化、农业现代化并列。生态文明和绿色发展日益成为人们的共识，引领社会各界形成新的发展观和新的生活方式。

早在1995年，国家十一部委就曾在昆山召开第一次小城镇改革与发展经验交流会。二十年后，经济增长和工业发展位列全国榜首的昆山在生态文明建设道路上再次站到转型创新的潮头。2015年，昆山出台的《关于加快土地利用方式转变促进经济转型升级的意见》明确提出，至2020年年末，实现建设用地规模"零增长"和项目新增建设用地"零增长"，推动土地更加集约化地利用，而在国家住建部公布的2015年国家生态园林城市名单中，昆山市是江苏省唯一获此殊荣的县级市。

为贯彻落实昆山培育创建特色小镇和建设特色田园乡村的目标，

实现绿色发展、低碳发展和协调发展，昆山产学研基地通过举办"转型城镇讲座"，为乡村建设和城乡规划领域的专家学者搭建交流平台，激发社会各界对昆山乡村建设和城镇转型的思考讨论。与此同时，昆山产学研基地还同复旦大学、同济大学、苏州大学和昆山杜克大学等高校的相关院系建立了合作关系，致力于将昆山在生态文明建设方面的实践成果转化为政策建议和学术成果，形成更广泛更深入的社会影响。

二、青澄的昆山故事[①]

1998 年

"快，跟我过去看看。"

10岁的徐超杰跟在父亲身后，三步并两步地往村边赶。快立冬了，风已渐凉。走了一阵，他觉得暖和了许多，却又渴了。好在村边上就有条河，一会儿到了能舀水喝。两人快步走过一片又一片稻田，大部分稻谷都已收过，马上要准备晒了。又紧走了几步，徐超杰就望见不远处里三层外三层地围着人。

听人说村边这块地方原先是个大土丘，叫绰墩山。绰墩山村的村名就是这么来的。十多年前，市里开始建楼，村里的砖瓦厂也跟着红火起来。为了烧砖，大家开始从这里取土。慢慢地这个土墩就完全消失了，成了广场一样的平地。徐超杰和父亲靠上前去，伸长了脖子，想看看被围在中间的是什么东西。身边的人们七嘴八舌：

"这次南京和苏州都来人了，一定是有不少宝贝。"

"听说挖出了人骨头呢。"

"我看到啦，好多的瓶瓶罐罐哦。"

---

① 本部分由刘紫微汇编整理。

第三章　阳澄湖畔的青澄岁月

……

徐超杰开始使劲儿往前挤。他把脚插进前面的缝隙，一层一层地拨开人群，像穿过一片稻田。终于，他占据了一个伸头可见的位置。

出现在眼前的是一个巨大的深坑，长宽各有十几米，最深的地方有两米多。坑的一圈已被围了起来，里面分散地蹲着几个人，拿着些工具在挖着什么。他们身边散放着一些碎片，好像是破碎的盆碗，还有些骨头样的东西半露在土里。沿着坑底往上看去，这两米多深的土层颜色并不一致，一层一层地像稻子和麦子一般分别叠着。有的发白，有的发黄，还有的发黑。

徐超杰望着这一层一层的土，看了很久。

从绰墩山村往东10公里，就到了昆山市区。这个位于上海和苏州之间的城市，有着敏锐的战略眼光、勇敢的开拓精神和强大的执行能力。为了改变昆山没有工业的状况，十四年前，三名招商人员拖着五大箱子方便面和榨菜来到上海。他们睡澡堂、打地铺，从上海引进了第一批劳动密集型企业。不久，昆山就用自己的力量建立了开发区。三年后，昆山撤县建市。七年后，开发区被国家批准列入国家级。通过大规模的招商引资，这座城市成功地发展出了以出口为主的外向型经济。这一时期昆山的三资企业产值几乎每年都要翻一番。今年更是打开了台商投资办厂的新局面，第一批台商独资企业开始在昆山落户，其中就有昆山中荣金属制品有限公司（中荣金属）。

市里的工业发展热火朝天，绰墩山村的生活却并没受到多少影响。这一年，大部分村民还是像往年一样，种一季水稻，种一季小麦。田间地头最热的话题，不是城里的变化，而是胆子大的常熟人开始在阳澄湖上围网养螃蟹，听说能赚不少钱。

从绰墩山村往北550公里，就到了山东临沂。这一年，14岁的李管奇还在读初中。他发现每到新学期开学，班上的同学就会少掉一批。有一天老师问，咱们班有谁是吃国库粮的？李管奇这才发现，偌大的班级里，和他一起举手的同学竟没有几个。

2012 年

朱秀妹决定离开。

这几天她的脑海中一直闪现着几个数字：成本、收入、差额、利润。担任悦丰岛农场总经理的这两年，"收支平衡"是她一直努力追求的目标。可当离目标越来越接近的时候，她突然意识到，这段时间自己几乎都在为眼前的这些数字而忙碌，心中不免有些茫然。

从北京师范大学环境教育专业毕业后，朱秀妹就想回到家乡昆山。不久，她进入当时新成立的城投公司（昆山城市建设投资发展有限公司）。工作几年下来，她参与了很多不同类型的项目。虽然生活稳定，但她总觉得那些都不是她要做的事情。两年前，城投公司为了配合旗下阳澄湖费尔蒙酒店的经营，决定在酒店旁边建一个农场。听到这个消息，朱秀妹主动向领导请缨，希望去农场工作。

占地 230 亩的悦丰岛农场像一块绿色的玉石镶嵌在阳澄湖东岸。受社区支持农业（CSA）理念的启发，城投公司希望费尔蒙酒店和悦丰岛农场结成"绿色伙伴"，探索全新的"酒店+农场"运营模式。农场内规划有生态观光区和蔬果种植区。酒店的客人不仅能在餐厅品尝本地时令之物的滋味，也可以散步到农场欣赏江南的自然美景，体验采摘的乐趣。

站在阳澄湖畔感受阵阵微风，远眺对岸的苏州古城，更是别有一番意趣。

在朱秀妹的坚持下，农场的生产标准从原计划的"绿色"，直接提升到"有机"。第一年农场的产出特别好，茄子、黄瓜、西红柿，收获了一大堆。这一年，"五星酒店+有机农场"的经营模式大受欢迎，酒店的客人们在这里参与农耕劳作，玩得不亦乐乎，其中，来自上海的客人贡献了农场九成以上的收入。

两个寒暑匆匆过去。做第二个年终总结的时候,朱秀妹已经从一个白净秀气的娇小姑娘晒成了黝黑利落的农场经理。面对财务报表的数字,她问自己:悦丰岛的未来到底在哪里?即使实现了经营上的平衡,甚至盈余了五万或者十万又怎样?我们的目的地是哪里?我们将走向何方?

在自己的博客中,她这样分析:

悦丰岛现在的角色是什么?

在将近两年的运营时间里,悦丰岛的角色之一是阳澄湖费尔蒙酒店的合作伙伴。这种合作是两方面的,一方面悦丰岛为酒店中餐厅、西餐厅提供应季蔬菜。在蔬菜盛产的时候,也提供给酒店的员工食堂;另一方面悦丰岛为酒店的客人创造活动空间,客人在悦丰岛体验耕作、采摘等过程。

第一方面存在的问题:有机蔬菜尚未成为酒店中餐厅和西餐厅的卖点,也不是酒店在营销时的一个重点,酒店并不十分乐意以有机蔬菜的价格购买悦丰岛的蔬菜,他们比较注重蔬菜的卖相,不会接受有虫眼、比较难看的蔬菜,当然悦丰岛也不乐意将蔬菜以常规蔬菜的价格,又要以净菜的形式供给酒店。但是反过来考虑,是否也因为悦丰岛生产能力不强,蔬菜品种不够丰富,尤其不能满足西餐蔬菜的需求,不能保证供应的持续性,导致了酒店不够积极呢?

怎样解决这些问题呢?悦丰岛需要加强生产能力,适当增加设施,比如冷库和温室。同时,双方要有不断调整与磨合的意识,让酒店更愿意尝试当地当季的饮食推广,让悦丰岛更有能力靠近酒店的需求。

第二方面的问题:这一方面的合作实际上使悦丰岛成为一个休闲农场,除了生产之外,还需要组织活动,提供活动内容,并且与客人面对面地接触,给客人提供专业的信息。在这一过程中,我们需要足够的人力,以确保服务的品质。悦丰岛的角色之二是会员配送基地。存在的问题：我们所想和所认定的与客户的需求之间存在着距离。悦丰岛的角色之三是文博园的试点。文博园内的农业用地应该是分不同功能区块的：大田作物（大片水稻与小麦或油菜）、精致蔬菜或水果栽培、休闲农业。针对这三个区块，悦丰岛需要尝试的是水稻选种、有机生产技术获得及体验活动设置。

悦丰岛该何去何从？

写下这些思考不久，朱秀妹向自己的领导、城投公司董事长周继春做了汇报。她坦承农场的经营遇到了瓶颈，希望能够跳出来看一看。

在朱秀妹转去另一个部门之后的几个月中，周继春持续关注着农场的情况。作为城投公司的董事长，这位俊朗高大的昆山男人一直勤奋地工作，坚持"通过一个一个的项目，去改变我们的城市"的自我激励。八年来，城投公司不仅建成了重点学校、文化中心、福利院、全民健身中心和阳澄湖费尔蒙酒店等重大功能项目，还打造了一批保障房项目，建造了多个在昆山楼市备受追捧的热门小区。

除此之外，城投还新建改建了多个公园和景观项目，为市民打造优质的公共活动空间。在城西，城投开发的小区房价已经由最初的4000元/平方米上涨到8500元/平方米。这片老昆山人眼中的郊区，凭着科学合理的规划和优美宜居的环境，正在被越来越多的人看好。

周继春这些年亲身经历了这座城市日新月异的发展。国民生产总值不停地上台阶，大量台资、外资企业前来投资办厂。近些年昆山更是努力进行产业升级，逐步从劳动密集型的低端制造业向电子信息、精密机械、精密化工、民生用品等高新技术产业转型，连续多年被国家统计局评为全国百强县之首。在福布斯中国最佳县级城市排行榜中，昆山更是凭借雄厚的综合实力蝉联第一。2010年，昆山地区生产总值就已经超过2100亿元，如果按户籍人口计算，人均

GDP 突破 4 万美元，高居全国所有城市之首。然而，这座城市的昂扬和蓬勃并不能让这位当年村里唯一的大学生忘记心中的隐忧。相反，这种忧虑一天天越发强烈起来。

眼前的昆山地图上水网纵横。在阳澄湖边上，城投公司已经投了很多钱，建了阳澄湖公园、费尔蒙酒店和悦丰岛农场。周继春觉得，这个区域的大面已经基本掌控。除了阳澄湖，其实最早大家更关心的是傀儡湖，它是昆山的水源地之一。以往对傀儡湖的保护停留在物理隔离阶段，即为了防止污染，把整个湖面人工隔离起来。但傀儡湖的问题是水量有限，如果外部水源（主要是长江供水）出问题，3000 亩水面只够昆山用三天。阳澄湖在傀儡湖的上游，如果拼命在傀儡湖抽水，就只能用阳澄湖的水。但阳澄湖的水有点问题，是三类水质，不适合饮用。因此，保护和提升阳澄湖水质的工作也被提上了日程。

阳澄湖水自东向西，流经绰墩山、车长几个村，进入傀儡湖。这些村的大部分基本农田虽已被政府征用，却尚未大量开发。随着城市的发展，地价不断攀升，在阳澄湖畔开发高收入项目的压力也越来越大。出于保护家乡水源地的考虑，两年前，周继春决定在费尔蒙酒店周边不再做商业开发，而是配套一个有机农场，免费对市民开放。通过农场的生产和耕作，为周围居民提供产品和服务，同时让游客和酒店的客人到这里享受田园生活。

算过无数笔经营账的他，这次的算盘是这么打的：昆山的绿化养护标准是 4 元/平方米，按照悦丰岛的面积，如果造一个同样大小的公园，一年的花费是 70 万元。现在做农场，即使一年亏 20 万元，和做公园相比，还是赚到 50 万元。况且农场的存在能帮助费尔蒙酒店突出品牌特色，吸引高端客流。当然，这些还都只是在财务层面上的分析。

站在更高的层面上看，昆山南部的锦溪、周庄、淀山湖和千灯，这些地方也具有和城西阳澄湖区域同样的特质，有基本农田，也有文化传承。像千灯这样的地方，不仅有水乡古镇，是大思想家顾炎武的故乡，也是昆曲的发源地。这些地区的湖面面积占到区域总面积的40%，昆山有一半的保护农田都在这里。能不能通过在阳澄湖和傀儡湖区域的工作，对昆山农业未来的发展模式进行探索？能不能为昆山南部未来的发展提供思路或借鉴？周继春想以阳澄湖畔的悦丰岛农场为突破口，探索水环境保护、生态建设、基本农田保护、农业人口安置、文化传承和旅游发展相结合的可能。一旦悦丰岛的探索成功，就可以迅速在昆山其他地方进行复制。

要进行一项如此复杂的探索，困难必定会存在。朱经理的汇报并没有让周继春感到诧异，反而让他的另一个判断更加清晰：这项工作不能只停留在城投内部，需要更专业的外部力量介入，才能有新的动力和突破。基于这个判断，城投公司辗转联系到中国人民大学可持续发展高等研究院和梁漱溟乡村建设中心，联系到温铁军教授和他领导的乡建团队，希望他们能为昆山的农业探索把脉。

到目前为止，双方已经接触过几次。

"北京的老师什么时候来看项目？"周继春问。

"具体时间还没定，他们好像也很忙。"负责对接的人员回答。

"再打电话，希望他们越早来越好，越快越好。"周继春说。

10月，《人民日报》发表特刊文章，解读"昆山之路"。文章赞扬昆山敢为人先的精神：不等、不靠、不要，敢想、敢当、敢干。

2013年

2月，李管奇作为主任助理，陪同梁漱溟乡村建设中心主任张兰英来到昆山，开展项目调研。江南不散的水汽，让冬天显得格外湿冷。两周的调研结束后，他们来城投公司进行座谈交流，见到了董事长周继春——本市最大城市建设投资公司的掌舵人。座谈中，这位神采奕奕、思维敏锐的国企老总，让李管奇印象深刻。

"城投作为负责昆山城市建设与发展的国企，时刻都在思考什么是昆山城市发展的核心需求。"周继春说,"随着工业的发展,昆山的外来人口已经超过本地户籍人口。大量务工人群挤在北部工业区狭小的工人宿舍里。30万人住在本来只规划了20万人的地方,那就肯定会有人住到工厂和农家屋里。讲得粗俗一点,一条河边,早上的时候都是白点点,解手全在河边。你连基本的需求都解决不了,不要讲商业配套,包括文化设施。更严峻的是,这些青年如果未来要在昆山住下去,子女读书怎么办?现有的学校按人口比例根本不够。

"这些年的高速发展带来的建设使用了太多的耕地。昆山早就从一个农业县变成了主要依赖外部市场供应食物的工业城市。在这样的条件下,城市的建设和发展如何能够实现可持续?今天百强县第一名的昆山,未来应该是什么样子?未来是否应该划定城市发展的边界?在这样发达的工业城市里,是否还应该保留农业的位置?既然实现粮食的自给自足已无可能,那么农业在城市中还能发挥什么作用?"

现在新型城镇化也许能作为一个契机,城投想请中国人民大学可持续发展高等研究院和梁漱溟乡村建设中心一起,帮助悦丰岛农场把自身碰到的问题梳理出来,同时探索一条解决问题的路径。城投公司压力太大,活儿太多,市里的重点工程安排给它,剧院和酒店都要建,动迁房和老城区的改造都得做,太多刚性的任务要完成,没有条件把自己的主要精力放到这种探索性的事情上。但昆山应该如何对待土地,如何对待农业,如何对待自己的文化传承,如何对待为自己做出贡献的这些外来人口?对于城投公司来说,这些都是重要的问题。

回到住处,李管奇还在反复琢磨白天周继春的另外一段话:

"我说我们中华人民共和国成立以来的规划体系是变化的,这是我自己讲的,可能是危言耸听。我们的城市规划以前一直是扩张性的,你翻看全国历史上所有的城市规模,都在不断地扩张,是扩张性的城市规划，永远在解决发展比规划快的问题，只能扩大范围。

"但现在不是了，现在是划定城市发展的边界。你看中央的讲话，把城市放到森林里，放到自然里，要在现有村庄的形态基础上改善市民的生活条件。这句话我看了好久才记住。在现有村庄的形态基础上是指什么呢？原来我们讲城市化是农民向社区和工业园区集中。农民向社区集中就是拆掉村庄建社区，但现在讲的是在现有村庄的形态基础上改善市民的生活水准，它不是改善农民的生活水准，是改善市民的生活水准。我觉得中央的文件真的要好好琢磨。他没有要求农民一定到城市去，市民也可以生活在现有的村庄里，而且在现有村庄的基础上之后才出现大家都背得很熟的那一段。其实就是说，整个的形势变了，我感觉乡建中心和城投公司在农村的探索是跟主旋律吻合的。从来没有这么好的形势，可以把农业生产、农村和城市发展的方向结合起来。"

不一会儿，主任张兰英过来打招呼，"管奇，调研结束了，我明天一早回北京。昆山的项目之后就由你负责。记住，只能成功，不能失败。"

这一夜，李管奇整宿没睡着。

10月，朱秀妹被重新任命为悦丰岛有机农场总经理。

11月，在全国第五届社区互助农业大会上，由中国人民大学可持续发展高等研究院和昆山城市建设投资发展有限公司合作共建的产学研基地正式揭牌成立。基地的工作由梁漱溟乡村建设中心和悦丰岛有机农场具体实施。首期项目合作签订为三年。

12月，昆山市领导班子调整。周继春调任市规划局局长，不再担任城投公司董事长。

2014年

茶花的幽香在春日的清晨里时隐时现。江南的风物对李管奇来说并不陌生。十年前他在南京的师范大学度过了四年的求学生活。

大学时期，他不是个合群的人。政治经济学专业的他一个人被分进了法学院的宿舍。这些学法律的室友们常会发表一些让他忍不住去辩驳的观点。学校的社团大都是些兴趣小组，电影社、轮滑社、天文社……李管奇也喜欢天文，但他总觉得，读大学，不该只满足于这种流于形式的仰望星空。

快毕业的时候，他偶然在网上读到了一篇周立的文章，其中关于农业和乡村的观点深刻地影响了他。从这篇文章出发，他又找到邱建生和温铁军的文章来读。毕业之后，李管奇成了梁漱溟乡建中心人才计划的第三期学员。

在乡建中心工作的六年里，李管奇参与过不少项目。但无论是在深圳的社区还是在河北的村子，以往的项目都已经有一定的基础，有先行的乡建人留下的积累，但这次昆山的项目基本是从零开始。在一个经济如此发达的地区和一个国企合作且目标远大，这个项目所有的初始条件都与以往不同。

在北京的时候，李管奇和主任张兰英反复讨论了项目设计。要保护阳澄湖和傀儡湖的水质，单靠在悦丰岛农场做有机种植是不够的。两湖间村庄的生态足迹至关重要。最终他们敲定，以阳澄湖与傀儡湖之间的绰墩山村为基地，开展生态农业与农村社区建设工作。同时，与悦丰岛有机农场紧密合作，为有志于返乡创业的青年人提供学习空间和实践平台。

他们将这个项目命名为"青澄计划"，取"青年人在阳澄湖畔耕读"之意。

李管奇做好了在昆山长期驻扎的准备。他带了足够的换洗衣物和足够的书，搬进了城投提供的临时办公地，一个距离农场不远的小院子。后来听说，过去有段时间，这里曾经被用作麻风病院，之后就一直闲置着。小院周围树林环绕，不时传来鸟儿的歌声。

4月8日，李管奇在麻风病院正式启动了"青澄计划"。

5月，张兰英来昆山指导。在与绰墩山村代表座谈时，不打农药、不施化肥种水稻的想法遭遇了激烈的反对。

"所有的药都不用？不可能。"

"没有产量怎么办？谁负责？"

"不可能种得出来。这是瞎搞！"

村里的老农们从来不拐弯抹角。坐在一旁的村委副主任，27岁的徐超杰点起一支烟，安静地听大家发言。主管村里农副业的他，这几年一直关注着旁边悦丰岛农场的情况。悦丰岛也和村委沟通过与梁漱溟乡村建设中心合作的想法。今年合作项目正式启动，梁漱溟乡村建设中心的老师们希望村里能用生态的办法种水稻，徐超杰需要先听听农户的意见。

今天和他一起来开会的农户代表，都是六七十岁的老人家。没办法，只有这个年纪的人才可能对种水稻有兴趣。这些年村里依靠大闸蟹产业，生活水平蒸蒸日上，人均年收入将近3万元。村里60%—70%的劳动力都在从事与大闸蟹相关的工作。20%的人像自己一样做上班族。附近工厂这么多，随便找个班上上每个月也有几千块，还有三金五金的保障。剩下10%的人做别的营生。总之，辛辛苦苦忙一年卖水稻那几个钱，真的是没几个人能看上。况且，年轻人也不会种水稻，韭菜和麦子能不能分清都难说。

今天钱师傅也来了。他是有名的种田能手，当年不到20岁就当上了生产大队队长。虽然70岁了，但身体还好得很。听说有人想在村里种水稻，种了几十年田的他要来听听。

看到钱师傅他们这么反对，徐超杰明白，这件事想要做成并不容易。

6月，青澄的第一批实习生前来报到。他们中有人是有志于返乡的农村青年，也有人是农业相关专业的大学生。这段时间每天的实习内容是在悦丰岛农场的4亩水稻种植区插秧。他们在清晨就赶到田边，然后在焦虑中度过一天：

"整个上午，我们都在为拔出的秧苗纠结：为什么带出这么多土？叶子断了有多严重？一次拔一把有没有关系？稗草要不要仔细挑出来？捆秧苗的方法有问题吗？拔出来在太阳底下会不会晒死……"

"整个下午，我们在淹过小腿的秧田里趔趄挣扎：秧把怎么放到合适的位置？遇见大坑怎么办？水位这么高怎么办？插不齐要不要紧？到底怎样算密怎样算疏……"

同样焦虑的还有昆山市委书记。在全市招商服务干部业务培训班上，他向干部们发问：

"从昆山发展的比较优势来看，过去，我们的经济发展还主要是资源推动型，依靠劳动力、土地、环境等生产要素的低成本比较优势。现在，这些'红利'都已经无法支撑昆山今后的发展。今天，昆山发展的比较优势在哪里？"

8月2日，星期六，农历七月初七。对于青澄的年轻人来说，今天起床容易了不少。乡建中心的老师们会从今天开始为他们培训。接下来的几天都不用下地干活，不由得身轻如燕了。培训的第一项内容是做MBTI性格测试，这个测试把人的性格划分为四个维度，每个维度有两个倾向：外向与内向，感觉与直觉，思考与情感，判断与知觉。就在小伙伴们努力理解这些概念的时候，他们所在的城市突然在一瞬间成了全国的焦点：

早上7时37分，市内中荣金属的汽车轮毂抛光车间里火光一闪。"轰"的一声巨响，浓烟滚滚，瓦砾横飞，当场夺命47条。

经过几个月插秧拔草、种瓜点豆的劳作，实习生们试图从这段经历中"开悟"：

作为农耕创业者的必修课，手工农作培养的是对土地的感觉和感情，是对"农"字的认识，是对土地的致敬和对作物的珍惜。通过手工劳作，我们明白了，人糊弄土地，土地知道；人糊弄作物，作物也知道。人在土地上的一切行动，都将反馈在自己身上。无论是新农人还是旧农人，只要排上"农"字辈，缺了这种意识，都不会给我们想要的结果。

向土地无限索取的欲望压倒了对土地的情感和将农作物作为生命供给的基本意义，机器的便利只是提供了一个能够满足这种欲望的机会。饱足和贪婪的界限在哪里？轻省和懒惰的界限在哪里？恐怕没有人能够说得清。几年前参加一个世界宗教组织的会议时，各国的前辈翘楚就商议在"贫困线"之外制订"贪婪线"；最近的读书会上又注意到费（孝通）先生阐释江村"文化限制消费水平"的说法。究竟怎样度量那个"合适"的临界点，颇费思量。

从根上说，人都是从土里来的。一方水土养育一方人。土地给人以安全感，地就在那里摆着，你可以天天见到它，强盗不能把它抢走，窃贼不能把它偷走，人死了地还在。

"这样有安全感的土地能够成为连结人与自然、人与人的纽带，对土地和土地上劳作的关注，也能帮助很多城里人找回自己和自己的根。

与实习生们的各有所获相比，这一年对于李管奇来说，更像是田里长得拉拉杂杂的黄豆。在绰墩山村开展生态农业的工作搁浅，只能转而在农场边的一块地上进行"青年农耕创业"的工作。虽然完成了对一批年轻人的培训，但很明显，种地并非他们的长项，包括他自己也是一样。这些年轻人认认真真花上半个小时挖的排水口，都不如农场顾师傅三锹下去放出的水流大。这样的培训真的能帮他们走向想去的地方吗？农场边上的这块田就是青澄后面三年"乡村建设"的活动范围吗？这是青澄要扮演的角色吗？

实习结束之后，有两名学员被留在悦丰岛农场工作。大部分人离开昆山，回归各自的生活轨道。他们走后，麻风病院里又只有李管奇一个人。想着寒冬之后的春天，他决定联系乡建人才计划第七期学员唐义国，再做一次他的思想工作。

2015 年

虽然悦丰岛有 230 亩地，但除去生态观光区和蔬菜水果种植区，留给水稻种植的也只有四亩地而已。过去三年，农场用这块地摸索水稻的生态种植方法，并且将试验的品种从一个增加到三个。

朱秀妹和师傅们终于形成了一个结论：不打农药、不施化肥是可以种出水稻来的，而且产量还比预期的高一些。接着就有一个想法占领了朱秀妹的大脑：要扩大水稻的种植面积。虽然悦丰岛没有地，旁边的绰墩山村农田可不少。他们愿不愿意一起做呢？

朱秀妹跟着城投的马总前来拜访绰墩山村委书记，商量一起种水稻的事。

"我们希望能和村委会合作，在绰墩山尝试水稻的生态种植。如果村里能够严格按照生态的标准执行，悦丰岛愿意在水稻收获季全部收购，后续的加工和销售也都由悦丰岛在自己的平台上完成。村里需要做的，就是完成水稻的生产。"

位于两湖之间的绰墩山一直把水源地保护放在优先的位置。一方面是出于爱家乡的自觉，另一方面也是受水源地保护政策的约束。村里有不少农地早年被政府征用，但一直没有开发。这些年来，一直是村委会在集体管理这些土地。村委有一支生产小队，负责打理这些地块。由于人手限制，部分地块还是荒了很久。朱经理来访后，村委们就是否与悦丰岛合作这一问题进行了讨论。

土地抛荒终究不是个办法，现在政策慢慢收紧，早晚所有基本农田都会要求耕种。

悦丰岛开出的收购价不低。按照这个价格，即使生态种植的产量只有常规种植的一半，总收入也还是能比常规种植多些。

村里现在有经济条件了，水稻这一块的经济收益可以放在第二位，如果不用农药化肥真的还能有不错的产量，这无疑是水源地保护工作的新思路。

如果今年不成功，明年不做就是，不会有太大的损失。

悦丰岛这样种了三年，也没有颗粒无收嘛。

村委们基本形成了共识，并决定以村集体的名义与悦丰岛签订合约，拿出80亩土地进行水稻生态化种植，收获之后由悦丰岛统一收购。水稻收入归村集体所有，参加生产的劳动力按工时从村委领取报酬。水稻种植的所有具体工作，由村委会副主任徐超杰负责。

李管奇在麻风病院简单地欢迎了唐义国。现在青澄计划有两位长期成员了。

前两天朱经理打来电话，说是今年悦丰岛和绰墩山村合作种水稻的事谈成了，她希望青澄团队也能加入进来。增加了80亩水稻种植面积，拉进来一个村，李管奇知道，这是开展青澄计划难得的机会。青澄要做的是找准自己的定位，调整计划，适应新的情况，配合悦丰岛和绰墩山的实际需求开展工作。他和唐义国开始重新探索青澄的角色定位。

首先，今年是绰墩山第一次尝试水稻生态化种植，为了预防大范围病虫害及可能违反生态种植原则的行为，需要有人随时关注作物的生长情况，同时监督生产者的操作。

为了留住适宜本地种植的传统品种，在进行大面积单一品种种植的同时，还应该选取一些本地的常规非杂交稻种进行种植试验，观察传统品种在生态化种植条件下的表现。同时多品种种植也能增加悦丰岛产品的多样性。

为了传承农业生产知识和在地智慧，需要有人做好农业实践记录和经验总结。

为了增加城乡互动，吸引市民关注生态农业和农村发展，需要举办多种形式的活动，让他们近距离接触农村、体验农事、支持生态农产品、了解农业文化。

还有，培养年轻人对"三农"问题的关注至关重要。除了招募长期的实习生，还应该开展针对在校大学生的短期培训，拉近年轻人与乡村的距离，为乡村引入活水。

这些都是青澄应该做且可以做的事情。二人一拍即合，由李管奇负责外部资源调配与综合统筹，由唐义国负责本地关系协调和具体事务安排。轰轰烈烈的2015种植季就这样拉开了序幕。

"真的要全翻掉？"

"真的要翻掉？"

"我说你就别再问了。那个女娃子不是说了嘛，要全翻掉重做呢！"

"人家是农场的经理，说了算啊。"

"我这不是为她好吗？这水稻又不要打农药又不要施化肥，哪个肯长？到时候地里野草虫子一起上，还能剩下什么？收多收少和咱们有啥关系，反正出了多少工，村里就会给咱多少钱。稻谷长不出来，亏的还不是她？"

"现在说这些都没用。赶快重做吧，再慢今年要赶不上了。"

"都育了这么多天了，可惜了。"

看着农户们不情愿地把已经育了一半的水稻秧苗翻掉，朱秀妹在心里给自己打气：今年是悦丰岛农场和绰墩山村合作的第一年，这个头一定要开好。生态种植要守的底线一定要踩住。这才进行到育秧阶段，就有人在土里拌上了壮秧剂，这样下去，后面工作怎么开展？

她决心让村里的师傅们看到自己的坚持，按照要求把所有的秧苗翻掉重做。

6月中，重新播种的水稻秧苗安静生长。绵绵的黄梅天，润物无声。

7月初的一个上午，抚州才子饶金彪拎着行李下了公交车。刚刚在中国人民大学完成概率论与数理统计硕士课程的他，决定加入青澄计划，做负责农业生产的项目助理。还没来得及摸清周围的环境，饶金彪就被火速安排了第一个任务：入驻绰墩山村委会，负责日常巡田，随时向村委、悦丰岛和青澄团队汇报田间情况。

7月上旬，江南的集中降水伴随出梅告停。没有被除草剂关照过的稻田里，野草开始疯长。水田几乎变成了草地。为应对这一严峻形势，青澄全体成员清晨5点起床拔草。虽然现在已经有全职员工三人，实习生和志愿者五六人，但他们的劳动力和眼前的困难相比，依然显得杯水车薪。绰墩山负责种植的农人们也必须同杂草进行艰苦搏斗。上一次对付这样的情况，估计还要追溯到20世纪60年代。

"中国的水稻都像这样种，不知道要饿死多少人。你们完全是在瞎搞！"钱师傅骂道。

在与师傅们的交谈中，饶金彪等人得知过去有一种叫作"耥"（tǎng，本地村民发第四声）的除草工具。为了维护年轻人在地里的最后一丝尊严，他们决定在收工之后好好研究一下"耥"是何方神圣。

江苏省地方志网站上这样记载：

> 耥，或称"耥耙"，用于水稻行间除草，《农政全书》图示"耘荡"和"耘爪"时，以手指形示意。耘荡是宋、元时江南水田地区农民新创的一种耘禾工具。王祯《农书》载："耘荡，江浙间之新制也，形如木屐，而实长尺余，阔约三寸余，底列短钉二十余枚，筑其上，以贯竹柄，柄长五尺余，耥田之际，农人手执之，推荡于垄间草泥，使之淊溺，则田可精熟，即胜耙锄。"使用耥耙可站着耘田，减轻了劳动强度，提高了劳动效率，一直延用至今。江苏水田地区所用的"耘荡"或称为"稻耥"，南京地区又称为"乌头"，耥田称"推乌"，其制与《农书》所说极为相似，只规格尺寸稍有不同而已。20世纪60年代中期，无锡一带曾将耥耙框改用铝制，比原有的耥轻便，且可延长使用年限。80年代开始，水稻田逐步使用除草剂后，就不再使用耥耙这样的老东西了。

小伙伴们眼中闪着激动，他们决定复原一把耥耙。

"耥耙复原计划"进行得异常顺利,因为,钱师傅会做!找木板、打孔、挖榫槽、制榫头……钱师傅一边唠叨着"你们这么干肯定不行",一边尽心地为孩子们打造这失传已久的田间农具。

钱师傅在木工间挥汗如雨的时候,首届青澄夏季学校开班了。前来参加夏季学校的十几名大学生大部分都是城市长大的孩子。江南的乡村,让他们感到既好奇又陌生。在为期一周的时间里,他们要学习乡村观察和调研方法,并针对"村庄农田垃圾现状""黄豆农家种与本地知识""绰墩山村水系变迁"三个话题进行分组调研和下田劳作。

在村子里进行实地调研给这些大学生们带来了不一样的体验。其中一组负责调研黄豆农家种植的同学分享了一段有趣的经历:

我们来到一家农户门前,看到一位上了年纪的老婆婆在自家大门口歇息,便上前询问,结果老婆婆一直摇头,表示听不懂。通过前几户的调研,我们已经了解到本村的老人多讲昆山本地话,普通话讲不好。正当我们感到灰心、准备离开时,却透过院门看到一位大叔抱着一个小孩,屋里还坐着一位阿姨。客厅装修非常现代,从这推断主人家与外部世界接触不少,普通话应当说得不错。

我的队友,一位来自山西的姑娘,隔着院子向里喊:"叔叔您好,有时间吗?想找您唠会儿。"大叔看了我们一眼,继续与客厅内的阿姨说话。10秒过去了,20秒过去了……1分钟里完全不搭理门口的我俩。秉承"真的调研员,敢于正视对象的冷漠"这一信念,山西的倔姑娘又冲着院里喊了一遍,然后继续等待,在这样的过程中她笑眯眯地还在尝试着与那位老婆婆聊天。

又是1分钟过去了,依然没有回应。我抱着最后一试的心态又冲里头大声问了一遍。惊喜啊!叔叔终于有回应了。我俩顺势赶紧走进院去,忙不迭地开始自我介绍:我们是大学生啊,来做调研啊,您家有没有种黄豆啊……一个尴尬的情况是,叔叔阿姨端坐在屋里的方桌边上，丝毫没有把我们让进屋的意思，我俩只能站在屋外大门边说话，中间隔了3米远！

我们意识到自己并没有得到对方的信任。为了拉近双方距离，让叔叔阿姨放下戒备心，我们开始和叔叔阿姨聊起了家常。尤其是叔叔手上抱着的那个两岁左右的小弟弟，更是一个天然的话题。从儿子媳妇带不带孩子，到孩子晚上闹不闹，几分钟交流下来，阿姨从屋里走了出来，与我们站到了一起。

话题逐渐重新转入关于黄豆的事情。几分钟下来，我们就了解到关于黄豆种植的时节、工具等知识。而一直没有说话的叔叔此时拿了一条长凳，摆在门口，请大家坐下。在与叔叔阿姨的问答中，我们得知他家有自留黄豆种，便向阿姨提出，希望看看种子。阿姨很大方地拿出一瓶又一瓶种子，并逐一回答了关于种子收获、储存方面的问题。当我们提出购买少量种子时，阿姨欣然表示愿意将种子免费赠送。

拿到了种子，调研工作也宣告完成。就在我们要与这家人告别时，一直听不懂我们讲话的老婆婆拄着拐杖递给我们每人一个煮熟的玉米！

事后回顾，在调研前期，我总是将自己与农户隔离开来，农户只是信息与知识的集合，而我是去搜索信息的。在这种功利的目标驱动下，调研员自己转为了"非人"，也把对象看成了"非人"。如果是这样的话，一切书面上的美好理论、美好愿景都是胡扯。调研也是一种生活，要全情投入，而不只是知识的获取。

8月2日，昆山文化艺术中心多功能剧场。

《汉声》杂志创始人黄永松老师正向观众介绍苏州的传统风物水八仙。茭白、莲藕、水芹、芡实……它们是老苏州人的老朋友，却渐渐不为新苏州人所认识。台下，一颗颗方才燥热的心在黄老师温平的声音中沉入夏夜的清凉：

"苏州人问我们,《汉声》为什么要花两年的时间编写'水八仙'?小心离开苏州就卖不动。

"水八仙,苏州大自然的精灵。洪水养育了它们,它们水灵,苏州空灵。在传统苏州的天地与人文中,八仙活在天堂。20世纪90年代以来,水八仙传统种植区因为工业区的扩张而逐渐消逝。传统的种植智慧正在消散。失去它们,等于失去爷爷奶奶用汗水产生的智慧,失去我们祖先的生活习俗,失去风流雅士精致的苏州生活。

"水八仙又何止苏州。传统风物在现代生活的命运是共通的。

"自2010年6月开始,至2012年下半年,两年时间,我们头尾到苏州二十余次,在苏州江湾、东山、群力、石湖、梅湾等十几个村落实地采访水八仙从育苗到采收的全过程。2011年年底开始,我们又让苏州村民、美食家、大厨师、主妇们贡献出水八仙的菜肴。希望这不仅是一场空前的回忆,而且是新的出发。诚恳探讨水八仙牵引的生态环境、城市化与农业、水文与自然,特别是原生种消亡的各种问题。

"水八仙生存的是湿地,是城市之肺,也是城市之肾。城市一定与农业对立吗?保存水八仙,这才是今天对于人类社会与地球的救赎之道。

"除了传统文明教化带来的统一华夏文化,各地相异灿烂的风物也是传统文化生生不息的有机基础。做过福建土楼、贵州蜡染、侗族服饰……苏州水八仙,正是《汉声》乡土风物系列中重要的一章。

"越是地方的,越是全人类的。借水八仙的仙气,让现代人体会'日日是好日'的风物真味。爱土、爱水,与水八仙相守,是敬祖宗、宜子孙的事。"

唐义国对自己的工作能力感到满意。今晚黄老师的讲座吸引了不少人。作为组织者之一,他相信这样的活动能引发城里人对城市生活的反思。

讲座开始前还有很多人对悦丰岛的小番茄赞不绝口。他觉得自己又创造了新的可能性，困扰自己多年的问题也似乎开始得到回应。过去他一直很难去解释，为什么他学了那么多知识，不能建设自己的家乡，反而要离开自己的家乡。现在他觉得黄老师是会认同自己的想法的，还会有更多的人认同自己的想法。唐义国很高兴。这个生长在长江岛上的粗魁汉子，高兴的时候就喜欢唱歌。最近他很喜欢孙恒的《彪哥》。打开车载音响，孙恒平淡的声音陪着他在城市里穿行：

  认识你的时候
  已是在你干完
  每天十三个小时的活儿以后
  大伙儿都管你叫彪哥
  你说这是兄弟们对你习惯亲切的叫法
  喝醉了酒以后
  你说你很想家
  可是只能拼命地干
  才能维持老小一家
  安稳的生活
  你说你最痛恨那些不劳而获的家伙
  他们身上穿着漂亮的衣服
  却总是看不起你
  你说究竟是谁养活谁
  他们总是弄不清
  他们总是弄不清这个道理

  夏夜里空气依然透亮。道路两旁的樟树在夜色中摇晃着自己茂盛的头发。在这样笔直宽阔的道路上夜行，不失为一种享受。在哼着歌的某个瞬间，唐义国想起来，今天是中荣金属爆炸事件一周年。爆炸发生时，这家台湾独资企业已经在昆山经营了十六年。网上公布的 170 位伤亡人员名单里，没有一人是台湾省籍，也没有一人是昆山籍。这座城市似乎慢慢恢复了平静。一些伤病员还在昆山市康复医院里艰难地挣扎，而那些曾经在这里燃烧生命的人们，像是湖面的浮萍，一把抓去，便没了踪迹。

钱师傅带着做好的耥耙来了。

"看看，就是这个样子。"他略带骄傲地说。

收获了小年轻们的一圈点赞之后，钱师傅带着他们去地里亲自演示耥耙的用法。只见他一推一拉，就有很多杂草被钩倒。据师傅们介绍，如果按正常农时除草，一个工使用耥耙能除一亩地左右，相对于纯粹用手拔，这个战斗力真是杠杠的。而且耥耙不仅能除草，还能疏松土壤，有利于禾苗生长。

神器的复活让大家激动不已。然而，他们悲伤地发现，8 月除草已经太晚。稗草、莎草都长得非常高大粗壮，很多甚至已经开花结籽。比较大的草不适合用耥耙除，不仅会把大块的泥土带起来，耗费力气，而且草容易缠住钉子，总需要用手清理。但对付鸭舌草这类矮小的杂草，耥耙还是很有效的。

在赞叹神器的同时，他们也发现耥耙有个缺点：只能耥到列间空处，而不能在行间使用。因为行与行间距太窄，使用耥耙会伤到禾苗，必须配合着手工。

望着田里卷土重来的杂草，青澄的小伙伴们横下一条心。戴上草帽，撸起袖子，弯腰，低头，和土地重归于好。

9 月，青澄团队结束了在麻风病院里的生活，搬进了城投公司为他们安排的全新工作点——青澄空间。青澄空间选址在绕城高速下一处僻静的地方，有一条小河流经这里的 40 亩水田，田边坐落着由 9 个翠绿色集装箱改造的双层建筑。在这个文艺范儿十足的现代空间里，第一层有几间活动室，还有仓库和厨房。沿着两侧的螺旋式楼梯拾级而上，二层设计为办公室和生活区，水电设施一应俱全。在几个集装箱交错产生的空间里，种有修竹一片。整座建筑面向水田的方向全部设计为明亮的落地窗。站在窗前,田野之景尽收眼底。清晨黄昏,日升日落,这里的生活有如世外桃源。

青澄的集装箱时代由此开启。

饶金彪已经比来时黑了3度。开始工作的这两个月,他每天下地巡田,已经和钱师傅混得很熟。在他眼中,老钱是个很难搞的倔老头儿,想和他深入交流并不容易。他的女儿女婿在城里都有体面的工作,退了休的老钱衣食无忧。但他隔三岔五就往田里跑,水稻出现什么状况,他总是第一个知道。谈到种田,这位老农技员的核心诉求只有一个:产量!产量!产量!

老钱对产量的执念来源于过去的经历。当被问及1959年的情况时,他一脸严肃,"那个时候一来'大跃进'影响农业生产导致减产,二来苏联逼债,三来浮夸放卫星。国家粮食拿得很多,当时我们一个成年人一个月只有15斤米作为口粮,冬天温饱问题很难解决。"

讲到20世纪七八十年代,他说:"70年代末开始,才基本不再饿肚子。袁隆平对中国做出了大贡献,杂交水稻解决了中国人的吃饭问题。"

翻阅农业史之后,饶金彪并不完全认同老钱的观点。他觉得历史的事实是,中国从20世纪70年代开始有了生产大批量化肥、农药的能力,再加上五六十年代艰苦卓绝的水利建设,农业生产条件得到了很大的改善。这些条件共同带来了80年代粮食的高产。杂交水稻只是因素之一。同时,数据显示,昆山水稻亩产直到1986年才真正跨过900斤大坎儿。只不过在那个被称作"休养生息"的年代,国家对农民的提取确实降低了,所以农民能吃饱了。

虽然老钱在"人草大战"中挺身而出,复原了耥耙,但他还是坚决反对不打农药、不施化肥的做法。这个直肠子的老头经常斥责饶金彪他们不务正业,读的大学简直是"野鸡大学"。饶金彪能理解老钱,他认为追求产量的老钱和追求生态健康的他们一样,都在坚持"自己认为有意义的事"。

台风过境,随着南来的水汽,稻飞虱如期而至。老钱说,稻飞虱是水稻的大敌,如果大面积爆发,有可能颗粒无收,之前的辛苦都要白费。以往灭虫主要就是打药,今年不打药,一下子还真不知道怎么办好。老爷子总是这样,骂归骂,该做的还是做。

饶金彪赶紧把这一紧急情况发到微信群里,一时间,大家都知道了,焦虑了。

太阳升起又落下,徐超杰站在田边一根一根地抽烟。饶金彪找到今年村里所有参加水稻种植的师傅们,挨个向他们询问控制稻飞虱的办法。酷热的夏夜,青澄团队的所有成员挤在集装箱办公室里查寻对付稻飞虱的办法。有人负责上网搜,有人负责翻古籍。李管奇拿着一块毛巾,不时地抹着头上的汗珠。田里的灾情越来越严重,大家依然不知如何是好。

这天老钱突然出现,对饶金彪说:"走,去找个人。"

在一位90岁老农的家里,饶金彪头一回听到了"油膜粘虫法"。先在稻田水面上造出一层油膜,再用竹竿敲打稻秆。这时稻飞虱会从稻秆上掉落,被油膜粘住。最后开闸放水,把稻飞虱冲走。老人家说,在没有杀虫剂的年代,他们曾经用过这个办法。

有了90岁的智慧加持,大家重拾了信心。不久,徐超杰收到汇报:油膜法小范围试验已经成功。现在,要处理所有的水稻田,预计需要300斤菜籽油。菜籽油的成本很高,但这已经是目前最好的办法。很快,300斤菜籽油,长竹竿和象鼻虫们都到位了。

决战这天,大伙儿一直等到午后。因为稻飞虱非常怕热,下午会全都扒在秆子上,不愿活动,正好收拾。

大伙儿先拿象鼻虫吸满菜籽油,喷在稻秆下面。然后拿上竹竿和水枪,分区域站在稻田里。站好后,一声令下:"打!"竹竿和水柱往稻秆上狠狠敲去,稻飞虱瞬间败兵一般掉入菜籽油膜中。随后田里开闸放水,大水急速地将这些睡午觉的坏家伙冲了个干净。

就这样，300 斤菜籽油分三天全部放了下去，稻飞虱的灾情终于控制住了。饶金彪和老钱站在地头聊天。聊到农药，老钱说：

"以前阳澄湖结冰后上面可以走人，现在冬天这么暖和，虫子轻松过冬，来年多得不得了。不打药，怎么办？

"中国的农业是很落后的。发达国家早就搞轮作、休耕来保护土壤，可我们还在大量地把化肥投到地里。以前只要放 10 斤就够了，现在要 100 斤，地力明显在退化。可是怎么办？中国人多地少啊！又是个大国，饭碗肯定要端在自己手里才行。"

老钱的话让饶金彪震惊。他以往听到对中国农业落后的说法，大都是土地不规模、机械不现代，以不保护土壤作为落后的理由他还是第一次听到。

为了构建公平的贸易体系，同时让消费者放心稻米的品质，青澄团队觉得有必要在水稻种植季让消费者也参与进来。他们组织了一系列的活动，希望能够提升大家的环保意识、让更多的人选择绿色自然的生活方式。这一年的消费者活动吸引到 40 多位成员，他们多次来到田间地头了解参与式保障体系（PGS）、学习水稻知识、体验选种、亲近稻田。一次活动结束后，有人这样感慨：

"每一次活动，让我感觉更像是一个大家庭的聚会，幸福而快乐。这次的活动又是一幅嬉闹、自然、和谐的田园美景。"

"一路回家，心情久久不能平静。这群有着高学历和自己专业背景的年轻人，扎根昆山的田野。他们研制土农药、制作酵素、垃圾分类。环保理念渗透在方方面面。大家要一起努力，让更多农田变成有机田。希望我们的环境会越变越好，食品越来越安全。"

11 月，为了抓住难得的晴天抢收稻谷，徐超杰求爷爷告奶奶，费了好大的劲儿才从火爆的大闸蟹产业线上拉来几个村民帮忙。好在新米最终安然入仓。

12 月，悦丰岛农场在自己的销售平台上推出全新的五种青澄米：白糯、血糯、黑米 25 元/斤；粳米、糙米 15 元/斤。来农场自提新米回家，还可享受买100斤赠送10斤粳米或糙米的优惠。

李管奇对今年的工作还算满意。他觉得青澄像是一款软件，已经从1.0的版本升级到了2.0。

他觉得今年的工作主要在四个方面取得了进展。一是参与式保障体系本地化。通过在绰墩山村开展水稻生态种植，举办丰收节，组织消费者活动，探索了本地农户参与生产的机制和建立更加公平市场关系的机制。二是通过组织大型讲座，参加市集，开展儿童自然教育，提高了公众的环境意识，帮助他们了解保护阳澄湖和傀儡湖水源地的重要意义。三是在昆山引入了农民种子网络的工作，开展了参与式大豆地方品种就地保持和区域性试验。同时广泛收集了周边农家种并通过社区资源登记等方法建立了社区种子银行，增强了农村社区在应对气候变化与市场风险时的恢复力。四是在实习生项目的基础上，开办"青澄夏季学校"，为年轻人创造躬耕实践的机会。此外，年内还先后接待了中国人民大学、苏州大学、安徽师范大学等高校的访问团，让这些学校的学生们开始了解农业和农村。

年底总结，青澄需要定义愿景和使命。李管奇这样写道：

愿景：昆山农业的生态化与社会化。
使命：人人参与，城乡互助，生活永续。

2016年

"今晚师傅们应该不会来了吧。"唐义国躺在床上这么想着。雨声很大，打在集装箱顶子上咚咚作响，像不会疲惫的鼓点。他想再次倒头睡去，恍惚间听见屋外有人声传来。

凌晨三点，群力村的师傅们又准时来收鸡头米了。

鸡头米，就是芡实，是苏州传统风物"水八仙"之一。芡实有南北之分，苏州的芡实是南芡，又叫苏芡。与带刺的北芡相比，苏芡光滑刺少果实大，层层拨开之后的鸡头米白嫩弹香。夏末时节，一碗糖水鸡头米是苏州人专属的雅致享受。

去年听完黄永松的水八仙讲座，唐义国和同事们就想到了集装箱门口的这片田。这片田地势低洼，土质不肥。

"既然水八仙适合在低洼土地上种植，我们为什么不种呢？但是从来没有种过水八仙的我们能够成功吗？"

"干，一定要干。"朱秀妹说，"既然有这个条件，而且现在水八仙越来越被人冷落，我们应该为水八仙创造更多的生长空间。"

通过《汉声》杂志社牵线，唐义国他们前去拜访了擅长种鸡头米的苏州群力村。群力村的许主任向他们介绍了村里的基本情况。群力村原本是苏州城外黄天荡中的一个孤岛，村里向来人多地少，世代以种植茭白、莲藕、鸡头米等"水八仙"为生。由于村子位于苏州古城区、吴中经济开发区和苏州工业园区交界处，随着工业园的兴建，村子很快被改造成了现代城市的模样。到2000年，群力村的3000多亩田地、500多亩宅基地完全被征用。到2009年，6000多户村民全部搬进了高层小区。然而，失去土地并没有让这个曾经全国唯一的芡实种植专业村放弃祖传的营生。动迁之后，他们骑摩托、摇木船、坐汽车去尹山湖、阳澄湖、太湖边组团包地，接着种鸡头米。

"当年，群力村土地最多的时候，也没有超过2000亩鸡头米，而今没有一分地的群力人通过外出包地，种下的鸡头米超过了1万亩。"许主任很自豪。

唐义国他们直接说明了来意，在昆山有一块地想拿来种鸡头米，但他们自己并不擅长，希望能和群力村合作生产。

听说昆山又有一块田可以种鸡头米，许主任很快就开车来看田了。他仔细看了田里的土质，又看了周围的环境，觉得可以。之后群力村的农户就和悦丰岛签订了合作协议，30亩土地供群力村农户使用，以生态种植的方法种鸡头米。收获之后一部分鸡头米需从悦丰岛平台销售。

雨夜里，师傅们的头灯在田间发出微弱的光线。"鸡头"是分批成熟的，采收期从8月中下旬开始，一直持续到10月中旬。采收期内通常要采十轮，六天必须采完一轮，一天都歇不得。

采收鸡头米要有足够的经验，师傅们绝对不会轻易让新手下田，因为新手分不清哪里有果实，哪里的果实需要马上摘，哪里的果实还没有成熟。一个不小心，就会踩烂水底的果实。

收鸡头米的时候，师傅们会穿上水裤，戴好头灯，走进半人高的水田，在巨大的芡实叶间移动。他们时而用脚轻探，时而用手摸捞，有时也根据叶子的状态判断果实的成熟程度。

鸡头米吃的就是新鲜。从水中捞出来的24小时内果实必须处理好，否则就会变臭。所以一般芡农都是凌晨三点起来捞鸡头，到六点捞好开车送到批发市场，八点开市十一点售罄。师傅们常常会留几个早上刚摘的新鲜鸡头给唐义国他们。鸡头剥好之后用水滚一下，再加上点鲜桂花，那股清香真是人间难得，更不要说味道了，羡煞神仙。

今年绰墩山村的水稻种植进行得很顺利。看到去年的销售成绩后，今年村委又扩大了种植面积。从年头到年中，青澄的每个人都忙忙碌碌的。像去年一样，大家忙着组织活动、监督生产、安排讲座、接待访客、培训实习生、做试验、做宣传、谈合作、办夏季学校。转眼就到了中秋节。

这个中秋节，唐义国特别高兴。悦丰岛农场的朋友和青澄的伙伴齐聚集装箱。每人都准备了一道菜。农场的顾杰带着老婆孩子一起来了。朱秀妹先陪家人过完节，就从自己家带了锅菜过来。这天又正好是实习生杨帆的生日，有人买了个蛋糕。30多个人一起过节，其中有好几对情侣，这种感觉特别好。唐义国觉得自己看到的不仅仅是一个连一个的年轻人，一个连一个的生命，他好像看到了一种完美的家庭、社群关系，好像看到大家马上都会结婚、安家，然后还都在一起，这么快乐着。

119

晚饭之后,天开始下雨。随着夜色渐深,雨越下越大。

秋天如期而至,稻谷成熟。绰墩遗址旁,高大的香樟树在风中沙沙作响。广场上正在举行丰收节乡野美诗会。大人们一排排坐在台下看表演,孩子们到处疯跑。大家一起品尝米食点心,听村里的阿姨唱昆北小调,听城里的孩子朗诵诗歌。广场边上,李管奇和一个胖小子分别站在一张桌子的两边,每人手里拿着一只香橼。两人不知疲倦地把自己的香橼向对方的推去,谁的先被撞掉对方就获胜。两人就这样互推了上百次,各自捡球几十次,胖小子被爸爸拉回家的时候仍显得恋恋不舍。

活动结束,青澄和悦丰岛的伙伴们开始扫地、收桌子、拆舞台。忙完之后,十几个人坐在村口的夜色中扒开两只香橼解渴。走回集装箱的路上,有人感慨:

"乡村的生活这么美好,真不知道为什么有那么多人拼命想往大城市里扎。"

"对于那些想去大城市的人来说,他们应该有这样的权利。"饶金彪说。

水稻收获后,饶金彪决定辞职。在青澄工作的18个月,他主要负责监督水稻生产,完成水稻和黄豆老品种的种植试验,还有组织各种活动。他对自己在种植试验方面的工作并不满意。虽然找了很多书来看,也一直向村里的农户学习,他还是觉得自己并没有一个清晰的研究方法。这样的试验太缺乏专业性,很难形成有价值的成果。他总是感到哪里不对,好像自己是支毛笔,但青澄想画的却是一幅素描。

相比于生产和试验,饶金彪认为做教育和消费者活动对青澄而言更有实际意义和可操作性。在昆山这种局面下,如果乡建想做农业合作社,或是农民组织这种工作,已经不现实。因为长三角地区在明代以后,实际上是没有以传统农业为切入点的组织的。以农业为主导的组织过去出现过,是以整体的水利规划灌溉为基础的。但到了明代,水利就衰败了。当时这一地区人口密度大,人均耕地面积小,靠耕地是养不活一家人的。于是人们开始种棉花这样的经济作物,慢慢发展到有30%—50%的土地都用来种棉花。收了棉花,可以在自己家里纺线织布。纺出棉布后,再用它去换东北的大米。棉布因此一度成为长三角地区产出的最大一类商品,这就是当时的棉花革命。

从明代开始,这种贸易关系就已大致形成。一直以来,家家户户都做这样的兼业。一家成员里有的负责种植,有的负责纺布,劳动力都能用得上。所以人们早就是很商业化的思维了。很少有人会再把土地的粮食产出看成一个多么核心的东西。即使是现在,长三角区域也几乎没有大的农业企业。一来是因为土地稀缺,地租高;二来是因为在苏南工业区,大部分人口都已经被转移到非农就业了。

由于地租高,做一般的粮食生产就没有效益。过去在这个地方就是因为种粮食没有效益了,大家才会去种棉花,因为棉花效益高。因此,在这个区域做传统农业生产没有比较优势。同时,如果本地人有商业的收入来补充家用,那他更愿意留着自己的两亩地,不会愿意卖。所以这里的土地面积可能越来越小,越来越分散。现在昆山也一样,基本没多少人种地了。在这种条件下,有些新的规律开始呈现。

一个靠近发达城市的农村会变成什么样子?崇明就是一个例子。崇明现在全是小农场。很多城里的中产阶级去那里包个几十亩地,自己搞一个小农场。他们有钱,看中这个土地带来那种休闲、健康的生活方式和与此相伴的那种感觉。在农业生产之外,这些人额外赋予了土地一个生态价值,而这个生态价值,会直接体现在地租上。崇明的地租非常高,一般的农业企业如果做生产,很难支撑住这个地租。在争取土地使用权的战役中,没办法打得过城里的这帮小中产。所以饶金彪觉得,青澄在昆山的工作,核心还是要偏向休闲教育这一块。休闲主要是满足成人的需求,教育还能对下一代有一种理念上的传播。从这里切入，在经营上会比较好做一点。如果主要依靠生产，可能会很费劲。

实际种过地之后，饶金彪认清了一个现实：土地是一个让人又爱又局限的东西。为什么中国的农民总是千方百计要从土地上离开？因为想从土里刨出金子，确实很艰难。通过农业一点点的积累，想要实现大规模增值是非常困难的。因为农业的剩余很少，能带来的资本增值空间是非常有限的。出于这个原因，以前的人即使通过自己的勤劳积累了一两百亩土地，成了小财主或者是小土豪，他们往往还是会投入很多资金，让自己的孩子去读书，一旦出仕，他的收入和农业收入的对比可能就是100∶1或者1000∶1。想在一块固定的地上变出花来，是很难的。

即便生态种植能加上一份"有机"的溢价，又能有多少呢？

去年的这个时候，饶金彪为老钱写过一篇文章：

"老农们早已经与土地连成一体，没有谁比他们更了解这块土地，她的过去与现在，她的荣耀与悲哀。他们好似手中拿着一根火把，火苗扑闪，从中映照出绰墩6000多年的稻作史。历史，踏过农民佝偻的背脊，一步步走到今天。如今，已没有多少人愿意接这闪耀千年的火把。绰墩的农业，已然成为'老人农业'，青年已不能与土地对话。

"有一次，我告诉老钱，想找几个年轻人，最好是本地青年，跟着老农们一起，从浸种到收割，全程学习水稻的种植。

"'你来学，我就教你，从头到尾。一年过后，我也可以退休了。'老钱笑眯眯地说。

"作为农技员、国家干部的老钱早就退休了，但作为农民的老钱还没有。土地与农民，仿佛是没有期限的契约。新的契约，谁来签？新的火把，谁来接？"

12月31日，《中共中央国务院关于深入推进农业供给侧结构性改革、加快培育农业农村发展新动能的若干意见》定稿。

该意见指出：经过多年不懈努力，我国农业农村发展不断迈上新台阶，已进入新的历史阶段。农业的主要矛盾由总量不足转变为结构性矛盾，突出表现为阶段性供过于求和供给不足并存，矛盾的主要方面在供给侧。近几年，我国在农业转方式、调结构、促改革等方面进行积极探索，为进一步推进农业转型升级打下一定基础，但农产品供求结构失衡、要素配置不合理、资源环境压力大、农民收入持续增长乏力等问题仍很突出，增加产量与提升品质、成本攀升与价格低迷、库存高企与销售不畅、小生产与大市场、国内外价格倒挂等矛盾亟待破解。必须顺应新形势新要求，坚持问题导向，调整工作重心，深入推进农业供给侧结构性改革，加快培育农业农村发展新动能，开创农业现代化建设新局面。

2017 年

前来青澄夏季学校报名的人数再创新高。这些学生专业背景多样，有农学、环境科学、生物学、可持续发展科学、历史学、社会学、语言学、经济学等不同的方向。其中一名同学还是去年夏季学校的学员。上一次的培训让她接触了日本的"里山农业模式"。暑假之后，她开始了在日本为期一年的留学生活，同时把对"里山模式"的研究作为自己毕业论文的主题。今年她再次报名参加夏季学校，希望能认识更多志同道合的朋友、老师，同时也为研究生阶段的学习探索方向。

本年度夏季学校圆满落幕的时候，唐义国接到了一个令他难以置信的消息：李管奇也要离职了。

今年是李管奇从事乡建工作的第十个年头。作为项目负责人，他觉得昆山这个项目即使谈不上成功，也肯定不算失败。经过三年的摸索，悦丰岛农场、绰墩山村和青澄团队这三方的合作模式已经可以清晰地描画出来：农场负责宣传和销售，村里负责生产，青澄负责监督、协调、调动社会资源、组织活动、培训年轻人、推动本地农业生态化和社会化。三年中，青澄团队帮助悦丰岛农场开发了两种新产品（生态水稻和生态芡实），连接了两个村（绰墩山村和群力村），培训了三届实习生。2015年帮助青澄米入选国际慢食协会（Slow Food）的"美味方舟"名录。2016年帮助悦丰岛出产的鸡头米作为江苏地区唯一的参展食材，参加了在意大利都灵举行的第11届"大地母亲·品味沙龙"活动。

就社会意义而言，青澄团队帮助绰墩山和群力两个村在发达的工业城市里创造了两块农业的"飞地"。"飞地"的存在，让老农人的生产经验有了传承的机会，让本地的传统作物有了延续的可能。想到实习生项目和夏季学校，李管奇觉得乡建要坚持做青年人培养，就好比下围棋要一直留口活气儿。这口活气儿是相互的，是青年人和乡村留给彼此的。对于乡村来说，推动村民自主、自我赋权，都是长期的目标。而短期内比较有效的方法，其实就是找一群年轻人在村里搅和搅和，让人感觉有种活气儿，村庄也会觉得"有人关注我们"，然后才会有动力去捯饬后面的工作。

对于青年人来说，参加这样的活动能在他心里留下种子，虽然收效可能很慢，也可能很少。其实这两年参加夏季学校的同学，应该都不太会是那种走投无路的年轻人。相反，他们将来有可能走到更高、更重要的位置上。到那时，他们有可能会想起以前的这段经历，想到农村还是比较重要的，能在力所能及的范围内做些事。

三年的项目合同已经到期，想要推动后续合作也面临着不小的困难。回顾过去的工作，李管奇想，或许还是错过了什么。又或许，到了青澄该退出的时候。换个角度想，青澄作为一个乡建项目，最终的目的就应该是把自己消灭掉。如果拿掉青澄，悦丰岛农场和村庄还能继续坚持城乡互动，坚持农业生态化和社会化，这就是乡建的终极成功。

在这个问题上，唐义国却有完全不同的想法。他觉得青澄这个项目能否出彩，关键是看今后两年。前三年已经把钱找好了，把合作的环境做好了，青澄只是去执行而已。现在应该总结经验，寻找更多和当地结合的可能性。悦丰岛从一个只做 CSA 的农场，到后来发展出"农场+村庄""农场+村庄+教育"的模式，就是这些可能性的体现，也是青澄核心价值的体现。

然而他也无法不开始怀疑，自己是否还有机会去亲身发掘、实现这些可能性。

饶金彪和李管奇的离开，后续项目的遥不可期，生活的压力，让唐义国越来越焦虑。女友已经被她父母拽回宜昌工作了。未来的岳父岳母发下严旨，要他尽快在宜昌买房，否则别想跟他们的女儿结婚。当年参加完乡建的人才计划培训，唐义国曾经和朋友合伙创业办养鸡场，没曾想赶上禽流感，鸡全死了还欠下了债。为了快速还债，他去卖过一阵墓地。卖墓地虽然挣钱快挣钱多，但他赚到能还债的钱之后就不干了。

他喜欢麻风病院的院子，也喜欢集装箱的宿舍，觉得睡得舒服，接地气。

这三年他想的只有一件事，陪伴。陪伴悦丰岛农场、陪伴绰墩山村、陪伴乡民共同成长。他希望能做一件让自己五年后、十年后回想起来感到骄傲的事，希望在自己年轻的时候创造更多的可能性。这个时代不缺理想，也不缺规划，缺的是如何让这些理想和规划变成现实的一朵花。离开实践，那些理论不过是天边的一朵云。唐义国想要陪伴一朵花开，但现在，他必须去面对很多的"不得不"。

年底，绰墩山村的新米再次以 15 元/斤的价格一售而空。

2018 年

站在田头，徐超杰常常想起 10 岁那年看到的绰墩遗址挖掘现场。后来得知那里还陆续发现了马家浜文化时期的水田、排水沟、蓄水坑，还有大量的碳化米粒，证实了稻作文化在这里已经延续了 6000 年。

现在他信心满满，生态种植这条路走得通。水稻的一生要经历哪些过程他已经清楚，什么时候需要特别的呵护他也明白。今年村里决定拿出300亩土地种生态水稻。要不是因为悦丰岛顾虑销售压力，村里想把所有闲置的土地都种上生态水稻。虽然水稻的收入只占全村收入很小的一部分，但他觉得这是一种传承。有了传承以后，才有那么一部分人可以去更好地种植。他想创建一个团队，将来能代替那一帮老农人。虽然政府现在扶持力度很大，但想从事这一块的人还是少。如果能创建一个二三十人的团队，就可以把巴城的农业种植和机械这一块全都管理起来。这是他的目标。虽然很难，但他还在努力。

徐超杰清楚，过去几年村里和悦丰岛、青澄的合作其实没有真正实现收支平衡。虽然村里的账看着还可以，但是悦丰岛和青澄的运营成本都没有算进去。如果能真正突破成本这一块，那么不只是绰墩山，所有人都可以成功。

关于农业的未来，徐超杰也有自己的答案。未来农业有两个方向，一是传统农业，投入小，回报小；二是工厂式农业，完全脱离土地，使用人造环境来种植作物，投入高，回报也高。最需要避免的是在土地上过度投资，期望能将土地现代化。由于植物在土地上的生长只会遵循自然的规律，所以一亩地里的产量永远是相对固定的。200元与2万元投在一亩地上的结果并不会差多少。既然如此，为什么要浪费这个钱呢？他说，这就是自己作为一个农民的逻辑。

在绰墩山出生，在绰墩山长大，退伍之后回到村委工作，在这块土地上负责水稻的生产。回望自己走过的路，徐超杰觉得自己也是一种传承。

看到悦丰岛去年的大米脱销之后，巴城镇农业技术服务中心的林主任终于决定出手了。通过这几年对朱秀妹和唐义国他们工作的观察，林主任觉得今年可以拿出农服中心的一块地，与悦丰岛合作尝试用生态的方法种水稻。

朱秀妹觉得这可能成为悦丰岛工作的一块新内容，她让唐义国去和林主任谈合作的细节。有唐义国在她放心。

春天的夜里，细雨蒙蒙。和林主任谈完，已经过了晚上九点半。明天早上，唐义国要赶七点的车回宜昌继续看房。今晚和林主任谈得还算顺利。林主任说，小唐，这么多年我看着你的工作，我信你。你赶快在昆山买房。你在昆山买了房，我马上就签合同；你不买房，就是不定，我不安心。

昆山的房子一万八，宜昌的碧桂园八千。唐义国想，也许在宜昌，自己的人生还有另一种可能性。刚进入乡建的时候，他曾经被刘老石的精神强烈地影响。刘老石号召年轻人做到"五个拼命"——拼命地读书、拼命地实践、拼命地锻炼身体、拼命地思考、拼命地和好人站在一起。

他觉得自己现在是在拼命地结婚。他很怀念刘老石时期的乡建。现在乡建的思潮很多，但没有哪一个真正具有时代引领性。有太多人想做从0到1的工作，却没有几个人愿意做从1到100的工作。

被问及当下对"乡村建设"的理解，唐义国沉默了。过了很久，他才再次开口：

"我一直坚持两点，一是坚持生态环保，二是坚持农民的主体性。但其实我已经不是农民，既然我不是主体，我怎么来谈他的主体性？什么是真正的主体性？现在很多农民巴不得拆迁，巴不得城镇化。这是乡建两难的问题。

"你知道温（铁军）老师的微信名是什么吗？游方僧。我觉得这个词特别好。其实你是在自我修行。原来刘老石叫自己一颗石头，也是这个意思。'僧'的意思就是说，其实大家最后都陷入一个两难。这种两难是：我认为这是一种正确的价值选择；但我不太确定，这是否是每个人，或者是大多数人的价值选择。所以我只能让更多的人知道我的存在，但我不敢让更多的人跟我一起去做。这是僧的两难。无论是游方僧还是苦行僧，都是僧的两难。"

离开青澄之后，饶金彪在上海找到一份券商的工作，工资翻了六七倍，算是回归了人大统计系同学的大部队。上海的生活从来不缺少热点，但有空的时候，饶金彪还是喜欢一早搭地铁转高铁到昆山，来青澄找朋友或是师傅吃个饭，下午再乘高铁转地铁回上海的住处。他平时每两周来一次，忙的时候就三周来一次。

春意渐浓，师傅们又要忙碌起来。芡实的种子已经在河底的淤泥里沉睡了一个寒冬，即将迎来苏醒的时刻。

（全文完）

第四章
新世纪新乡村建设的起点
——翟城乡村建设试验区

邱建生

【导读】 以"百年乡建,一波三折"来描述翟城村再贴切不过了,算上中华人民共和国成立后的集体化运动,这个看似普通的冀中农村,百年以来至少经历了三轮从"农民的组织化—解体,再组织化—再解体"的循环。在整本书中,我们都会看到,普通个体真正能聚力成为"组织",绝不仅仅是数目的叠加或无意识地从众,精神的更新、自主意识的觉醒、对新生活的懵懂憧憬在每个案例中闪动。一句话,是通过以组织力量建设乡村,带来对"人的重新自我发现"。"这个世界会好吗?"对于先贤们这个过于宏大的提问,新老乡建者只有一些具体且即将被遗忘的回答。据说日寇铁蹄横扫华北大地之际,在定县遭遇了顽强的抵抗,而抵抗力量的中坚即是来自乡建实验区的农民。另一个情节则更微观却同样动人,离开翟城若干年后的一天,邱建生接到翟城一个学习小组组长的电话,说她们组的社员昨天集体去打扫村庄的公共卫生了。末了,她说:"我们是有自发力量的。"

一、翟城乡村建设由来已久

翟城村位于华北平原上的河北省定州市东亭镇，西距定州城区30公里，东临安国市。作为两县交界处的一个村子，翟城村与大部分平原上的农村一样，村落布局呈"田"字结构，由东街、西街、北街、南街、秦街五条街道（中华人民共和国成立前，这几条街道的名称分别是仁、义、礼、智、信）将村庄连为一体。

翟城村域面积约9000亩，其中村庄面积约1000亩，村民住宅多为平房，每户住宅占地4分，得以形成庭院经济。翟城村人口五千余人，1026户，人均耕地1.36亩。与华北平原上的其他一些农村进行比较，翟城村的灌溉条件历代以来相对比较好，1995年之前灌溉用水打50米深的井就有水出来，家庭饮用水20米就可以，但现在水位降了不少。当时，翟城的农田里主要产出的经济作物是辣椒，平均每户都至少有1亩的种植面积。此外，小麦、棉花、玉米、花生、地瓜等大田作物也不少，还有少量的苗木，也有几十个大棚的蔬菜。现在种植辣椒的农户少了，种植苗木的多了，不少农民把土地全部租出去，干脆就不种地了，因为自己种地的收益和租金也差不太多。

如今翟城村的经济收入以外出打工收入为主，而尤以建筑类工资收入为主。

翟城村现有小学和幼儿园各一所，学生人数分别是三百多和两百多人，幼儿园是新盖的，位于南街，取名叫"晏阳初幼儿园"。

（一）米氏父子的翟城村治

通过上面的介绍，翟城看起来是一个不管在地理区位上，还是在文化内涵上都不是特别起眼的华北农村。但是一百年来，却有五个"第一"和翟城有关：中国近代村民民主自治第一村、中国创办最早村级女子学校所在地、中国创办最早农民合作社所在地、中国乡村建设运动发源地、中国新时期乡村建设发源地。这些"第一"

是怎么来的呢？我们有必要来了解其中的两个关键人物。

1. 创立村治

上述五个"第一"中的前三个"第一"，其核心人物是米迪刚先生。米迪刚的父亲叫米鉴三，是翟城村的乡绅，其在清光绪二十八年（公元1902年）的时候就有了村治的规划。在民国建立后，他积极响应号召，在本村兴办教育，创办了高等小学校、女子国民学校、女子高等小学校等。其时，米迪刚从日本留学回来，深受日本新村建设的影响，认为"一般村治，在家与省县之间，取得显然平列对等之地位"，而组成翟城村治，一方面提倡旧有农村的整理，使其组织划一，适用新农村的井田法，创办各种合作社，谋求村民在经济、教育等各方面的平等；另一方面提倡边荒新农村的创建。在当时定县政府的支持下，翟城自治公所成立起来，其村政组织系统如（下页）图4-1所示。

从图中我们可以看出，翟城村治涉及政治、经济、文化、教育、社会等各个方面。其中盈利协会更有日韩台综合农协的味道，它以金融协社（又称平民银行）为主体，消费协社、购买协社、贩卖协社附属在内。教育方面，翟城村治开始实施之前，就有村治讲习所，以培养自治人才为目标。除了传统的面向学龄儿童（6—14岁）的各类学校，翟城村还设有众多的社会教育机构，包括爱国宣讲社、德业实践会、阅报所与图书馆、改良风俗会、辑睦会、爱国会、勤俭储蓄会、乐贤会等。

2. 兴办教育

翟城对教育的重视可谓由来已久，从某种程度上来说，没有教育的发达，翟城的村治将无从谈起。要举办那么多的教育事业，经费从何而来？米迪刚曾写过一篇《教育费贷用储金之商榷》的文章，提出三种具体办法，一是农村教育费贷用储金，二是族姓教育费贷

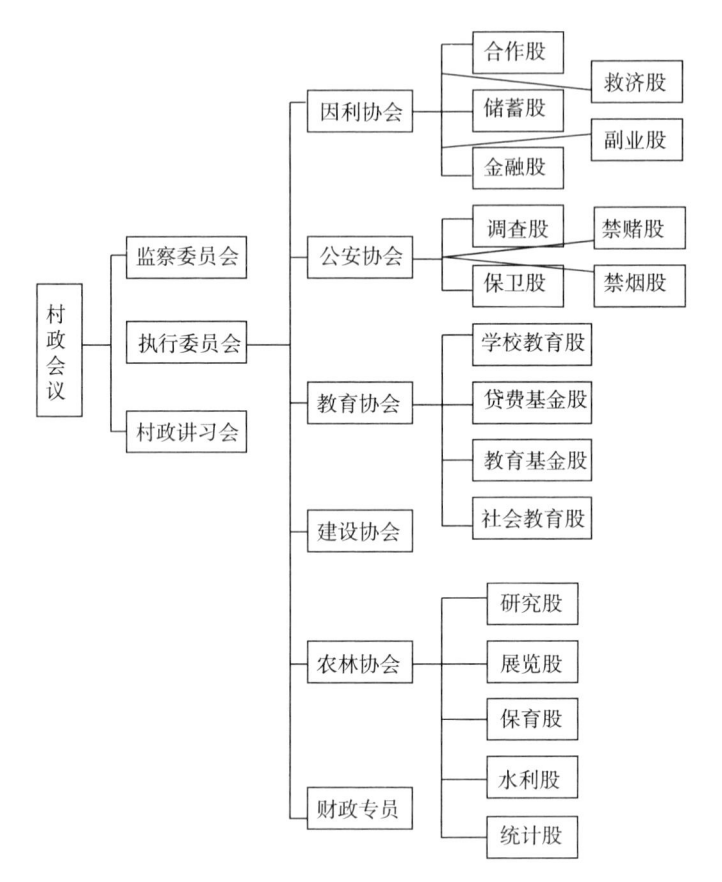

图 4-1　翟城村政组织系统图

用储金,三是家庭教育费贷用储金。翟城实行的是第一种,即农村教育费贷用储金,以村为单位,多渠道筹措资金,为家境贫寒的村民子女接受教育所用。

3. 经济基础

翟城村自创办村治以来,不仅对自治和教育事业非常重视,而且在生产方面也下足了功夫,因为自治和教育事业的基础仍然是经济。在当时的翟城,经济事业就是农业生产。翟城在促进农业生产上的努力,包括提倡凿井、规定看守禾稼规约、保护森林规约、防除害虫会、农产物制造物品评会等。

此外，翟城成为村治模范村的表现，还包括卫生所的设立、共同保卫法的规定以及平治道路办法的议定。

米鉴三、米迪刚父子作为翟城乡绅，他们在清末民初为谋求翟城自治所做的努力，可谓功效卓著，翟城村民依靠自己的力量在村社范围内推进的组织创新、教育创新和制度创新，让翟城领一时风气之先，文化教育昌盛，百姓安居乐业，也为晏阳初及其同人后来开展的"定县试验"打下了坚实基础。

（二）晏阳初的"定县试验"

晏阳初与米迪刚是在北京相识的。此前米迪刚是直隶省议会副议长，期冀将翟城村治经验向全国推广，并已在直隶、山西、云南等地取得初步成果，但因政治动荡，希望成失望。当时，晏阳初领导的识字运动在城市取得了初步的成功，正计划向农村转移，晏阳初意识到，当时中国人口的85%在农村，农村的智识开启了，中国才有希望。晏阳初正在为选择哪个农村作为切入点开展识字运动犯愁的时候，失意中的米迪刚进入了他的"圈子"，已推行近二十年村治的翟城村进入了他的视野，"定县试验"呼之欲出。

实际上，在去定县之前，晏阳初已发展出了他的国民性观，即"愚、穷、弱、私"，这与鲁迅、胡适等提出的国民性问题差别不大，但晏阳初作为一个"社会医生"，他希望能在具体的社会实践中去解决这些问题。正如后来晏阳初团队总结的，"定县试验"的经验是开展"四大教育"（文化教育、生计教育、卫生教育、公民教育），通过"三大方式"（学校式、家庭式、社会式），来谋求"四大问题"（愚、穷、弱、私）的解决。在"定县试验"最为兴盛的20世纪30年代初，定县聚集了五百多位知识分子（含大学生），其中有六十余位是留洋的博士或教授，史称"博士下乡"。

综观"定县试验"前后十年的工作内容，可以说它是翟城村治的延展。所不同的是,"定县试验"的知识基础更多来自西方的自然科学和社会科学知识,而翟城村治基本以本地知识为基础。当然,因"定县试验"的领导者晏阳初先生是一位务实的人,他身上融合了东西方文化的精要,其团队也大多是务实之人,故而"定县试验"能将两种知识融合为一,为当地带来新知,并保有一定的生命力。例如康奈尔大学毕业的农学博士冯锐,他最早到翟城村来,种了一年白菜,最后才研制出适合当地种植、产量更高的白菜品种。

晏阳初及其同人在定县 476 个村庄办了 472 所平民学校。中华人民共和国成立后被联合国嘉奖的"赤脚医生"制度源于"定县试验"发展出来的"三级卫生保健制度",世界认可较为成功的台湾地区的土地改革,其源头也可上溯至"定县试验",定县县政改革一度由晏阳初团队主持。

二、当代新乡村建设在翟城重启

(一)米书记的"晏阳初白菜"梦

晏阳初及其同人开展的"定县试验"因日本侵华战争而中辍,此后翟城经受了抗日战争和解放战争的洗礼,中华人民共和国成立后的合作化运动及"文化大革命"对翟城亦有不小的冲击。在迎来 21 世纪的当口,也许是在冥冥之中,翟城又一次站在了历史的潮头,成为新乡村建设的发源地。

米金水是翟城村的老书记,在笔者 2003 年年初遇到他的时候,他已经是第四次当书记了。与中国其他农村一样,翟城村在改革开放以来,经历了家庭联产承包责任制近十年的幸福岁月,也经历了 20 世纪 90 年代因工业化加剧而来的紧张岁月。有所不同的是,翟城村在分田单干的时候,没有把全部土地分到户,还留了将近十分之一的土地给集体,总面积近 800 亩。集体有了这些土地,才保证了翟城村"两委"组织①能一直良好地运转，还能对包括修路在内的公共事业进行投入，甚至在"规模化农业"的概念进来时，还能有一些"念想"，即以村集体为龙头，发展规模农业，带领农民致富。

21世纪初，米金水书记关于翟城规模农业的想象是种植大白菜，他还想着是不是取名叫"晏阳初白菜"。正是因为米书记的这个"念想"，当笔者和刘老石带着第一届支农大学生培训班不准备回家过年的二十位大学生到翟城村做调研时，他感慨我们贴在村部的春联"仰先贤平民教育诚可嘉，看今朝乡村建设慨而慷"，主动询问我们是否能帮他联系上晏阳初的后人，因为他知道用晏阳初这个名字作为大白菜的名号，得经过晏阳初后人的同意。

年后正月初三，米书记召集了一个党员扩大会议，会议的主题是"继承晏老事业，发展翟城经济"，他邀请了一些还健在的老同志回忆当年晏阳初及其同人在翟城村开展的工作，还专门请一位乡贤为会议录了像。大年初五，米书记带着村两委的全体干部及定州的各式土特产和座谈会录像带，来到北京拜访晏阳初的长子晏振东先生，表达翟城村村民继承晏阳初事业的决心，希望得到晏阳初后人的支持。晏振东先生对米书记一行说："我现在年纪大了，继承晏阳初的事业，你们要找《中国改革》杂志社的温铁军他们。"此前的2002年夏天，温铁军先生任社长的《中国改革》杂志社曾举办了一次乡村建设座谈会，晏阳初生前秘书颜彬生女士、时任菲律宾国际乡村改造学院院长法蒂玛·卡莉女士，以及原中国乡村建设学院在北京的老校友、晏阳初研究者等四五十人参加。

于是，米金水书记把目光锁定在了《中国改革》杂志社。在与笔者的几次交流后，米书记初步确定由翟城村"两委"出资，将村西一所废弃不用的中学购置回来，为共同举办"平民学校"所用。"非典"期间，笔者和同事刘老石从山东采访回京路上，经过翟城村

---

① 村"两委"是村中国共产党员支部委员会和村民自治委员会的简称，习惯上将前者称为村支部，后者简称村委会。

时，村两委已将废弃中学购置好，并在校门口为晏阳初塑了个像。七月初，临近"非典"结束，温铁军老师第一次到翟城村，米书记安排两委干部、党员代表和东亭镇书记等与温老师座谈，确定共同创办晏阳初乡村建设学院的相关事宜。温老师在会上明确学院不是招商引资的机构，创办头三年只有投入没有产出，当地不能对学院抱有过多经济上的期望。这些都得到与会者的充分认可。

2003年7月19日，晏阳初乡村建设学院在翟城揭牌成立。新乡村建设序幕由此拉开，距晏阳初"定县试验"大半个世纪以后，一批年轻人追随先贤的足迹，又来到了翟城村。学院最初的运营经费来自温铁军老师的个人出资，笔者作为举办方之一《中国改革》杂志社代表长驻翟城负责筹办。

随后，另外两家主办方代表袁小仙和潘家恩开始长期进驻，形成三人工作小组，以翟城村为乡村建设综合试验区，推进乡村的组织和教育的创新。同时依托乡村建设学院这个平台，面向全国开展农民合作社骨干培训和生态农业、生态建筑的试验工作。

（二）新乡村建设的认识基础

我们为什么要把双脚迈进农村？我们的现实忧虑是什么？我们寄望于自己的又是什么？这些问题直指我们开展新时期乡村建设工作的认识基础。

撰写《B模式》的布朗先生在一次中央电视台的访谈中质疑中国的经济增长，他说："你看看华北平原，甚至扩展至河南、安徽的地下漏斗，你就知道你们为经济的增长付出了怎样的代价。"有人甚至认为，如果以目前逐渐被社会所接受的绿色GDP来重新审视过去几十年来的经济发展，中国等于在原地踏步或者更糟，因为很多被毁坏的已然不可修复。翟城村在过去二十年中地下水位下降了接近50米，这几年村民家里经常在挖井，因为原来的井太浅已经抽不出水；在河北邢台农村，用于灌溉的井深已达300多米，农业的灌溉成本一年比一年增加。在这些地方，因长期使用化肥农药，土地板结和沙化现象也非常严重，地力不断下降，农民为了维持原来的产量不得不一年比一年多施化肥。这是大自然给我们的发展发出的警示。

与城市化、市场化、全球化相伴而来的是社会生态的恶化，这也同样值得我们深思。中国是一个以农民为主的国家，2004年有73%的人口生活在农村（尽管2011年数据统计说超过一半的人已经生活在城市，但其中有将近3亿无法在城市安家落户的农民工）。即使再经过二十年的城镇建设，仍将有半数以上（约为8亿）的人口无法离开农村。而城市不断扩展，农村在不断萎缩导致乡村生活的这种瓦解趋势并不能将我们引向光明之路，因为作为一切经济生活之前提的主要生产是在农村进行的。实际上，城乡二元结构的后果是城市与乡村的割裂，城乡二元结构的后果是目前中国社会的严重病症之一，如何实现城乡统筹、协调发展，正是我们这个时代面临的主要任务之一。

同时，广大的农村人口缺少充分的教育。尽管政府提供了较为成型的教育系统，建有小学、中学、大学，甚至为数不少的研究生院，但正如我们所看到的，农村的教育资源相对匮乏，这直接限制了孩子的视野，以及他们对知识的接受程度。长期以来教育资源分配不平衡的结果，是导致收入不平等、城乡差距拉大的原因之一。

诚然，经济发展是有效的方法，但经济发展的基础在经济之外，其基础建立在更多更平等的教育、组织和训练上，建立在人格独立和自力更生的民族意识上。中国的大多数农民就像一个个尚待开发的"脑矿"，在他们身上潜伏着无穷的力量。这种力量足以使他们过上有尊严而又幸福的生活。而要激活这一力量，必须把重点放在充分利用每个人的干劲、热情、智慧和劳动力上，通过更多的教育、组织和训练，通过在农村社区开展生产教育、文艺教育、卫生教育、公民教育、环境教育、法制教育等综合的教育活动，启迪他们的心智和天然的德行，从而提升农村社区的整体水平。使农业劳动不仅提供食物，也使人民与自然界保持联系并心存谦卑，使农村这一广阔的居住地成为具有人情味的高尚场所。

由此，我们不会去寻找诸如加速农村人口外流等手段，而是要去寻找重建农村文明的手段。探讨中国社会从二元对立的格局中走出来，提升国民的整体素质，实现农村社会的和谐发展，这是对"新乡村建设"认识基础简短的概括。

三、翟城试验形成的乡村建设经验

（一）合作互助为纲：翟城合作社

一般认为，实行家庭联产承包责任制以后，我国农村的公共空间一年比一年狭小。以家庭为单位的生产、生活方式在使人回归家庭温情的同时，也使人们的公共意识渐趋淡漠。所以我们会看到荒草从农村戏台的化妆室里长出来，也会看到水从损毁的沟渠里倾泻而出；偶尔一辆小车从村道上通过，它扬起的灰尘或溅起的污水也会让我们皱起眉头。农村的一切都在继续着，土地在继续，猪舍在继续，闲言碎语也在继续；唯有公共生活没有继续，组织没有继续，集体没有继续。而市场、强政府、电视文化趁着这空当悄然霸道地侵袭了农村，农民则在这种袭击下丧失了大部分的自信，甚至尊严。

翟城村历史上作为村治第一村，大大小小各类组织多达十几二十个，其社会治理和服务是全方位而有效的。今天，和中国所有的农村一样，翟城除了村两委，基本就没有什么社会组织了。如何充分利用翟城的传统组织资源和文化资源，孵化出新的社会组织来，成为我们在翟城村推动新乡村建设试验区工作的重要内容。

1. 合作社的成立

翟城村姓氏主要有米、李、韩、张、秦五大姓，关系错综复杂，家族势力显得并不强大，反而是按照东、西、南、北、秦五条街道分配权力，无论是村委干部的组成，还是电工、井长等的组成，其人数比例基本都是按照街道平均划分。在定州市管辖的乡村中，翟城村虽然没有什么工业收入，但农业收入还相对比较稳定。两委班子因为有自留地和集体财产，有一定的管治村务能力。因此，才有了2003年充分动员村民集资创建晏阳初乡村建设学院的事情。

自2003年8月开始，志愿者就开始有意识地在村民中开展有关合作经济组织的宣传工作。这些工作包括对翟城村经济结构的调查。志愿者把关于合作社的相关知识糅进调查问卷中，边调查边向村民传播合作社的相关知识和理念，并采取"请进来"和"走出去"的办法，邀请相关专家到翟城村开展合作社培训，也选派翟城村的干部到北京等地学习合作社的相关知识，这为2004年5月合作社的正式成立打下了一个很好的基础。

当时，翟城村的种植结构仍以大田作物为主，但大部分农户也都在种植经济作物辣椒，从几分到几亩不等。辣椒的价格波动较大，好的年景十几元钱一斤，差的年景两元多一斤。每到收获季，十几个小商贩就挨家挨户地收，农民从没想过可以自己组织起来拿到更远的市场去赚取差价。志愿者在调查的过程中，也会给农民算一下账，如果大家组织起来一起销售，可以有多少赚头。

翟城合作社的最终成立，是在几次针对翟城村全体村民的讲课之后。讲课的大部分内容只针对合作社的经济功能，听者对合作起来的经济前景抱有很强热情。合作社的成立主要依靠了这种热情，《团结就是力量》的歌声也起着渲染气氛的作用。在课程末了，合作社的其他价值才开始在黑板上写出来，国际合作社联盟的原则被一知半解地接受，但这已不重要，关键是，合作起来有实在的好处。大家纷纷交了股金，每户100元，温铁军院长以个人名义入股10000元，不分红。接着是选举，先是理事会，然后是监事会，社员被告知理事会和监事会中妇女所占的比例不能低于30%。翟城村千余户人家，有134户入了社，参加听课的大部分人入了社，还有在外地打工的打电话回来要求入社。参加的人将社员证挂在家里显眼的地方，但更多的人在观望。

延伸阅读 8

合作社原则

在中国，推动合作社工作的一个困难在于，推动者们必须先对20世纪50年代的合作化做出恰当解释，因为人们对那段时间的合作运动抱有非常负面的看法。对大多数人来说，那是一段惨痛的记忆，这种记忆也或多或少地传给了下一代。翟城村的书记曾接受过几次工合国际委员会①关于国际合作社原则的培训，开始他对此抱着极大的警惕，认为那个时候的路没有走通，现在也走不通，他基本上把两种合作社等同起来。参加培训后，他成了合作社的积极推动者。并且他认为合作社是解决"三农"问题的必由之路。由于他的影响，其他社员也慢慢在思想上统一起来。

1995年在国际合作社联盟成立一百周年大会上通过了目前具有普遍指导意义的合作社七项原则。第一条原则即为自愿与开放的社员资格，社员们不会再有来自上面或合作社内部的压力，在进退之间，他们具有充分的自由和独立，而且没有性别、社会、种族和宗教的歧视。原则的第二条为社员的经济参与，社员们与合作社之间必须有经济联系，这种联系通常以社员向合作社缴纳股金来体现，其所缴纳股本的一部分作为合作社的共同财产，其回报也是有限的，社员的盈余一部分进行红

---

① 中国工合国际委员会（International Committee for the Promotion of Chinese Industrial Cooperatives），简称工合国际（ICCIC），是国内现存历史最悠久的国际性民间组织和合作社民间促进组织之一。当年为支援中国人民抗日战争，争取海外援助，促进中国工业合作社运动，宋庆龄与国际友人发起，1939年在香港成立中国工合国际委员会。1952年因全国合作总社成立，工合国际停止活动。1987年为配合国家改革开放发展战略而恢复，在中华人民共和国民政部注册为全国性社会团体，主要从事促进合作社发展、扶贫、妇女培训等社会公益事业。

利分配，一部分作为合作社公积金、公益金或风险基金的积累，其中至少有一部分是不可分割的。合作社工作的民主控制被列在了第三条，合作社是由社员控制的民主的组织，社员积极参与政策的制定，社员代表对全体社员负责，社员不论认股金额多少，有平等的投票权，即一人一票。自治和独立是合作社的第四条原则，如果合作社与其他组织（企业或政府）达成某种协议包括对外筹资，社员的民主控制和合作社的自治原则不应受到损害；此外，合作社应为其社员选出的代表、雇员提供教育和培训机会，以使他们具备可以促进合作社发展的能力。合作社还有责任使公众广泛了解合作的理念和优越性，获得社会的信任，这是原则的第五条。第六条，合作社之间的合作，合作社要最有效地为其社员服务，也要加强横向合作，以使合作运动在互相支持中得到推动。第七条，关心社区发展，在合作社发展的过程中，必须对其所在社区的发展给予足够的关注，合作社不能单独地存在，它追求每一个人的发展。这七项原则需要适应中国的土壤才能生长，而要开花结果则更需持久的耐力和在中国农村生活的智慧。但一旦它们在社员的心中扎下根来，我们梦想在这块土地上生根发芽的平等、民主、自由、平等、民主、互爱将不再只是一些华丽的辞藻。

2. 合作社与社区发展

在翟城村两委的领导下，新诞生的合作社填补了村庄中教育、养老、经济组织、农业技术等社会服务方面的空白。

（1）使劳动具有公共价值

农村中缺少很多东西，但劳动力几十年来却从来没有缺乏过。遗憾的是，长久以来这些劳动力通常与牌桌、闲聊、屋角的太阳光、电视连续剧、东家长西家短联系在一起,他们有时是一个人,有时是一群人,但都与公共生活没有关系。如果说劳动创造了财富,农村中的很多劳动却在浪费财富。如何将农村中闲散的劳动力有效地组织起来,使剩余劳动力与财富、公共生活建立联系,这是合作社成立时需要首先考虑的问题。

翟城合作社刚成立的第二天,就组织了全体社员到一所废弃的砖窑拣砖块。社员中老的少的、健康的残疾的百十号人一大早在村中集合,举着破烂的彩旗浩浩荡荡向村外的废砖窑进发,路上还吸引了几个非社员参加。其中一个老人很是感动,他说有四五十年没见过这种场面了,心里一激动就跟着来了。他还在劳动的间歇教大伙儿唱河北梆子。歌声、笑声,还有吵闹声,那可实在是声声入耳。笔者长那么大,还是头一次被集体劳动的快乐所感染。更重要的是,这种劳动是为了集体的发展,有的社员还将自家的拖拉机开来,他们的目光已从家庭外移,看到更远的地方。

这是通过一起劳动组织起来创造公共财富进而造福个人的一个很好例子。实际上,翟城合作社在接下来的工作中随处可见义务投工的影子。从农资的统购统销到辣椒市场的建设,从农业生产到建立农业实验室,社员们在看好自己的庄稼之余都积极参与,他们付出劳动创造集体财富。

任何一项事业的发展都少不了资金的参与,在教育产业化、公共卫生私有化及物质主义的蛊惑声中,农村中有限的资金被无情地剥离,而农民要从银行获得贷款又有很高的门槛,这种情况对合作社的发展是一个极大的障碍。翟城村合作社章程中规定社员入社需交股金300元。但因当时正是种植季节,农户手里没有更多的余钱,而将股金暂调为100元,134户就是13400元。若以这一万余元的本金谋求公共财富的积累,而没有劳动力的有效组织和义务投入,这中间的难度是可想而知的。将农村中富余的劳动力引向公共财富的积累和公共生活的发展,这是翟城合作社在拓展社区公共生活空间上的一个有益努力。

> 延伸阅读
>
> **9**
>
> ## 合作社统购业务
>
> 合作社成立后，马上开展的另一项工作是统购化肥农药。有一户社员把自己临街的一个房间贡献出来，作为店面和仓库。理事会的三个人负责每周到保定进货，其他社员分为若干个小组，以小组为单位轮流值班售货，没有请专门的人。合作社用集体时代记工分的方式来核算大家的劳动量。售货店也对非社员开放，但他们不享受社员按交易额返还的优惠。由于合作社售卖的农药化肥比市场上的便宜，有些农药，市场上一瓶要6元，合作社这里只卖3元不到，很多邻村的村民也过来买。如此半年下来，合作社居然赚了5000多元，而他们的股金也就1万元多一点。由于这一块工作是大家轮流参与的，没有计算用工，从成本核算的角度看，并不是特别划算；但从另外一个方面看，社员因此节省的开支也没有计算进去，而且使用起来有更多的质量保证。

(2) 依托合作社的教育创新

对一切致力于农村发展的机构来说，不管是政府组织还是非政府组织，或是企业，教育这个概念都具有永远的意义。但如何使教育脚踏实地并具有实效，却不是一件简单的事情。在目前中国农村普遍已丧失组织信任的情况下，依靠行政力量将农民组织起来进行自我教育，基本上已无可能，而农民在经济利益驱动下自发成立起来的合作社，为其进行自我教育提供了另一个平台。

翟城合作社就是在大家对合作知识的学习过程中成立的，后来又组织社员每月集会一次进行集体学习。他们先学习章程，每个社员一份，由理事会中负责学习的理事给大家逐句朗读，社员如有疑问可随时提出；然后他们学习国际合作社的七项原则、市场营销等。在集会结束前，他们还一起学唱歌，现在大家已能唱《合作就是力量》这首改编后的歌了。但这种大规模的集会，学习效果实在有限，那乱哄哄的场面和没有经济效益使一些人对这样的学习和讨论渐渐厌烦，几次以后就不再来了。

鉴于这种情况，也为了合作社其他工作更好地开展，理事会按就近原则对社员进行了分组，共12个组，每组平均11户，由组员选举正副组长各一人，每个理事负责一到两个组。这样，小组的学习逐渐开展起来，有些小组还给自己取了名字，如葡萄藤学习小组、向日葵学习小组、金太阳学习小组，学习的地方就在社员的炕头上，或是丝瓜架下，十几个人，大人和小孩，他们围坐在一起，在昏暗的灯光下，怯怯地朗读着。他们中的一些人，只是在小学时学过汉字，后来再没有机会跟文字打交道。他们将书本凑到眼前，一字一顿地读着《卡尔威特的教育》《晏阳初的思想与人格》《中国公民常识读本》《解构现代化》《法律咨询手册》和《印度的乡村建设》，其情其景会让你感到中国的希望是那么实在地涌动着。

20世纪90年代以来，农村中的知识与资金一样都躲不开被城市抽离的命运。农村文化的空洞化现象越来越严重，甚至老人的经验和阅历也不再有传承，农村中的精神维系正在一点一点地消隐，邻里之间的帮忙也被涂上了金钱的色彩。这个时候谈农民的自我教育、自我学习显得更为急迫，也变得更为困难。教育是一个国家的万年根本大计，也是一个社区的根本大计，舍教育没有他路可走，但教育注定是一项艰难的事业。相比于工厂、商店、水泥路面，教育暂时显得暗淡无光，它的光亮要在十年、二十年甚至一百年以后才会显现出来。所以翟城合作社各学习小组说：他们要在一起学习二十年。二十年后，他们都将步入老年，但这个社区发展的基础将由此奠定。

2006年初春，我因工作需要前往海南开辟新的乡村建设试验区，学习小组的社员还经常和我通电话。有一次南瓜藤小组的组长惠茹打电话给我说他们小组近期的情况，说他们组的社员昨天集体去打扫村庄的公共卫生了，末了，她说："我们是有自发力量的。"让我好一阵欣慰。

劳动和学习是农村公共生活的主要领域，合作社的影子正变得越来越有分量，社员们在合作社里找到了家的感觉，开始注意维护集体的形象，集体感正在形成，一些人还改了以前张嘴骂人的习惯。其中有一个叫李永伟的社员，他有一次对我说："我现在都不敢随地吐痰了，因为人家会说，你是合作社的，怎么还那么不文明呢。"而在非社员看来，合作社里的人好像高了一个层次。

即使是翟城村到镇上卖菜的村民，也愿意穿上当时学院制作的T袖衫，因为这意味着诚信。有一年冬天下大雪，路上积雪很多，严重影响农民出行。合作社号召社员们一起出来扫雪，得到大家非常积极的响应。社员们用了一个上午的时间，中间也有非社员受到感染参与进来，甚至到后来有村民直接开了铲车过来帮忙，他们共同把全村四条大街总长近五公里的雪扫得干干净净。

现代社会，人们相信一切事业的第一要件是金钱，但在翟城合作社开拓农村公共空间的努力中，你可曾看到货币的身影？你看到的是社员们时间的付出，是公共空间的彩布慢慢向我们张开。

（二）多元文化为根：翟城文艺队

农村文艺的衰落一般被认为是农村公共空间变得狭小的主要标志，而衰落的标志则是农村戏台的荒草和夜晚的黑寂。即使是在农闲时间，你也很难在村道的另一侧听到锣鼓的喧嚣，有的只是漫漫黑夜。翟城村在"大集体"时期曾有一支由四十几人组成的文艺队，他们写剧本，排节目，到十里八乡巡回演出，有时也到城里演出。有一年在保定地区组织的一次文艺汇演中，翟城文艺队还获得了第一名。

对于一个村庄来说，这是一个非常辉煌的记忆，现在翟城村上了年纪的人谈起这事，眼神里都有不一般的光彩。他们骄傲地谈论过去，对现在的萧条局面万分惋惜。但那时候每一个演员都是全职的，他们可以不参加集体劳动，但挣得的工分却不比其他人少，他们可以在维持家庭生计的前提下来发展自己的爱好，农村的大众文艺因此能呈现繁荣的局面。大包干以后，一切关于集体的东西都瓦解了，文艺队也逃不开散伙的命运，相比于个人的爱好，维持家庭的生计才是最重要的。队员们只是偶尔会拿出二胡或小鼓来自娱自乐一番。

当集体不再有义务，队员不再有动力，农村文艺生活应怎样来推动？如何发展本地的文化生活？把大众对文艺的天然爱好和闲暇的时间组织起来，这是试验区成立伊始就着重考虑的一个方面。

2003年8月，晏阳初乡村建设学院还在筹备期间，北京打工青年艺术团的孙恒一行就来到了翟城村，为村民带来了一场别开生面的演出，吸引了近三千人前来观看。这场演出除了北京带来的节目外，还有我们临时在翟城村征集的几个节目。这场演出对翟城村进行了初步的文艺动员，荒废了几十年的戏台迎来新生。

1. 翟城村的文艺骨干

在我们与村两委建立起了一种互为信任的关系后，他们为我们提供了许多工作上的便利。这些便利之一是村干部领着我们走村串户，熟悉村庄的各种环境，了解村庄中各农户的特点，等等。这样，在不多的几天时间里，我们就有了翟城村各种文艺人才及爱好者的档案资料，包括他们是谁、住哪里、年纪多大、有什么性格特点、有什么样的文艺专长、是否有公益心等。比如，村西的韩大爷七十来岁，吹拉弹唱"样样通"，而且人缘很好，属于上下左右都很信服的一个人物，是村里的"鼓王"，对村里的公益事业也很热心，但血压有点高，身体不是特别好，不愿意去折腾什么事情。但是如果他愿意出面，翟城村的文艺队就可以很快组建起来。村西还有一位叫小乔的妇女，四十好几岁，没念过书，外向热心，嘴巴子快，有组织力，秧歌扭得好，模仿力极强，唯一的不足是不能特别服众。还有一位住在村东的张老师，他原来是翟城村小学的老师，刚退下来不久，对村里的事业有非常高的热情，会拉二胡，会唱《沙家浜》，音色高亢，人缘也很好，与韩大爷一样，在村里属于德高望重的人物，但他家里有一个精神有点错乱的儿子，需要人照顾，他有时候还要替他爱人到小学上课。

了解了这些情况后，我们就是挨家挨户去拜访他们。当然，大部分是第二次去了，但这次去的目的很明确，就是要与他们探讨组建翟城村文艺队的事：是不是愿意参与进来？什么时候比较空闲？可以充当一个什么角色？文艺队要怎么来搞？费用怎么解决？还有没有其他合适的人？等等。这些探讨是一对一的，以便有更深入的交流，这也是接下来多人交流的前奏。在这样的交流中，我们首先要成为一个很好的倾听者，特别是面对同志，他们回忆起以前的光景时，往往有很多的话，这时不要轻易地打断他们。实际上，我们很多人的经验都是，百分之九十的时间大家是在闲聊，只要百分之十的时间来谈正事就够了，所谓"磨刀不误砍柴工"。当然，这中间你要投入最真实的情感，而不能有半点应付式的想法，因为你是在和天底下最朴实最有感情的人群打交道。

就这样，翟城村将近三十位文艺特长或爱好文艺的村民进入我们的视野。他们中有一部分是"文革"时期文艺队里的骨干，一部分是由中年妇女组成的文艺爱好者。我们首先将当年文艺队中还健在的队员们召集起来，尽管这些队员也都老了，但他们对乐器和地方戏并没有生疏，何况在他们之后的几代人中，很少有人接受过文艺训练，所以在翟城文艺生活复兴的舞台上，暂时还得由这些老队员来担当主力。他们一方面要重新熟悉中断了二十几年的舞台生活，另一方面还要培养年轻的文艺骨干，而且老年人的性情也像天气一样不好把握，所以把他们组织起来实属不易。但不管怎么样，合作社的集体想象在吸引着他们：大家在农闲的晚上聚在一起，老人们拉着古调，年轻人则跟着电视学习现代舞蹈，新的文艺队在磕磕碰碰中向前迈进。

延伸阅读
10

志愿者有时候也会犯糊涂

有一次，我们的一位志愿者到村北去拜访一位七十多岁的张姓大爷。张大爷原来在文艺队里拉二胡，志愿者想请他来重新担纲新文艺队里的这个角色。这位志愿者登门时，张大爷刚从地里回来，正准备生火烧猪食。由于缺乏经验，志愿者也不管张大爷手里正忙活的事，上去直接就问是否愿意参加新的文艺队，并且眉飞色舞地向大爷展望了一通新文艺队的光明前途。张大爷说自己家里活儿多时间少，可能参加不了时，志愿者又以要支持村庄的公益事业为名，对张大爷进行极力的劝说，就差没上纲上线，弄得张大爷左右为难，碍于村两委的面子，最终还是勉强答应试试看。

我们与这些文艺人才的沟通还算顺畅，大部分人都表现出较为积极的态度，认为这是好事，可以让村庄重新活跃起来，不那么死气沉沉。原来一个村子里，村西头的不认识村东头的，这样一来，大家就熟络起来了。而且，这也是自己喜欢的，不用花什么额外的钱，何乐而不为嘛。

2. 瞿城村的文艺晚会

文艺队筹备起来后，大家第一步就是把封存在屋角的乐器重新搬了出来，主要是二胡，然后凑在一块儿调试。妇女们则一起到韩大爷家里学打鼓和扭秧歌。消失了很多年的一些节目也搬了出来重新排练，什么驴子舞、河北梆子、背媳妇等地方特色很浓厚的节目，还有"文革"时期的样板戏，如《智取威虎山》，全出来了。当然，也有一些现代节目，比如独唱流行歌曲。到中秋节的时候，文艺队已经有十来个节目了，再加上小孩子的节目，一台两个小时的晚会就很丰富了。

中秋节这一天，荒废了差不多二十年的戏台，迎来了它的新生，不大的戏场，竟然吸引了将近两千名村民，把台上台下挤得满满的。这种场景，让我们志愿者激动得无以言表，也让刚组建不久的文艺队好好激动了一番。大家的信心一下子往上提了不少。

第一场晚会的成功举办，对文艺队是一个很好的促进，但同时一些原来没有显现出来的问题也随之产生，主要是队员之间的矛盾。文艺队开始组建时，考虑到队员中没有一个人可以服众承担队长之责，所以暂时由志愿者来协助组织。一段时间后，三十人不到的队伍就出现了三个派别，谁也不服谁了。韩大爷说的"文艺队气死人"的话还真的很快就应验了。对于志愿者来说，这种矛盾还真是让人棘手，因为文艺队员们会把一些"历史遗留问题"也搬到队里面来，还东家长西家短的。志愿者没有办法，只好把老书记请出来控制局面。与此同时，我们从河南请来了腰鼓老师，准备在文艺队中组建一支妇女腰鼓队，希望通过腰鼓队的发展来缓解队伍中的派别问题。

果不其然，腰鼓队组建后还在县城拿了个表演奖，文艺队里的矛盾确实缓解了不少，大家还选出了召集人，定期聚会准备学习广场舞，志愿者还在他们中间成立了读书会。

这个变化表明，一般新建立起来的农村社会组织都有一个"磨合期",需要不断充实活动内容作为"组织资源",才能化解以前的矛盾,使组织逐渐巩固下来。

> 延伸阅读 11
>
> ## 农村文艺动员三步曲
>
> 第一步,我们要去了解这个农村现有的组织系统,比如有没有妇女协会或者老人协会?有活动吗?怎么组织的?等等。
>
> 第二步,我们要去了解当地是否有地方特色的文艺形式及相关人才。是否有开展这些文艺活动的传统?比如逢年过节,河北的有些农村就会自发组织唱大戏或走马灯等节目。有这些传统的地方,开展文艺工作就会更容易些。
>
> 第三步,当我们了解清楚了社区的相关资源,就可以把我们能带来的资源与本地的资源进行结合了。比如志愿者带来的"恰恰舞",就是一种外来资源。我们乡村建设系统中有一位老志愿者叫衡生喜,七十多岁了,会很多种鼓的打法,有"中原鼓王"之称。他现在已经教出了六十来个农村腰鼓队或盘鼓队,这就属于典型的农村合作文化建设的外部资源。当然,作为一个农村社区工作者,可以不会唱歌跳舞,不会打球,不会下棋,不会敲腰鼓,但担当的角色却是最重要的,农村社区工作者作为一种外部来的组织资源,必须学会整合各种资源来为农村服务。

（三）农民生计为本：翟城村的生态和健康事业

1. 有机农业耕作与手工经济

农业上的绿色革命在使我们免于饥饿威胁的同时，也在掠夺我们子孙后代赖以生存的生态环境和土地资源，同时还污染了我们每一个人的餐桌。化肥的大量使用在使农村土地板结的同时，也使农民的负债增加，两年前一袋磷肥就能获得预期的产量，而如今必须用两袋；二十年前农民还能从自己的粮食里留下来年的种子，现在农民却必须用更多的粮食或货币去交换购买，农民的自主性在慢慢丧失，对外依赖性却在不断增强；农药、除草剂毫无节制地使用，不仅使鸟儿不再歌唱，也污染着土壤和水源，农民的疾病不断增多。人们对农业的想象正慢慢从田园诗情转向梦魇之域。许多机构在为农业的回归努力，但由于农户土地的分散和缺少组织，这些努力也一样收效甚微，因为有机耕作需要一定量的地亩数才能形成自己的小气候。

翟城合作社成立后，我们适时在社员中传播生态农业的理念，并依托学院院内的农地进行具体的生态农业实践，同时邀请生态农业专家到学院来开展培训。有机耕作的理念通过教育培训和试点示范逐渐为社员所接受。当然，这个过程非常漫长，因为进行有机耕种意味着农民要支付更高的成本，同时也要投入更多的人力，如果单纯从经济效益的角度进行核算，这是很不划算的事情。

所以我们需要同时对城市消费者进行动员，希望消费者能够和进行有机种养的农民共同承担风险和成本，使农民的有机生产"划得来"。但限于人力，同时社会大气候尚未形成对消费健康食品的需求，我们的消费者动员工作在学院期间基本无法推进。直到 2008 年三聚氰胺事件爆发，那时我们的生态农业团队也在北京郊区落地了，城市消费者的动员工作才有了一个新的面貌。所以翟城合作社直到第三年,才开始进行生态农业的尝试。大家以生态方式种植地瓜和花生,合作社各组轮流出工。头三年是土壤改良期,但大家对经济效益仍然较为看重。在第一年经济效益不明显,合作社理事长又突然去世的情况下,合作社的生态农业试验勉强维持到第二年,随着学院搬离翟城而终止。

值得一提的是,2005年12月在湖南长沙举办的村官论坛上,翟城党支部米金水书记代表五千村民,发出"拒绝有毒农业,保护国人健康"的倡议,在社会上形成了一定的反响。2008年之后食品安全事件越来越为社会所重视,从翟城村发出来的倡议仿佛是一种"天启"。这也是晏阳初乡村建设学院在翟城短短不足四年的时间里,会有那么多国内外友人到这个村庄学习的原因。

改革开放以来,农民的吃穿住行娱等一切需要越来越货币化,早已无法通过社区内的互助系统获得满足,其中对农民生计影响较大的莫过于各种工业产品对农村传统手工经济的冲击。如何看待社区经济的衰落这个现实?如何重新塑造社区经济的主体性?这是我们在探讨农民生计问题时需要加以考虑的。为此,我们与翟城村两委和合作社进行合作,挖掘能够服务本地经济的知识资源,采取形式多样的方式,比如酱菜制作比赛,激发村民对这类地方知识的认可。此外,如翟城村的花生油制作工艺、月饼制作工艺等,我们也以不同方式予以鼓励。学院撤离翟城村之后,每年中秋节,小毛驴市民农园还要专程到翟城村定制大量的月饼,这种月饼的原料百分百地来自当地。

四、农村合作医疗

最近十年来随着医疗费用的持续高涨,农村看病难已成为异常突出的问题,温铁军教授将它比作"农民头上的一把刀",这绝不是危言耸听,多少家庭在这把刀面前陷入困顿,更多的生命在得不到丝毫医治的情况下结束,农民小病不敢看,大病躺床上等死已成农村中普遍的现象。这种状态与"以人为本"的精神实在相去甚远。政府和社会为此的努力之一是建立合作医疗,并有一定额度的补贴,但正如我们看到的,收效却不明显,该继续的仍在继续。通常的判断是,农民没有合作意识,农民经济能力太弱。

正因为如此,农民才更需要合作起来,我们要考虑的是以什么为合作的切入点。实际上,在合作社基础上建立合作医疗能收到事半功倍的效果,因为社员对合作社已有组织认同,社员间的信任关系也在合作社的发展过程中慢慢建立起来,而这两点是合作医疗的基础,也可以节省在农村建立合作医疗的组织成本。

翟城村是一个有五千人口的大村,我们初到村里时,有一段时间每隔几天就会听到鞭炮声,这一般是办丧事才鸣放的。米书记说,村子里差不多每个星期都会死人。后来了解到,村里很多人六七十岁就离开了人世,这给每个失去亲人的家庭带来了很多痛苦。我们能做点什么呢?

一方面我们积极探索在村里开展合作医疗的可能,另一方面我们与北京炎黄经络研究中心展开合作,在翟城村建立了"312经络健身小组",小组由翟城村村民组成,组员主要是离退休的老师和干部,他们负责向村民宣传、教授经络健身的方法,并定期到村民家里督促指导。当时健身小组已建立了翟城村45岁以上村民的健康档案,在健身小组提交的一份报告中,我们看到了下面一组数字:"翟城村5000多人。其中了解'312'的有3000多人,学会做的有1600多人,我们从户口册上摘录的45周岁以上的中老年人共有1415人,天天能坚持锻炼的有1000多人,达到了70%以上。通过锻炼,明显好转的有600多人,达到了40%。"北京炎黄经络研究中心的专家几乎每个月都会到翟城村来为村民讲授经络健身知识和卫生常识,中心负责人祝总骧教授当时已83岁高龄还坚持去翟城,很受村民的欢迎。现在祝教授已经93岁高龄,每年还要带着同样已90岁高龄的爱人去翟城村几次。老实说，我们还不能很好地评估这一工作的效果，但可以实实在在地看到一些老人在不花一分钱只是自己坚持锻炼的情况下使病情有所好转，甚至完全恢复健康，我们感到这对于农村医疗卫生的现实是具有积极意义的。

五、乡村建设是一个长期的工作

翟城试验在四年的时间里，培育形成了各类社会组织，包括合作社、学习小组、文艺队、老人协会、科技小组、儿童小组、健身小组等。乡村建设团队也在推进互助合作组织、生态农业与健康食品、生态建筑与宜居乡村等方面，探索出很多有意义有价值的在地经验。虽然有些组织在随后的几年里，由于需求的改变，本村大量人口外出打工，慢慢地解散不复存在。但有些和村民生活息息相关的活动，还一直坚持到今天，如健康相关的健身小组。有些组织则与时俱进，如翟城合作社以村民自己的方式在运营，这说明了国际经验要在中国落地，需要和中国的实际情况相结合。翟城合作社则是在中国的那时那村即普遍有特殊的社会人文环境中形成的"改编版"，也反映了那个时代以经济发展为主导的深深的烙印。

虽然由于诸多原因，翟城村的乡村建设团队离开了翟城，但翟城村的乡村建设工作仍然在继续，只是以另外一种方式在进行。2008年三聚氰胺等食品安全事件成为乡村建设的一个转折点，"乡村建设实非建设乡村"，面对食品安全问题，晏阳初乡村建设学院在翟城村的工作也由基于乡村的实践转向城乡融合的互动交流与经济共享模式，诸如小毛驴市民农园引领的连接城市消费者和乡村生产者的社区互助农业。与翟城村的互动也有小毛驴市民农园连接，从整体的乡村建设试验转为更为平等互助的安全食品的订购和销售，如翟城村制作的月饼让每个吃过的城里人品尝到原汁原味的月饼，勾起了儿时的生活记忆。同时，小毛驴市民农业还连接更多的城市群体到乡村体验生活，认识乡村的价值，探究可持续的生活，而那时在翟城村建设的生态建筑则成为众多开展自然教育的环保组织的活动场地。

晏阳初先生有句名言：外来人只能帮助，做事情还是要靠自己。当我们认为当地人能够有自我发展能力的时候，我们这些外来人是应该退出的。翟城的男女老少在经历了与外部互动交流、实践创新后，选择以自己的方式来进行本村的发展，这也是历史发展的规律。而那些经历过的人，不管是老人、妇女、孩子或干部，不约而同地，都会将那时那村所发生的一切，留存在他们生命的轨迹中。

第五章
分享收获
——一家基于 CSA 理念的农业社会企业[1]
付彦　徐京悦　冯云霞　王建英

【导读】 初见创始人石嫣是在某个金秋时节参访"分享收获"的北京顺义基地。1个多小时的车程,到基地时映入眼帘的是普通的农村景象和几间小平房。没多久,一位身着户外徒步装、瘦瘦高高、皮肤微黑的女子带着平静的微笑出现在我们面前。没有传统印象中的老板派头,也没有商人的圆滑和热络,也暂时看不出创业家的激情和拼搏,只是很柔和。听说她曾是小毛驴市民农园的发起人之一,还听说"分享收获"的创始人是一对博士夫妇,毕业后没有选择常规的就业道路,而是选择自主创业,并且是一条社会企业的创业道路,往细了说,是扎根农村的农业社会企业道路。我们很好奇,他们为何要选择这条道路?其中会有怎样的美好和艰辛?又有怎样的创新和应对?作为一家社会企业,它又经历过怎样的挑战,值得与大家分享和探讨?

---

[1] 本项目(论文、案例)获中国人民大学尤努斯社会事业与微型金融研究中心支持。

一、"分享收获"的 CSA 基因

分享收获（北京）农业发展有限公司，是石嫣与程存旺夫妇于 2012 年创立的一家以推广生态农业、产销互信为使命的社会企业，致力于在中国农业领域构建一种新型的社会关系——社区支持农业（Community Supported Agriculture，CSA），以实现健康持续的农业发展模式，推动乡村复兴。

CSA 是一种构建作为生产者的农民与作为消费者的市民之间直销加友好关系的模式，农民和消费者之间彼此承诺、互担风险的信任是 CSA 的精髓。生产端不施农药化肥、在保障土壤健康基础上提供有机健康的农产品，消费端与农民共担风险、基于公平贸易以合理的价格获得有机健康的农产品，共同推动社区的食物安全和农业的可持续发展。

分享收获把推广和践行 CSA 理念作为其最重要的工作，不追求利润最大化，而是以社会、生态、经济三方面综合发展为目标。经过五年的发展，围绕 CSA 模式，基于联盟和平台思维逐步形成了一系列业务和工作，包括：遵循有机标准生产配送生态农产品的 CSA 经营模式；孵化、考察、支持和销售认同有机农业、CSA 理念下合作农人农产品的食物社区模式；倡导健康饮食和食农教育的"大地之子"食农教育项目；推广 CSA 和生态农业理念的"CSA 联盟"工作；支持研发中国第一家专业服务 CSA 的互联网平台"好农场"App；组织"新农人""农场经理人"培训和提供生态农场运营项目咨询；为解决返乡青年子女教育问题而创建的幼儿园；方便新农人和市民消费者来农场参观交流的民宿；以及支持与生态、环保、教育有关的社会公益活动，倡导简单生活方式。

秉持"有机农业是我们的信仰，我们只生产有机标准的产品，不是为了我们自己可以长命百岁，而是为了更多地去改良我们的环境，保护我们的土地等自然资源，让更多农民有尊严地从事农业，也让乡村可以因此而复兴"的信念，分享收获不只是为消费者提供健康安全的农产品，还包括有机耕作模式的恢复与推广，以实现食品安全保障和经济、社会与自然环境的可持续性。

二、分享收获因何而生？

（一）创始人的成长经历

石嫣，分享收获的创始人兼执行董事，人称"掌柜的"，农场整个经营管理的这些事儿，都由她来统筹。

程存旺，分享收获的联合创始人兼"好农场"App 创始人，人称"农场主"，也叫他"镇长"，负责农场的生产运营等各项事务。

1. 石嫣：从城市独生女到农场女掌柜

1982 年，石嫣出生在河北省保定市的一个普通工人家庭，是家里的独生女。父亲在供电局工作，母亲在化工厂上班，父母都是下乡知青，当年就是在农村劳动时相识并结为连理的。

2017 年 6 月，石嫣在《母亲是我最好的老师》中曾写道："近些年因为推动食农教育，接触了很多教育的新理念，我总觉得大家一方面否定现有教育带给孩子的制式化知识，另一方面急于寻找新的模式，其实是源于家长对未来的焦虑。我在想我自己一路走来，30 岁前读书学习、创业谋生，同时努力惠及他人，从读完博士到选择做农民，这个看似另类的选择背后，到底我的父母给了我什么样的教育？越想越体悟到，其实父母并没有很多高大上的教育理念，更多的是他们朴素的生活理念：爱、奉献、乐观、坚持。"

她本科就读于河北农业大学商学院农林经济管理专业，在此期间读了不少著名"三农"问题专家温铁军教授的书，深为敬佩。

2005年9月，原本打算考研的她突然接到同学的一个电话，说人民大学在"海选"推免生，从来没有想过会跟人大有缘的她在网上提交了申请材料，得到了复试机会，于2006年被保送到中国人民大学农业与农村发展学院，如愿成为温教授的弟子，开始了硕博连读之旅。

在城市长大的石嫣缺乏农村实践经验，总觉得心里不踏实，一直盘算着找机会到农村好好实践一番。2007年年末，她接到农发院刚从美国考察CSA项目回来的周立老师的电话，聊到未来自己对博士研究阶段的计划时，周老师说："美国农业政策与贸易研究所同意接受一名愿意去当地农场蹲点半年的学生，让其系统学习美国在CSA方面的经验。"石嫣眼前顿时一亮，立刻向电话那端的周老师申请了这个项目。周老师善意提醒她："这次学习可不是走马观花那么简单，美国方面一再告知，学习者要像普通的农民一样，不论刮风下雨都要在地里干活。你一个年纪轻轻的女孩子，吃得消吗？""我觉得我可以试一试。"但是，当她尝试回答完申请的第一个农场的若干问题后，她被拒绝了，农场认为她没有户外工作经验，是大都市女孩。之后，研究所帮她又找到了一家更侧重教育但规模比较小的农场，但离城市更远。经过一系列考核，石嫣最终获得了这次机会。

2008年4月，石嫣飞赴美国，到明尼苏达州的地升农场（Earthrise Farm）实习，被她的导师温铁军称为"洋插队"。该农场在2004年已申请成为一个非营利组织，进行CSA的运作。半年时间内，石嫣几乎全都在农村地区跟土地和美国农民打交道，参与了农场的整个生产、生活过程，深刻体会了CSA这种在美国出现的新型农业生产和销售模式。地升农场所有的播种、除草等都只能用人工方式，从早干到晚，十分辛苦。刚开始时，石嫣也会默默流泪：学校那么多重要课题参加不了，半年时间待在这里种地，只做简单重复的农活儿，这有价值吗？但善于思考的她还是从中学到了很多。有一次，农场在配送蔬菜前发现，由于冷藏室里的温度比预先调节得低，箱子里的部分蔬菜结了冰，甚至变了色！农场经理火速拿出客户联系本，挨家挨户打电话道歉，又迅速派人将尚未运送的蔬菜换成新鲜的。石嫣有些不解，蔬菜因温度发生变色并不是什么大事，为何如此大动干戈？事后，石嫣去求教，农场经理告诉她：“在CSA农场中，诚信是最高的原则，也是最低的底线，共享成员只有信任农场，农场的经营才可能继续。”这让石嫣动容，也成为她后来做事的基本原则。

2008年10月，石嫣回到中国。她没有选择用最常规的调查报告或论文方式来"交差"，而是选择了最费劲的方式——把CSA模式搬到中国。这一想法难度当然很大。在消费者和农夫之间缺乏信任的前提下，如何寻找消费者？在哪里建农场？千头万绪，似乎很难做成。但石嫣感觉，当你真心想做一件充满正能量的利他之事时，整个宇宙可能都会帮你。正好导师温铁军发起的公益机构"国仁城乡互助合作社"刚刚承包了200亩的土地，温老师专门辟出20亩，来支持她的CSA实践。2009年年初，石嫣和伙伴们给这个项目起了一个好名字："小毛驴市民农园"。

"中国三农第一人"温铁军和"中国公派美国务农第一人"石嫣的声誉增加了客户的信任度，小毛驴的第一个客户是看到报道后自己找上门来的。在他的帮助下，石嫣和伙伴们开始走入社区宣讲，招募会员，规模不断扩大，从2009年创办初的50多户，到2012年已发展至近1000户。会员的忠诚度颇高，而且每年还有不少人慕名前来候补，等着来年加入。

2011年，她在温教授门下博士毕业后，到清华大学人文与社会科学学院从事博士后研究工作，师从社会学系主任沈原教授，并于2014年出站。她的研究方向是"食品安全的社会运动"。她发现，古今中外的历史和经验表明，消费者各种自救，都只是权宜之计，只能解决暂时的食品安全问题，"从长远来看，健康、安全的农产品的持续提供，依靠的是农业的可持续发展，依靠的是农民。如果农民不能从农业中受益，最终影响的不仅是农业生产，还有消费者本身"。

2012年，"小毛驴"已经名声在外，但在石嫣的心中，最初的承诺和梦想，似乎仍然遥不可及。在她看来，租用土地开办农场做CSA的形式，本质上还算是消费者的一种自救行动。农民不是其中的主体，只是打工者，工资也并不高。最终，她萌生了创办"分享收获"的想法，决心从零开始新的尝试，定位在为农业服务的社会企业，保证农户与消费者的对接，让农民就在自家的土地上进行有机耕种。

与此同时，石嫣与程存旺于2010年合作完成了由美国CSA创始人罗宾·范·恩和CSA活动家伊丽莎白·亨德森合著的《分享收获：社区支持农业指导手册》的翻译工作，并于2012年2月出版。"分享收获"的企业名称也与此书有关，因为社区支持农业核心的思想是分享，不像有些大种子公司把种子专利化据为己有，CSA本身的模式就是透明的，每个有需要的人都可以采用。

2. 程存旺其人：从"热门"专业到"冷门"农业

程存旺生于1983年，福建南平人，本科读的是当时热门的工程管理和房地产专业，一次偶然的机会他看到一本农村调查方面的书，开始对"三农"问题产生兴趣。同年暑假，他参加了农村发展人才培养计划，每年定期带着社团成员到农村调研，随着对"三农"问题的逐渐了解，便顺理成章地转向了农业领域，报考了温铁军教授的硕士研究生。

2007年左右，他和石嫣开始系统地跟着温老师去研究中国的农业污染、食品安全及生态农业的问题，发现中国的食品安全、农业污染问题已经非常严重。于是，他们逐渐萌发了去寻找解决办法的念头。

2011年在《分享收获》一书的译者序中，程存旺写道："石嫣和我先后于2006年和2007年进入温三农门下当学徒，彼此以师姐师弟相称，长幼分明，关系融洽。一次偶然机会，我们被温铁军老师引进生态农业的大门，从此开始关注农业污染、食品安全、社区支持农业等问题。牢骚太甚防肠断，风物长宜放眼量。学术界对生态农业的研究已经很深入了，期刊文献汗牛充栋，再好的理念也要重在落实。因此，我于2008年选择了休学一年，石嫣则于2008年赴美国地升农场（Earthrise Farm）学习社区支持农业后返回，我们双双加入温老师门下的志愿者团队，创办了小毛驴市民农园。"

由于小毛驴的名声在外，各地纷纷前来寻求合作。2010年9月，江苏省武进现代农业产业园区与中国人民大学可持续发展高等研究院签署武进试验区战略合作协议，身为温教授博士生的程存旺带着团队来到了武进区下面的嘉泽镇，挂职副镇长，并负责创办常州"大水牛市民农园"，继续实践CSA。在此之后，他又协助福建的团队创办了故乡农园，积累了有机生态农园创办和经营管理的经验，为分享收获的创办打下了良好的基础。

（二）初心

分享收获创立的初心是想引入CSA模式，解决食品安全和农业污染问题，为农业的可持续发展尽一己之力；同时加强市民与农民的关系，与农民分担自然风险，保障参与生态农业者的收入，改善食物安全现状，推动社区食物安全，保护地球生态环境。

这一初心至今未变，体现在分享收获的使命和愿景的表述中。

使命——倡导健康的生活方式，服务于农业生产者及消费者，并尝试推进农村的可持续发展。我们生活于乡村，工作于乡村，价值开始于乡村，也留于乡村！

愿景——真实的食物，真正的农夫，真诚的社区。我们致力于搭建一个信任的桥梁，让消费者真正享受到健康安全的食品，让生产者得到公平合理的收益，促成安全食物社区的构建与发展。

(三) 时代的使命

2008年美国"洋插队"期间,石嫣一直在思考回国后该做什么:怎么让中国农民采用生态耕作方式,同时也能有稳定的市场,用市场的方式减少化学品对土地、水源环境的污染?这一思考的背后是中国当下所面临的农业和环境污染、产销互信缺失等"三农"问题的多重挑战。

一是农药化肥等的大量使用,导致农业土壤污染和环境污染问题。由于不重视施用有机肥料、大量使用化肥且缺少适合农民使用的科学施肥技术,农业耕地土壤基础地力(指不施肥时农田靠本身肥力可获取的产量)不断下降,土壤养分供应失衡,作物病虫害严重,农田农药用量大幅度增加,导致农药残留、土壤污染问题十分突出。资料显示,我国受农药污染的耕地土壤面积达上亿亩,规模化畜禽养殖场高激素含量畜禽粪便和废弃物的不合理使用,造成严重的土壤重金属和抗生素、激素等有机污染物污染。农业面源污染通过降水或农田排灌产生的地表径流、土壤渗透进入水体,造成严重的水污染和环境污染。2010年第一次全国污染源普查公报也表明,农业污染已经成为超过工业和生活源的最大面源污染源。

二是农产品和食品安全危机导致产消互信缺失。一方面是消费者对农产品和食品安全的担忧、对生产者的不信任。2008年的三聚氰胺奶粉事件是一个标志性的事件,导致到国外抢洋奶粉、抢马桶盖之类事件频现。另一方面,从生产者角度来看,激烈的竞争和消费者对低价产品的偏好,造成了"劣币驱逐良币"的市场失灵现状;与此同时,政府面对上亿农户家庭的交易成本过高,出现了"政府失灵"。随着市场经济体制的发展,在城乡二元体制下,非农产业大量吸纳农村剩余劳动力,农业劳动力成本上升,使采用更多劳动力的有机农业缺乏市场竞争优势,要么价格偏高,无法获得市场认可;要么价格偏低,农民收入空间受到挤压,打击其有机耕种的积极性,转而大量使用化学品来替代劳动。

三是解决农业污染问题、提供安全健康的农产品是一项系统性的工程。早在2007年中央一号文件就强调发展现代农业，鼓励发展循环农业、生态农业。2017年党的十九大报告指出，农业农村农民问题是关系国计民生的根本性问题，并提出实施乡村振兴战略，将解决"三农"问题提到了空前的高度。几十年来，与农业污染和食品安全问题相关的投入品和产出品的加工、贸易、技术、宣传媒介等产业资本已经在其中形成了复杂的利益关系，为此，如何最低成本地调整现有的利益格局、建立有利于生态农业发展的利益导向是难点之一。此外，构建城乡之间的新型"公平贸易"框架、鼓励消费者的"环境友好型"购买决策，形成生产者—消费者—环境之间的正反馈环，所有的改变都需要来自政府、企业、消费者各方的努力。

在这样的背景下，致力于以社会企业的方式来推动农业和环境的可持续发展的"分享收获"应运而生了。

三、发展和创新，分享收获的愿景

（一）初期的设想：一家为农业服务的社会企业，用生态农业连接农民和消费者

分享收获2012年5月在北京通州区创立，并于2012年8月正式注册成立。早期设想的模式，有点类似于三十年前日本的守护大地协会。

一方面，是以商业形式运营的公司，采用CSA经营模式进行生态农产品的生产配送。主要是帮助和支持小农，让他们的产品能够以好的价格卖给消费者，同时让消费者能够吃到健康的食物，实现农业生产和消费的良性循环和可持续发展。在最初设想中，分享收

获自己并不从事农业生产，而是想寻找合作农户，为其提供技术培训，要求其承诺按照"不使用化学合成农药和化肥"的生产标准在自家地里进行生产。分享收获则负责寻找合适的消费者，参照欧盟标准，对农产品进行191项农残检测，在公平贸易的基础上，将绿色健康的农产品送到消费者的餐桌上。

另一方面，是非营利性质的协会式工作，希望能推动CSA理念和生态农业的发展，在农民层面能够对其进行技术的培训，在消费者层面，能够做食农教育和推广工作。

（二）遵循有机标准生产配送生态农产品的CSA经营模式：困惑和转型

这部分是分享收获的主营业务，也是实现其社会理想的重要资金来源。虽然践行CSA模式的基本理念未变，但从最初的设想到如今的模式，也几经周折和变化。

1. 石嫣的困惑：生产者是谁？

2012年分享收获团队开始寻找承诺按有机标准生产的合作农户。理想很丰满，现实很骨感。在通州寻找第一个合作农户时就遇到了不小的问题。

首先，农户自身的意愿是需要长时间去培养的，无论在技术上，还是标准上，他们的认知都存在很大差距，沟通成本很高，建立信任的成本也很高。这意味着，一来，想要找到愿意按分享收获的标准进行生产的农户并不容易，因为改变以往的耕种习惯对农户来说是一种未卜的尝试和创新；二来，找到合作农户后，如何确保其按照标准进行生产，需要不断地沟通和培训，并要解决农民生产过程中的各类实际问题，这对于分享收获的年轻团队来说也是一种挑战。

此外，在如今的中国，有技术的这一代农民基本上都60岁左右了，也就是说，再过五到十年，从可持续的角度上来讲，还会遇到生产者是谁的问题。

尽管遭遇多次挫折，这个年轻的团队最终还是在通州区马坊村获得了第一位合作农户郎叔一家的支持，愿意为参与到 CSA 的首批消费者们提供健康蔬菜份额，建立了按有机方式生产的农作物种植通州基地。但是，生产者的问题依然萦绕在石嫣心中。

2. 小小的转型：从连接不同农户到培养团队自己的生产能力

到 2013 年年初的时候，分享收获的大部分团队搬到了设施更好的顺义基地，开始了小小的转型，希望能够把自己团队的生产能力和经验培养起来。从最初希望连接不同的农户，也就是基于一个村庄或者周边来连接农户生产的方式，到后来变成培养更多"新农人"，自己作为生产的主体。

3. 遵循有机生产标准

无论是合作农户还是新农人，都遵循国际有机生产标准，虽未进行有机认证，但采用有机生产方式，不使用任何已知的化学合成的农药和化肥，并每年对土壤和蔬菜进行抽样检测。

（三）以联盟思维孵化和支持认同 CSA 理念的合作农人产品的食物社区模式：发展中的创新

如今的分享收获应该说是延续了之前的连接农户和自主生产这两个想法的一个中间点，并有了新的发展模式。

一方面，既保留了最初的通州基地的合作农户，采用最初的连接农户与消费者的 CSA 模式，又在顺义基地培养"新农人"，按 CSA 模式自己进行生产配送；另一方面，则采取了食物社区模式，即孵化、考察、监督和支持一系列合作伙伴的产品，在分享收获平台销售。

具体来说，就是根据有机的生产标准，通过支持、考察、监督和检测的手段，与认同有机农业、CSA 理念的农人合作，支持他们转向有机农业，协助其产品在分享收获平台销售。一是因为这些农人中很多都是分享收获孵化的新农人，曾在分享收获工作或实习后返乡创业，理解和认同 CSA 理念，但一般都会缺乏市场，分享收获的协助销售也是给予他们创业的支持。二是因为消费者在消费了蔬菜之后，也有一些其他生活方面的需求，由于石嫣夫妇在这个行业内拥有十多年的经验，人们也比较信任，通过他们来考察、监督和检测，接触到了相同生产标准的产品，就采取了合作的方式。比如说，大米、小米，还有一些手工的杨梅干、酸枣糕等，都是属于其考察的食物社区产品。当然，有些品种，如水果，在转向有机操作的阶段，如果使用了少量化学药品和肥料，为了支持这些农人的转型，分享收获平台也会透明公开生产记录和检测结果，供消费者选择判断。

（四）宣传推广 CSA 和生态农业理念的协会业务

除了遵循有机标准生产配送自己和合作农户的生态农产品之外，分享收获的另一块重要业务就是石嫣夫妇一直想要做的更具公益性质的协会工作，主要包括两个部分："大地之子"食农教育项目和 CSA 联盟。

1. 倡导"大地之子"

2014 年石嫣发起了"大地之子"食农教育项目，并将其视为非常重要的一个新兴业务板块。

该项目以食农教育为目标，面向学校和市民，旨在更好地将城市家庭与农业、土地连接在一起。希望通过食农教育的课程体系，为孩子的健康成长提供一片"绿地"。不仅让孩子们了解农作物栽种、采收、烹饪的过程，也培养他们选择食材的能力及对食物来源、生态农业的认识。更希望食品安全观、生态农业等可持续发展观能透过孩子进入各个家庭，扎根于社会。

具体来说，就是在农场或者到学校去举办一些场景教学的课程。一方面，分享收获的食农教育老师可以到学校授课并协助学校开辟校园菜地。在学校，尤其是在小学或幼儿园这种特定的场景中，向孩子们展示如何在土地上耕种农产品，多和大自然打交道，将生态农业的理念融合其间，寓教于乐。另一方面，学校师生也可以到大地之子学园现场开展教学，在分享收获的果园基地了解生物多样性，在农场中展示一些基本的生产知识或生产场景，更近距离接触食物来源。

现在分享收获和呼家楼小学等多所学校都在合作，每周给市民或者孩子们提供大地之子课程。以呼家楼小学为例，有一个20节的课程，每节课40分钟，全年每周上一节课。有在课堂内的，比如认识种子，了解种子如何发芽；也有实验性的，比如在楼顶菜地种一米菜园；还会涉及木工、数学、美术等，比如孩子们一起来测量、设计和手绘一米菜园；还有去农场参观。课程非常受欢迎，收费不高，基本上属于公益性质。

当然，食农教育不仅创造一定的公共教育价值，同时也是为了农场自身。不同于大量铺广告或到社区里去免费送东西等常规的销售模式，食农教育实际上起到了品牌推广的作用，是帮助农场在未来能找到更多持相同理念消费者的一种重要方式。

2. 推广"CSA 联盟"

分享收获的另一重要业务是"CSA 联盟"工作，即参与和组织每年在这个领域最大规模的全国性 CSA 大会，依托 CSA 联盟平台推广 CSA 和生态农业理念。

CSA 联盟作为 CSA 理念的全国推广平台，最早可追溯到 2009 年第一届全国社区支持农业大会上"小毛驴"等 9 家农场组成的"市民农业 CSA 联盟"。2012 年第四届全国 CSA 大会上，几家机构联合发起了"生态农业互助网络"。2015 年第七届 CSA 大会上，生态农业互助网络正式转型为中国社区支持农业 CSA 联盟，并于 2017 年年初正式注册为社团法人组织，即北京市顺义区生态农业发展协会（CSA 联盟），分享收获、小毛驴、诚食农业、唐亮的亮亮家庭农场、张杨的柠檬君生态农场等均在 20 家发起会员单位之中。分享收获于 2015 年和 2016 年合作承办了第七届和第八届 CSA 大会，近千人参加。

从最初的小毛驴到如今的分享收获，石嫣夫妇每年参与和组织 CSA 大会，不断地去宣传推广 CSA 理念，分享自己的成果和经验，没有任何保留。现在全国各地在做这些事的人，很多人都曾在小毛驴或分享收获参观过、听过介绍或者培训过，无形中培育了许多"竞争者"。然而，石嫣并不太认可竞争的说法，并希望在未来，分享收获能不断地去推广这个事，让更多人认同和践行 CSA 理念。

3. 协会的未来

由于协会工作更具公益性质，分享收获团队付出了很大的精力和物力，石嫣依然对此持续倾注了很大热情，她希望，把大地之子和 CSA 联盟作为很重要的一部分工作，用三年左右时间，让它们能够相对独立运作，未来成为分享收获的社会事业部，或者一个单独注册的基金会或项目。

目前，"大地之子"仍属分享收获公司旗下，其独立运作尚待时日。

而 CSA 联盟，在石嫣和其他联盟成员的推动下，于 2017 年完成独立注册，迈出了一大步。目前有一个小团队专门负责 CSA 联盟工作，未来也需要从筹款、运营上去寻找方向。目前绝大多数 CSA 农场生存都很艰难，为什么大家还要抽调一部分人力物力成立一个非营利机构呢？在石嫣看来，也许正因为艰难，联盟的意义才更加凸显吧，只有理解 CSA 理念的生产者和消费者的队伍不断扩大，CSA 农场才有未来。据不完全统计，如今全国有上千家这样的生产主体、几十万个消费者家庭正参与到这场饮食变革中来，孵化无数个生态农场和消费者的梦想正在一步步实现。

4. 多管齐下，搭建支持 CSA 农场和推广 CSA 理念的平台

为了解决发展 CSA 农场和推广 CSA 理念过程中各种现实的难题，分享收获以搭建平台的系统思维开展了一系列工作。

研发"好农场"App

2014 年 11 月，分享收获联合创始人程存旺创办的诚食（北京）农业科技有限公司正式注册成立，负责中国首家专业为 CSA 服务的"好农场"App 的开发和运营。该项目的 3 个天使投资人也是"分享收获"农场的消费者。2015 年 11 月，"好农场"App 正式对外发布，已在全国 30 多个省市、220 多家农场进行测试。

"好农场"致力于为 CSA 农场和专业化农场提供平台化服务，成为全国 CSA 农场信息管理及招募会员的平台，连接生产者和消费者，从农业价值链的两端普及健康、有机理念，打造国内最值得信任的健康食物社群。

2015 年 9 月，时任中共中央政治局委员、国务院副总理汪洋在北京调研"互联网+"现代农业发展情况，并主持召开座谈会，石嫣作为参会代表以《从"分享收获 CSA"到"好农场"App 跨界创新》为题进行了报告，指出农场中普遍存在信任体系建设难、农场推广成本高、具体管理效率低等问题，"好农场"App 则致力于为农场提供解决方案，解决农场发展中的这些实际问题。同时，还汇报了新农人在农业可持续发展中的积极作用。

一方面，"好农场"致力于扶持生产者，通过提供平台化服务，帮助解决农场信息化程度低下的问题。他们意识到，当一个 CSA 农

场会员数量超过50个家庭的时候,就有数据管理的需求。以"分享收获"为例,当会员达到600户,在提供20—30种蔬菜组合的情况下,每天会产生2万个订单数据,单纯凭借人工,效率低下,错误率高,消费体验不好。通过"好农场"App,既可以满足分享收获自身发展的需求,方便农场会员下单和数据管理;又能为全国更多CSA农场服务,用"互联网+"的方式,整合全国的生态农场资源,成为其信息交流和会员管理的平台。

另一方面,"好农场"致力于服务消费者,依托平台,汇聚包括分享收获在内的中国众多CSA和有机生态农场,使消费者可以通过"好农场"App定位居住地周边的有机生态农场,成为农场会员,线上选购农场的有机、健康农产品,以满足其更多元化的需求。

培训、培养返乡青年和新农人

一方面,分享收获每年通过"新农人"计划招募实习生和不定期提供短期志愿者机会,让他们在农场学习分享收获的理念及农场耕作技术和运营管理。还通过透明生产过程、开放参观等方式,为各地感兴趣人士提供学习机会。

另一方面,分享收获与"好农场"App合作组织"新农人""农场经理人"培训,提供生态农业技术、CSA农场经营培训,还给全国希望从事CSA的小伙伴们提供付费和公益的咨询服务,比如给搜狐畅游农场、济南大溪地农场、宁夏禾乐不为等项目输送农场经理人。

多方位解决CSA发展中的问题

针对CSA发展中的问题和理念推广的需要,分享收获的其他工作还包括:为解决返乡青年子女教育问题而创办幼儿园;方便新农人和市民消费者来农场参观交流、体验有机生态生活方式的民宿;支持与生态、环保、教育有关的社会公益活动,倡导简单生活方式;承接相关课题和接受相关部门调研,为CSA的发展提供更多政策建议、推动政策变革;接受新华社、CCTV等数千家海内外媒体的报道，希望通过大众传媒方式将 CSA 理念进行更广泛的传播等。

四、财务观与发展战略

（一）启动经费从何而来：认同 CSA 理念的核心会员筹资模式

融资问题是 CSA 模式一个非常关键的问题。最早 CSA 模式在美国农场的出现，就是为了解决农场主融资瓶颈而衍生出来的一种非常有效率的过程。因为 CSA 模式要求会员预付费用，这样，在种植季节开始之初，农场主就可以收到一部分会员的会费，以此会费作为支撑农场主进行初期投资的很重要的资金来源。分享收获也是这样来解决资金问题的。

与一般的创业公司不同，分享收获的创业资金来源于认同其 CSA 理念的核心会员，而非通常的风险投资者。创业之初，分享收获注册公司的 50 万元资金，其中 20 万元来自创始人自筹，另外 30 万元来自核心会员，或称核心"谷东"。

在 2012 年 5 月开始第一季蔬菜种植之前，分享收获找到一些潜在的核心消费者，告诉他们：想做分享收获这么一件事情，大概需要 30 万元的启动资金，每位核心会员支付 3 万块钱，分享收获承诺核心会员的报酬就是三年的免费蔬菜消费及 1% 的分享收获的股权。大概花了一个月时间，这 10 户核心会员找到了，筹集到 30 万元，这 10 个家庭也是一户一户去谈的，有一些意向消费者因为还是在意投资回报的问题没有加入。解决了启动资金的问题，也有了第一批消费者会员。筹到资金后，分享收获启动了第一批大棚的建设、蔬菜种子的采购及劳动力的雇用。

当初并没有按照注册资金的出资额来分配比例，也没有进行估值，1%股权其实就是一个相互之间的认可。这些核心"谷东"更主要是出于支持分享收获这份事业，并非为了投资回报，目前也没有任何分红。他们不参与农场的日常管理工作，但会在农场年会时受邀一块聊聊农场的经营和发展情况，帮助出谋划策，是分享收获事业最早期，也是最铁杆的支持者，并带动了更多认同CSA理念的消费者会员加入。这些创始"谷东"除了一位素食者因分享收获业务发展到畜禽养殖而选择退出，仍保留订购蔬菜的普通会员身份，其他创始"谷东"均未退出。

（二）营运资金从何而来：以CSA农场收入支撑农场运营和CSA协会工作

1. 营收和支出

自2012年启动以来，经过五年的发展，分享收获除了最初通州的60亩蔬菜种植基地，还新增了通州的110亩林地养殖基地、顺义的50亩蔬菜种植基地和230亩果树基地，以及黑龙江五常的60亩大米种植基地。

2015年，分享收获整体营业收入900多万元，其中各基地生产的CSA农产品和大地之子这两项主营业务收入在550万到600多万元，投入成本在400多万到500多万元，纯收入有100多万元。2016年的营收情况与上年基本持平，并没有特别显著的增长，但投入比上年更大。

农场的主要投入包括蔬菜大棚等基础建设的投入，以及每年在种子、肥料和人工方面的投入，尤以人工投入为最大的一部分。出于增加农产品种类以满足会员对不同农产品需求的考虑，分享收获于2015年年底租下了230亩果园，从蔬菜种植、畜禽养殖扩展到了果园种植。2016年果园还处于纯投入阶段，包括整个果园基础设施的修建等投入。

此外，农场还在非营利性的全国 CSA 联盟大会上有所投入。2016 年分享收获参与承办第八届中国社会生态农业 CSA 大会，由于大会面对的主要是生产者，收费不高，需要农场使用自己的一些经费、人力去支撑整个大会的运营。

2. CSA 农场经营收入形式：依托会员预付解决农场发展资金需求

分享收获的一项主要业务就是采用 CSA 经营模式连接种植方的农户和消费方的会员，进行生态农产品的生产配送。具体运营时主要采用了会员制有机蔬菜宅配和劳动份额这两种形式。收入形式主要是会员预付制或会员储值形式。

从目前的经营情况来看，配送式会员要远远多于劳动份额式会员。从产生的现金流上来看，也大部分来自配送式会员。所谓的会员制有机蔬菜宅配，就是指，消费者家庭不一定来农场租种土地亲自劳作，但他对有机蔬菜有需求，那么，农场每周给这样的会员家庭配送一到两箱的蔬菜，包含十几种应季品种，从最初的固定品种发展到会员可自己选择。

除了最初的 10 户核心会员，在 2012 年 6 月底蔬菜生产出来之后，分享收获开始招募更多的预付会员，由会员预付一年的蔬菜钱，农场每周配送到家。到 2012 年年底的时候，大约有 120 户会员，初步解决了农场生存发展所需要的资金。更多会员的参与，带来了更充裕的现金流。如今会员已发展到近 800 户，其中包括 CSA 理念的铁杆支持者，也包括追求健康生活品质的纯粹消费者。铁杆会员们会宣传推广 CSA 理念，带更多会员加入，理解农场发展中的各种困难并帮助农场发展出谋划策，他们很少抱怨蔬菜有虫眼、品相不好看，更愿意接受包装不精美，用草绳捆蔬菜，也愿意不厌其烦保留蔬菜箱和包装物品，用于循环利用。

这种会员预付制对于农场来说是非常有利的，不仅解决了年初的生产资金需求问题,还解决了全年的产品销售问题。农业在生产过程中,会面临两大主要的风险:一是自然风险,二是市场风险。比如,大白菜种出来了,结果市场的价格非常差。对农民来说,意味着把这一年的工钱全都搭进去,甚至连之前的也可能会赔进去。这是市场风险给农业生产者带来的损害。而 CSA 模式有利于规避这两大风险,至少可以解决农场缓慢发展所需要的资金需求。

(三) 未来发展动能从何而来?

分享收获经过五年的发展,从最初的 10 位核心会员到如今的近千户会员,虽然说取得了一定的发展,但也无法说发展惊人,规模的局限是否会限制其在解决食品安全和农业污染问题中所发挥的作用呢?如果说想要快速发展,那这种会员制的融资方式会有一定的瓶颈,就需要寻找一些其他方式。

到底是继续以会员制方式走小而美的道路,还是以众筹制或上市融资等股权融资方式走大而强的道路?答案还在探索中,两位创始人的关注点也有些许不同,但首先是选择发展的路径,其次才是发展资金的获取方式。

1. 掌柜石嫣看未来:精耕细作、迎接生态农业机遇

在分享收获的掌柜、负责农场统筹管理的石嫣看来,无论从企业内部管理还是外部市场环境来看,目前尚不具备大规模发展的条件,小而美就很好,慢慢发展,至少可以踏踏实实做好农业,影响一部分人,为社会带来改变。

对于她来说,目前最重要的还是培养一个好的团队,把蔬菜和水果这两块主打农产品业务,把真正的技术、核心的管理等做到更精细化。"洋插队"时的美国地升农场只有 33 个会员,每周只需要配送很少量的蔬菜到附近几个小镇上的配送点,由会员自己取菜;而现在分享收获的会员数量多了二三十倍,全年蔬菜品种多达几十

上百种，每周可选蔬菜品种在 25 个以上，对精细化管理的要求也会更大。

石嫣认为，分享收获在短期内不一定非得要上市以求规模化发展，但是她希望她的团队的价值被认可。在她看来，机遇是给有准备的人的。农业，特别是有机农业，它的机遇不是一两年就能到来，可能是十年甚至更长的时间。但是在这个过程中，必须把自己的内功练好，让团队成为一个有价值的团队，把农场的精细化管理做到极致的点，做好品牌、增强信任，到这个点上，等到有机遇的时候，就可以把握住机会，把这个事业做得更大。

此外，对石嫣而言，"大地之子"项目是她非常看重的新兴业务板块；而 CSA 联盟于 2017 年的正式注册成立也为其独立发展奠定了坚实的基础。这两块业务都有很多事情要去做。

2. 镇长程存旺看未来：规模发展、扩大 CSA 影响力

在企业未来的发展和财务目标上，两位创始人有一些分歧。石嫣更希望保持一个比较保守的财务目标；而分享收获的农场主、负责农场生产运营的程存旺则有一个比较积极的或者说他自称为比较夸张的目标，要追求一个相对来说更大的、更快的企业发展频率。

在他的心中，希望农场 2017 年的整体营业收入能够达到 1500 万元左右；覆盖的土地面积能够接近 500 亩；而且"好农场"App 将在全国开展直营连锁农场的模式，在全国一二线核心城市寻找 20 家左右已经有很好生产管理能力的农场合作，直接派出农场经理人，而"好农场"解决会员端的数量，实现农业企业的上市，并且将未来的股权收益一半捐赠给乡村建设的基金。

3. 如何获得发展资金：会员制滚动发展或股权融资？

在石嫣对培养团队和精耕细作的未来展望及保守的财务目标下，现有的会员预付或储值模式基本可以保障企业发展的资金需求，或

者说企业发展的快慢和规模的大小基本上由会员规模来决定。

而对程存旺的规模化发展和积极财务目标而言,传统的会员制显然是不够的,为此,新三板上市融资,曾成为其考虑的融资方式之一。自2013年推出以来,截至2016年年底,新三板挂牌企业数达到10163家,发展势头迅猛,特别是2014年至2015年新三板市场颇为火爆,对很多无力在主板上市的中小企业颇具吸引力。

与此同时,2014年和2015年也是股权众筹行业"井喷"的年份。渴望发展资金的程存旺也感受到了此浪潮,他曾提及,未来也可能会考虑更极端的股权众筹模式,把一个农场变成会员制,农场主只是作为农场的职业经理人进行动态的管理。对此,他还特意关注过类似企业的发展状况。

他注意到,一些农场采取股权众筹模式取得了很快的发展。比如,深圳的四季分享农场,2012年和分享收获同时起步,但如今已经有将近2000名会员,土地面积超过了500亩。在它所采取的"CSA模式下的众筹有机农场项目"中,有100多位股东消费者参与众筹,每个股东占不到1%的股份,100%拥有农场,而农场主则成了经营农场的职业经理人;而且每位股东消费者要介绍5到10位会员,成为农场的消费者会员,从而快速扩大了农场的会员规模。

当然,他还注意到,股权众筹模式也面临很多后续的问题,包括增值之后利益的分配、选举权和投票权等,这些都需要在前期把规则设定好。从决策来说,如果把百分之百的股权全都出让,占1%股权的股东们虽然对农场管理的细节等活动基本不参与,但是涉及农场的战略大方向时,意见就可能五花八门,而且开会时也无法全部到齐,这些都会增加决策的复杂性。

程存旺对众筹模式的关注,不仅是出于筹集农场发展资金的需要,更是希望通过众筹方式来解决核心消费者寻找的问题。其实,他也不太认同百分之百出让股权的方式,毕竟一个企业的发展,负责经营管理的还是核心人物。如何能够设计出一套切实可行的方案，他还在探索中……

五、挑战在团队打造

对于分享收获而言，具备相同价值理念并愿意扎根农业的新农人数量相对有限，核心团队成员的打造将是一个持续的工程。在与创始人的交流中，他们提及，最大的困难在于农业本身，很多问题都是从"三农"问题衍生出来的，并非一朝一夕就能解决，只能是见招拆招，不断创新，寻求解决办法。其中包括农业生产经营、消费市场培育、赢利模式和利润空间等经营性问题，但团队和人才是事业发展的最大瓶颈，也是分享收获坚守社会使命过程中面临的重要挑战。

（一）这是怎样的团队

1. 一起创业的小伙伴：乡村建设的支持者们

最初与石嫣和程存旺夫妇一块儿创业的小伙伴们大多是乡村建设事业的支持者，来自全国各地，怀着共同的理想聚集在一起，有10人左右（见图5-1）。多数人大学毕业，以"80后"为主，部分有农业专业背景和农村生活经历，大部分曾在2010—2012年间到小毛驴实习或工作过，并于2012年5月随石嫣夫妇一块儿创业。创业初，大家一起分担工作，只是略作分工，主要包括生产计划制定和合作农户协调、销售、宣传、物流配送、客服、财务与后勤。

2. 如今的团队：有经验的老农夫和有理想的新农人

如今的分享收获团队主要由新农人和老农夫两部分人构成。
新农人团队全职投入的基本稳定在20人左右，主要以"80后"

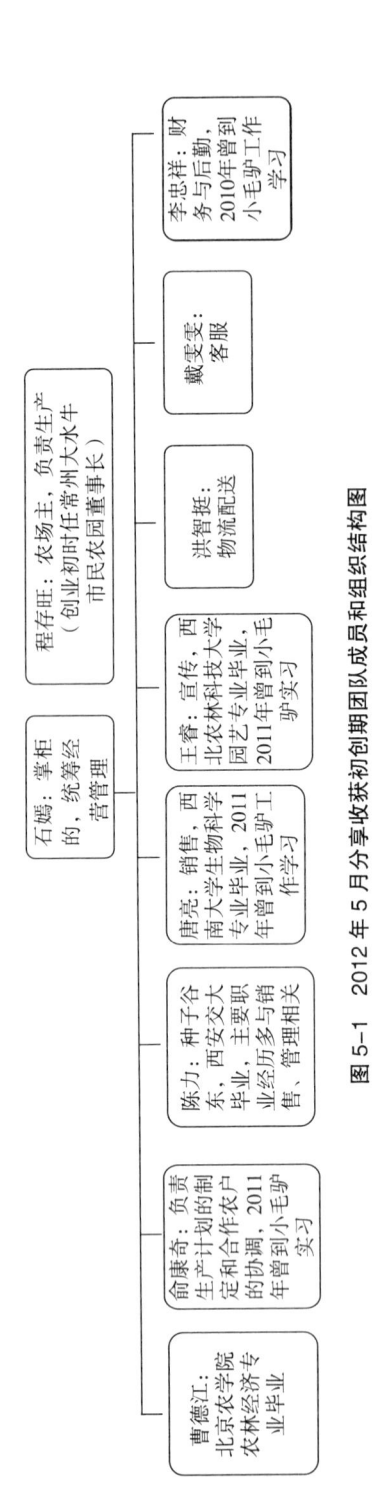

"90后"为主，平均年龄28岁左右。团队中90%以上拥有大学本科以上学历，其中博士2名，硕士2名。团队成员专业涉及广泛，有学物理的、学医学的、学生物的、学计算机的，也有学农业的。他们的主要工作，是从生产、配送到客服各个环节的管理，主要负责标准监督、生产记录、农场生产规划、活动组织、会员服务等工作，并且同时向老农夫们学习。生产上有7到8人，分管蔬菜、水果和养殖这三个环节；2到3名是配送和客服；还有3人负责销售，包括淘宝网店、微店，还要负责对食物社区附加产品的考察、标准的制定和检测及销售等；另外，还有行政财务人员2到3名。

老农夫则是农业基地所在村庄当地的传统农民，约有15人，主要以"50后""60后"为主，平均年龄62岁。他们拥有长期农业耕作的经验，希望在家附近务工，主要参与整个生产的环节。虽然受教育的程度都不是很高，但在种植生产和农场生活上有很多值得学习的经验。

图 5-1 2012 年 5 月分享收获初创期团队成员和组织结构图

（二）是什么吸引了小伙伴们来工作：共同的信念和融洽的氛围

共同的信念和价值观及融洽的团队氛围是伙伴们加入分享收获的重要原因。最初一起创业的小伙伴们大多是乡村建设事业的支持者，想要在农业领域推动一场社会运动，与石嫣夫妇一块儿创业，多是相信石嫣，认同CSA理念，愿意共同去实现理想的一批人。

人称"鸡神"的武洲，曾经做过医生，2010年在山里修行时带着老乡们一块养鸡，琢磨出一套养鸡心得，2012年下山时认识石嫣，遂决定来到分享收获，虽然收入很低，当时实习期一个月大概只有600元，转正后大概有2000元收入，但依然在分享收获干了三年，不为钱，而是喜欢这里的氛围。他说，当时让他感到最震撼的一件事是，看到比他先来的几个创始团队小伙伴晚上还在开会忙碌着，比如会员服务怎么办，配菜怎么办，每个人都在做精细化的分析。当他站在门口，看到他们在里面开会，觉得这些人跟自己做医生和以前读书时所碰到的年轻人都不一样。突然觉得，原来世界上还可以这样去选择自己的生活。武洲虽在做医生时接触过各个阶层的朋友，此刻却发现一群穿着"破破烂烂"的人，住得很差，吃得很差，但是身上有信仰，有责任，这种感觉他从未有过。而且，在分享收获这个团队当中，你可以变成一个完整的人，更有感情，更懂得珍惜，更懂得生活来之不易，更懂得有责任去把自己身上的正能量发挥出来。做医生时，感觉做好自己就行，但这群人做的是要改变社会，是要做一项社会运动，这让特别喜欢新鲜事物的武洲感到很激动。二话没说，他决定加入，负责养鸡业务，曾三年住在鸡窝里，也没回过家，一点一点地研究国际和国内有机养殖的标准，跟农民去学最传统意义上的养殖，把现在科学的食物配比、饲料配比跟养鸡结合起来，形成了一套分享收获的养殖体系。

在分享收获已工作三年的客服主管王欢则说，分享收获的理念是不用农药，不用化肥，一般人会觉得很不现实，但在这里它是可以实现的。你可以看到，从一颗种子，一棵苗开始，再慢慢地长大变成果实，到人们的餐桌上，这是一个很美妙的过程。此外，农场团队融洽的氛围，一直是她想要的感觉。尽管在农场的工作的确很累，做配菜的时候一站一整天，晚上到床上的时候腰都挺不直，但她却很快乐。她最大的收获是，这个团队给了她力量，给了她一个理想，这是一个很抱团的团队，身在其中感觉很好。身在客服的岗位上，想着能够服务这些会员，让会员们连接着土地，让更多的人可以了解到分享收获，让大家一起来认识这样一个事情，她觉得很有意义。

石嫣则这样描述她的团队：成员们都会背诵"二十四节气歌"；睡架子床，吃大锅饭，开卧谈会，过着大学一般的集体生活；每天下地，见到了粪都会说上一句"二流子凭嘴混，务庄稼凭上粪"；是一群有理想、有文化、有道德、有激情的"四有"新人。

（三）最大的困难：人才流失

尽管分享收获是一个有理想、有情怀的地方，但对于事业的长期发展而言，仅凭情怀是不够的，人才的流失羼杂在团队打造的过程中，不断制造困难与挑战。

1. 创始团队成员今何在：离职不离心，尚在生态农业圈

最初一起创业的小伙伴们，除了创始人石嫣夫妇，几乎都已离开分享收获。曾听一位创业者说：一旦你要开始创业，就要做好众叛亲离的准备。这预示了创业道路的艰辛，更何况是一家农业社会企业。

2015年年底，"鸡神"武洲离开。据他说，自己是最早的那批人里面最后离开的。谈及离开的原因，他说自己在分享收获时没有过烦恼、也没有过困惑，是非常快乐的，也从未想要离开，只是由于

个人机缘巧合，有机会去清华大学从事自己喜欢的生态设计工作，才不舍地离开的。当然，他也并非真正离开，石嫣有事时还会抓差，在分享收获五周年庆时还临时抓他来负责活动主持。

其他创始团队的小伙伴们离开后，在生态农业、农夫市集、环境保护等方面开始创业或从事相关工作。

2013年，小伙伴唐亮成为返乡青年，回到老家四川创办了亮亮家庭农场，秉承CSA理念，如今成为分享收获食物社区的靠谱合作方，也是2017年独立注册成立的"CSA联盟"的发起会员单位之一。

还有几个小伙伴自己创业，在密云做了个农场，跟分享收获的性质稍微有点不同，是搜狐集团附属的、专门供给搜狐员工活动的小农场。武洲也在同一个地方自己做了一个养鸡的小项目。他还在分享收获对面的大棚里专门养虫，供应分享收获及北京乃至全国的生态农场喂鸡。

2. 小伙伴们为什么离开了：天高任鸟飞

分享收获是一个自由的团队，加入机制很灵活，退出机制更灵活。有的是自愿离开，有的则是跟不上节奏了。

少数人选择了农业相关的创业，回到自己的家乡或追求个人的更大发展，其中一部分坚守CSA理念者，也与分享收获保持合作。

还有人离开后又选择了回来，分享收获也持欢迎态度。王欢2013年来到分享收获从志愿者到员工，先做配菜，虽然很辛苦，但也坚持了下来；后来从事客服工作，压力很大，有些会员是用纯粹消费商品的眼光来审视农场的产品，因不施化肥农药，有些蔬菜品相会差一些，就会投诉；有些会员比较挑剔，很难沟通，加上农场发展过程中的一些问题无法马上解决，各种不满一股脑压到年轻的客服身上，每天从睁眼开始都在接电话、回短信、做单子，她日复一日面对这样的质疑，感觉很抑郁，最终选择了辞职。经过3个月的自我心理调整，上辅导班、读点书、回家结了婚，她逐渐明白，之前心理压力太大，是自己把太多的东西压到自己身上，但若转换一下思维，会员反馈信息给农场，是希望农场做得更好。心理调整过来后，因为对这份事业、对这个农场、对团队伙伴的不舍，最终又要求回到农场。

在离开的人中，约有一半的人会到别的农场去应聘，原因也许是分享收获虽然有社会化的性质，但是没有社会化的工资，大家赚得不多，经过分享收获的培训以后，如果别的农场愿意给更高的工资，他们就会选择离开。

另有一半选择了转行，毕竟不是每个人都能守得住寂寞。石嫣说，有的人来之前觉得，能不能过一种田园的生活。但实际上来了之后发现，田园的生活里有很多很苦的地方。也许一上午都在一个大棚里去给西红柿授粉，干的工作都是重复的、枯燥的。如果在这个过程中，不能有自我的思考或者自我要求提升的话，很多人就会迷失方向。有的人会觉得，我到底做这么简单重复的工作的价值和意义在哪儿？不断地拷问自己。很多人就这样因为短期内坚持不下来，选择了离开。

这样的过程，石嫣2008年在美国地升农场实习时也经历过，她曾写道："4月份的明尼苏达风仍然刺骨得冷，中间的几次暴雨将农场几棵几十年的大树连根拔起。最初对田园生活的美好想象被一天天简单重复而繁重的劳动冲击着，国内那么多重大的课题不做，为何来这里每天清洗育苗盘？每天早八点到下午五点，中间一个小时的吃饭时间，每天傍晚下班到家浑身酸疼，不到十点就自然入睡。如果不是因为在国外，很可能我第一天就跑回家了。""那一年的三个实习生里，我是坚持到最后的，从育种到收获。"

对于分享收获来说，无论小伙伴们因何离开，都是一个很大的管理上的挑战。因为一个人离开，可能会影响到周边人的情绪。而且，所有的员工都要上正规的五险一金，要提供一定的保障。不断地来了又走，给管理带来很大的麻烦。在一个农场里面，除了生产成本，最大的就是管理成本了，需要持续对新员工进行培训，让他从什么都不会变成这个领域的能手，一旦有人离开，一切又得重头再来，这是很大的痛点。

3. 打造核心管理团队，瓶颈所在

农场团队的打造是整个事业发展的最大瓶颈，这不仅是分享收获的问题，也是整个中国农业发展中的问题。对农场而言，钱和土地都不是最缺的，最缺的还是管理团队、人力资源。就算有一万个需要有机产品的消费者，不一定能找出足够多的合适的农场主或者说能够坚持理念的农场主来支撑这个量。

从农场生产者来看，在地里工作的"老农人"平均年龄在 62 岁左右，再过三五年，肯定就干不动了。在这个过程中，年轻的职业"新农人"是不是可以成长起来，至关重要。

现在市场上没有成熟的这类人才，就算农业大学培养出来的人，都很难在现在农场的管理条件下快速地成长起来。一方面，可能有很多人想要来；另一方面，来了之后又需要花很长时间培养。农场未来需要的人才，是能够在农场里一起成长起来的、核心的管理团队，这个管理团队在农场未来的事业扩大过程中能够一直有相同的价值观和对未来的预期。要组建这样的核心团队，很不容易。

而且，农业还有一个特点，就是很容易培养农场主。从小毛驴到分享收获，估计也培养了几十上百个农场主了。很多年轻人来了之后，经过一段时间的学习，也想自己去做一个农场，将绿色健康的生活方式和事业结合起来。

简言之，新农人的成长和核心管理团队是农场未来持续发展的基础，但具有相同价值观的新农人和管理团队的培养需要较长时间，且面临培养成才后自主创业等人才流失问题。

4. 如何看待离职创业者还是同路人

分享收获对学习者和离职创业者秉持开放态度，合作大门一直开放，对推动整个CSA生态农业的发展发挥了很大的作用。它就像一个农业创业孵化器一样，2009年刚开始做小毛驴市民农园的时候，全国CSA农场大概不超过5家，但是通过他们的实践和媒体的宣传，通过CSA联盟大会及媒体、专家学者等各方面的推动，目前全国有1000多家CSA网络，其中50%—60%都曾来分享收获或小毛驴学习、参观过，或者看过相关的媒体报道。比如，唐亮的亮亮家庭农场和张杨的柠檬君生态农场，都是曾经从分享收获离职返乡的小伙伴创立的，如今则与分享收获有着多方面的合作：一方面经分享收获考察成为其食物社区的一员，通过分享收获平台销售其农产品，双方共事期间的彼此了解和对于CSA理念的共同认知为合作奠定了信任的基础；另一方面，在CSA联盟工作中发挥积极作用，成为20家CSA联盟发起会员之一，共同为推广CSA理念而努力。

但不可否认，人员的较大流动对于农场自身的发展依然影响很大。

（四）怎么打造新的团队？

1. 招揽：分类引进，努力挖潜

最近两年，分享收获开始调整人才招聘方式，尝试不同的人才引入结构，将以学习为目的和以就业为目的的人才区分开来。

针对想来学习的，采用实习生和志愿者方式。分享收获每年会招收部分实习生和暑期志愿者，提供给新农人实习生3到6个月的学习机会，要求至少实习2到3个月以上，可以提供免费的食宿，每个月发一定的补贴。完成了6个月实习的，还能拿到奖学金，以此鼓励他们能够坚持至少半年的时间。虽然说农场规模不是很大，属于中小规模，但是，却吸引了每年几百人投简历，很多是希望来体验的年轻人，想要在分享收获学习，其中又有很大一部分是希望未来自己能够去做有机农场。分享收获对此持开放态度，也希望能够推动更多的人参与到这项事业中来。

针对想来工作的，采用社会化招聘方式。应聘者有1到2个月的实习期，如果能够达到工作所要求的岗位标准，就留下来工作，按整个公司的工资标准来发放薪酬。找到真正有意愿、有培养潜力的人才，一直是分享收获的核心工作之一。

2. 选拔：热爱农业为先

当我们问石嫣夫妇如何选拔有培养潜力的人才时，他们说，团队成员的选择虽然是一个双向的过程，但更多时候是人们在选择分享收获。首先，他要觉得来分享收获有发展的前途；其次，农业这个事业是他所热爱的，这样的话就能留下来。如果说想追求一个比较高的收入，或者说是大学刚毕业、没有特别多的职业规划和生活目标，他可能只能是短期在农场进行一些社会体验，或者说是实习，或者对他来说是一种过渡，留不了多长时间，他就走了。

而在石嫣夫妇看来，他们所看重的人，不在于学历，而在于个人的能力，特别是对农业生产的兴趣爱好。对于既喜欢农业生产，又有一定培养空间的人，他们首先会跟他聊，比如说问他喜欢哪个岗位，农场生产岗位还是其他的管理岗位。根据其爱好安排到相应岗位，以传帮带、干中学的方式加以培养。在客服主管王欢看来，大家刚开始就是从最基层的员工做起，无所谓重点培养，主要看你在这个岗位上的表现是不是走心了，是不是可以把工作完成得更好。如果做得好，掌柜的肯定会重点留意的，如果做得有问题或者处于混乱状态，掌柜的也会来指导、调整。

3. 如何培养：传帮带与自发学习

对于有潜力的新农人，分享收获主要会采取传帮带、干中学、言传身教等方式来内部培养农场的忠诚管理者，同时还会着意带他们去参观其他农场，或者去参加行业的一些会议，拓宽其视野。

一是向老农人学习农业生产技术和经验。农业人才的成长需要较长周期，石嫣夫妇对此有着清醒的认识。俗话说"十年难修田秀才"，哪怕是农业科班出身，光看农书，离真正的实践还差得很远。从全社会来看，非常有经验的农场运营管理人才是极度缺乏的，很难通过常规的市场招聘招到，主要还是靠自己内部培养。所以，对于那种热爱农业、能够适应农村生活和农业生产强度、有潜力的年轻人，分享收获有足够的耐心去培养。比如说，如果他喜欢生产岗位，就安排他跟有技术的、有经验的老农民一块儿去种地，先学习农业生产的知识，一年左右再从生产实践中去学习具体的技术，之后可能会把他从生产的最基本岗位提升为生产小队长，开始负责蔬菜或果树管理之类具体事情，目前团队中干的时间比较长的已开始在农场担任经理的角色。通过这种手把手地传授、干中学的实践模式来培养团队的忠诚骨干。

二是向老农人学习自我生存和生活经验。分享收获对新农人的培养方向是，希望他能够在一个不是很好的空间内能够有很好的自我生存和管理能力。一个好的农人，应该是一个特别厉害的农人，应该是既懂得种植技术，又在生活自理上很出色。因为一个农场，不可能各个环节都去找专家，否则农场基本上不会有收益。在石嫣看来，老农人虽然学历不高，但生活积淀丰富，人格上已经比较完整。老农人喜欢称呼理想主义的新农人们为"种菜的大学生们"，但现在很多新农人来了之后，从人的完整性上来讲是不够的，比如说生活自理能力很差，所以新农人在很多方面都要向老农人学习。

三是新农人自我组织的团队学习和相互交流，包括生态农业专业书籍的学习、被媒体和社会运动推动的自我学习。武洲说，他曾经组织过读书会，每天晚上学习《分享收获：CSA指导手册》《四千年农夫》这些生态农业专业性的书籍，每个人轮流朗读、讲课。而且，分享收获有非常好的学习氛围，每个人都在琢磨如何做好自己领域的事情，更主要也是因为要想推动这场社会运动，人人都必须学习。他有时候一年要接受近100家媒体的采访，面对镜头的时候，肚里没东西是说不出来的，越是跨界，越觉得缺东西，就会更饥渴地去补充和学习。老团队成员在学，新来的年轻人也会被这种氛围感染，加上处在村里封闭的空间里，没有城市的喧闹和诱惑，很容易把一个人带入到这种情境里面，跟着一起奔跑成长。

四是在业务发展中边干边学，不断提升自我。分享收获业务从最初的蔬菜种植，逐渐发展到畜禽养殖、果树和大米种植，在蔬菜种植上的经验无法直接移植，需要学习和解决的问题很多。此外，做"大地之子"项目时，需要到学校里面去讲课，也是边学边干，自然也就获得成长。在王欢看来，农场虽然不大，职位上升空间不多，但会给员工提供更多个人成长空间，在日常工作之余提出更高要求，让大家在现有岗位上创造更大价值，比如计算蔬菜损耗率、分析会员数据、会员需求分类等，让大家在自己岗位上不断提升自我。

五是在社会理想和价值观的培养方面，更注重言传身教，而非单纯说教。用武洲的话说，价值观不是说出来的，是干出来的，是感受出来的。在分享收获，从来没有人天天说教，不需要说教，这事交给你，干不好，你都不好意思。

（五）薪酬与内部创业

在团队成员激励上，分享收获没有选择高薪留人，而是以有机的生活方式、融洽的团队氛围和鼓励内部创业来留人，从而把资金更多用到生态农业的持续再生产和发展上。

1. 薪酬：依据贡献适当差别奖励

分享收获在激励团队成员上基本采取了常见的薪酬制度，包括基本工资、工龄工资、奖金等几个部分，并根据团队的实际情况，调整了奖金分配方式，包括基本工资、岗位工资和绩效。在这里，工作两年以上、相对稳定的，平均工资在6000—8000元，有五险一金，而且农场为单身青年提供免费食宿，并不断改善集体的居住、饮食和工作条件。

2. 为什么没有高薪留人？

在武洲看来，一个农场要发展到良好运转的成熟期至少得十年，而分享收获只有五年，还没有到成熟期，需要有资金往土地里面去做持续性的投入，去租地，去扩大再生产，目前是拿不出来更多的钱去支付社会化工资的。

事实上，分享收获从最初的蔬菜种植基地，发展到如今的养殖基地、果树基地和大米种植基地，每一步发展都需要更多资金的支持。加上CSA农场遵循公平贸易的原则，既要保障农民的合理收入，又不向消费者漫天要价，本身就没有巨额的利润空间，很难单纯依靠高薪留人，更多需要寻找热爱农业、愿意投身CSA事业的有志青年。

3. 如何看待收入：有机生活方式无须用金钱来衡量

在王欢看来，尽管农场工作的收入不多，更多娱乐方面的事情，可能没有办法满足，但农场管吃管住，基本的需要还是可以维持的。而且，这主要还是每个人自己的一种选择，有的人可能追求高收入高消费，但她对这些不是很感兴趣，更喜欢农场附加的东西所带来的那种满足感。比如说，会员需要付出一定的价格来买西红柿，但农场的人只需要去棚里走一圈，就可以直接吃到那些被筛选下来的西红柿，是一件很开心的事情；还有，用农场的菜晚上回家做一顿饭，和家人一起吃也是很开心的事情。在论及未来孩子教育问题时，她说在哪接受教育其实不是很重要，爱才是最重要的，父母对孩子的关爱，可以实时地看到他，有问题可以随时交流。农场降生的第一个"有机宝宝"如今已经在镇上上幼儿园、能满园子跑了；农场已有三个孩子，他们的开心快乐也在感染大家。所以，仅用金钱来衡量收入是不够的，换一种思路来看，在农场的生活质量挺好，还是很满足的。

4. 内部创业：成为更具包容性的平台，共创共赢

为了解决团队稳定性问题，确保培养出的优秀人才不流失，石嫣夫妇一直在琢磨一些新的、创新的东西去激励成员，鼓励内部创业就是一个新的想法。

石嫣说，团队中有些成员是自我激励型的。比如说有一个男孩，愿意利用自己的一些业余时间制作面条，通过分享收获的平台来销售。如果会员在分享收获的点菜平台"好农场"App选了3袋面条，他晚上就会利用自己的时间去做面条，然后由分享收获配送。刨去成本后，他与分享收获有一个利润分成，既给农场增加了一种收益方式，增加了一个品类，自己也在收入方面有一些增长。石嫣很赞赏这种模式，支持成员多花费一些时间去做一些创新性的东西，与农场这个平台共享，这样是最好的。在她看来，年轻人与其在晚上休息的时候上网看些直播，真不如趁年轻多多琢磨一下创业或者是多做一些创新性的东西。所以她也在想，与其团队成员来了两三个月之后，自己盲目地去外部创业，倒不如就像做面条一样，在团队内部创业，既增加了个人的收入，也继续发挥农场平台的效能。

如果能建立一个这样的创新模式，那么未来分享收获这个平台就更有包容性。未来更多新农人来了，可以去做很多创新性的东西，比如做水果果酱之类的加工品。这也是她最初的想法，有一群人，大家生活在一起，工作在一起，还都有共同的价值观。

当然，尽管已经采取了一些创新性留人举措，如何减少人才的流失、打造一个稳定的团队，仍是分享收获要持续面对和解决的问题，而拥有一个具备相同价值观的忠诚的核心管理团队，才能更好地致力于其想要实现的社会使命。

第六章
小毛驴市民农园：
——新型农耕社区与新农人

靳培云　严晓辉　黄志友

小毛驴的故事——"教授"的小档案

姓：毛

名：小驴

号：教授

婚姻状况：单身（求交往）

爱好：打滚、撒娇、卖萌

特长：拉车、耕地

性格：倔强、踏实

经历：2004年出生于河北定州，2005年参加北齐庙会，后加入晏阳初乡村建设学院，被尊称为"教授"，成为学院最强壮的劳力。2009年北京小毛驴市民农园即以其命名。2010年4月被团队接到北京，常住自家农园。由于驴龄偏大，并且很难找到能驾驴的人，作为华北平原传统农耕象征的毛小驴退出了一线农业生产劳动，转而从事第三产业，成为农园的"吉祥物"与"代言驴"。

一、小毛驴市民农园介绍

（一）农园概况

小毛驴市民农园创建于2008年4月，位于北京市海淀区苏家坨镇后沙涧村西，地处北京西郊著名自然风景区凤凰岭山脚下、京密引水渠旁，由国仁城乡（北京）科技发展中心团队负责运营。

农园在生产方式上采用自然农业技术，不使用化肥、农药和除草剂等化学制剂，尊重自然界的多样性，遵循种养殖结合原理，重视传统农耕文化和乡土知识的传承；在经营模式上采取国际上较为成熟的社区互助农业（CSA）经营理念，倡导消费者与生产者共同承担农业生产风险，为市民提供蔬菜配送、菜地租种、亲子农耕教育、健康农产品团购等服务，倡导健康、自然的生活方式，希望重建乡村和城市社区和谐发展、相互信任的关系。目前，农园已形成一个涵盖有机农产品产销、市民租地、生态农业示范、参观体验、培训教育、理论研究与政策倡导等领域的综合农业发展平台，被誉为"中国CSA的摇篮"。

迄今为止，农园累计服务约三千个城市家庭，与两百多个教育单位开展农耕活动，接待六万多名农业爱好者参观，推动了全国五百多个社区互助农业CSA农场的建立，带动了国内生态农业的发展。

（二）成立背景

北京市海淀区位于北京市西北部，总面积占北京市总面积的2.53%。因其在地理上依山傍水，在明清时期就是著名的风景区。经济结构上，海淀区主要以第三产业为主，主要是高新技术和互联网产业，是全国最大的互联网产业基地，其生产总值在2012年就占到北京市生产总值的近 20%。①

但是，拥有着雄厚经济实力的海淀区在 20 世纪 50 年代时大部分区域都是农村。90 年代以来，随着城市化进程的加快，非农用地面积逐年增加，农村地区逐渐收缩，现在区内农村主要集中在北半部西北六环附近。逐年缩减的农用土地面积和经济结构的变化，使农业产业在海淀区的 GDP 占比越来越低，一度只剩 1% 左右。②

2007 年中央提出"生态友好型农业"的概念，为发展以生态为中心的相关产业奠定了政策基础。海淀区原来以特色蔬果农产品种植为主的经济模式结构，不能充分发挥农村地区自然、生态环境的优势，亟须在更大程度上整合已有资源，调整农业经济结构。同时，食品安全事件逐年增加，区政府意识到将食品安全与农村发展结合是一个难得的发展机遇。于是，由区政府挑头，与高校合作的农业产学研模式付诸实践。2008 年 3 月在海淀区农委和中国人民大学乡村建设中心（以下简称"人大乡建中心"）的联合推动之下，作为都市生态农业产学研试验的小毛驴市民农园应运而生。

（三）管理模式

小毛驴市民农园为国仁（北京）城乡科技发展中心直接参与和经营的农业项目。国仁（北京）城乡科技发展中心（以下简称"国仁"）是人大乡建中心的下属机构，其前身为 2003 年在河北定州成立的农民培训学校——晏阳初乡村建设学院（以下简称"学院"）。③

---

① 详见 http://baike.baidu.com/view/138838.htm。
② 北京市统计局网站：http://www.bjstats.gov.cn/zt/jjjjdzl/sdjd_4304/201603/t20160323_342379.html。
③ 晏阳初乡村建设学院成立于 2003 年，地址位于 20 世纪 20 年代平民教育家晏阳初定县试验的翟城村，由高校、村委会和社会团体共同创办，注册性质为民间办学机构。学院继承 20 世纪平民教育思想，免费为农民举办合作经济、农业技术等培训，并在生态建筑、乡建人才培养、农村社区综合试验和生态农业推广等方面做出了突出成绩，得到社会各界的关注与支持。

学院是一个非营利性的民办机构，在定州市教育局注册，靠社会捐助开展公益活动，办学四年，在生态农业生产和农业技术培训方面积累了大量的经验和资源。2007年，学院工作团队来到北京继续从事生态农业培训和生态农产品销售工作。2008年，国仁公司成立后，团队承担起小毛驴市民农园的规划建设和业务经营等主要工作。

国仁是由之前学院团队代表筹资，在海淀区工商局注册的集体所有制股份合作公司，它的成立是一个公益组织向公司化转型的历程。作为一般公司法人，它具有完整的公司管理架构，包括股东大会、董事会和监事会三层管理机制，董事会推举一名总经理对公司及其下属项目进行管理，监事会定期对国仁的财务及行政事务进行监督。

国仁公司主要管理三个项目，包括全球和平妇女北京办公室、"爱故乡计划"和小毛驴市民农园。和平妇女的工作是联络全国的和平妇女，通过交流和培训，推动基层妇女在生计建设与生态保育方面的工作，带动当地社区发展。"爱故乡"项目是一个公益性的文化传播和保护项目，从2012年开始，在全国征集故乡歌曲、乡村故事和爱乡人物，开展爱故乡的宣传和动员活动，通过对"爱故乡年度人物"等项目的社会评选，让更多人参与到乡土文化的保护和复兴中来。小毛驴市民农园则是通过经营生态农场，以社区支持农业（CSA）的模式，在城市推动市民农业，以达到推动生态农业教育、农业人才培养和城市消费者教育的目的。

概括而言，国仁公司延续了乡建学院在乡村建设领域的公益目标和定位，同时借助与政府和高校合作过程中的企业化转型，开展生态农业领域的商业经营活动。因此，国仁在成立之初，便清晰地定位为：以企业经营收入开展公益活动的社会企业。

作为一个社会企业，国仁公司从成立开始，创始股东就放弃公司股权收益，交由董事会全权经营。早期股东会有12位成员，其中6位是董事会成员。公司实行总经理负责制，由总经理全面负责小毛驴的经营和管理，副总经理由另外两名董事担任，其他董事在小毛驴的不同项目部担任负责人，非董事股东不直接参与公司运营工作。在小毛驴市民农园项目管理中，实行的是部门负责人制，每个部门主管负责部门内工作管理，总经理和副总整体协调各个部门的工作。这种模仿一般公司的组织架构在发展初期发挥了积极作用，工作能够快速高效地完成，但是对负责人的工作能力要求较高。

值得一提的是，国仁虽是公司化运营，但经营盈利并不进行内部分配，而是将利润投入公益项目和农业项目推广中，例如农业人才培养、生态农业培训、消费者教育和农业交流会等。这种不符合一般企业经营的分配方式，为小毛驴的早期发展积累了更多的资本，也吸引到了大批实习生和志愿者，通过参加实习参与到农园的建设中来。

（四）业务模式

小毛驴的业务模式会根据上一年的经营情况进行常态化的调整，但大体上保留几大核心的业务内容，只是在项目管理方式和业务经营方式上做调整。农场的业务主要包括：配送份额、劳动份额、市民活动和会议培训参观等。

1. 配送份额

配送份额业务借鉴 CSA 理念，建立城市家庭、社区与农场之间的有机农产品直供方式，定期为份额成员配送农场生产的蔬果和肉蛋。农场在年初首先和份额成员签订合同，约定双方权责，由消费者预先支付费用，农场按计划配送农产品，农场承诺不施用农药化肥，采用生态种植方式，生产风险由双方共同承担，成员有权监督农场的生产过程，农场有义务定期传达农场动态，尤其是农业生产信息。这种一站式的产销模式，既省去了中间商的交易成本，还与消费者重新建立了因食品安全而缺失的信任关系，既保障了消费者的健康，又分散了农业风险，保障了农场的收益。配送业务自2009年启动以来，份额成员从最初的37户发展到2013年的600户，是农场最重要的经营性收益来源[①]。

2. 劳动份额

劳动份额是小毛驴最早开展的经营性业务，也是市民农园经营的主要内涵。农园以30平方米地块为单位，为市民提供租地服务，鼓励市民下乡种菜。市民预先支付土地租金，就可以在租赁的土地上自由体验农业种植，农园会提供肥料、种子、水源和技术指导等，租赁土地上的全部收获归市民所有。劳动份额不仅为市民提供了种植蔬菜的健康土壤，更为他们提供了一块假日休闲、亲近自然的舒适环境，并且因为频繁到农场耕种，不仅可以享受到健康农产品，还可以结交朋友，拓展社交，形成一个熟人小社区。劳动份额所体现的农业多功能性，是农业三产化的典型形式。

3. 市民活动

市民活动包括农场组织的农业节庆活动、亲子活动、自然教育和一般参观接待等。大型节庆有一年一度的开锄节、丰收节等。2011年起，农场开始组织亲子社区的活动，通过木工、农耕、认识动物植物、参与传统手工艺制作等项目，让孩子们暂时远离电子产品，亲近自然，接触优秀的传统游戏，同时增进他们与父母的感情，构筑和谐的家庭氛围。

4. 会议、培训、参观

农场从2010年开始每年举行一次全国范围的CSA大会，组织各地农户进行生态农业推广、经营方法和生产技术等方面的交流，参

[①] 参考《国仁董事会报告》，2013年，内部资料。

会人数逐年增加。此外，还有专门面向生态农业经营的经理人培训和家庭农场培训。培训涉及对现代化的反思、生态理念和种植技术、经营方法和宣传手段等方面，拓展参与者的视野，建立沟通平台，为生态农场的经营积累经验。

作为产学研基地，农场为来参观的学校、机构等团体和个人提供详细的农园导赏，让他们更加全面、深入地了解农园的方方面面。随着参观者要求的提高，农园在后来的接待工作中增加了餐点、劳作等内容，既增加了参与者的体验感，也增加了额外收益。

农业实习生项目延续了学院时期的工作，每年招收一定数量的实习生，在农场进行为期6—9个月的实习工作。实习生经过早期培训后，根据个人意愿和特长分配到不同工作岗位参与农园工作，这个过程中农园会定期组织参观活动和学习会，以增进相互交流和学习。经过几年的培训，很多实习生现在都成了生态农场主、农业创业者和返乡农人，在各自的领域取得了良好的成绩。他们对农业的回归在很大程度上取决于实习生项目。这一项目提供了农场的人力资源，也是一笔庞大的社会资本。

农园还有日常的农产品零售和小市集等业务内容，这些都是在消费者需求和农园现实发展需要的条件下逐渐产生与发展起来的。总之，小毛驴是一个包含多个农业元素，并进行功能组合，为市民提供乡村度假娱乐的新乡建模式，通过发挥其多功能性，在为农场创造效益的同时，为城乡互动提供平台和渠道，为生态农场发展开拓新领域，引领生态农场发展新方向。

二、小毛驴市民农园的起步：社会资源资本化
——人的推动力

（一）农场初创期的管理经营

小毛驴市民农园的创立，是社会组织通过动员社会资源，转型

为企业开展商业经营活动,实现资本化积累并再次推动社会服务的典型案例。

2008年年初,中国人民大学乡村建设中心与海淀区农林工作委员会合作,将位于苏家坨镇后沙涧村西的230亩荒废的园林土地改造成海淀区新农村建设产学研基地,有多年农业实践经验的乡建学院团队代表人民大学负责基地的规划设计经营策划等软件建设,镇属企业代表海淀区农委负责硬件设施建设,共同开展新型都市生态农业创新工作。

同年5月,基于项目合作需要,乡建学院团队在海淀工商注册成立国仁(北京)科技发展中心,国仁再与原土地承租经营者"洪志园林"、"苏家坨镇农工商总公司"、集体土地所有者苏家坨镇"后沙涧"和"前沙涧"村委会等合作,成立"北京绿色一族生态农业发展股份有限公司",国仁团队骨干同时入职该公司,分工负责园区开发和建设。至2008年年底,园区基础建设基本完成,进入经营模式的探索阶段。2009年起,为了寻求业务创新,征得绿色一族公司同意,国仁团队单独在园区东区开辟了20亩"市民农园"示范区,并将其命名为"小毛驴市民农园"。获得了这个小园区的自主经营权,团队开始市民农园的租地业务尝试。业务包括两个部分,分为劳动分享份额和普通份额(蔬菜配送)[①]。

早期的团队分工,是相对扁平的协商式管理,几个创始人更像一个家庭的决策方式,管理效率相对较高。此时的国仁团队成员都是学院时期的骨干,包括原院长助理、国仁总经理袁小仙,原办公室主任潘家恩,原学院生态农业工作室成员黄志友、黄国良、袁清华、郝冠辉等,袁清华和黄志友曾先后任农园项目总经理;同年5月,中国人民大学农业与农村发展学院院长温铁军教授的学生石嫣,

---

① 普通份额根据配送蔬菜重量分为半份和整份配送两种。2010年起,普通份额正式更名为配送份额,配送套餐细化,配送模式更加多样化和灵活。

从国外实习归来，利用硕士毕业和博士入学前的间隙，志愿参与到农园的经营中，并借鉴美国的社区支持农业（CSA）模式，尝试开展配送业务；当年年底，学院原生态农业工作室负责人严晓辉回到北京，接任国仁总经理。通过年底的董事会，石嫣也正式加入国仁，博士在读期间兼任董事和副总，加上当年在农园参加实习的部分学员留下来工作，组成了国仁和小毛驴管理团队。

小毛驴的初期经营积累，主要通过自我资本化和社会资源的资本化。

在人力资源方面，初创团队基本工资低、劳动时间长、劳动强度大。据农场管理者介绍，2012年以前，多数员工几乎每周有三天需要凌晨四五点起床下地采摘，而且积极性很高，但工资待遇基本沿用河北时期的志愿者标准。

经营初期，多数市民对于市民农业还没有明确认知，即便已经认识到自身处于食品安全危机之中，也不敢轻易相信一种新的农业经营模式和生态农产品。客户来源主要为学院时期积累的北京志愿者和人民大学的老师。农园实习生曾带着宣传单，乘坐公交地铁去一些居住区做宣传，经过媒体对于农园和相关管理者的报道，加之农园成立前通过公益事业积累的社会信任基础，农园很快引起更多市民的兴趣，开始有人看到媒体报道后主动联系农园申请加入劳动份额或购买蔬菜。

从2008年产学研基地项目启动，到2009年小面积市民农园试验，到2010年正式对外运营，农园劳动份额成员数量从最初的17个增长到120多个，营业收入从1.6万元增长至20余万元；普通份额成员数量则从31个迅速增长到450个，营业收入更是取得历史性的突破，由初期的6.4万元增长到130余万元。[①] 快速增长的成员数量，既表明市民对于生态健康农行产品的迫切需求，也表明市民农

---

① 数据来源：小毛驴市民农园2009年、2010年份额统计表。

园的经营模式恰逢其时，顺应了人们对食品安全的重视，也为农业发展新模式带来希望，获得了社会和经济上的双重效益。

经过一年多的运作，市民农园试验在社会效益和生态种植方面开始得到社会认可和推崇，经济前景也被看好，"小毛驴市民农园"模式开始进入媒体视野[①]。鉴于市民农园在园区的成功试验，2010年开始，绿色一族将园区东区的全部130亩土地委托给国仁团队。这一年开始，农园的面积扩大，正式以"小毛驴市民农园"为名全面开放对外经营，步入相对独立和完整的发展阶段。

（二）社会资本的初期积累及其对生态农场发展的推动作用

1. 自然资源的资本化

农园位于北京西山凤凰岭脚下，西靠京密引水渠，东侧临近翠湖湿地，平均气温比市区低2—3摄氏度，周边无工业污染，自然环境条件得天独厚。

农园所在耕地之前是一个荒废了多年的苗木基地（由合作方之一洪志园林承租），所种植的花木在农园规划中部分被保留下来，土壤也多年没有受化学农药影响，2008年送去谱尼检测的土壤测试结果，各项农药残留均未检出，是生态农业种植的理想土壤。农场所用水为距地表200米的深层地下水，水质优良，达到北京市饮用水一级水源标准。

虽然农场周边几个村落的大面积耕地转为建筑用地并已修建成楼盘，但因农园土地性质是基本农田，且只能用作农业种植，稳定的土地性质为农园实现长期发展提供了基础。

---

① 据农园内部统计，2009年报道小毛驴的媒体达到100多家，到2012年超过300家。

优越的自然环境和健康的土壤,这些无形的环境资产在市民农园运营前并没有产生经济效益,甚至因为花木产业萎缩而荒废。当借用生态农场经营重新将当地良好自然条件与健康生活相结合时,这种相对偏远但健康宁静的环境优势,迅速转化为吸引市民暂别闹市、走回乡间的重要招牌。自然条件与农业结合,变成城里人"洗心"、"洗肺"和"洗胃"①的经营资本,还通过放大农业的环境正外部性,持续保护了当地自然条件,从而进入一个良性循环。更重要的是,自然环境资源替代资金投入为生态农场提供了免费的社会资本,不但直接降低了农场生态建设投入,还支撑了农场产品和服务的合理价格。

2. 社会关系网络

在农园初创期,农园的社会资源主要源于前期开展公益活动所形成的社会关系网络基础。知名学者、被誉为"三农"问题专家的人民大学教授温铁军,河南兰考挂职副县长、曾被习总书记接见的中国农业大学教授何慧丽等老师,都是这个社会网络的重要连接点。这些社会关系借助政府和媒体的力量逐渐发挥作用,转化为农场经营收益,并培育产生了社会信任等其他社会资源。

学院生态农业工作室成立于 2005 年 3 月,主要工作人员在生态种养殖方面积累了大量的实践经验。其间,他们收集国内外自然农法和生态种植技术资料,编写书籍和教程,在河南、河北、广西等各地农村推行生态农业理念和技术,也和中国香港、中国台湾、日本、韩国等地的农业团体交流对话,在生态农业领域积累了一定的社会基础;不仅如此,2007 年成立的国仁城乡合作社,在宣传和帮

---

① 温铁军等:《农业 1.0 到农业 4.0 的演进过程》,《当代农村财经》,2016 年第 2 期。

农民合作社销售生态农产品过程中，经过"教授卖大米"等媒体事件①，继承了在学院和合作社时期形成的消费者群体与生态农产品市场资源。这些经验和社会资源为农园创办初期的业务形态与业务开展奠定了坚实的基础。

学院作为社会公益团体，在与国内其他民间机构尤其是环保团体、社区发展机构之间相互交流与合作中所形成的关系，使农场在初创期就有诸多民间团体以消费参与和项目合作的形式介入农场的各种业务中，为农场宣传和消费者引流方面做出贡献。

还有一些基金会的资助，例如以人才培养的形式开展的长期合作项目——生态农业实习生计划，由社区伙伴（PCD）②每年提供给农场一定金额的资金，用于培养生态农业人才和推广生态农业技术。自2006年起学院与社区伙伴合作开展农业实习生项目以来，每年都会接收一批年轻人到农园实习，农园通过非系统的农业培训和农园实际工作训练，培养了大批返乡青年人才和农业企业管理人才。这些实习生在实习期满后或成为农园各岗位的骨干，或成为购买农园产品的会员，或将朋友或其他社会资源引入农园，为农园进一步发展起到了很大的促进作用。"爱故乡"、和平妇女等公益项目也持续得到基金会和个人的资助，这些社会公益活动中积累的社会资源，大部分实现了与农园发展的结合。

在农场启动建设时，遇到三聚氰胺等食品安全事件爆发，是国

---

① 中央电视台《社会记录》，2006年2月15日，http://news.xinhuanet.com/video/2006-02/15/content_ 4184529.htm。

② 社区伙伴（Partnerships for Community Development，PCD）是一家在中国内地工作的社区发展机构。2017年8月，社区伙伴以环境保护部（现生态环境部）为业务主管单位，在北京市公安局登记，成立北京代表处。社区伙伴致力于与社区一起探求人与人、人与大自然的和谐共存之道，学习和实践有尊严并可持续的生活。在生物多样性保护、生态农耕、自然教育、环境保护与污染防治等领域，社区伙伴通过文化反思、培育社区协作者、搭建网络与平台等工作手法，激发社区内在动力，促进人和社区对可持续生活的理解，践行可持续生活。

内媒体对食品安全问题关注的一个高峰。也因此，作为生态农业试验和有机蔬菜生产的一个农业项目，尤其是以市民农园的形式组织市民通过参与劳动，自己生产安全食物的小毛驴，获得了正在寻找食品安全解决出路的各大媒体的密切关注。这个时期也是市民群体对食品安全关注的高峰期，每一次媒体报道都会为农园引来各种消费群体，或租地，或订菜，或采摘，或体验，甚至来农园做志愿者。2011年11月26日，中央电视台《新闻调查》栏目播出"CSA实验"的第二天，就有近30个电话询问农园蔬菜种植情况和业务内容，其中近一半成为会员，购买蔬菜或租地服务[1]。很多媒体人在报道农场后，还会介绍自己家人或朋友成为农场的会员，或购买农场的农产品。媒体报道不仅宣传了社区支持农业和健康生活理念，也扩大了农园影响力和知名度，在更广泛的社会层面为农园带来了社会效益。

在与政府合作方面，农园建设初期，海淀区农委农业项目扶持资金、苏家坨镇政府配套建设资金及地方企业（洪志园林）自有资金投资，形成千万级别的农场硬件基础，使农园在2008年就完成了园区的基建工程。此外，小毛驴作为海淀区尤其是苏家坨镇的一个明星项目，政府通过媒体宣传吸引来了全国各地甚至国外的来访者。通过政府渠道，以官方名义来农场调研的各地政府官员，对于将小毛驴模式向各地方引进和推广起到了积极的作用，极大提高了小毛驴的社会知名度。

更重要的，2009年至2012年，产学研基地委托给国仁经营期间，完全免除地租，使农园节省数十万元的土地租金；2010年，小毛驴市民农园模式被写入北京市政府农业工作报告，获得时任北京市市长刘琪的批示；2011年，北京市委、北京市农委和北京市农业局的领导陆续到小毛驴调研，当年小毛驴市民农园以产学研基地的名义，获得

---

[1] 资料引自对小毛驴会员部员工访谈内容。

"北京市新农村建设创新奖"，并获得用于环境升级改造的专项奖金。

作为合作方之一，中国人民大学在项目初期做了大量的智力投入，调集生态农业技术团队，不仅在农园设计规划、调研、经营管理上做出了很大贡献，还承担了部分消费者的动员工作。随着农园的发展，更多院校参与到生态农场研究和可持续发展探索之中，如国家行政学院、中国农业大学、西南大学、北京农学院等，多机构相互合作与支持，在推广和研究生态农业的同时，提高了小毛驴在全国生态农场中的知名度，获得了更多投资企业的关注，更多研究机构的合作资源也加入进来。

据农场内部统计，从2009年到2015年，有数十个上市公司、企业集团或涉农企业陆续来农场寻求投资与合作，其中不乏中粮和华润等国企。由于农场的产学研及公益性质，以及股东不分红的社会企业特点，农场最终没有接纳任何一家企业或基金的投资，但在接洽的过程中，农场也在学习更多先进的模式与理念，受益良多。

3. 社会信任与社会参与

市民农园的经营形态，很大程度上调动了社会各界的参与，在农场种地的数百个市民家庭，是参与式消费的主体。

农场的早期会员大多数是高校老师、媒体记者、企业高管、民间团体管理者及政府官员，都是典型的高知群体，对健康生态有清晰的辨识能力。他们在参与生态农业的过程中，了解到农民具体的生产过程，从而对农园形成了长期信任。这些消费者大多都有较好的社会关系网络，通过农场这种会员制、社区型的经营形态，又逐渐扩大社会信任关系的累积。因此他们很大程度上也成为农场的推广员，介绍朋友来消费，或者引荐一些合作资源，有的还给农场捐赠物资。而那些通过媒体宣传和朋友推荐加入的新成员，在亲身体验有机农耕生活和消费有机蔬菜后，对农园所坚持的农业理念及提供的农产品有了更加深刻的体会，也自然成为农园的忠实会员。

在充分了解农场生产特点和吃在当地、当季的经营理念基础上，早期会员与农场不是简单的交易双方，而是合作互助的关系，他们深知与农场共同承担风险的意义，无论蔬菜品相好坏、数量多少，都是在双方充分沟通与理解的基础上共同承担结果。稳定的信任关系在节约宣传与公关成本的同时，也为农场发展带来了稳定的会员基础和不断增加的经济、社会收益，更重要的是，在这个过程中形成了城市消费者的生态教育网络。

4. 内部人力资源

农园在发展初期的人员组成主要包括当地村民、实习生、志愿者和管理工作人员。

作为当地化的社会企业，农园在聘请耕种者时首先考虑就近村民。因此，农园的主要耕种者都是附近后沙涧村的村民。特殊之处在于，这些村民大多是拆迁户，并没有生活上的压力，他们之所以来农场工作，一是作为农民对于农业劳动天然的归属感，认为只有做农活是她（他）最擅长的技能；二是在农场劳动可以有更多的社会活动和与外界交流的机会，丰富了拆迁上楼后乏味的日常生活；三是对于土壤保育和种植有机食物的认同，而且自己和家人也可以吃到"好东西"。农民身份与情感认同，使市民农园在一开始就得到当地农民的认可，在农业种植和劳动份额指导工作中，他们的务农经验及技术，也是农园高质量生态耕种的重要保障。

农业实习生和志愿者自农园建基时期就参与到实际种植和经营的工作中，这些人有老师、研究生，也有大学毕业生、农村青年，他们或因为身体原因选择放弃化学实验室来到田间生活，或因为对诗意乡村图景的想象，或因为要学习农场经营管理，还有的则是抱着从事乡村建设工作的想法参与到农业学习中来。他们充分肯定和认同市民农园的生态农业理念和促进农业与农村发展的目标,且在发挥自身优势能力的同时兼顾其他工作。

实习生项目本身有社会团体的资金支持,这为农园早期运作解决了很大一部分资金问题。而且,项目还为农园储备各种人才,他们之中很多都成为农园的部门骨干,为生态农业的可持续发展继续努力。还有不少成为返乡创业者,在找到自身发展道路的同时,带动周边发展,将生态理念传播到更广阔的空间,为建设新农村发挥不可忽视的作用。比如河南登封的王宁、小冯夫妇在结束农园实习后回乡创建城乡互助生态农场,现在已是河南知名的生态农业领头人。他们的发展本身也是对市民农园经营模式的极大传播,为农园的业务拓展和跨区域合作方面提供了网络支持与人才储备。

此外,管理团队成员大都是学院时期的骨干,有农村工作、生态农业种植及企业管理的经验,并且一直保持平等互助和建设乡村的共同理念,在具体工作中很容易达成共识,可以紧密配合,高效完成工作。尽管他们任何一人在其他机构都可以拿到更高的职位和薪资,但几乎没有人愿意主动离开,而是不计报酬地将所有精力和资源都投入进来。可以说是,"拿着工人的工资,担负经理的职责,承受几倍的工作量"。按照经济行业分类,农业是劳动力密集的产业。据农场2011年的统计,管理成本[①]占到农场整体经营成本的40%—45%。这种"自我资本化"的结果,不仅降低了管理成本,也为农园初期节省了运作资本。而且以某种"情怀"式的感召,吸纳更多社会资源,为农园更进一步的扩大经营奠定了物质和人力资源基础。

[①] 一般企业的管理成本,主要包括人力资源在内的行政、组织和管理开支。小毛驴农场将所有人力开支,包括管理人员、生产工人、实习生补贴等都记入管理成本,以便反映劳动力(含管理人员)投入在农场的成本比重。

（三）小结

梳理农场初创期的发展情况，它的产生顺应了社会大众在面对重重食物危机时对生态农产品的需要，也顺应了资本对于农业盈利新模式的介入。相比于 2010 年以后才出现的如联想佳沃、多利农庄等大型企业，小型生态农场因其自身社会网络、人力资源、社会信任等多方面专有社会资源的自我资本化而降低大量生产和管理成本，替代资金投入顺利完成资本的原始积累，为公司化经营的深化发展和扩大经营打下稳固根基。

媒体的宣传、各个机构的资金与智力投入、参与成员的充分信任与支持、工作人员与志愿者近乎免费的劳动，在众多社会资源资本化的整体作用下，农场通过低成本的投入实现快速发展，实现了社会企业经济和社会效益的双丰收。这一时期，农场的社会化程度极高，对社会资源的转化率也高于后来几个阶段。

三、小毛驴市民农园的第一次转型：市场冲击下的生态农场

随着新媒体宣传方式的大众化和 CSA 农业经营模式的高复制性，农场周边生态农场数量成倍增加，消费者的选择性更多，对于产品与服务的要求也相应提升。加之大企业进入农业后，采用巨额投入迅速打造高端农业服务，使生态小农场在经历稳定发展期之后，面临更严峻的外部竞争，以及自身业务拓展与管理方式的调整等问题。

（一）农场的发展状况

1. 市场挑战与危机

2010 年起，农场的各项业务开始取得飞速发展，2011 年劳动份

额和配送份额①的会员数量和营业额更是呈爆发式增长。

从图6-1可以看出，经过初创期大量社会资源的动员和媒体在食品安全问题上的大量报道，农园劳动份额与配送份额数量几乎都在2012年达到峰值。② 配送份额会员数量仅四年时间就增长了近26倍，而劳动份额也增长了至少24倍。但是从2013年开始，两种份额都出现了下降趋势，其中，配送份额的降势非常明显。

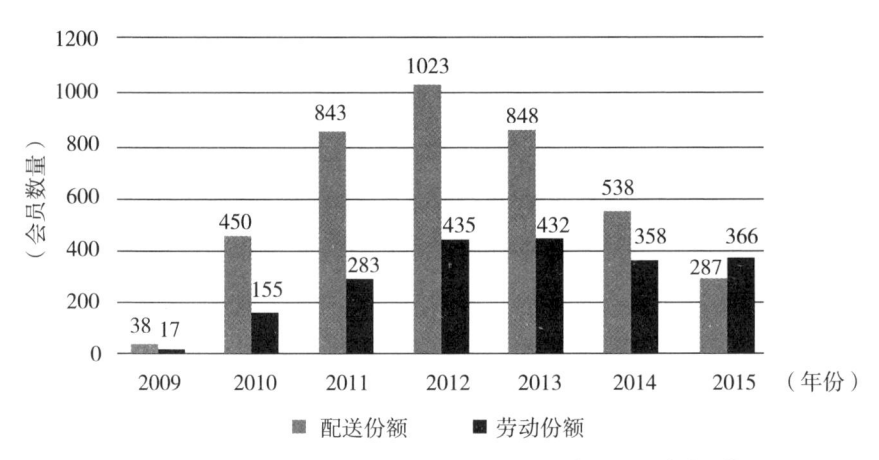

图6-1 2009—2015年配送份额与劳动份额会员数量统计图③

2012年被媒体誉为"生鲜农产品电商元年"，大量资本开始进入生鲜领域，其中不乏大型上市企业，如联想佳沃、顺丰优选、本来生活等。爆发式增长的生鲜企业和各式农场，打破应季的自然生产规律和地域供给范围，赋予农产品更多的商品属性，以促进消费

---

① 配送份额在2011—2013年按照季节分为常季（夏季）和冬季份额两种，2013年下半年开始全年无分季节配送。份额数量是全年份额总和。

② 劳动份额分为自主劳动份额、托管劳动份额和健康家庭菜园，份额数量为三种份额总和。小毛驴柳林社区农园自2012年开园，每年开始接受一定数量的劳动份额成员。2013年有劳动份额16个，2014年为65个，都包含在当年劳动份额总数之中。

③ 数据来自小毛驴市民农园会员部统计，数据含小毛驴市民农园和2012年新开设的小毛驴柳林社区农园。

为目的进行"有机"产品供给;新型资本型农企大多能提供给消费者拥有"有机认证"且更为多样和多品类的产品、更便捷的服务和更多元的服务。虽然背后是更高的产品价格,但更多的消费选择和更便捷的消费方式,使消费者虽然对生态小农场有较高的信任基础,但不再对农场季节性强、相对单一的品种和"粗犷"式服务采取包容的态度,开始对农场的农产品品类、供应数量和服务质量等方面提出更高要求,或干脆转而选择拥有大品牌、产品及配套更完善的农产品。

与大企业比拼的同时,小农场之间也同样面临着竞争。2009年小毛驴发起"市民农业CSA联盟"时,遍访北京周边,寻到的生态小农场不到10家。但到2013年,依据当年的CSA大会统计,这一数字已经飙升到100多家。农场间的关系也从最初的互助合作逐渐演变为竞争关系,早期小毛驴在生态农业推广和食品安全教育方面,通过培训、交流等方式,扶持了一批小农场,虽然曾尝试联盟农场之间的分工合作,如物流、技术和产品互换等,但在整体市场压力之下,各自的生存状况都不容乐观,小毛驴依然可以借助其社会资源优势,维持品牌优势,但在业务拓展方面已显得乏力。尽管2012年起农场试图通过增加客服人员、增加产品品类和提高产品质量应对日益严峻的竞争,但收效甚微,反而增加了经营成本。与此同时,人员数量及工资的增加、基础设施的持续投入、开始支付土地租金、农资价格逐年上升等因素,加之2012年起的管理方式改革后增加的管理费用,使农场在2012年后经营成本陡然上升,经营利润开始逐年下降。到2014年,出现了亏损现象。

而且,增加选菜业务、增强客户体验感等倾向以消费者为主导的服务方式,不仅在维护现有客户与拓展新客户方面收效甚微,而且导致服务成本提升和产出蔬菜的大量浪费。2012年之前,农场的蔬菜份额主要由农场用于配送的45亩土地种植,2012年开始,小毛驴柳林社区农园投入运营,种植面积增加了大约50亩,其产出的所有蔬菜也都用于配送业务，但产品挑选更为严格，之后，总体份额数量没有增加，而两个农园的蔬菜产量是之前的两倍。双倍数量的蔬菜供应给原有数量的配送成员，虽然配送蔬菜的质量大大提升，但浪费比例接近一半。①

2. 市场冲击下的管理模式调整

在农场业务发展、商业活动比重增加并占据主导位置以后，农场的社会化优势逐渐丧失，商业竞争能力先天不足，就直接陷入一般性企业竞争的困境。一方面，农场进入商业化"诱惑"之下的"激进"发展；另一方面，又面临与原来社会活动的目标和价值越来越冲突。这种商业活动试图"脱嵌"于社会活动的过程，实际上也是一个"双向运动"，借用波兰尼的政治经济学分析，这种张力越大，矛盾越突出，面临的危机和后果就越严重。

面对外部大资本投资的商业化诱惑，为了使农场可以朝着商业扩展的方向发展，国仁董事会也征得股东会同意，准备以"小毛驴"为品牌筹备一个新的公司，并重新调整股权结构，以符合投资人的要求。但最终因团队内部对于商业化转型的预期意见不同而没有实现。2012年年初，在商业转型筹备中，有的人提出将诸多非营利部门和高成本业务关闭，其中包括一些公益事业部门，农场内部因此出现了激烈的争论。最终国仁董事会不得不动用投票机制来进行决策。当一个向来通过协商解决问题的家庭式团队，动用投票机制进行决策时，后果是惨重的，投票导致支持新公司的创始人离开，核心团队分裂。团队分裂不仅造成了人才流失，也将部分社会资源和客户分化。在各种内外压力下，农场开始了长达几年的管理模式调整。

---

① 根据2013年农园生产部门统计数字。

3. 更"专业化"的管理改革，增加了管理成本

农场原来的管理层分工是，一人承担多个职责，部门间相互交叉工作。团队的管理是扁平化的，总经理对农场的管理涉及每一个层面，从业务设计、生产计划、农资采购、配送到客服及农业技术层面等，成员间协商多，制度约束少。团队规模一直维持在15人左右，其中核心人员7人左右。

而新的管理结构调整，一个主要出发点就在于工作明确，责任清晰，专人专岗，互不交叉。首先在部门结构上将原来7个类别的工作（业务）统为三大核心部门：运营部，主要负责养殖、后勤和其他基建性工作；推广部，主要负责宣传、接待、活动策划和网站管理；会员部，主要管理劳动份额和配送份额所有会员服务工作；其他种植、行政、财务等部门相对独立运作。各核心部门再下设小部门，比如会员部就有劳动份额、配送份额、物流配送部及零售业务，使每个人发挥专长，将细化的工作专业化。到2012年年底时，农场几乎每一个正式员工都是部门经理、主管或项目负责人。

在管理细节方面则要求责任到人，以前一个人与其他人的工作相互交叉，互相配合，实行责任制后每人只负责自己的分内工作，即使工作内容相同也因从属不同部门而独立运作。此外，农场在各个业务和工作岗位上都编制了规范，包括CSA会员手册、蔬菜种植规范手册、劳动份额管理手册等一系列的规范性文件，将农业生产和产品服务标准化、专业化。

这种公司化、规范式的管理实施后，在明晰权责的同时也导致2012年后农场在整体上部门林立、人员增加和经营成本大幅度上升。一方面团队人数从15人扩充至25人的规模，人力成本成倍增长；另一方面，原来低成本的集体作业因为部门划分交由专门人员负责而使部门间相互推诿现象丛生，反而降低了工作效率。例如配菜，以前是所有人员轮流参与，人少时所有人都必须凌晨起床采菜，调

整后由一个 4 人配菜小组专门从事配菜工作，以提高配菜质量。除了生产部门，其他人几乎不再参与配菜。比如挑拣分装鸡蛋，以前是养殖和配送部门同事一起协作完成，工作界限并不清晰，谁先有空谁多干，干不过来协调其他同事帮忙；调整后，因为配送部门不再参与分装工作，养殖部门必须分装好，按照订单送到仓库，但分装之前又必须等待会员部的订单信息，信息传递不清晰或不及时，就会出现两部门相互推卸责任的问题，甚至无法合作，最后反而导致工作效率低下，会员服务的质量受限。

到 2014 年，这种管理调整几乎进入一个恶性循环：越是业务下降、成本增加，越被归因为管理不到位，从而进入更广泛层面上的管理改革，包括产品品质、会员服务、人力资源培训等。然而，这些深入改革的方案并没有得到预想的效果，反而使农场陷入更深的财务危机之中。在这种情况下，农场开始尝试将管理改革方向转到调动员工积极性上面，希望通过员工持股的方式激励员工创造效益。2014 年 12 月，农场召开员工大会，鼓励员工参股，但最终只有一两个人表示有意向，也未能实施。农场又进入了新一轮的转型期。

（二）商业化逻辑对社会资本的冲击

1. 社会关系网络

"资本"都有专用性，社会资源的转化也不例外。如果社会资源资本化以后脱离原来社会参与的目标，这种转化的效率就会降低甚至停止。

在社会参与方面，小毛驴市民农园一开始就具有和高校及政府合作的基础，因此也更容易对接政府和高校资源。正因为如此，在小毛驴初期运营期间，吸引了很多政府涉农部门、高校科研单位及农业企业到农场参观学习，并将这种社会参与式的市民农业模式复制和推广，创造出具有地方特色的农业产业。例如，2011 年，浙江丽水市市长曾亲自带队同当地农业局、旅游局等部门官员一起到农场调研,并邀请农场管理者为全市干部开展培训,从政府层面在全市强化生态农业的观念和推广力度。尤其是遂昌县当年在全县范围内禁止使用省级以上规定禁止销售和使用的高毒高残留农药,大力推进生态农产品生产,使遂昌后来几年发展成为全国领先的特色农产品电商模范县。2015 年,丽水市先后启动"美丽丽水""五水共治"等生态建设项目,同年,丽水市政府出资赞助由小毛驴和分享收获等承办的第七届全国 CSA 大会①,并继续支持了 2016 年的第八届大会。

在政府支持方面,虽然 2011 年北京财政给农场发放了一笔支持基础设施建设创新奖金,但是自 2012 年起,小毛驴农场开始向镇政府支付每年 20 万元的土地租金,柳林农园则每年向村委支付约 20 万元的合作分成。② 突增的土地租金使本就已逐年增加的经营成本更加高企,迫使农场不得不寄希望于管理提升和标准化服务增加收益,以缓解经营压力。

在与高校合作方面,国家行政学院曾和农场合办乡村文明研讨会,随后介入农场教育功能的建设及投入,最终将农场作为国家行政学院现场教学基地,为全国各地农村干部提供现场教学(每年 1—2 次,每次约 50 人);福建农林大学、同济大学,都是通过承办 CSA 大会,或者提供部分会议经费,或者从高校的层面对 CSA 农场及 CSA 推广形成正面影响;2013 年,小毛驴柳林社区农园正式揭牌,成为"西南大学中国乡村建设学院学生实习基地";2016 年,北京农学院和农场签订合作协议,以农场作为某院的研究生联合培养基地;另外,人大乡建中心下属的全国高校支农网络自 2013 年

---

① 第七届社会生态农业大会,2015 年 11 月 19—21 日在北京市顺义区举办,大会由顺义区政府、丽水市莲都区政府、社区伙伴的机构资助。

② 资料源自 2012 年国仁城乡(北京)科技发展中心董事会年度财务报告。

起，每年都派高校学生社团来农场实习或组织夏令营等活动。

小毛驴市民农园从组建之初就以宣传生态健康生活、关注"三农"问题为宗旨，并且在市民教育和人才培养等方面得到了社会组织的支持与认可。农场经营取得跨越式发展之后，主要精力放在如何提高经营效益和服务质量上，整体趋向于先扩大生产规模增加盈利再拓展公益事业，与其他社会组织的交流和合作的次数减少，公益部分占总体工作比例逐渐降低。这一时期因企业化管理问题，对社会资源的动员能力也出现下降趋势。例如，有基金会质疑小毛驴的发展方向，如果彻底走向商业化，他们也没有必要再提供项目资助；再如，商业交流使当地政府对小毛驴的经济效益产生预期，从而减少扶持（如农资补贴），提高地租；原来提供热心帮助的志愿者、民间团体，和农场的关系也日渐疏远。最重要的是，市民在农场的参与度因标准化服务而降低。这样的结果是，一方面农场很长一段时间陷入经营和管理的问题之中难以抽身，另一方面与更广泛的社会资源支持渐行渐远，即使合作也仅限于资金资助方面，支撑早期核心团队的社会责任导向和乡建理想似乎面临尴尬考问。

2. 社会信任

农业生产是与自然条件密切相关的经济活动，因此具有高风险。因社会化动员形成的农业项目，通过社会信任建立的预付费形式，变成了消费者与生产者"风险共担"的低风险农业。这种因社会动员形成的社会信任，明显不同于一般的商品服务或商业契约。但当农场经营越来越进入商业逻辑的"商品服务"时，原有的社会信任就面临失效。

在大量媒体的报道之下，农场所推行的生态农业 CSA 模式成为全国各地创业者模仿和学习的对象，各种形式和规模的生态农场如雨后春笋般出现，伴随电子商务和新媒体传播的普及，动员社会参与及与会员互动的方式也发生了变化，主要表现在配送份额的业务上。

在配送份额开始之初，农场与消费者会员之间是朋友式的关系，不仅经常邀请他们来农场参观和体验种植与配菜过程，在配送蔬菜时农场的管理团队还分头入户做回访的工作，每年也固定在农场举办"回访日"活动，通过聚餐、聊天等形式深入交流。这种面对面的沟通，使生产者和消费者建立了一种超越商品交换的关系，是一种完全的信任和深度的融合。这种信任可以突破一般交易中单纯的对产品的质量、品种、服务的限制，用群策群力的方式化解很多商业矛盾。

到了2012年，农场内部对会员做了一个调查，发现配送份额的很多新会员对农场并不了解。这些会员是通过朋友介绍或媒体宣传加入进来的，多数没有来过农场，也缺少和经营者的沟通，对农场所要传递的理念并不完全理解，所以将农场的蔬菜质量、品种单一等都视为服务的缺失，会员退订的情况开始增多，且都集中在新会员群体。

究其原因，农场管理者认为，大量新增的会员，使农场不能再像之前那样花费大量的时间用于理念沟通和感情交流，取而代之的是程序化和标准化的客服来弥补，包括每月简报、配送菜单等。再者，用网络工具代替面对面的交流，越来越变得形式化、流程化，并不增加大家的参与感和信任感。

会员数量增多，会员的各种个性化需要难以全部得到满足，早期的深度参与和黏性关系又丢掉了，这时外部市场的创新服务，通过密集资本投入取代了这种缺失。例如，北京平谷的某农场，实施大规模的温室种植，每天都有至少40种蔬菜供消费者挑选，而且随时下单配送，供应量也更充裕，这对一般消费者来说有巨大的吸引力。小毛驴农场一直坚持顺应自然的生态种植方式，不种植反季节蔬菜、坚决不使用任何化学肥料和农药、完全按照季节产出限量种植，就连有机行业普遍流行的生物农药也拒绝使用，因此在品类、数量、个性需求等方面难以满足消费者日益挑剔的选择，配送的蔬菜也就被贴上了"土""丑"和"单一"的标签。即使几次调整种植结构、增加配送服务投入，这一基础原则始终没有动摇，过去这种做法恰恰是动员消费者的一个优势和亮点，在追求标准化服务以后，反而变成了产品的最大缺陷。

劳动份额业务也面临同样的问题。2011年之前，农场和成员之间的互动很多，工作人员每周都会轮流与租地市民一起劳动、聊天，一边指导他们种地，一边探讨问题，因此建立了深厚的友谊。但此后，随着租地业务的扩大，工作人员忙于各种工具性（发苗、发工具等）、程式化的工作，根本没有时间与会员多交流，降低了会员的体验感。

"顾客是上帝"的消费观念和服务方式，使农场生产的中心从"城乡互助生态农业"变成了"为消费者服务提供生态产品"。这种转变，不仅不利于教育城市消费者理解农业的高风险性与多功能性，反而加剧了对中产式精致生活的"娇惯"。消费者不再以支持生态环保为出发点，推崇通过亲身体验与土地建立关系，并主动牺牲一些消费属性，适应自然的生态种植方法，而是被规训成认可标准化、商品化的大品牌，回到"花钱买健康"的心态，认为有钱可以买到任何"好"的东西。所以小毛驴的会员对农场的信任度，在消费主义的冲击下日益降低，对农产品质量和服务持质疑与不能接受的态度。这里有一个重要转换，就是商业服务制造出来的安全消费产品，掩盖了基于环境保护和可持续消费生态健康的基本理念。

3. 组织文化与人力资本

在初创期，农场作为产学研基地，以市民生态教育和乡村建设为目标，业务经营只是作为一种维持生存和帮助推广的手段，机构内部的文化以回归乡村和土地、投身农村工作、践行生态农业为基调。但是，在生态农产品市场不断扩大、业务量持续增加后，农场逐渐拥有了走向商业化甚至通过融资扩大规模的机会。工作重心开始向增加销售、提高服务、扩大业务量转移。因此，农场的组织文化开始倾向于提高员工服务意识和工作积极性，为商业化转型服务。

在这种商业文化渲染之下，农场的工作人员心理也悄然发生了变化。与初期自我资本化、不计较劳动报酬的工作状态不同，经营收入增加使员工对薪酬福利增加有了更多的期待，细分的工作内容和公司化的管理使他们开始更多看重自己的利益空间。

农场的一位员工小 Z 这样描述，"有一些为此辞职的员工在经历一段时间后又选择回到农场，原因是农场提供免费食宿，虽然薪金不高，但总体上在北京这样的高消费水平下还可以轻松生活，并且工作内容相对轻松、压力小。有些人并没有因在城市工作受挫回到农场后努力工作，而是将农场稳定的工作环境和大量的社会资源作为自己寻找更好工作的跳板，这在客观上导致农场工作效率降低、管理成本增加和员工心理的更加不平衡。有些员工甚至心生怨气，抱怨管理者没有抓住大好的商业机会，耽误了前程"。当然，也有员工反对商业化，不赞成机械化的"服务"工作，主动要求降低薪资，如负责劳动份额工作的小 G，要求降低工资换取更多闲暇时间，以便工作的同时能有时间读书和思考。

这几年，一种可以同时兼容赚钱与乡村生活的"田园梦"开始流行。虽然农场鼓励并且支持青年返乡创业，但来农场学习和工作的大部分人的出发点不再是单纯的学习生态农业回家改造乡村，而是把农业看成一种新型创业方式，以此实现成功梦想，并且得到主流社会的认可。在这种心理的驱使下，很多人在农场学习的重点不是生态种养殖技术，而是经营运作和市民服务，所以他们对农场的抱怨主要集中在管理和服务水平上。但是，从他们返乡后的实际情况看，只有真正扎根乡土生活，以家庭经营为主的小农场才能存活和发展。

另外一些人是抱着对田园生活的向往或者避世的心态来到农场，但是当他们发现现实的农场生活是与农民、猪羊、泥土打交道时，就难以忍受这种生活和社会认可上的心理落差，抱怨工作条件差、时间长，最终选择离开，重新回到城市生活[①]。

（三）小结

经过初创期的社会资本积累，农场逐渐获得了社会影响和经济效益的双重收益。当社会资本积累到一定程度，可以选择两条路径作为下一步发展的方向，一个是吸纳更多资本进行资本化商业运作，另一个是进一步巩固社会资源向社会化方向发展。小毛驴早期的发展目标是清晰的，即在资本投资机会最多的时期，仍坚持社会化发展方向，切实推进生态农业产学研的社会化公益事业。但在业务进一步扩大，进入一般商业竞争以后，面对一般生态农场整体朝向商业化发展的浪潮，小毛驴开始摇摆于商业化和社会化之间，导致团队分裂。当市场压力剧增，业务陷入困境后，转而尝试全面公司化转型的发展方向，这时的调整，实为经营困境之下寄望借助商业化管理改变现状的无奈之举，因此，农场在各业务环节不断细化分工，改善管理，力求实现专业化运行。但面对着市场竞争继续加大和消费者需求的继续变化，在基础种植原则没有改变的前提下，管理及服务的标准化并没有增加效益，反而导致管理系统冗杂、成本大幅度增加，部分人力资源不能充分资本化，资产专用性的发挥受到限制，随着早期社会资源减少，农场丧失了部分社会动员条件。在市场冲击中，农场经营按照商业化改革却步入困境，面临一个新的探索与转型。

---

① 农场内部刊物《田间地头》，2013年合订本，实习生总结报告。

四、小毛驴市民农园的二次转型：人与社区的回归
——社会资本的转化和再积累

（一）业务架构与管理模式的调整

面对农场在商业化转型过程中导致的成本持续增加、农业生产与管理方式不相匹配、外部市场竞争的进一步加剧、初期竞争优势已丧失等问题，2015年，农场进入再转型阶段。农场的经营过程是一个"双向运动"，在经历激进商业化的风险之后，回归社会化，既是一个规避风险和化解危机的过程，也是社会组织"自我保护"功能的生效。

在业务上，农场将部分业务收缩和合并，集中做好几个主要业务，同时将公益事业和经营业务分开。这种调整实际上仍是项目制的专业化分工模式。2015年年初，原会员部迁往柳林社区农园，配送份额的生产种植及会员服务工作也全部转到柳林农园，进行独立项目运作；小毛驴市民农园主要开展劳动份额和教育活动，除了少量蔬菜的种植和养殖示范，不再进行大量生产性工作；"爱故乡"及其他公益活动单独运作；国仁公司在总公司层面协调几个部门的工作配合收益分配。2016年8月，在小毛驴市民农园举办了年中总结会，会议正式决议，小毛驴柳林市民农园合同到期后，不再续租。同时将停止生产类种植配送业务，转而集中力量，以劳动份额为基础，打造农业体验和教育示范为核心的三产农园。

截至2016年，小毛驴市民农园（后沙涧）主要业务有三个板块：劳动份额作为与市民互动重要社区，是农园的业务基础；乡村博览园依托2012年发起的"爱故乡计划"，借鉴小汤山"洼里乡居楼"在农业与农村生活元素的设计，在农场各区域呈现不同农业场景，是组织市民和儿童认识环境、了解乡土民俗的主要空间；乡村

生活市集定期组织社区（以劳动份额成员为主）内的物品交换集市，通过农产品、手工艺品、二手物品和各种乡村文化产品的交换，形成一个聚集人气的生活小社区。这些业务设计的原则是充分利用农场各个空间，以教育和农耕活动带动社会参与，在此基础上，带动零售、聚会及餐饮等综合性收入。三个板块之间还有一些工作交叉，并没有细分清楚，而且打破部门界限，重归集体协商决策方式，也对大部分员工实行统一的薪酬核算和分配办法。

这些年农场的频繁调整，难以确定一个主要经营方向，另一个原因还在于土地使用方式不确定。早先，因为产学研基地委托经营，农场一直不能与政府签定土地租赁合约，土地能否持续使用成为最大的制约因素。2009—2011年是免租委托经营，2012—2015年是每年续签一次合作协议并按年上缴租金。直到2016年1月，农场才正式与镇属公司签定了为期十七年的土地使用合同，有了相对稳定的经营空间，可以做长期经营的规划，但地租却翻了一番。

在管理上，农场不再采用企业化管理模式，将已细分的部门简化与合并，精简工作人员数量，降低管理成本，提高效率。为加强员工凝聚力，农场核心员工组成内部"合作社"，采取个人收益与农场收益关联的方式，大家共同参与农园建设与日常事务决策，按照合作社计划，未来希望吸纳市民和当地村民陆续加入，实现更大范围的社会化参与。

（二）社会资本的重新积累与转化

在逐渐减少种养殖等高成本的一产业务的同时，农场借助已有的公益项目，以公益推广为目标重新加强与政府、高校和基金会的合作。一方面重新增加了社会参与度，提高小毛驴作为社会企业的影响力；另一方面依托基金会和合作项目分担农场的经营成本。

2012年启动的"爱故乡计划"① 以乡土文化复兴为出发点,以"发现故乡之美"为主题,通过摄影、歌曲、故事等形式,发掘各地的爱乡故事,重新唤起人们对于乡村的关注。在弘扬传统文化和地方乡建经验的同时,"爱故乡计划"在各地成立"爱乡工作站",培养地方性乡村社区建设人才,与当地爱乡人士一起促进当地传统文化和乡村生态经济的建设。

虽然商业运营使农场原有的社会资源因无法与商业融合而逐渐流失,但是随着"爱故乡"等公益项目的拓展,社会各界开始重新关注乡村文化保护,流失的社会资源通过一些社会公益事业开始回归。2013年中央城镇化工作会议上,习近平总书记提出"……让居民望得见山、看得见水、记得住乡愁"国家发展愿景,"爱故乡"是对留住"乡愁"的最好诠释,因此,"爱故乡"项目获得了各地方政府和社会各界的大力支持。同时,依靠一些社会捐助,"爱故乡"项目也通过全国高校社团进入各大高校校园,"爱故乡"不仅受到青年学生的欢迎,还得到高校社团和老师的大力协助。很多老师和学生成为"爱故乡"工作站的指导员和驻点人员,亲身参与当地古村落和文化的保护工作之中。

通过借鉴众多"爱故乡"参与机构的运作模式,农场也将原来耗费人力、物力的种养殖场地与乡土文化活动相融合,重新设计成具有乡村特色的参观与互动区域,增加市民的新鲜感与体验感。2015年,年画、书法、剪纸、面塑等传承传统文化的"爱故乡"人物轮流到农园,举办各种形式的夏令营和文化交流活动,吸引了大量的市民家庭参与,在宣传传统文化的同时也增加了农园的经济收入。

此外,通过乡村生活市集、民俗节庆活动,重新建立和加强了

---

① "爱故乡计划"由中国人民大学乡村建设中心与福建正荣基金会于2011年发起,2012年起由小毛驴市民农园主持,随后在全国影响力持续扩大,并于2015年在北京正式注册为"爱故乡文化发展中心"。

农场与会员之间的友好关系，也增强了会员之间的互动与沟通，形成一种农耕文化社区，并且在维持原有服务的基础上让会员体会农场新的面貌，增加参与度和体验感，重新建立消费对农园的信任。

除了从公益项目和新业务的合作中积累整合社会资源，2015年，北京市科委、北京市农研中心等政府机构分别与农场合作，将农场作为北京几家具有代表性的农业企业之一，整理其发展历程作为案例总结北京市生态农业发展经验，为休闲农业政策的制定提供参考。

社会资源资本化的重新积累与转化不仅为农场提供了大量资金与社会网络支持，也使农场可以摆脱生产和销售压力，减轻运作成本，轻装上阵，在实现农业三产化和推动社会公益事业等方面有新的突破。

这一再转型的回归过程，正好验证了恰亚诺夫对于农业经济组织的分析：公司化方式并不适合小型农场的管理。

（三）共同社区的构想

小毛驴市民农园最开始的定位是"市民农园"，在北京农业政策定义中，市民农园已经变成都市农业板块下的一个新类别。从市民农业组织市民周末参与农耕休闲的角度，小毛驴的农耕社区造就成型了。在商业化的大海里游历了一圈，农场的经营者重新回到"社区"的社会化定位上。

随着农场土地租赁期限的稳定，农场在经历"家庭式经营"和"企业化管理"之后，需要有一种新的形式调定各个层次的参与者，重新整合资源到一起，尝试一种新的社会化试验。这就需要采用一种有充分社会参与的合作经营形态。

由经营者、消费者和当地村民共同组成一个高度参与的决策机制，超越了"家长式"个人把控的管理方式和一般股份制企业的标准化管理模式，它在更广泛的程度上增加了相关者的参与度，让每个人都了解农场的现状，并且通过协商手段做出决策，在遇到问题时共同承担风险。"家庭式"经营是以"家长"为中心对农场重大事务做决策，共同社区则是"去中心化"管理方式的新尝试。

这种经营管理模式是对现有企业化管理方式的挑战，也是对参与者个人的考验。任何人如果不能从纯利益的价值取向转为协作互助，就很难认同并参与进来，去建立社会创新方式面对农业发展问题的理想目标。

到 2016 年 8 月，这种管理思路已经在员工层面取得共识，并正在进一步扩展到会员和村民及更广泛的参与层面。

虽然这种方式正处于摸索阶段，还不能判断它能否持续，但在社会化的大方向上，这种大胆的尝试堪称生态农场经营的一种另类实践。

五、小毛驴市民农园的经验总结

（一）社会资源资本化的优势作用

从生态农场成立到发展过程中的各个阶段，社会资源资本化的优势作用不容忽视。人力资本及原有资源自我资本化的消耗、个人和社会组织的极大信任与支持、媒体机构的大力宣传、高校与政府资源的集中，都促成农场迅速成为社会关注焦点，在扩大影响力的同时，形成行业中的绝对竞争力，业务量和经济效益都得到迅速提升。每一种社会资源的资本化都形成农场发展的无形助力，尽管有些社会网络在某个时间段似乎没有发挥作用，但机会成熟时，它们会成为农场继续运行的巨大支持力。可以说，社会资源的资本化过程就是生态农场不断增加社会信任度、拓展与社会其他组织和机构建立合作网络的过程。

社会资源是具有公共性的，但是当它被资本化后就有了专用性的性质。生态农场自身在生态环境改善及健康生活的追求上所具有的特征,决定了其社会资源在资本化后在大众认可和宣传推广方面对农场发展的促进作用。

社会资本虽然在保持持续性方面也需要人力和资金等投入,但社会资本为生态农场发展带来的经济和社会效应,却远不是简单交易可以形容的,并且它可以长期发挥作用,持续影响农场发展。

在推动生态农场发展过程中,社会资源资本化比一般资本更适用于社会活动领域的发展,包括社会公益和大众参与等。生态农场不论是何种经营模式,从环保和农业推广角度都有社会公益性质,很容易引起社会关注,获得政府支持,成为农场发展的社会资源,并在其运作过程中资本化。

(二) 商业化经营方式不适用于生态农场发展

生态农业生产相对于一般农产品生产具有生产成本高、经营风险大、受气候影响大、依赖本地消费等特点,这就导致了其生产力和市场竞争力有限,利润空间相对狭小,难以稳定支撑商业化运营。

从生态农场发展历程来看,农产品不是工业品,有明显的季节性和不可控性,生产与服务的标准化操作并不能完全控制生态农业生产的产量、品种和销量。相反,商业化的运营与管理方式导致农业生产自然规律因市场需要而被打破,造成生态环境负担;产品品质与服务为满足消费者需求而放弃风险共担的原则,最终造成生态农场自身承担了全部风险,成本陡然增加,利润空间进一步收缩;另外,效益优先的经营方式削弱了生态农场在社会性和公益性等方面的功能,使前期建立的社会资源资本化程度降低或丧失,生态农场发展成为无源之水,难以为继。

近年来,国内资本普遍过剩,农业成为投资的热点,大资本频频介入和投资大型生态农场,并利用资本优势不计代价占有市场份额,生态农业投资价值不断被炒高。但是,资本投资目的是快速获得利润,而农业资本投入大、时间长、利润空间小等特点意味着它们失败的可能性很大。

所以，市场化经营必须回嵌入社会之中，在顺应自然规律的基础上整合社会资本力量，充分发挥生态农业的多功能性，引起大众对农耕文化的关注和了解，促进生态农场向社会化转型。

（三）重建社会化生态农场经营体系与新型农耕社区

纵观小毛驴市民农园发展的几个阶段，不论是初期的建设还是转型时的道路选择，社会化的经营方式始终贯穿其间，并且与商业化运作同时发生作用。只是在不同时期，农场面临各种内外挑战时的侧重点不同。从生态农场引起广泛社会参与造就社会企业典范，到跟随市场需要进行商业化改制从而忽略社会动员力量而失去部分社会资本支持，再到回归农业社会化本质，都在印证生态农场发展的最终方向。

社会化的生态农场经营方式并不意味着与商业经营脱钩，而是以调动生态农场社会功能，即实现农业多功能性或者农业三产化为基础，再通过商业运营吸引大众参与，在获得生态效益和社会效益之后获取相应经济收益。当然，在此过程中经济效益有可能在短期内无法实现高收益，但却可以保障持续稳定的收入，确保生态农场的长期发展。

要调动社会力量参与农业发展，就要充分整合和利用社会资本力量。社会资本通过关系网络、人力资源和组织文化等机制，向大众传播生态农业理念，引导大众消费方向，为生态农场获得更广泛的支持。社会资源的资本化增加了社会信任，降低了农业生产风险和经营成本，保证生态农场的顺利运行。

在管理方面，要促进农场员工之间形成一个合作社，每个人都参与农场建设和管理，共同商议农场各事务并做出决策。从长远的角度看，农场与会员之间通过土地、农产品或服务等纽带，形成一个更广泛的社区，共同承担农业风险，分享社会与经济收益。

社会化参与，简单地说就是人的参与。有更多人了解农业，参与农业生产和消费，并形成一种社会力量，带动全社会的关注与参与，就会实现生态农场社会资本的最优利用，保证农业多功能性的充分发挥，真正实现社会效益与经济效益双丰收。

第七章
皮村的故事

肖　瑾[①]

【导读】　这本案例集里出现的故事，在很多层面上都具有"开创性"意义，它们不懈地敲打着读者既有的对农村社区、对所谓"外来工群体"，乃至对"发展"的想象范式。撇去很多被赋予的意义不谈，仅从推动者个人角度来讲，他们大多是那种不安分于循规蹈矩的人。孙恒不愿意老老实实做个中学音乐教师，王德志说自己就喜欢这样的集体生活，吕途说，工友之家在外人眼里就不算是一份"真正的工作"。几年前，一篇纪念性文章中说，"切·格瓦拉代表了人群中的理想主义者"。其实从葛兰西的角度讲，所谓理想主义不过是主动寻找、识别自身人生意义的过程。我们几乎可以将文集中的许多主人公视为"社会创造家"；正是这种基于个体自觉的"突破性创造"，提供了多样性的选择路径储备。这类社会储备库的丰寡程度，往往决定着社会的韧性水平。时下，这个寒冷的冬天，北京正推进开始新一轮浩浩荡荡"疏解低端产业"行动，而过去几年里，皮村几次三番遭遇"清退风波"，不知今夕又如何？唯愿能以更加富有想象力的态度，看待民间的创新，也许，正如文中所说，

[①] 肖瑾，女，管理学博士，讲师。现任职于浙江师范大学非洲研究院。感谢王海侠博士在本文修改过程中提出的宝贵意见。

它们终将为某种善治提供有益的启示。

一、皮村面孔

皮村位于北京东六环内，毗邻通州，但在行政划分上属于朝阳区，是金盏乡下属的一个村。历史上，金盏乡是水草丰腴之地，明末清初的舆地学家顾祖禹在《读史方舆纪要》中说："金盏儿淀，（通）州北二十五里，广袤三顷，水上有花如金盏，因名。"[①] 由此可见，金盏之名缘起于湖泊。查看今天的北京地图，虽然已经无法寻得金盏乡广袤三顷的泽薮，但依然有一条长长的温榆河蜿蜒环绕。温榆河的一边是高档的格拉斯别墅区，另一边即是皮村。皮村，典型的城中村，行政村面积2.8平方公里，本村人口1400多人，外来务工人口2万多人，因为本村人口大量迁往城市居住，可以说这里的常住人口几乎全是外来的，确切地说，全是农民工。一面是极具现代化意味的高档别墅区，一面是被城市高生活成本挤压而形成的城中村，拥挤而脏乱，二者在同一时空共存，不仅在自然形态上极具视觉冲击，在人文与公共服务上所形成的差别也令人震撼，而这就是中国城市化进程中典型的一幕。[②]

据老村民回忆，2005年以前皮村还基本是个宁静的小村庄，外来人口有一些，但很少，平日里街道上看不到什么人，也没有什么店铺，房屋都是以前的老屋，自建楼很少。2005年以后，随着朝阳区内东坝、曹各庄等城中村的不断拆迁，皮村变得热闹起来。外来人口越聚越多，首先刺激了本地村民的盖房意愿，前几年大街小巷全是盖房的，现在皮村的住房基本在那个时候都翻建过。目前以二

---

① 顾祖禹：《读史方舆纪要》，中华书局2005年版，第624页。
② 皮村由于其独特的地理位置，不具备房地产开发的可能：皮村临近首都机场，每隔2—3分钟就会有飞机从皮村上空经过；同时，皮村还处于高压线区，抬头可见密密麻麻的高压线，所以皮村的城中村问题更显得根深蒂固。

到四层的自建楼房为主,内部全是方便出租的隔断间,一般一间房10平方米左右。人口的涌入,除带来房租收入外,客观上也带动了皮村经济的繁荣,超市和各种店铺如雨后春笋般出现。原来早已荒废的集体经济时期的一些厂房也陆陆续续租赁出去,做起了家具和展览制作等生意,皮村现在有大大小小的工厂、企业205家。①

与皮村居住的外来人口随便聊天就可知道,他们确如老村民所言,基本是随着东坝和曹各庄拆迁而来的。东坝和曹各庄分别距皮村8公里和3公里,大多数人原来住在东坝,他们从东坝搬过来,一是因为原住地拆迁,二是皮村的房租比较便宜。一般皮村10平方米的房间每月200—300元,而在东坝至少每月700—800元。虽然房租便宜了,但是上下班的时间成本却急剧升高。皮村是一个环形岛的地形,只有东南方向的一个公交车站,每天上下班高峰期,公交车站就人山人海,公交车被挤得满满的,有时还上不去车,只得等下一趟。大部分外来居住者表示自己虽然不愿意居住在又远、又乱的皮村,但他们别无他法。他们多在城市的第三部门工作②,如保洁、保安、餐饮和服务等,收入较低,城市小区的房租对他们来说无疑是个很大的成本。

2014年北京市城镇居民可支配收入为43910元,折合3659元/月,最低工资标准1560元③,2015年提高到1720元/月④。农民工的收入很难达到城镇居民的平均水平,一般而言,他们的月收入在2000—3000元,一些保安、保洁等服务人员收入均达不到2000元/月,仅比最低工资水平高一点。而四环内的10平方米小单间每

---

① 吕途:《中国新工人:文化与命运》,法律出版社2015年版。第299页。
② TODARO MPA. *Model of labour migration and urban unemployment in less developed countries* [J]. American Economics Review,1969(1):pp.138-148.
③ 任峰:《去年北京城镇居民人均可支配收入43910元》,新华网,2015年6月19日。
④ 赵鹏、陈荞:《北京最低工资标准上调至1720元》,《京华时报》,2015年2月12日。

月也要近千元，如果一家人居住，一居室租金每月都要3000元。所以，农民工群体要想在城市生存，就势必选择城中村的自建房，居住城中村是经济上的无奈选择，可以使其收入自适应和消解城市高生活成本压力，同时也为城市运行提供了充裕而廉价的劳动力资源。

据统计，北京城六区中心城域有城中村百余个，广州市区外围有城中村138个（占城市规划面积的22.67%），深圳全市共有城中村1000多个（其中特区内约有200个），西安市规划区内有城中村百余个。[1] 面对成百上千的城中村，立足于城市治理视角，人们往往容易将其简单地视为亟待切除的"城市毒瘤"。正是基于这样一种看法，对城中村大兴"拆村运动"似乎便是唯一的合乎逻辑的"理性选择"。然而，单纯地诉诸"拆村运动"的治理手段，并未真正解决城中村问题。

我国的工业化按照既定目标即将完成，而在工业化完成之际，中国尚有近3亿城市流动人口和6亿农村人口的问题需要解决。中国的城市化滞后于工业化，很多学者指出人口的城市化才是真正的城市化。2015年8月初国务院出台的取消农村城市户籍之分的建议，虽然推动了在名义上取消人口城乡之分的进程，但要真正实现城市人口和农村人口的自由流动可能还有很长的路要走。国家能否实现既定目标，到2020年实现把"三个1亿人"[2]的流动人口转移到城市安家？这个目标意味着国家要承担3亿流动人口在城市的社会再生产成本，农村人口能否在不久的将来被国家重新纳入体制保障？对这样发问的

---

[1] 钟海：《城市现代化进程中"城中村"治理困局与解决思路》，《西华大学学报》(哲学社会科学版)，2014年第2期，第91—96页。

[2] 2014年3月5日，国务院总理李克强在十二届全国人大二次会议上作政府工作报告时说，2014年要推进以人为核心的新型城镇化。坚持走以人为本、四化同步、优化布局、生态文明、传承文化的新型城镇化道路，遵循发展规律，积极稳妥推进，着力提升质量。今后一个时期，着重解决好现有"三个1亿人"问题，促进约1亿农业转移人口落户城镇，改造约1亿人居住的城镇棚户区和城中村，引导约1亿人在中西部地区就近城镇化。

回答，与"三农"问题的解决相关，也与皮村的未来相关。

通过对位于皮村的一个流动人口社会组织——北京工友之家进行的观察和实地调研，本文试图梳理工友之家的组织成长与社区发展的脉络、经验及面临的挑战，为读者呈现当代社会流动人口社区治理的一个典型和中国基层社会治理一个可以借鉴的面向。

二、工友之家的皮村进行曲

（一）酝酿（2000—2002）

2000年年初是工友之家的酝酿阶段，这要从它的创始人孙恒的故事说起。孙恒原是开封一所中学的音乐老师，因为无法忍受学校压抑的环境，1999年他离开开封，只身来到北京闯荡。为了生计，他干过搬运工，做过推销员，也偶尔去酒吧唱唱歌，但这些无法安放自己的灵魂，于是在2000年孙恒开始背着吉他云游全国，在城市的地下通道以卖唱为生。

在结束流浪歌手的生涯后，他来到北京的一所打工子弟学校做志愿者，给孩子们教音乐。

在地下通道卖唱的小吴被城管抓住的时候，交不起几十元的罚款，眼看吉他就要被没收，作为"同道"的许多义无反顾地把一天所有的辛苦钱都给了本不相识的小吴，由此二人成了朋友。小吴又把许多介绍给自己的朋友孙恒，三人一商量，索性成立了一个演出队。这一年是重要的一年。就在这一年年底，天津科技大学学生社团的刘相波老师通过同样关注"三农"问题的卫宏老师认识了孙恒（孙恒当时借宿在卫宏家中），于是邀请他们的演出队和天津科技大学新希望社团一起到工地上为工人办一场联欢会。这是孙恒第一次在工地为工人唱歌，这次经历给他的触动很大。工人们恶劣的生活环境和他们对精神文化的迫切需求让他产生了一个强烈的念头——

做一个工人演出队，专门为工人义务演出。回到北京后，喜欢说相声的打工青年王德志也在一次公益演出上与演出队一见如故，从此演出队又添了一员大将。

2002年5月1日，在国际劳动节这天，打工青年文艺演出队正式成立。

（二）草创（2002—2005）

1. 遇见乡建

当时和孙恒关系要好的不仅有他结交的这些演出队的朋友，还有他的发小贾志伟，他和孙恒是工友之家早期团队中的决策人物。2000年年初，我国"三农"问题空前严重，北京汇聚了大批关注"三农"问题的专家学者和有志之士。其中最引人注目的就是《中国改革》杂志农村版这个平台。这个平台在"三农"问题专家温铁军的指挥下，由全国各地的学生社团带动大批学生下乡调研，动员青年人深入了解农村的各种问题：农民维权、留守儿童、城市打工者生存现状……孙恒和贾志伟就是他们当中的热血青年。当时贾志伟是杂志记者刘相波（刘老石）的助手，他和孙恒每天都帮着刘老石编稿子忙得热火朝天，演出队的许多和王德志也帮助派发杂志社最新出版的支农小册子。据孙恒回忆，每次在工地上演出，刘老石和李昌平老师都会站到台上为工人去演讲，讲完后他们才上台演出，然后和大学生一起把杂志和宣传"三农"政策的小册子派发给工人们。每次演出结束后，工人们都会拉着自己的手诉说他们遭遇的困难：老板欠账怎么办？想看书、想学电脑没有条件怎么办？等等。于是孙恒向当时他做志愿者的那个打工子弟学校借了一楼的一个房间做了一个工友图书馆。下班后工人们来这里看书，周末还有法律专家给他们讲授维权知识。图书馆还募集了20多台电脑为工人提供免费培训。渐渐地，来这里的工友越来越多，孙恒就想成立一个专门的机构去服务他们,机构的名字,经过讨论,就叫"农友之家"。2002年11月,农友之家文化发展中心在刘老石、卜卫、李昌平、温铁军等专家学者的支持下注册成功。机构的办公地点就在肖家河的圆明园打工子弟学校一楼的一个房间内。机构成立后,需要人手来帮忙,当时还在中华女子学院读大三的沈金花和刘艳真就成了最主要的两位志愿者。她们日后也成了机构的重要骨干。

2003年年初,孙恒的演出队和大学生社团一起参加在清华科技园一个建筑工地举行的大型演出活动,李昌平邀请了公益组织的成员来观看。演出队的表演打动了该组织的负责人王云仙,他当即表示要支持孙恒他们做项目。很快,农友之家就得到了十几万元的项目支持,这笔钱主要用于打工青年演出队的义演和肖家河社区流动人口文化教育、工人权益维护、技能培训等具体项目,乐队还招了一个鼓手——姜国良。姜国良后来也成了团队的骨干。

孙恒和他的团队在肖家河社区安定下来后,开始对流动人口社区的概念有了认识。贾志伟介绍说:"那个时候和居委会、周边的人都混得比较熟,渐渐有了打工者社区的概念,觉得去哪儿也不如在这里舒服。2003—2004年,我们也做一些项目研究,做了关于工人社区形成、自我认同形成和北方建筑工人生存状况的研究。看到了社区的好处。"

2. 挺进皮村

2004年,演出队在录音棚为工人录歌时被一位音乐制作人看中,他决定为他们量身制作一张专辑。9月,他们以打工青年艺术团的名义发行了第一张音乐专辑《天下打工是一家》,大获成功,卖了10万张,孙恒他们也得到了7.5万元版税。经过讨论,大家决定用这7.5万元办一所打工子弟学校,解决打工人群子女教育的问题。

在寻找场地办学期间,肖家河社区的情况也发生了一些变化。2005年上半年,农友之家位于圆明园学校的办公室因为学校招生的场地的需要，不得不搬迁到肖家河社区居委会。当地居委会希望他们帮助管理流动人口的工作，没有收他们房租。5月他们在东坝又成立了一个项目活动室，开始在东坝的打工子弟学校蓝天试验学校开展文艺演出和工人培训。这个时候，农友之家的人员在分配上做了调整，将驻点在肖家河社区的许多人调到东坝，只留刘艳真驻守肖家河。而东坝项目点则有孙恒、王德志、姜国良、许多、贾志伟、沈金花等核心骨干。7月，孙恒团队来到东坝附近的皮村，看中了村中一个废弃的工艺美术厂，正巧村里在招标出租，孙恒他们抓住机会，以年租金5.1万元拿下了这块地，准备开办学校。

凭借着众多的工人义务建设及全国各地大学生志愿者的无偿帮助，学校在建设过程中节省了大量的人力成本。在志愿者们一砖一瓦的接力下，学校仅用了一个月时间就完工了，命名为同心实验学校，并于2005年8月21日正式开学。当年就招收了将近100名打工子弟入学。同年由于东坝的打工子弟学校已经没有空余场地，农友之家决定撤出在东坝的项目，大部队都转移到同心实验学校这个大本营。同心学校校长沈金花回忆说："学校招生的那些天，皮村的打工者们看到我们办起了学校都觉得很惊讶，怎么打工者也可以给打工者办学校？"的确，孙恒、贾志伟、王德志、姜国良这些人和他们一样都是打工者，成长在农村，几年前背井离乡只身来到北京，干着又脏又累的体力活，还被贴上"农民工"的标签。面对社会对打工者的不公与歧视，他们不甘心——这也许和很多打工青年的心理状态差不多；但他们又是特殊的，因为他们在不断地寻找出路，向社会揭示这种不公，积极寻找改变不公的办法，并且全身心地投入这种推己及人的事业当中去，把握机会，坚持不懈。在短短的三年时间内，他们竟然办起了一座学校，确实令人刮目相看。

如果以个人的物质条件来衡量，他们每个人此时每月拿着不足500元的工资，任何一个进城五六年的打工者挣的都比他们多。然而，这种比较是无意义的，因为孙恒和他的团队志不在钱。他们在肖家河社区和东坝社区两个项目点开展工作，同时又实现了开办打工者子女学校的重要突破，这才是他们的以梦为马。

孙恒和农友之家在北京产生了不小的影响力，接连获得国家和市政府授予的各种荣誉。2005年3月，农友之家被评为"北京市十大志愿者（团体）"；4月，孙恒被评为"第四届全国十大杰出进城务工青年"；12月农友之家又被中宣部、文化部授予"全国服务农民服务基层文化工作先进民间文艺团体"的称号。这一年，对于孙恒和他的团队而言，是快马轻裘的一年。

"农友之家"阶段的摸索，为之后"工友之家"的发展定下了基调。以"为劳动者歌唱"为宗旨的新工人艺术团一直坚持奔赴各建筑工地、工厂、高校、企业、打工子弟学校及工人社区，为工友们义务演出超过600场次，直接受众超过30万人次。他们还在办公室旁修建了简易的文化活动室，周二到周日，每晚都有活动，像唱歌、跳舞、观影、心理交流、技能讲座等。其中，唱歌和观影来的人最多，一般都有几十人。大家在工作人员的带领下能唱能跳，获得了释放，腼腆一些的也会在旁边看，满脸的笑容。这可能是他们一天中最放松的时光。

3. 创办同心

作为一所面向打工者子女的全日制半寄宿学校，截至2014年，同心实验小学有学前班和小学部共8个年级，14个班，师生共计500余人。同心实验小学能够成立，一个重要背景是与皮村人口结构变化紧密相连。公立皮村小学自2001年撤销以后，再无小学，皮村本村人的孩子都去曹各庄和市区读书了。但是，对于这里较多的外来务工人员来说，他们的子女没办法进公立小学，又花不起高价进私立小学，农友之家就是在这样的背景下创办了同心实验小学，既解决了许多外来务工人员子女上学问题，又缓解了留守儿童面临的困境，因此得到了社会各界力量的广泛支持。虽然教学条件与正规学校存在一定的差距，但也基本达到了地方乡镇小学的教学水平。

同心实验学校一路走来，也遇到了不少波折。小学成立伊始，曾让大家感到前所未有的振奋，通过创办打工子弟学校的实践去探索社区工作的路径，这是孙恒他们在肖家河社区就渴望做的事情。然而，最大的挑战很快就出现了，这群从未有过办学经验的年轻人要如何经营学校？工资这么低老师怎么招？找不到合适的老师是建校初期面临的最大问题。

根据现任校长沈金花介绍，"学校刚成立的时候工资很低，每月500元，老师来源很大部分要靠志愿者。志愿者虽然素质比较高，但最大的弱点就是太理想化，要求绝对的民主，难以管理。例如，在教学时间这个问题上，有老师要求灵活的教学时间，早上不上课，要晚上上课。可是这是学校，怎么可以让孩子在该上课的时间不上课？还有就是不少志愿者把这里当作跳板，流动性很强。另外，在教育孩子的方法上，有的老师简单粗暴，例如，有一次六年级的一个老师要让学生下跪承认自己的错误。"

当时学校的师资骨干主要有校长孙恒、老师沈金花、教务长毛小燕。尽管老师难找，但是学校仍然坚持自己的招聘原则，通常会倾向选择已经有了孩子的女性做老师。

毛小燕虽然不久前才加入农友之家，但与大家早已熟识。2002年毛小燕在肖家河附近的打工子弟学校做老师，空闲时间都会到社区来参加电脑培训班，虽然她年龄稍长，在老家的孩子都十多岁了，但与大家志同道合，于是在2005年参加了在东坝的项目，学校开办后就正式留校工作了。她的教学经历最丰富，在湖南老家曾做过十多年的小学老师，所以大家推举她做了教务长。

主要人员都到齐后，学校很快运转起来，周边的孩子们带着憧憬与希望纷纷进校学习。但是学校管理中的问题也很快暴露了出来。主要是教务长和老师们的关系处不好。毛小燕自己说她从来没做过教务，没有经验，觉得老师常常达不到她的要求，她性子比较直，看到对学生不好的老师就要发火。"记得有一个体育老师,经常消极怠工。他比较圆滑,上着课,人不见了,孩子散在操场上,后来才知道他跑到宿舍谈恋爱去了,我就发火了。"

这种冲突只能让孙恒来调节,但往往不了了之。老师和教务长心里都不愉快,影响了教学氛围。后来实在没办法,毛小燕只好推荐自己在湖南老家做了几十年老校长的父亲出山来当校长,这位公办学校的老校长还曾是镇上教委的委员。2006年年初,大家如愿见到了这位德高望重的老校长,顿感信心倍增,他们期盼他能用自己的经验解决教务长和基层老师的矛盾,将学校带上正轨。然而大家再次失望了。

老校长虽然办学经验丰富,但从未离开过自己的老家,更不曾面对条件这么简陋的学校。金花说:"老校长在公办学校干习惯了,到了我们这边,财权不在他身上,办事不容易,他也渐渐形成了自己的小团队,没有起到对学校的协调作用。"毛小燕说:"我爸觉得这边太苦了,水土不服,半年就待不下去了,他都哭了,我看到他哭我就受不了了,他六十多岁的人了。"于是不到一年,毛小燕的父亲就回湖南老家了。教务和老师的矛盾依然没有解决,经过这一年的折腾,学校的管理方向变得更加扑朔迷离。"招来的老师素质太低,我心里面过不了这个坎,2007年我就走了,虽然大家一个劲儿地留我。"一年内接连损失了校长和教务长,学校陷入了危机。

农友之家本来人手就不富余,加上又开了同心互惠商店,更加捉襟见肘,孙恒作为机构总干事,要处理很多对外联络事务,天天往外跑,对学校校长的工作更是有心无力。此时,领导学校向前走的重担就落在当时最年轻的骨干沈金花身上。

虽然学校办学陷入困境,但并没有影响对农友之家自身定位和文化的升级。在2006年年初发生了一件重要的事情:基于开办学校后农友之家对于机构的定位和目标越来越清晰,孙恒他们更加确信以立足流动人口社区,为新生代的工人服务为方向,"农友之家"这个大家庭多年的名字光荣退役，机构正式启用"工友之家"的名字。工友之家象征着机构的新生，更凸显出机构代表的数以亿计农民工伴随着中国工业化的进程，正在完成由农民到工人的社会身份转变的大趋势。

（三）开拓（2006—2007）

除了要努力管理好学校外，团队还需要维持整个工友之家的运行。打工子弟学校招收的是弱势群体的孩子，创办的时候部分孩子的学费都要机构自己掏，不可能有盈利，仅靠学费和一些公益捐助艰难地运营，这使得孙恒的团队一直感到高度的生存危机。正是基于这种共同的危机意识，他们尝试开拓新的生存门路，开始涉足二手衣物回收领域。得益于他们长期的演出活动中累积的旺盛人气基础，大学生们每年都会捐出许多衣物和生活用品。他们的办法是在工人居住的社区开办二手商店，将募捐得来的物品经过消毒、清洗等处理后放在商店里出售，工人在店里只需要花很低的价格就能把他们需要的东西买走。2006年3月，第一家同心互惠商店正式开业，一年下来居然有2000元的盈利。大家非常振奋，就想把这个模式复制到更多的工友社区。

在之后几年里，通过面向社会公益募捐及回收筹集闲置富余物资的方式，他们在皮村及周边的城中村开办了四家同心互惠公益商店。一方面，城市中存在着大量的废旧物品和闲置物资；另一方面，外来务工者囿于城市的高消费水平而很难获得足够的生活用品，两者如果有效衔接，就能促进城市二手物品的流通，达到经济节约、环境友好的目的。所以，工友之家的团队认为，同心互惠商店所关注的这类社会发展问题仍然具有广阔运作的空间。如今，同心互惠商店基本建立了较稳定的物品回收渠道，月总营业额可以达到数万元，这对于这几家坚持公益性的商店来说已经是不小的数字了。二手商店的商品售价一般较低，一件夏季的T恤只要5元，一件春秋季的外套 8 元，冬季的大衣也就 10—15 元。而这样的商品在商场里动辄就要上百、上千元。笔者在二手商店发现了很多名牌衣服，像有一件 MARSMAR 的大衣，正品怎么也要 3000 元，而在这里只标价 15 元。皮村的这几个小店变得越来越火，中老年的叔叔阿姨们成了最忠实的客户。从实际运营效果来看，也基本达到了团队的设想——"资源有限、合作消费、社区参与、互助互惠"。具体而言，就是降低打工者的生活开支，发展移民社区的合作消费，促进社区参与，改善打工者群体的生存状况。[①] 从这一点来看，他们的经营是成功的。

2007 年王德志接手同心互惠商店，扩店计划开始。他新增了 5 个服装店，外加 2 个电器店。然而随着店铺增加，相应的店租和人力成本也在增加，店租这一块由原来一家店的每月租金 400 元飙升至 6 家店铺每月租金共计将近 4000 元；此外共需要 16 名店员，每人每月 800 元，加起来成本投入每月将近 2 万元。而货源并没有比上一年增加太多，只够供给 3 个店面，要分给六七个店铺，确实很紧张。就这样，同心互惠商店在 2007 年 4—9 月亏了 3 万元左右。

同时期，工友之家业务拓展至废品回收，以为这个门槛低，只要不怕脏不怕累就能赚钱。干了几个月后，才知道废品回收"水很深"。以易拉罐为例，铝制的和铁质的价格有区别，纸制品中书籍、报刊、纸壳等各有一套门道，特别复杂。更重要的是，他们干了大半年才发现懂行的人卖纸壳都会兑水以增加重量，不然就没钱赚，他们只得随行就市，但又不懂如何兑水，导致纸壳都发霉烂掉了，只能赔钱卖。

二手商店和废品回收的所得和工友之家财务相互独立，但在人事和具体事务上其实是一套人马，都是孙恒、姜国良、王德志等工友之家的同事们披星戴月跑出来的，大家对二手商店付出了非常多

---

① 工友之家·同心互惠商店，http://www.imore.net/index/npo/aboutus.html?orgId=alj5t69005hvte9h，2007 年 11 月 12 日。

的汗水。姜国良回忆起那个时候自己开车到处去收衣服的情形时，还感慨万分："那时候每天出车就是跑一整天，晚上十一二点才能回来，要上门去收衣服，有的人知道你来收衣服了，把门打开一点点，把一袋衣服'嗖'地扔出来，然后就是'嘭'的一声关门声。在一个小区遇到一个大妈，带着他孙子过来放完衣服后，指着我边走边对他孙子说：'看到没有，你不好好学习，以后就是像他这样！'当时心里那个不是滋味啊，真想找个缝儿躲起来！"现在的姜国良已经可以乐呵呵地回忆这段经历了，"但当时的自己，和团队的其他人一样只能打碎了牙齿往肚里咽，没日没夜地干活。

看到寄予厚望的同心互惠商店出现大面积亏损，大家心急如焚。9月，团队召开会议，决心整顿。大家形成了共识，"最大的问题是摊子铺得太大，涉及领域太广，还没学会走路就想跑"。解决的办法就是从开源节流做起。先把房租贵的店面关停，每个月可以节省5000元；放弃经营电器和废品回收业务，只保留6个服装店。同时，缩减人力，一个店面只留一个店员，配置机动人员替班调休。

在这次会议上，衣物店的内部管理问题也被着手解决。由于店里的物品都来自捐赠，在上游不涉及采购成本，因此，从实验店开始，管理者和店员都不清楚到底有多少件衣物，没有专门人力做细致的统计和库房管理，也没有专门的财务人员给衣物定价，都是在一个大的框架下由店员完成，最贵的不超过30元，最便宜的只有1元。管理者不清楚自己的货源可以支撑多久，也给"手脚不干净"的店员留下了"打小主意"的空间。进行调整后，有专人负责记录出入账，进行月结，统计销售和库存。在工作流程方面，实施表格化管理，实现有效对接。同时加强宣传力度，动员大学生利用网络工具开拓募捐渠道，有针对性地和一些酒店、物业公司进行合作，请他们参与募捐。在人力管理方面，也开始有意识地培养中层管理人才。

尽管工友之家在开拓业务期间遭遇到不小的困难，但是在机构层面财务收支还是维持了基本平衡，项目资金尚能维持机构运行，没有出现整体的运营危机。这有助于工友之家在实体商店和学校都遭遇困境的情况下，还有空间做出相应的调整。

（四）再定位（2008—2009）

1. 社会企业的自我认知

经过近一年的调整，同心互惠商店转危为机。2008年一个偶然的机缘，孙恒等人从别人手中低价转来一个工商企业的营业执照，将企业登记为同心互惠商贸有限公司。这为他们今后继续扩张连锁店和开展其他业务铺平了道路。

2008年，工友之家第一次明确提出同心互惠商店要走社会企业经营的思路，承诺将其收入除支付必需的成本外，其他盈余将主要用于公益，即支持移民社区流动儿童教育事业和移民社区打工者文化教育事业。在2008年公益支出这一项中，主要有向发生大地震的汶川捐款3000元，资助学生6名共4200元，紧急救助3600元，志愿者管理700元。[1] 此时社会企业（CSR）在国内尚属于新鲜事物。

虽然定好了发展的新基调，但最开始的一年受大环境的影响，发展同样并不顺利。由于皮村周边大面积拆迁，同心互惠商店被迫搬离了3家店，又新建了4家店，来回一折腾，整个经营遭受重创。2009年按照原计划盈余要超过2008年的3000元，但年终的统计只有660元。

谈到政府拆迁对同心互惠商店计划的影响，王德志很感慨："2009年对于我们的同心互惠商店来说，应该算是很折腾的一年，6个店面，有3个受到很大的影响。朝阳区对农村进行改造，推进城乡一体化，金盏乡几乎所有的村庄都面临拆迁。据说朝阳区拆迁涉

---

[1] 同心互惠商店2008年年报。

及 7 个乡，涉及北京户口人数 16.8 万。外来人口没有官方的统计，如果按照一般外地户籍人数是本地人口的 4 倍来计算（根据经验，4 倍只少不多）就会涉及将近 70 万人，而这 70 万人并不在政府的安置范围内。我们的公益店可以说是与广大的打工人群同进退，共同体验在城市生存的苦与乐，喜与悲。先是曹各庄店搬家，再是娄梓庄店搬家，皮村店从最繁华地段搬到了同心实验学校的旁边……"①

尽管这一年的营业额没有上来，但是同心互惠商店社会企业的定位调整让工友之家再一次抓住了发展的方向。

2. 从"农民工"到"新工人"

重构对流动人口的社会认同，是工友之家的一项核心使命。在完成工友之家的更名后，机构开始做为农民工"正名"的工作。在多年的工作实践中，他们用"工友"一词替代"工人"和"农民工"，得到了广大工人朋友的认同和接受。但是主流媒体对打工者还停留在"农民工"这一认识上，这让孙恒他们感到不满，这是在继续无视广大打工者的尊严。于是他们创造了"新工人"这样一个鲜明的词。孙恒说："农民工是强加给我们的名字，它说的是我们干脏活累活，我们身上又脏又臭，是对我们的蔑称，我们有我们自己的名字，我们是新工人，靠劳动来吃饭，不是农民工。"为此，"打工青年艺术团"的名字在 2008 年也更名为"新工人艺术团"。是年，工友之家《新工人》杂志创刊。《新工人》做的是季刊，面向群体主要是工友和相关劳工组织，不对外公开发行。内容上主要是专家学者对中国城镇化和工业化的观点文章、国际上的工人组织发展经验、工友之家相关伙伴机构的人物事迹还有工人自己写的文章和诗歌等。

3. 工人的博物馆

如果说《新工人》只是满足工人组织内部交流，尚不足以起到

---

① 同心互惠商店 2009 年总结报告。

形成话语权的社会效果,那么打工文化艺术博物馆就是一个面向全社会、全世界展示中国新工人的放大镜(见图7-1)。以往我们在电视上看到的几亿打工者的形象都是模糊的,像蚂蚁一样渺小、密集,如今通过博物馆将他们的形象清晰地展现出来,他们的暂住证、工伤证明、维权书,甚至他们用过的三轮车、铁铲,他们居住的简陋房间都在观众面前还原、呈现。

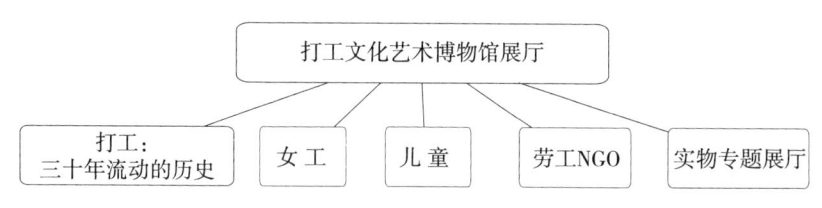

图7-1 打工文化艺术博物馆展示分类

无论是文字还是图片,博物馆呈现出的故事脉络信息量非常大,完整阅读下来恐怕至少要一整个上午的时间,而且一般工友很难完整消化当中的信息与线索。尽管如此,当工友们看到自己熟悉的场景,发现自己也成为历史书写的主角时,还是难掩激动之情。

在社会机构的支持下,博物馆于2007年下半年开始筹备。孙恒先是在皮村找到一个正在出租的院子作为博物馆的场地,然后调动全国各地劳工组织的伙伴们收集资料、捐赠物品,并由长期参与工友之家活动的林老师统稿,完成展览文本编写。2008年5月1日,博物馆正式对外开放。此后,打工文化艺术博物馆迅速成为工友之家的一张国际名片。尽管位置偏僻,但每年仍吸引着全国各地的工友、高校大学生、政府官员和世界各国各地区关注工人的学者、民间团体前来参观。据统计,累计访问已超过3万人次。

主办者孙恒认为,在中国工业化与城市化的发展进程中,几亿从农村进入城市的打工群体做出了不可磨灭的巨大贡献,但是主流文化中却很少看到他们的身影,所以希望通过博物馆来记录当代劳动者的变迁,倡导对劳动价值的尊重与认可。这个小博物馆旁边设有一个小的图书阅览区，休息的时候，可以来这里借阅些书籍，书虽不算多，但基本的如职业规划、小说、英语和计算机方面的书籍都有。晚上的时候，总有三三两两的外来务工人员在这里阅读和学习。

> **延伸阅读 12**
>
> ### 社区活动一瞥
>
> 每天放学后，社区图书馆的空位总会坐满，老的小的都有，有的是同心学校的孩子，自己过来看书；有的孩子由家长带着，两个人一起看；有的工友一边看书一边惬意地闲聊，声音不大；时不时还有工友来借书还书，图书馆显得安静闲适。而在活动中心外的小广场，音响每晚七点半准时响起，吸引了许多人来跳广场舞，大多是中年妇女，也有小孩和个别男性。

4. 社区活动中心：太阳初升

在博物馆筹建的同时，工友之家还把2007年一个日本的帐篷剧团来皮村表演时搭建的帐篷改建成了剧场，并取名"新工人剧场"。这个剧场为日后乐队的彩排和工友之家的演出活动提供了便利。每到博物馆开放日，院子里不光有博物馆、工人剧场，还有援建的生态厕所。没过多久，博物馆的旁边又开了一家同心互惠商店，还增加了图书馆。就这样，一个功能完备的社区活动中心在皮村诞生了。

每天晚上6点过后，社区活动中心开始热闹起来，人气最旺的是同心互惠商店，人头攒动，许多工友下班就来这里饶有兴致地挑选自己喜欢的物品，除了二手衣服，还有二手的鞋子、背包、围巾等，价格大多2—10元不等，冬天的厚衣服也不过15—20元。这家店也迅速成为所有同心互惠商店中营业额最好的分店。

5. 社区工会：工友的后盾

除了一般性的活动，"工友之家"基于社区居民多为新工人这一特征，专门成立了社区工会。

社区活动中心满足了流动人口社区的文化活动需求，成为皮村众多工友们不可多得的好去处，很快就产生了良好效应。金盏乡政府派专人来工友之家，希望在工友之家的社区活动中心成立工会。另一方面，工友之家也需要通过工会这样的组织，探索工人社区自我组织和自我服务的模式，寻求在企业之外满足工人多元化需求的途径。2009年10月，工友之家社区工会正式成立，成为北京市总工会朝阳区金盏乡地区工会主管的一家社区工会组织。社区工会在周边的二十几个工厂都做了调研，了解当地工友的就业和生活状况，在他们权益受损时给予法律指导和意见，同时协调处理社区矛盾和纠纷。工会成立后，社区活动中心的活动统一在工会的名义下开展。总而言之，社区工会的作用得到了普遍的认可和赞誉。

每每提到成立工会，社区工会主席许多总会轻描淡写地带过。因为工友之家做这些事情都是奔着他们很早就定下的"发展流动人口社区"这个共同目标，为广大游离在体制外的打工者提供生活与精神所需。

在坚持理想的第七个年头，工友之家社区工会被纳入中国八大人民团体的工会组织当中。尽管几年前工友之家的工作就得到中央政府部门、北京市政府的肯定和奖励，但是被基层政府关注还是第一次。这一年年底，工友之家被北京市朝阳区总工会评为"模范职工之家"。

6. 工人大学，人才从工友中来

2009年，工友之家注册成立了同心创业培训中心，它的一个更为人熟知的名字是"工人大学"。工人大学位于平谷区南独乐河镇张辛庄，校舍租用的是废弃的张辛庄小学。工人大学每年开班两期，每期半年，每期招 20 人左右，学生都是来自全国各地的打工青年，年龄 16—30 岁不等。学习的内容除了各种技能培训，还强调新工人意识文化和社区工作能力的培养。

对机构的发展而言，工人大学最大的作用是为机构培养工作人员。据工人大学负责人邓军辉介绍，工人大学毕业的学员中 50% 以上会留在工友之家工作，剩下的人大部分会去全国各地的劳工 NGO 组织。

三、续航（2010—2012）

（一）稳定运行

从 2010 年开始，同心互惠商店专门增加了外联人员，负责联系各大企业的社会责任部，联合举办募捐、捐赠等活动，由此增加了许多来自企业、社区和部队的捐赠。机构取得不错的盈利，同心互惠商店这一年的总收入近 30 万元，扣除支出，盈利 2 万多元，这是商店开办以来的最高值。尽管这一年商店在规模上没有扩大，但在整体运作的细节方面做了大量的工作，募捐的宣传、跟进都有了质的改变，网站的页面也做了很大的调整，可以在线填写募捐内容。募捐的代收点增加到 5 个，个人捐赠已经登记的超过了 1000 人次。同心互惠的成功产生了不小的影响力，在 2011 年还作为社会企业的成功案例写进公益组织管理类教科书中。

这一年，同心互惠商店内部还建立了培训和学习机制，王德志将满足社会需求、创造就业机会、促进员工发展、建立社会资本、推进可持续发展等内容写入了社会企业的总体目标中，尝试在理念和发展目标上培育店员的共鸣。

2011年为了节约成本，机构对接收捐赠的出车时间做了调整，每周一、周二、周三不出车，接收集中在每周后四天。同年年底同心互惠商店的盈利实现了翻倍，达到75030元。这一年的另一个积极进展是同心互惠获得了非政府组织（NGO）的项目支持。虽然这个项目最后的结余是负数，但这是同心互惠在自营的同时，朝着主动拓展社会企业项目资金来源的方向所跨出的第一步。2012年的发展势如破竹，当年累计结余将近30万元。另一方面，同心互惠还得到南都基金20万元的项目支持，购买了一辆用于运输的金杯车（见图7-2）。

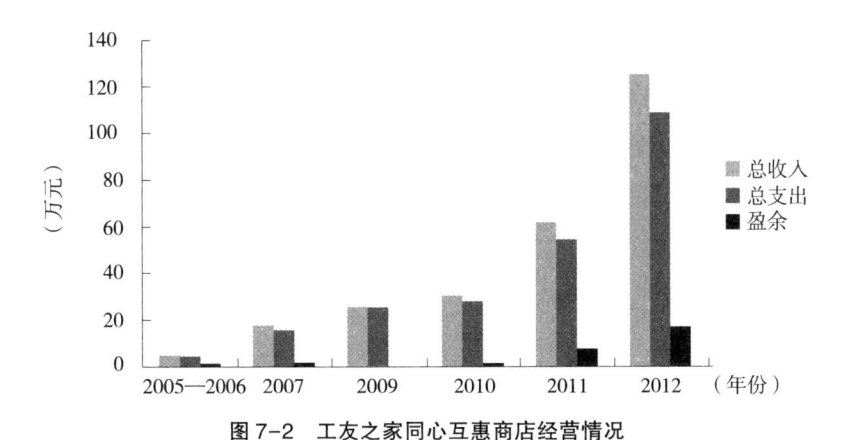

图7-2 工友之家同心互惠商店经营情况

数据来源：根据工友之家年报、同心互惠商店网站资料整理。[①]

（二）女工合作社，孤独也要守望

2010年年底，同心女工合作社在同心学校组建起来。合作社缘于中华女子学院和朝阳区妇联主持的"北京流动妇女健康与生活质量提升项目"的支持，培训了6名同心学校的学生妈妈骨干，组成女工合作社来改制废旧衣服，做成日常用的套袖、围裙、鞋垫等进

---

① 2008年资料缺失。

行义卖。除了做社区的义卖，女工合作社的手工还被798艺术区看中，收到了他们的产品订单。女工合作社的衣服来源于二手商店里的旧衣服，店面就在学校，因此没有成本投入，但是也没有太多收入，基本可以自负盈亏。虽然名为合作社但并没有条件按照合作社的方式来运行，女工合作社的重心还是对社区女工的关注，这在当时学校和机构层面都算不上是重点工作。一年多后，女工合作社原来的几名女工因为家庭变动纷纷离开，只剩一位50岁的大姐坚守，不能自负盈亏的时候，就由学校提供支持。校长沈金花认为，女工合作社有其存在的价值，她常鼓励这位唯一的女工坚持下去："重要的是合作社的架子在这里，时机到了自然会发展起来。"

（三）拆迁事件

同心实验学校在年轻校长沈金花的带领下渐渐走上正轨。尽管教务长的位置仍然虚悬，但是金花校长细心进行各项教师考核工作，实际上已经起到教务长的作用。在这一阶段，校长和教师会定期到外面参加学习和培训，这使得教师团队的专业素质得到一定提升，学校在平稳中进步。就在大家以为可以稍微安心的时候，2012年，同心实验学校又遭遇了一次重大挑战——学校拆迁事件。

2011年下半年，金盏乡副乡长到学校视察，告知黎各庄正在由政府出资新建一所学校，用于接收金盏乡辖区内的4所打工子弟学校的孩子。皮村同心实验学校也在其中，届时学校的小学部会被撤走，而学前部保留，场地可继续留作社区儿童教育工作使用。

2012年6月15日，孙恒和沈金花到乡长办公室商谈学校关停分流事宜。乡政府告知，黎各庄新建学校已建好，要求同心学校停止招生并做下学期不开学准备，同时金盏乡辖区内的4所学校都将关停。乡政府承诺会统一解决学生和老师的安置，希望学校召开家长会，协助妥善分流。对于乡长告知政府接管打工子弟教育的消息，孙恒和沈金花都表示支持，但他们想起之前东坝学校分流时，不但学费由 350 元涨至 800 元，而且要求学生必须"七证"齐全，人数限招 100 人，对于转移过来的老师也开始全部清退。有前车之鉴的孙恒和沈金花向乡镇府提出了以下诉求。

1. 对于孩子和老师的安置，承诺在家长会时由教育部门提供书面的承诺。

2. 对于同心学校家庭困难需资助的学生、无户口和情况特殊学生（因身体行动不便被多家学校拒收的学生）及以后来皮村居住但七证不全的学生如何解决？

3. 能否出具给学校关停的相关部门的具体文件？以对社会各界支持力量及孩子、家长、老师有所交代。

当时乡长表示将把他们的诉求向教委反映，孙恒和金花等待着回复。然而随后情况突然急转直下，政府要求他们限期关停，甚至发展到强行摘牌的地步。孙恒和工友之家团队开始积极寻求媒体和社会各界的帮助。很快就得到了"三农"问题专家温铁军、李昌平等人的关注，他们联合 6 位社会知名人士为同心实验学校致信教育部，获得了教育部部长袁贵仁对此事件的批示。中央电视台也积极跟进报道此事，为同心发声。一时间，同心实验学校拆迁事件成为各大主流媒体关注的热点。中央电视台也派出记者询问村委，并约 8 月 3 日采访村委。

最后，同心学校成为金盏乡要求拆迁的 4 所打工子弟学校中唯一留下的学校。拆迁事件让村委和家长们都看到了工友之家在社会上"呼风唤雨"的本事，很多人都在猜他们到底是什么来头。金花笑着说："村子里很多人都觉得我们的背景很神秘。"虽然拆迁事件没有造成不可收拾的后果，但还是造成了对立的局面，学校和村委会的关系从长期的还不错变得疏离起来。

（四）毛小燕归来

拆迁事件让学校骨干团队在抗压和处理公共关系等方面都得到

了锻炼和提升。这一年，另一个喜事也随之而来，单飞五年的毛小燕重新回归工友之家。离开工友之家这五年，毛小燕没有放弃她热爱的教育事业，她不断在各个打工子弟学校积累经验，还与人合伙创办幼儿园，运行良好。2012年，在感觉自己的事业正如日中天的时候，毛小燕在申办一所幼儿园的事情上遭遇了挫折，她接受了孙恒的邀请，回到学校负责这里的幼儿园。时隔五年再次回到同心，她感慨万千："觉得学校变化真大，变好了。看到大家觉得特别亲切，就像回家一样。"

毛小燕还把她在创办幼儿园时培养起来的年轻老师一起带过来，她们把原来不分班的幼儿园分成了大班和小班。毛小燕回来的头一年，就带出了一个几十人的小班，这让学校的年轻老师都对她刮目相看，她自己也重新找回了自信。

毛小燕的归队充实了学校的骨干团队，金花开始谋划学校中层骨干团队的培养和建设。

（五）新工人网站诞生

为了增强工友之家对新工人的影响力，2011年下半年，新工人网站注册成功，主要由贾志伟和杨猛负责。贾志伟在机构早期阶段和孙恒一起发挥决策者的作用，但之后几年他逐渐退出工友之家的决策，其他事务也少有参与。他开始不住在工友之家的社区大院，每天工作半天就走。选择隐退，按照贾志伟的说法是：目前机构各项工作都发展起来，觉得自己的发挥空间不大，再加上结了婚有了小孩后，生活压力增大，也需要更多时间操办副业，补贴家用。用他自己的话说，"负责新工人网站相对清闲"，虽然退出机构主要事务的参与，但新工人网在他的带领下做得有声有色。他主要负责网站方向的把握和一些重要文章的选定。网站的另一个主要工作人员是一位年轻人杨猛，他是工人大学一期的学员，主要负责文章的上传和更新。

可以说，工友之家从方方面面来解决外来打工人员在生活中所遇到的问题。首先，立足于文化需求的满足，新工人艺术团、工人博物馆，就是从文化艺术方面，丰富社区的日常生活，通过歌曲、展览、阅读、培训等形式传递"劳动光荣"的价值理念。其次，在经济上降低外来务工者的生活成本，同心互惠商店架起了城市闲置物品和农民工日常生活需求的桥梁，变城市的废旧品为有价值物，不单有利于降低农民工的生活消费，同时也使资源得到充分利用。最后，社区工会的创办，真正立足于提高务工群体的职业技能和自我保护意识，当其权益受损时在组织和法律上予以支持，让他们在遇到问题时能够想到工会，建立了工会与务工人员之间的真正连接。

皮村的"工友之家"自2002年在北五环的肖家河成立，到2005年搬至皮村，走过了十三年的发展历程。这十几年间，机构时刻围绕着服务于外来务工人员的宗旨，确切地说服务于农民工群体，期望能够通过自身的努力，提升农民工在城市的生活水平，创造更多的发展机会。通过与主要负责人的访谈和实地调研，笔者可以肯定他们的工作对于整个皮村，乃至整个社会都有积极甚至深远的意义。

"工友之家"已经深深嵌入皮村的方方面面。以文化活动室为例，劳累了一天的工友，回到住处，好多连个电视都没有，有线电视费一个月要18元，还要自己买电视机，所以皮村的外来人基本都不会看电视。有位访谈者说自己买了个收音机，因为觉得自己就是个"瞎子"。而有了活动室，加上几个活泼可爱的工作人员，气氛很活跃，大家一起唱歌、一起看电视、一起聊天，很是放松。再有是同心互惠商店每个月有几万元的销售额，按一件衣服10元钱算，那么平均每个月有几千人因"工友之家"的存在而受益。至于同心实验小学所起的作用就更不用说，目前学校有500多个孩子，这就意味着有500多个家庭与他们建立了联系，他们的存在让500

多个孩子在得以与自己的父母朝夕相处，一家团圆的前提下，获得了基本的教育。

农民工（新工人）群体对于城市的建设起到了举足轻重的作用，这个城市没有一天可以离开他们，但是在城中村的治理与服务中，他们基本被排除于城市治理的利益表达主体之外。而在城中村这类政府部门公共服务供给严重不足的地方，社会组织在社区建设工作方面发挥了巨大作用。像"工友之家"这样的社会组织具有运营灵活和成本低的优势，同时，也善于与其他社会阶层交流，创建友好的社会关系网络。只要城中村还存在，社会就有责任改善城中村的生活状况，让居住者也享受到城市生活的美好。[①]

四、再开拓（2013）

2013年下半年，机构开始涉足生态农业，在工人大学附近承包了30多亩果园种桃子，负责人是年轻的小伙子赵公正。打理农园的是两位来自河南兰考的农人老夫妇，他们的女儿在北京做公益工作时与孙恒熟识，孙恒通过这层关系把老两口请来了。

在此之前，由于缺乏务农经验，赵公正他们种下的30亩桃树很多都生虫烂了，亏了不少。老夫妇来了以后，桃树被照应得非常好。除了种桃，还养了猪、羊和鸡。平谷桃和纯真猪成了农园的主打产品。

目前，农园收支基本平衡。为加强宣传和体验，2014年8月孙恒还直接把新工人艺术团的大地民谣音乐会拉到农园开办，吸引了200多位游客来这里露营，为农园营造了不小的声势。

[①] 笔者曾与其他专家讨论城中村的社区建设，当时有人提出，加强城中村建设与北京疏解非首都功能的定位怕有冲突，因为城中村居住的低收入人群正是北京要疏解的人群。这里笔者有不同观点，其实，北京无论如何疏解人群，客观的职业和收入差异都是存在的，保安、保洁、餐饮和路政人员必不可少。疏解非核心功能应该与构建和谐北京相辅相成，在新的城市定位中，平衡各方群体需求与利益。

五、享受挑战，走向未来（2014— ）

2014年，是工友之家走过的第十二个年头。如今，工友之家已经由最初做零散演出和工人培训发展到拥有实验学校、连锁商店、博物馆、工人大学和农园的社会企业，这几大板块的正式工作人员已近100人。整个机构由最初的离不开项目资助发展到了自营收入占总收入的比重超过60%。机构所服务的社区人口遍布北京12个流动人口社区，惠及15万人。可以说，工友之家在这十几年的发展中取得的成绩可圈可点。

随着机构业务的全面铺开，新的挑战不断出现。挑战首先来自组织内部，这100名工作人员如何管理是摆在孙恒团队面前的大问题。人员的增多带来了各种问题。以前做事情，几个骨干在一起风风火火开个会就立马动手干起来了，现在骨干开完会还需要各个部门把意见传达到执行层，但出来的效果往往达不到要求。姜国良说，机构很多新来的工作人员他都不认识。"有时候各部门间也会发生推诿，很多工作本来是一起做的，可是商店说这是学校的工作，我不做；下一次遇到类似的事情，学校又说这是商店的工作，我不做。这样就影响了工作的效率。"对于这个问题，骨干团队一直很重视，做了不少尝试，但效果都不尽如人意。例如，有一次姜国良为了营造大家庭的氛围费尽心思策划了一个活动，把大家聚集起来，让每个工作人员都做一道自己的拿手菜，然后大家一起吃饭聊天。可是到了活动那一天，姜国良回忆："我那天费了好大心思买好材料，炖了一只鸡端过去，到现场一看，发现好多人端来的都是拍黄瓜，随便糊弄你。"此外，虽然现在干活的人多了，干活的时间却在减少。姜国良说："这个问题大家也意识到了。现在孙恒有空也会去扛衣服，年轻人看到孙恒都上场劳动，那感觉就不一样了。"另一方面，工友之家的骨干大多也有了自己的家庭，小孩也快到要上学的年龄，他们和所有打工子弟一样面临没有学籍的问题。工友之家的家长们都想给孩子提供一个良好的教育环境。有的骨干并没有把小孩放到同心学校去上学，而是把孩子送到了村子里条件更好的幼儿园。刘艳真就是一个，她的儿子目前在村里最好的幼儿园，一个月要交给学校800元，这是一笔不小的开支。而如果把孩子放在同心学校，因为她是工友之家的工作人员，则可以免费。尽管如此，刘艳真仍然愿意为孩子付出这不菲的费用。对于这种情况，孙恒表示机构的意见是鼓励家长把孩子送到同心学校来上学，但是也尊重他们自己的选择，机构还是会按照同心学校的标准给在外接受教育的孩子提供补贴。可见，工友之家在扩大的同时，也带来了机构整体发展与机构的科层化趋势，以及大家庭与小家庭之间产生了种种矛盾等问题。

第二个挑战则是资金。尽管工友之家历经多年发展，已经实现了很大程度的经济独立，但是机构的扩张也意味着成本的增加。机构要养活100名员工，并且要保证吃住免费，还有他们子女免费接受教育的福利，这对于机构来说无疑是一个重大的担子。要养活这么多人，机构还需要进一步拓展业务，又需要新的资金投入。孙恒和他的团队开始感觉到工友之家目前的组织方式已经不能满足机构的发展需要了，转型的时候到了。

"2014年，是我们的转折年。"孙恒说，"我们在这一年要把工友之家组建成工人合作社，也叫公社。其实我们大家很早就想做合作社，一开始都参加过工合国际做的合作社培训，对合作社的理念也很认同，这么多年来机构也在坚持合作社的七项原则。我们从去年就开始讨论这个问题，大家都觉得NGO组织的方式已经不完全适合我们了，我们要做的是可持续的组织。"

第一批社员有12人，均为在工友之家工作五年以上的骨干，每人交纳了1万元股金。成员们讨论制定了合作社的政治、经济、文化、用人、决策、分配等十个方面的规定，这些都是学习了国际上各大合作社的组织经验后，根据工友之家的特点量身定做的。例如，工友之家对公社做了自己的解析：

"工友之家公社是由工友之家骨干成员自愿、自主、自发组织的工人合作社，服务工人群体与社会公益事业的同时，进行自我服务的……独立自主、团结互助的工人自治组织（生活共同体）。

"工友之家的社会理想：通过文化教育实践活动，倡导宣传劳动文化、提高工人群体思想意识与觉悟；推动工人组织化、维护工人权益、改善工人生计，探索新工人群体的自我解放之路。

"工友之家的公社理想：通过自力更生、团结互助、共同劳动、集体生活、民主管理、经济自主、可持续的尊严生活。"

在众多规定中，最吸引人的莫过于公社的分配和福利制度，例如，无论今后发展到什么程度，最高工资与最低工资的差距不超过两倍。福利方面有年终分红公社的子女教育免费，老人得到照顾，另外还有社员的社保。

工友之家的合作社体制转型在机构发展思路上走出了一步妙棋。借助合作社来搞组织化建设，克服组织科层化和组织松散的问题，同时还可以对内筹资，做组织的内向积累。从更广泛的意义上来说，工友之家的工人合作社也成为现代中国第一个民间自发组建的工人合作社。这对于数亿中国新生代工人自觉联合起来无疑是一个强有力的激励。

合作社的设想可以说恰逢时宜。只是要把合作社做起来，对于工友之家来讲还需要考虑很多，例如，如何保证社员入社？目前试运行期间合作社的社员都是老骨干。骨干现在一共有25人，其中还有14人是加入工友之家满三年的中层，他们是最可能在接下来的一两年内入社的人群。这些人中多数是未婚年轻人，他们是否会继续留在工友之家？这是一个问题。

另外在实施合作社后是否仍保留现有的所有员工包吃包住，子女教育免费的福利？如果只针对社员有这种福利，那么会否影响还不符合入社条件的员工的待遇？进而影响机构招人？

合作社除了有共同理念追求，还需要共同的物质利益保障。对工友之家而言，要为员工提供物质保障则要看同心互惠社会企业的运营情况，因为同心互惠社会企业创造了机构60%的经营收入，支持着同心学校和其他业务板块的拓展。

六、工友之家的社会启示录

（一）在矛盾中破解：社会组织与基层治理

拆迁事件给工友之家与皮村村委会之间造成的隔阂是不争的事实，双方从合作到摩擦，最后发展成对立，过程与结果都令人感到遗憾。而这一切的发生，还是基于对外来人口如何进行有效治理所产生的分歧。

皮村的环境治理一直是个问题。两万多人的社区，每天有近30吨的垃圾产生，处理一吨垃圾费用是60元，一天1800元，一年要64.8万元。垃圾处理是他们最头疼的一件事。村里买了六辆垃圾运输车，雇了十多名保洁员，但人居环境依然十分糟糕，垃圾处理不过来，很多保洁员就直接将垃圾在垃圾桶里焚烧。一到傍晚，整个村子就变得乌烟瘴气，严重影响到这里居民的生活。再如"吃水"问题，原本村内已经供应了自来水，那时没安水表，都是按人头收费。可后来外来人口大量进入，村里用水量剧增，村委却不能向村民多收取水费，村委也不知道谁家住了多少人，该收多少钱，以致后来欠了自来水站200多万元的水费。自来水供应和其他设施所产生的电费，每年也要几十万元。

有一段时间，村委会派人到出租屋征收水电和垃圾处理费，虽然只收每人每月10元钱的水电费和5元的垃圾处理费，但还是引起了极大矛盾。农民工认为自己已经付钱给房东，里面已包含相关费用，不能再多出这份钱，村委要是收钱的话，应该找自己的村民去收。村委会的人坚持认为这些费用应由外来人口出,双方争执不下,村委会便让联防人员砸门砸窗地收,闹得沸沸扬扬,差点变成群体性事件。村委会实在没办法,只好作罢,但这带来的后果是他们后来只维持基本的环境治理,在社区治理层面不再有所作为。

  前文提到随着外来人口的涌入,皮村的经济得到了繁荣,现在的皮村已然店铺林立,但这种经济增长的背后,却是利益分配的极不合理。大量外来人口的涌入带来的主要是房屋租金收入,最得益的是本地村民,而承担全部社会治理成本的却是村委会。一般一个村民会建二到四层的自建房,按底层120平方米计算,每层可以有近8个小隔间,这样就会有16—32个房间可出租,按平均25个单间,每个月250元一间计算,那么每月可以有6250元的收入,一年就有75000元的收入。村民因城市发展和级差地租的出现而获益,可他们并不承担任何公共事务治理责任,但村委会却是责任主体,对于皮村的环境、治安起着兜底作用。据村委会主任介绍,村里有一些集体房屋出租收入,现在村委会正拿集体经济的钱贴补因外来人口进入而产生的费用,如果不够,还要借债,村里目前已负债累累。

  从既有的村级治理体系设计而言,村委会的观点和操作有一定道理。村委会是一级村民自治组织,只为村民服务,本来就没有向外来人提供服务的义务和动机(其实问题的原因在于租值耗散,而不是自治与否。这样严重的耗散恰恰说明村内是没有形成自治的,这是另话)。外来人口流入,客观上促进了村域范围内的经济发展,一是给本地居民带来了房屋租金收入,二是带动了餐饮、休闲、娱乐等配套产业,很多人开始从事服务业,进一步繁荣了当地经济,使村集体也能够从中受益,因为村集体一样可以从土地和房屋出租中获得收入。外来人付了租金,因此应该在本地享受到当地的公共服务。但必须承认,绝大部分的经济利益被村民获得,村委会因外来人口进入得到的好处不多,还要承担几乎所有的公共服务成本。

难怪村委会对于工友之家的存在颇有微词，因为工友之家建了小学、丰富了农民工的业余生活，还降低了他们在皮村的生活成本，使得皮村外来人口越来越多，并且居住得越来越稳定。面对村委会日趋增加的治理成本，农民工的稳定居住是他们最不愿意见到的，而工友之家却是想让农民工在城市里稳定而有尊严地生活。可见，在社区发展中，村委和工友之家有着截然不同的诉求，治理成本不化解，两者的摩擦也会一直存在，整个皮村也难以形成社区治理的合力。

到目前为止，工友之家的工作主要分布在学校、商店、社区工会、工人大学、农园与新工人网这六个领域。工友之家的组织建设和社区工作就基于这六个板块展开（见图7-3）。

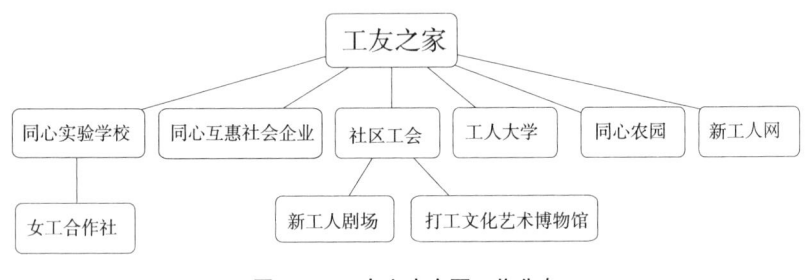

图7-3　工友之家主要工作分布

（二）存在即合理：非正式的社会组织

综观工友之家的发展历程，不难发现，十几年来机构发展路径既不同于普通NGO，也不同于体制中一般企业的积累方式。在工友之家的体系内既有正规注册的部分：工友之家文化发展中心、同心互惠商贸有限公司、社区工会，也有没有名分而存在的同心实验学校、工人大学。在资金来源方面，既有项目支持，也有自营收入。在人员的安排上更是人不对位，没有明确的职位分工，常常是做什么事大家一起上。机构的财务统计也一直没有进行专业化的精准计算。公布的财务报表中会出现上一年与当年数据重叠，具体收支不明等问题，甚至还有年份数据缺失的情况。如果我们以目前社会中主要的组织运行方式作为参考系，其共同点是有明确的职能分工与精准的数字统计，那么相比较之下，工友之家在人员与财务管理上则显得定位模糊和操作不规范。如果说前者的分工明确与数字精准是目前社会上普遍认同的"正式组织"的存在方式，那么，工友之家就是"非正式"存在的社会组织。

为什么"非正式"的工友之家可以存在？并且在激烈的市场竞争中能够发展到今天的规模？要回答这两个问题，必须了解工友之家骨干团队的组织方式和资源获取的情况。

首先是组织结构。在调研过程中，笔者发现，机构很多骨干成员之间都有亲属关系。不同于一般社会组织中强调对亲属关系的规避，工友之家骨干团队则主要靠家庭关系支撑，例如总干事孙恒和他的妻子、胞弟和弟媳，还有父母，都是工友之家的工作人员，并且除了父母，其余四人均为机构骨干。同样处于决策层的姜国良和王德志是夫妻。目前机构一共有25位骨干成员。这些骨干包括了机构的高层决策层和中层管理层，其中中层骨干加入工友之家至少3年，而高层基本为机构各个大事务的创办人。这25人中已婚的有19人，夫妻二人均为骨干的有12人，舅甥关系有2人。骨干成员中有子女的有14人，加上目前怀孕的2人，共计16人。机构工作的非骨干成员又与骨干成员有亲属关系的有6人，为父母子女关系。

由此可见，机构骨干团队中以家庭为组成单位占了很大比重。这种构造在机构发展过程中发挥了特有的作用。例如在艰难起步期，要持续承受微薄的薪水和随时发生的财务危机，一般雇佣方式下的员工多半会选择离开，而工友之家核心骨干和亲属们则可以不计得失，选择坚守。当年孙恒的团队开拓废品回收的业务，在又苦又累又赔钱的情况下，他的胞弟孙元仍然坚持了下来，就是一个典型的例子。此外，亲缘关系对于营造大家庭式、有人情味的工作氛围也有促进作用。工友之家的生活和工作都在同一个院子里，多个家庭的存在让工作人员之间的关系强化为一种比同事更为亲近的邻里关系。这种邻里关系不同于大城市中被私密空间区分开后产生的疏离与陌生的关系,而类似于传统农村社会中互相亲近和信任的邻里关系。费孝通将我国乡土社会中人与人之间的关系定义为推己及人、由亲到疏的差序格局,认为这种差序格局不利于形成西方法治文明下的团体组织。然而,从工友之家发展中,我们看到工友之家的核心团队正是在家庭关系的不断发展中壮大发展起来的,团队的发展过程往往是核心骨干首先把自己的同辈吸纳进来一起干活,在组织中找到伴侣,等组织发展到一定程度,这一辈年轻人再让自己的父母辈补充进来。从这里我们不难看出,核心骨干在发展成员的时候所采用的思路正是费老说的差序格局。

在制度建设方面,工友之家从没有放松,例如,秉承集体主义的价值观及机构在2014年开始合作社体制转型。王德志说:"当初哥儿几个能够坚持下来,很重要的一点是我们几个都喜欢过这种集体生活。"所以,除了差序格局,工友之家团队能够形成的另一个重要因素是基于共同的需求。王德志说:"那时候大伙儿想过集体生活就要创造集体生活的条件,要创造条件就要钱啊,所以大伙儿就想着怎么赚钱,就建了学校,后来发现学校也不赚钱,就开始卖二手衣服。"他的这段话对上文工友之家故事中透露出的理想主义做了一个很好的注解,揭示了坚持理想的前提是要顽强生存。工友之家的"为工人唱歌""为流动人口社区服务"等看似崇高的目标,其实每一个都与自己的生活需求息息相关。为工人唱歌是出于大家对音乐的共同热爱及对共鸣情绪的集体排解;而为流动人口社区服务,更是为自己和自己的家庭创造立足城市的条件。这样一来,工友之家就把自己的发展与发展工人社区的理想结合起来,个人发展与组织发展结合,组织发展又与社会的需求对接。

从组织发展的实际需要出发,机构还创办工人大学培养新人,培养他们的集体主义认同与劳动合作精神。在所有25位骨干成员中，有 7 位是工人大学毕业的学员，他们普遍都是"90 后"。如果我们不固守西方体制下团体组织的参考标准，那么这种根据孙恒团队自身需求发展而来的团体组织同样是值得借鉴的。

在资本积累方面，工友之家很好地动员了社会资本。机构在组建初期得益于"三农"圈子里学者和高校大学生的支持，大学生社团为工友之家的社会资本积累提供了重要的平台。起步时，打工青年艺术团的文艺演出主要在高校学生社团中表演或与社团一起为工人表演，乐队在巡演中累积了深厚的群众基础。后来在同心学校的建设过程中高校社团的志愿者和工友们发挥了重要的作用，不但为学校节省了劳动力成本，而且为学校日后的发展提供了许多志愿者资源。再往后，同心互惠商店的开办，也在很大程度上得益于高校社团捐赠的衣物。直到现在，同心互惠的货源有一大半还来自高校社团的捐赠。随着组织的发展，工友之家进一步外拓社会资本，自 2010 年以后，来自企业的捐赠大大增加，这得益于同心互惠的外联部主动与这些企业的相关部门（比如社会责任部）建立联系。通过汇总工友之家和同心互惠网站上一年展示的活动情况，笔者做了一张工友之家和各种社会组织的联系图（下页图 7-4）。从图中我们可以发现，从 2013 年 8 月到 2014 年 8 月，总共有 45 家社会组织与工友之家共同举办了活动，这 45 家社会组织中包括了企业、党政机关、社区居委会、科研机构、NGO、民间基金会、学生社团和乐团。其中企业的数量最多，有 22 家，其次是社区居委会、党政机关和 NGO。

工友之家与社会组织的联系，从公布的参与捐赠社会组织致谢名单中可见大概，捐赠主要来源于高校社团、企业和 NGO，其中高校社团和企业的数量都多达百余家。

（三）在为人中为己：自组织与社会善治

皮村是一个典型的城市外来人口社区，这个社区伴随着北京城

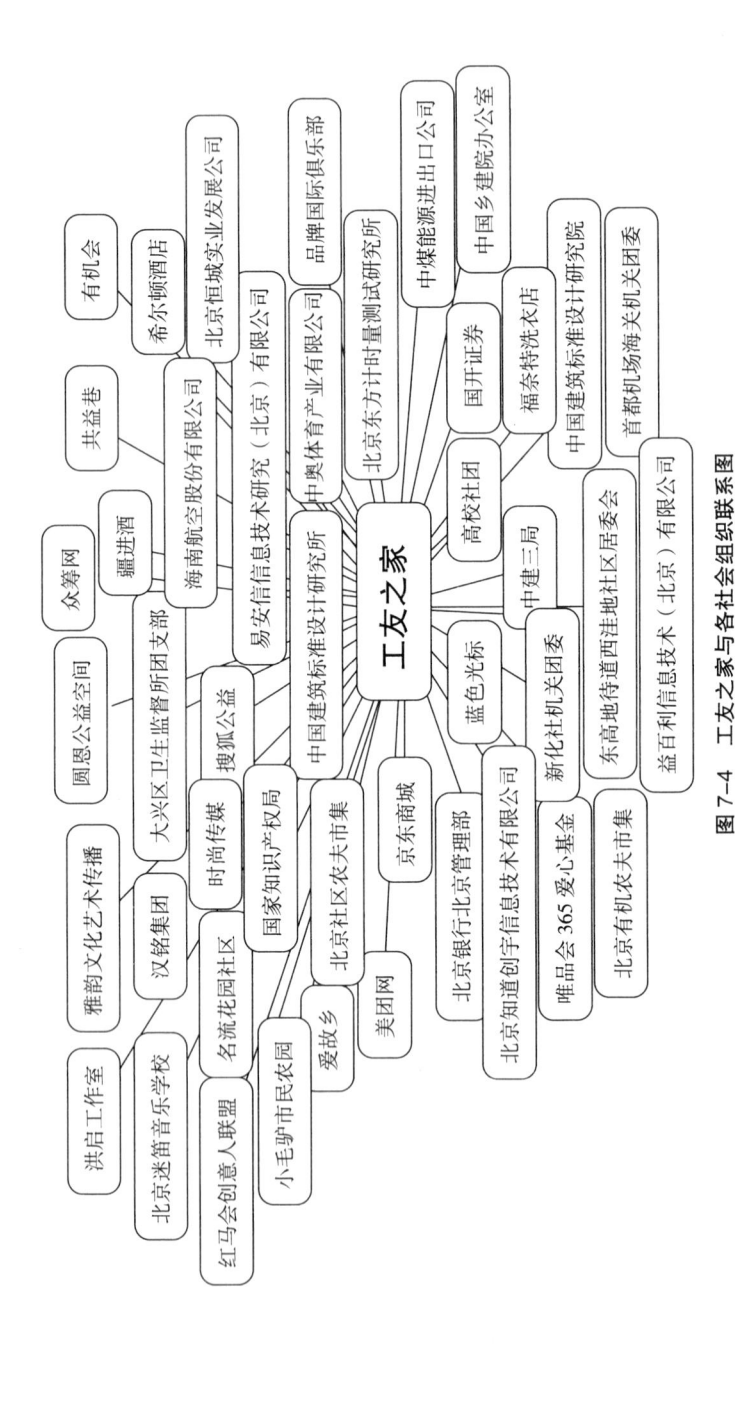

图 7-4 工友之家与各社会组织联系图

资料来源：根据工友之家与同心互惠网站所报道 2013 年 8 月—2014 年 8 月活动绘制。

264

市化的加速而出现，在孙恒他们到来之前，这里和大多农村一样，年轻人外出工作，留下孤独的老人和破败的村子。金花回忆起他们 2005 年为了办学校初次来皮村时那里的样子，很冷清，几个老人无所事事地坐在门口摇着扇子，满村乱窜的狗似乎都比见到的人多。随后外来人口开始大量涌入，到 2007 年王德志用家庭 DV 拍摄纪录片《皮村》的时候，村子里已经热闹非凡，晚上路边都摆上了烧烤架，开起了露天的 KTV 剧场。外来人口多了，各色商店也开了起来，老板还大多是外来的打工者。在视频里，王德志还采访了本村的村民，问他们外来人口涌入后给皮村带来的影响。

——外地人来有什么好处？

——租房啊。还有各种方便，吃的，买东西，什么都有。

——有什么坏处吗？

——没什么坏处。就是人多乱一点。还是好处多于坏处。

王德志还从这位村民阿姨的口中得知她们家的地被征收了，分了房子，家中现在有二三十间房子都出租给来皮村的打工者，她儿子在市里上班，这二三十间房子都由她来打理。

画面转到了一位修车大爷的脸上，王德志边拍边说："同样是地没了，他们的处境却截然不同。"

——为什么从老家出来？

——我们老家没地了。

——地呢？

——政府都收回去种了草，退耕还林，一亩地给我们 170 块钱，就什么都不管了。你说我不出来怎么办？

同样是被征地，地理位置的差异给两个人带来了截然不同的结局。一个是北京城郊的农村，一个是远离城市的农村，前者的土地被征收后按人头补偿房子，靠每月吃房租成了食利阶层，从小土地所有者跃升为多房产的社会中上阶层；而后者，不但失去了土地，还失去了生活来源，只能背井离乡来城市打工，并且由于年纪大，

265

缺乏知识和技能，直接被城市抛离，只能在皮村这样的城边村谋生，所从事的也大多是修车、修鞋等低端工作，稍微年轻点的则会去村子的家具厂打工，另外有一些在老家有一定积蓄的则在村里开起了小商店。

这些打工者中，很多都有了自己的家庭，有了孩子，孩子到了读书年龄就有上学的需求。在北京没有办法读书就只能送回老家去，而把孩子一个人扔在老家，父母又不放心。这是外来打工者普遍面临的难题。2005年在皮村开办同心实验学校就是基于外来打工者的这种迫切需求。前文已指出工友之家的发展目标一直定位于服务流动人口社区，这个目标对解决城市流动人口的现实需求与未来去向的问题无疑有重要意义。我国的城镇化水平在2011年超过50%，这个数字把近3亿常住城市的打工者也计算在内，可是他们却被排除在城市人享有的社会服务体系之外，打工者的子女教育、医疗、养老等都没有被纳入政府财政预算中。虽然国务院在2014年出台取消户籍制度的意见，但要真正落实政策，切实保障流动人口与城市人享有平等的社会服务和保障待遇，还需要不短的时间。而且，已经出台的政策在北上广等特大城市并不适用，这些特大城市对外来人口的限制政策短期内不会改变，大量流动人口的社会再生产成本仍然是政府的一个难题。一方面，放宽限制意味着更多外来人口涌入，政府承受不起这么高的管理成本；另一方面，限制则容易引发基层矛盾，导致社会治安不稳定。然而不可回避的现状是，大城市中已经存在许许多多流动人口聚居地，对于他们而言，农村越来越像是一个回不去的地方，他们在城市打工多年，只有过年才回农村看看父母，他们已经习惯了城市的生活方式，也失去了农村生存的技能，在城市安定下来才是他们认为的唯一出路。所以他们再生产问题必须得到正视，城市流动人口社区治理不容忽视。目前在流动人口治理方面取得效果的，主要是民间草根组织的力量，工友之家就是其中之一。

与很多草根NGO由知识分子主导的情况不同，工友之家团队中绝大部分都是背景相同的从农村到城市的打工青年，他们的骨干团队就是一个由打工者主导的团队，都有在社会底层摸爬滚打的人生经历。相对政府组织和精英主义倾向的 NGO，他们更像是一群打工者的自组织。他们的任何一次尝试都是从最直接的需求出发，没有经过太多思考，就像孙恒当时要搞乐队，只是想着要为工人唱歌，要开办学校只是想让打工子弟的孩子有学上，开商店也只是想要养活自己，在不假思索的情况下扩店遭遇亏损都是事先没有充分计划的表现，然而这种非计划性却对机构迅速拓展和动员社会资本起到了高效和低成本的作用。当面临机构壮大过程中各项成本攀升的问题时，机构进行灵活的合作社体制转型成为重要手段。总之，工友之家为流动人口社区提供低成本的服务，也是政府目前无法做到的，而工友之家的自组织性质、以打工者自己为基层治理主体为自己服务的这种善治效果，也是其他组织难以达到的。

七、不是结束的结语

以 2014 年为一个节点，工友之家在十二年的发展过程中经历了酝酿、初创、转折、开拓、再定位、平稳发展、再开拓和整合八个阶段，涵盖了乐队、学校、商店、社区工会、工人大学、农园等六大项目领域。通过培养集体主义与团结合作的制度文化，营造家庭式的团队氛围来加强组织内部凝聚力，广泛动员社会各界参与吸纳组织所需的社会资源，为我们生动展示了民间草根组织如何艰难完成自我组织和积累，以及低成本治理流动人口社区的经验。当工友之家的组织规模出现了组织内部科层化、难以更紧密团结和需要更多拓展资源等问题的时候，为应对内部与外部的挑战，工友之家在 2014 年进行了合作社体制的重要转型，直到今天，这种转型还在持续，还在探索，还在完善。

从最初关注"三农"问题的"农友之家"发展为专注城市打工

者群体的"工友之家",从被他人标记的"农民工"到我自己的名字"新工人",工友之家的发展历程揭示了中国工业化进程下的社会嬗变。农村社会凋敝所引发的"三农"问题绝不是在农村社会中画地为牢地解决,它所涉及的问题直接牵连国家兴衰与社会生计。中国能否避免发展陷阱,妥善解决转型过程中人口生计的问题?能否实现人口基数巨大的农村到城市的平稳过渡?孙恒和他的团队为社会提供了一个流动人口社区治理的善治之道。皮村经验是民间自发组织从事基层社区治理的一个开始,是中国乡村建设历史进程中迈出的值得铭记的一步。

附录　新工人文化实践中的面孔(节选)[①]

这一部分是想通过工友之家核心团队成员的故事,让工友之家的探索和实践像面纱揭下,更加清晰,同时增添一些温度,或许,还能有一些更直接的启示,必须说明一下。

首先,工友之家虽然是我的工作单位,但并不代表我认为工友之家什么都做得很好,就是典范。工友之家整体上的确做得不错,但我也知道全国很多和我们类似的机构也做得有声有色。所以,最重要的不是树立典范,而是不同的人、不同的机构在中国处于社会转型的今天,在追求某些共同理想和价值观的前提下,在不同的空间和背景下,去呈现多样性和创新性,那样我们的社会才是富有生命力的。芸芸众生,我们消失在火车站的人群中好似蚂蚁,每一个个体的故事和经历都不可复制,但是价值观和理想可以去共同追求。如果工友之家在追求团结、协作和尊重劳动价值的道路上取得了一些经验,那么,指导我们实践的精神是可以引发进一步思考和创造

---

① 本部分摘自吕途著《中国新工人:文化与命运》一书,法律出版社2015年1月版,已经授权同意使用。

的。典型也许不能复制，但是精神可以传递。

其次，北京工友之家与国内其他"草根"机构相比，团队人数是比较庞大的。我们现在的机构框架包括同心实验学校（教职工40多人），同心互惠社会企业（40人），打工文化艺术博物馆和皮村社区工会（5人），外联部（2人），同心创业培训中心（5人），新工人网（3人），同心女工合作社（5人），还有其他几位统筹多个项目的核心工作人员。这样一个团队如果想有效运转起来，需要充分挖掘每一个人的积极性和主动性，不能只是管理者或者核心人员发挥作用。同时，我们也必须承认，在任何一个集体中都需要有核心团队，不是如何发号施令，不是如何贯彻自己的想法，而是如何引导和带领大家一起践行理想、创造生活。所以说，这里讲几个核心团队成员的故事，不是为了突出个人，而是通过他们的故事，来折射这个集体的困惑、思考和成长。

记得有一位记者曾就《中国新工人：迷失与崛起》一书采访我，让我总结新工人的状态，我说："迷茫是新生代打工群体的普遍状态。但是，这种状态又不是新工人群体所独有的，我感觉整个中国社会都很迷茫。中国富人中的大部分都想移民或正在移民，因为即使有钱，在中国也不安全，食品问题，仇富仇官心理蔓延也让富人们觉得不安全。移民到美国去好吗？要知道，美国是制造世界空气污染的罪魁祸首，逃到美国也逃不出地球啊！"黄纪苏的话剧《切·格瓦拉》中有这样一段台词："知道吗？什么是穷人？没钱不算穷人，没势也不算穷人；没有力气，没有学问，没有姿色，没有社会关系，没有青春年龄，都不算穷人。穷人是什么？穷人就是没有出路！"这里不想泛泛地谈全世界和全中国的事情，虽然不论是世界还是中国都和我们每一个人紧密相连。这里只想谈新工人群体的事情，谈为新工人群体服务的北京工友之家所思考的方向和所践行的出路。

写这些故事的另一重要目的是探讨人的重要性，"做什么样的人"是文化的全息状态，是本文文化分析的核心内容。本文对文化的理解和葛兰西的论述一脉相承，葛兰西①是这样论述文化的："它是一个人内心的组织和陶冶，一种同人们自身的个性的妥协；文化是达到一种更高的自觉境界，人们借助它懂得自己的历史价值，懂得自己在生活中的作用，以及自己的权利和义务……了解自己意味着要成为自己，成为自己的主人，要识别自己，把自己从混乱状态中解脱出来……而且我们要去认识别人，认识他们的历史，认识他们为使自己达到现在这样的状况，并且创造出现有的文明而连续不断地做出的努力，否则我们在这方面是不能成功的。"

在北京工友之家工作，我经历的许多事情中最不能释怀的是曾经志同道合的同事离开了。不同的人有不同的离开理由，但留下来的人仍然要面对同样的问题：我们的生活条件艰苦，做类似我们这样的工作往往得不到亲朋好友的认可。我在苏州工友家园做访谈的时候，一位家园的老志愿者对我说："全哥（全桂荣，苏州工友家园的负责人）这些年把大好青春都浪费了，自己什么都没有，应该找一份真正的工作。"在这个工友眼里，全桂荣搞苏州工友家园不能算是一份正式的工作。北京木兰社区活动中心的负责人齐丽霞在一次交流活动中说了这样的话："做我们这样的工作千万不要有道德优越感，也不要想着可以树碑立传，我们只应该把做这个工作视为自己的一种选择。"我觉得现代社会一个人格分裂的现象是，工作仅仅是谋生的手段，而往往不是实现自己人生目标的过程；工作只是为了挣钱，挣了钱才可以去做自己想做和喜欢做的事情。这样，在工作中的自己和真正的自己是分裂的。知行合一，用生命践行理想，这是我所追求的，也是我在很多同行和同事身上看到的可贵的东西。这也是我想记录他们的故事的原因。

对于我们来讲，"文化是一种整体的生活方式"，对我们更重要

---

① ［意］安东尼奥·葛兰西著，李鹏程：《葛兰西文选》，人民出版社2008年版，第5—7页。

的是,"文化是一种整体的斗争方式"。"整体"这个概念非常准确地概括了我们机构的生活和工作、理想与实践。第一,从个人层面,机构尽可能为每个工作人员提供脚踏实地、践行理想的场所,我们可以知行合一地生活和工作;第二,从机构层面,经历了十二年的艰苦奋斗,我们的工作领域拓展到了儿童教育、成人培训、社区组织、社会企业和社会倡导这些领域,这些是在我们机构的战略指导下逐步发展起来的,体现了我们的整体思路;第三,从社会层面,我们的机构谋求的是个人发展、机构发展和社会发展的统一,承担社会责任是机构的重要宗旨。当然,机构社会目标的实现依靠的是每个成员的主动性和积极性,因此,承担社会责任和改善大家的生活是并重的。三个层面的责任很好地体现了我们机构的整体性文化。

一、孙恒:从流浪歌手到新工人文化的擎旗者

打工者的文化状态是不容乐观的。在很大程度上,众多打工者认同资本的文化,或者说被资本的文化所欺骗。很多打工者认同资本对劳动的剥削,认为老板有钱开办企业,支付工资雇用工人,是资本家和老板在养活工人,为社会解决生产和就业问题;在资本的文化中,对"劳动创造价值"这样一个事实避而不谈或者轻描淡写,把劳动力和资本并列成为生产要素,把"人"物化为"人力资源"。

在资本文化裹挟传统文化进行的训导下,人们成为"拜物教"的信徒,用物质来衡量人的社会地位和人与人之间的关系。当我在访谈中遇到一位工友说"开上宝马是我的理想"的时候,我以为这是个特例,但是,当我遇到第二位、第三位的时候,我知道了"拜物教"的厉害。我们知道,很多打工者为了能够娶上媳妇,必须在农村老家盖起楼房,必须在院子里停上一部轿车,虽然结婚之后房子可能成为空房,而且盖楼房也不是因为居住面积的需要,只是为了攀比,不被人笑话,车子也不会经常使用,等着落灰……物质成

为衡量婚姻关系是否成立的前提。

资本文化的目的是满足资本创造利润的需要，所以刺激消费就成为资本文化的重要目标之一。在资本文化的巨大攻势下，很多打工者被消费文化同化。在消费文化之下，购买不是为了真实的需要，而是为了满足被勾起的欲望，因为这个消费欲望的满足代表着某种成就感、被认同感。比如，一个工友告诉我，在过去几年，他换了9部手机，对名牌的消费欲望也是同样的道理，创造品牌是资本赢利的一个重要手段，如果品牌只是跟质量和服务挂钩当然是值得欢迎的，但是众多消费品牌其实只是和消费欲望挂钩，比如，使用某种品牌的包代表了某种身份，穿某种品牌的鞋就显得很酷。众多普通的劳动者辛辛苦苦赚得的工资又被资本家轻而易举地通过刺激消费欲望给拿回去了。

资本文化有几个重要的目的，一是将"拜金主义"合情合理化，这样就为资本文化的金钱至上和以利润为第一目的的各种思想、制度和做法铺平道路；二是将"人"驯化成"工具"或者说是"劳动机器"；三是将"人"驯化成"消费者"。我们生活需要金钱，但是金钱和利益绝对不等于社会福祉和人的幸福；我们是劳动者，但不应该是"劳动机器"，我们是消费者，但不应该是被消费主义腐蚀了的消费者。

问题是，无论资本如何去努力驯化"人"，人毕竟是人，有思想、有感觉、有爱。这样的人类本性在面临资本文化所塑造的世界的时候，备感无力，无法通过劳动满足基本的生存需求，也没有空间满足精神和文化需求。因此，"迷茫"是打工者群体的一个普遍状态。表7-1是我在给"同心创业培训中心"的学员上课做实操的时候所做的排序练习的结果。三期学员都把"迷茫"排在了问题的第一位。

表 7-1　北京同心创业培训中心第 7、8、9 期学员的问题排序

排序	第 7 期学员①	第 8 期学员②	第 9 期学员③
1	迷茫，找不到人生方向；没有目标；无力感，不能掌握自己的命运	不知道如何度过自己的一生/迷茫/没有人生方向/不知何去何从	不知道为什么活着/不知道未来的方向/生活、学习迷茫
2	不知道工大毕业后的去向	不善于社会交往，不善于交流和表达	改不掉自己的缺点
3	不知道该学什么	不知道工大毕业后的去向	不善表达
4	不善于交朋友、不善于与人沟通	不知如何摆脱父母对自己的负面影响/家庭和亲情中出现问题	和家长沟通障碍/和父母吵架/家人对自己漠不关心
5	上工大得不到家人支持	爱情困惑	情绪不稳
6	和亲人（父亲）关系不融洽、沟通不畅	自卑	不知道怎么赚钱
7	社会上很多人在抱怨		无聊

注：同心创业培训中心是由北京工友之家在 2009 年创立的，目的是为年轻打工者提供职业技能和社会知识的培训。我们的建校目标是建成一所工人的社会大学，所以也被工友和学员亲切地称为"工人大学"或者"工大"。

如果人们感受到迷茫并且因此而痛苦，那么资本文化就会失去对他们的控制，比如，富士康工友不堪忍受痛苦和绝望的生活而选择跳楼。让迷茫的人没有痛感的办法是：让迷茫的人麻木。一些流行文化正在发挥其强大的功能达到这样的目的：给民众洗脑，让人们脱离现实，让人产生幻觉，最后麻木不仁、失去痛感。我很少看

① 同心创业培训中心第 7 期学员简介：一共 15 名学员，8 男 7 女，平均年龄 20.4 岁，其中 7 人有打工经历，平均打工时间是 4 年。
② 同心创业培训中心第 8 期学员简介：一共 24 名学员，16 男 8 女，平均年龄 22.5 岁，其中 19 人有打工经历，平均打工时间为 4 年。
③ 同心创业培训中心第 9 期学员简介：一共 22 名学员，14 男 8 女，平均年龄 20.5 岁，其中 11 人有打工经历，平均打工时间为 2.6 年。

电视剧，因为大都看不下去，也没有时间看。2013年5月住院治疗期间，我"被迫"看了一部电视剧，叫《艰难爱情》，剧里的男主人公是年轻帅气的房地产商，女主人公是曾经拥有公益理想的漂亮的大学毕业生。剧情发展的结局告诉观众这样一些情节：房地产商挣钱有道、有情有义；拥有公益理想的大学毕业生仍旧善良，但是却投入了富商的怀抱，并且拥有了不沾染铜臭的纯洁爱情，女主人公的前男友——一个农村出身的试图实践公益理想的穷大学生诱骗强奸女主人公、敲诈勒索男主人公，最后死于非命。这部电视剧是典型的为资本家唱颂歌，打击穷人和拥有公益理想的人。2013年6月卧病修养期间，因为要打发病痛和无聊，又"被迫"看了一部很长的电视剧《甄嬛传》，这个电视剧持续热播，达到了让众多观众（包括我）想要脱离现实的目的。2012年或者更早的时候，在飞机上看了一部美国大片《源密码》，美国中情局干事失去了全身的肌体能力，只剩下健全的头脑，于是中情局靠高科技让他通过时间穿梭机几次回到从前，去改变恐怖袭击事件的始末，最后一次，这个干事终于找到并击毙恐怖分子。这个在现实中已经失去身体的男人，在另一个时空中不仅拥有了健康的身体，还收获了美丽浪漫的爱情。看完电影我们很满足，好像一切都有可能，可惜这些都只是转瞬即破的泡泡。

如果我们不反抗流行文化所进行的"洗脑"、"脱离现实"和"制造幻觉"，那么，我们的物质生活将继续受到剥夺，我们的精神将继续处于迷茫和麻木的状态。

我们所面对的社会现实是：社会和企业"制度化地使工人去思想化"。这样的去思想化发生在两个空间里：在工作场所，工厂的制度和文化让劳动/工作和思想失去任何联系；在业余的空间里，业余生活完全娱乐化。在这样的双面夹击下，工人的思考能力被剥夺。

要改变这样的现状，就需要考虑我们的思想空间和能力。这样的工作也需要很多人和很多机构的共同努力，不同的人、不同的机构在不同的空间和领域发挥不同的作用。而工作的落脚点必须和工友的现实生活和需求相结合，否则再好的形式也会成为无源之水和无本之木。北京工友之家文化活动的落脚点之一是打工者聚居区，社区成为我们文化活动的空间和现场。落脚点之二是倡导新工人文化，文化的内涵是思想、价值观和道德；文化的表现是我们的生活、工作和我们做什么样的人，而文化的表达则是各种各样的文艺形式。文化运动希望最终触动文化的本质，进而改变我们的生活状态。

讲述孙恒从小到大的故事，让我们了解和思考孙恒是怎么成为这样一个人的，孙恒"是什么样的人"决定了孙恒为什么和如何去推动新工人的文化运动。

下面的内容来自两次对孙恒的集中访谈，一次是2012年5月2日，访谈地点在北京开往苏州的高铁上；另一次是2013年7月1日，访谈地点在北京皮村。

我的家庭

我们一家四口，我爸爸1943年出生在开封，妈妈1949年生人，我1975年出生在陕西安康市恒口镇，弟弟比我小2岁。现在我、弟弟、弟妹、爸爸、妈妈都在北京工友之家工作。我爸爸应该是机构中年纪最大的志愿者了。

在陕西安康恒口的童年（1975—1981年）

我爸爸是林业专科学校毕业的，被分配到陕西大山的林场里工作。我小时候在大山里长大，记忆中最深刻的事情是搬家，我们待在一个地方不会超过五年。但每次搬家都挺开心，可以收拾东西，搬到一个新的地方。

记得第一次搬家好像是1981年，从安康的恒口镇搬到安康的香溪洞，两个地方都是在大山里，一个大拖拉机拉着我们家所有的东西。生活在大山里，我们和自然环境打交道，很少与外人交往。每天早上都是窗外的小鸟喊着我的名字把我叫醒，然后我就拿着捕虫网去逮昆虫、逮蝴蝶。我也帮妈妈在半山坡上放牛、放羊。山上的松鼠和野兔在乱跑，也有各种鸟，我会去逮鸟。一家一户都住得很远。我父母都在林场单位里工作，大人多些，小孩子很少。这样的环境养成了我无拘无束的性格。

山上的学校，唯一的体育活动是打篮球，就那么一个篮球，皮都开了，可以拎起来。球场很小，上体育课的时候，一不小心就把篮球打到山下去。每次体育老师都派我去捡球，等我把球捡上来，半个多小时就过去了，该下课了。

不过，我们开发出了自己的游戏：从山上到山下有气流，我们叠纸飞机，从山上扔下去，纸飞机就随着气流一直飘一直飘，我们看谁的纸飞机飘得久。

香溪洞的小学生涯（1981—1985年）

我在香溪洞上的小学。那是在大山里，离我父母工作林场最近的小学也要翻两座山。上小学的时候，锻炼了我不怕吃苦的性格。只有上小学第一天去报到是爸爸送我去的，后来都是我一个人翻两座山，要走一个多小时，小学四年我每天走一个来回。

学拼音我很喜欢。老师告诉我们，路上看到什么就拼什么。我上学翻山要一个多小时，就看到什么拼什么，特别快乐。学数学的时候，老师让我们自己做教具。山上有一种草，可以串起来，老师让我们自己找到那种草当算盘用。

香溪洞山上的小学只到四年级，学校很小，在一个破庙里。上学的都是附近村庄的孩子，一到四年级学生加老师一共28个人，只有两间教室，一年级和三年级用一个教室，背靠背上课；二年级和四年级一个教室。还有一间老师的办公室。

到安康（1985—1987年）

1985年，我们家从香溪洞搬到安康市区。父母还在林业系统工作，在山上是林场，在山下变成了农林局。搬家主要是为了我上学，到市里我接着上了五年级。环境发生了变化，一下子有了很多小朋友。到了城里，爸爸带我去了解放广场，我第一次见到400米的跑道，围着跑道跑了4圈，特别兴奋。到城里还可以骑自行车，可以经常和小伙伴一起骑车出去玩了。

当然，初到城市，一下子见那么多人，也会不适应。一段时间里，我很害怕一个人走在大街上，慢慢地，跟小伙伴熟了，小圈子形成了，就习惯了。

不学好的日子（1987—1988年）

我在安康上完了初一。我的小学成绩还可以，报考中学时填了一个安康最好的中学和一个最差的，因为最差的学校就在我家隔壁。结果我没有考上那所最好的，只能上最差的新安中学，每天上学翻墙就到了。新安中学有三大怪——抽烟、喝酒、谈恋爱，在那个环境里，我的学习成绩快速下降，开始了自己的叛逆期，打群架、夜不归宿，都干过。那时候电视机开始普及，电视里播放《霍元甲》《陈真》《上海滩》等，都是武打、帮派之类的。我们也就学着组织帮派，各个班都有。三五人就是个帮派。我们七八个玩得好的伙伴也组织了一个，叫"第一滴血帮"。我们在半山腰的坟地里发现了一口井，井底下有很大的空间，好像是一个仓库，也许是以前用来储藏粮食的。我们就把那个地方占领了作为训练基地，每天放学以后就到那里去"练武"。一次"对练"中，帮里一个高年级同学把我头朝下举起来再砸下去，当时地上是刚刚熄灭的炭火，几乎把我的脸烫煳了，现在脸上还有疤痕。那天回家我蒙上被子就假装睡觉，我妈掀开被子看到我的脸后吓傻了。我就撒谎说是上学爬墙的时候摔下来磕的。到现在，我都没跟我妈说实话，她一直惦记着，想起来了还要追问一下。我们的帮派都分区域，从东城到西城，进入别人的领地就会打群架。上学的时候，书包里放的主要都不是书，有的放麻将，有的搁打架器具。我们帮派每人书包里都藏一把小斧头，反正每个帮派都得有自己的武器。

很快，父母发现了我这种很不好的状况，觉得如果再发展下去，我就完蛋了。当时的同班同学中有两个后来进了监狱，有一个就是

"第一滴血帮"的成员，初二就不上学了，后来进去判了三年。我们班还有一个女同学，成立了"梅花帮"，她是初二辍学，在火车上抢劫，也被抓进去了。这些都是我后来听说的，但如果我继续在那所学校上学，后果很可能和他们一样。

当时我爸爸非常想回开封照顾我爷爷，而妈妈不想去，她喜欢安康。看到我当时在学校的那种状况，妈妈改变了想法，她担心那样发展下去我一辈子就完了。

回开封（1988—1994年）

1988年，我和爸爸先回到了老家河南开封，我妈妈和弟弟一年多后也回来了。

到了开封，我爸爸在位于北郊的一个林场继续他的工作，我则转到了西郊中学。由于同学都是周边农村的孩子，第一个学期我又很不适应，因为不会说河南话，也听不懂别人在说什么，就经常想念安康的日子。每天我都给安康的同学写信，过年的时候就给他们寄贺年卡和明信片，也天天盼着他们来信。因为没有什么伙伴可以一起玩，就只能把精力放在上课学习上，结果阴差阳错地把英语学得特别好。还有一件事情改变了我。那天我们开新年联欢会，击鼓传花，传到谁谁表演节目。结果传到我，我结结巴巴唱了一首《信天游》，跑调不说，完全没有节奏感，唱起来就跟读课文似的，全班都笑话我。我就暗自发誓，一定要学唱歌。我跟我爸说要一个录音机学英语，他特高兴，花了70元钱给我买了一台收录两用的录音机。我每天五点多起床，就为了听广播里播放的歌曲，上学骑车要40多分钟，一路上我也在听歌，边听边唱，还买磁带跟着学。当时流行的歌曲有《跟着感觉走》《冬天里的一把火》《信天游》《一无所有》……两个月以后，我不仅是班里唱歌最好的，再后来还成了全校的歌唱明星，经常代表学校参加比赛。那时候，班里一到课间大家就围在一起唱歌，好多同学都有一个小本本，抄着很多歌词，我也经常到地摊上买通俗歌曲的歌词书。通过唱歌，我找到了和别人沟通的方式，老师也开始关注我，让我做文艺委员，同学们下课了就围着我一起唱。就这样，因为赌气开始的行为后来成了我的爱好，我真正喜欢上了唱歌。

高二的时候，一位退休老教师来到我们学校，组织艺术教学，办第二课堂，有书法、绘画、音乐等课程。那时候我很想自己写歌，但不会，同时也希望学习一下发声之类的演唱技巧。我的学习成绩当时处于中上游，正常考大学可能比较吃力，于是我就想，如果作为艺术特长生考大学的话也许更有希望。当时爸爸很支持我，但妈妈反对，她认为既花时间又花钱。我爸爸就在背后支持我，偷偷给我钱去上艺术课。上一节课挺贵的，包括乐理和声乐，不同的老师教，要4块多钱，而我的家庭条件并不好。

我在高二创作了我的第一首歌曲，相当成功。高二学习压力特别大，住校生一个月才能回一次家，在宿舍的普遍情绪就是想家。那时我们家在林场分了27亩地，有个大苹果园。那年夏天，一次放假回家的机会，我跑到果园里，看着月亮，冥思苦想。我有一个小电子琴，想一句写一句，一宿没睡，终于写出来了，歌名是《想家的时候》。我特别兴奋，趁热打铁就赶回了学校，我当时是班长，就动用了一下职权，跟大家说："今天早自习不上了，我要教大家一首歌。"唱的时候，好多同学就开始哭；很快，隔壁班也请我去教这首歌，很快就在学校传唱开来，每天晚上都有同学在宿舍一边唱一边哭。后来这首歌成了著名歌曲《天下打工是一家》的曲调。我们班参加歌唱比赛，其他班都是歌曲翻唱，我为自己的班级创作了一首歌曲，拿了第一名。

1992年，我父母下岗了，生活更加艰辛。暑假的时候我早上陪妈妈去卖菜，被城管轰来赶去，还拿菜不给钱；晚上陪她摆地摊。大家在摆地摊，一晚上挣三五块钱就算不错，我们卖的是小孩衣服和凉鞋，最多的时候能赚到10块钱。当时想过退学去工作，或者去当兵，减轻家里的负担，但爸妈坚决不同意。我从初一到高中毕业，基本上都是班干部，学习委员或者是班长，组织能力得到了锻炼。

安阳的大学岁月（1994—1996年）

我顺利考入了安阳师专（现在的安阳师范学院）艺术系艺术教育专业，是大专。这个时期是我非常痛苦、非常迷茫的阶段。学校里的教学很传统，不允许唱流行音乐，也不教吉他，只教钢琴和手风琴。我们有一个声乐老师，她人特别好，为了教我通俗音乐，自己先学唱邓丽君的歌，然后指导我。大学期间我经常逃课。上课两年，逃课的时间可能有一年半。我利用大部分时间去社会上参加地下摇滚乐队，每次考试都是靠突击学习通过的。

这段时间也是我对音乐走火入魔的阶段。大一放暑假的时候，我没有回家。买了一把琴、一箱方便面，把自己锁屋子里，天天练琴、写歌，然后出去搞乐队、排练、喝酒。我想找到自己的人生价值和意义，想反抗、想反叛，但是不知道该反抗什么，不知道如何反叛，但我坚信艺术、音乐可以改变世界，其他什么都不要了。每个周末同学都去跳舞，这个专业的男生本来就少，但我从来不去，把卷闸门锁上，在屋里自己练琴，好像生命中唯一的就是音乐。

毕业头一年（1996年8月—1997年8月）

1996年，我毕业了。之后的一年，我还处于走火入魔的状态出不来，很矛盾、很苦闷，每天处于人格分裂的边缘。大学期间还有一些自由的空间，可以不顾现实，毕业以后就不行了，需要自食其力。我回到开封，没有上班，就在家练琴。我父母当时帮我找了个工作，我不愿意去，最后去了，面试也没有通过，父母也就没有再逼我。我每天练8个小时的琴，有时候也帮妈妈继续摆地摊，因为地摊时间还可以自由练琴。在开封我认识了当地的一些乐队，每天晚上写日记，思考我是谁，这辈子怎么过之类的问题。

逃离音乐教学（1997年9月—1998年10月）

1997年9月我拥有了人生第一份工作。我先前也怀疑自己脑子有问题，别人都可以上班过正常的生活，我为什么不可以？于是我选择暂时放弃原来的自己，放弃乐队的梦想，在开封四中做了音乐老师。那时候晚上经常失眠，深夜还在大街上像幽魂一样游荡。我只有一个还算谈得来的同事，他可以理解我的感受，如果跟其他人说我的梦想，他们一定会认为我是个疯子。但我拿着一张地图告诉他我要去哪里哪里的时候，这个同事也以为我是在开玩笑。

流浪（1998年10月—2000年2月）

1998年10月，我来到了北京。在地铁站、街头、地下通道、大学里卖唱，偶尔去酒吧献唱，也会去餐厅和工地给工人们唱歌。

1999年3月，我去了东北，待了两个月。我认识了一个乐队，他们缺主唱，就找到了我。我跟乐队一起在盘锦待了一段时间，在迪厅、酒吧里驻唱。乐队解散后，我自己去了秦皇岛，继续在街头、酒吧、迪厅流浪。

1999年6月，我又回到北京。《彪哥》这首歌就是在那期间创作的。我在北师大附近的一个建筑工地认识了彪哥，我在那里待了三天，每天晚上在工棚里为工人们演唱，彪哥就是其中的一个。刚认识他的时候，他不怎么说话，后来熟络起来，他讲述了自己的经历。我非常有感触，就写了一首歌，后来在北师大办一个民谣演唱会的时候，我把彪哥请到了现场。当时第一次唱这首歌，唱完之后，全场起立给彪哥鼓掌。演出后，彪哥拉着我的手，在大马路上，我们聊了好久。

1999年7月和8月，我又漂到了河南，去了郑州、新乡、鹤壁。去河南是因为我熟悉那里，那是我的故乡。但我不想回开封，因为记忆里总带着痛苦。在外面无论多么艰苦都没有想过回去，因为回去会更痛苦。

1999年9月、10月和11月在北京。

1999年12月又去了一次东北，还是盘锦，春节是在那儿过的。除夕在一个酒吧唱到凌晨2点，出来时外面飞着大雪。街边一群人在打雪仗，而我一个人踽行在街上。接着去了沈阳和鞍山，本来想一直往北，去最冷的地方歌唱，但到鞍山就把我冻回来了。

2000年2月我再次回到了北京，并且决定留下来。北京高校多，学习交流的机会不少，可以去听讲座，可以用歌唱和学生交流。北京也比较包容，街头卖唱，被视作一种文化现象，但在其他地方，投来的目光都是异样的。当时卖唱是我主要的谋生手段，我印了歌词，自己用录音机录了磁带，边卖唱边卖磁带，那一年我的《梯子》卖了1000盒，主要是在北京卖出去的，这就是北京在文化上的多样性和包容性。

觉醒（2000年3月—2002年8月）

2000年3月，我去北京师范大学听了学生社团"农民之子"主办的一个讲座，邀请打工子弟学校校长张歌真宣讲他创办明园学校的经历。我第一次知道在北京有很多打工者的孩子因为没有北京户口上学很难，即便有接收他们的学校，也缺体、音、美的老师。我马上报名去做了志愿者，第二天就骑个破自行车到明园学校去，给孩子们上音乐课，那天特别冷，我没有厚衣服，但感到充实。陆续地，我去了其他打工子女学校充当志愿者。

2001年，"农民之子"社团开始对打工子弟学校支教，让我过去给大学生志愿者教唱《打工子弟之歌》。在一次活动上，我认识了"打工妹之家"的人，就常去那里做志愿者，每周去给工友们唱歌。我通过"农民之子"社团又认识了卫宏、刘相波，刘相波当时在天津科技大学做老师，带领学生成立了"新希望社团"。而后又认识了李昌平老师和温铁军老师，当时他们在负责《中国改革》杂志农村版。

2001年12月，"新希望社团"在天津科技大学旁边的建筑工地搞活动慰问工友，请我过去参加。那是我第一次在工棚里给工友唱歌，环境很糟糕，但是大家特别开心，像过节一样。那次演出让我产生了创办"打工青年演出队"的想法。

在活动之前我已经认识了王德志和许多。回北京后，我跟德志和许多商量，一拍即合，先干起来，注册的事以后再说，当时我们也不懂。演出队的成员还有王德志的相声搭档李勇,以及拉小提琴的小马,她在肖家河药店上班。

2002年劳动节的时候,我们在打工妹之家做活动,是一场针对几十个工友的演出,也是第一次以演出队的形式出现。我们有一个破堂鼓,演出队新加入的成员小吴,是工地上的电焊工,他弄了个破三轮车拉鼓,我和许多骑自行车。

2002年7月和8月,我们开始筹备"打工青年文化服务社"。在西北旺租了一个大房间,凑了900元支付了两个月的房租。创办服务社是受打工妹之家的影响,通过她们,我第一次知道了有NGO这样一种形式。我们不懂机构运行那套东西,就是想一起看书、学习、唱歌。我们准备了很多书,一个朋友还捐了几把吉他,王德志每天下班就来捣鼓。当时发了一些宣传页,准备第二天开业了,派出所打来电话,让我们带上各种证件去登记。我们压力很大,当时收容制度还没有取消,特别担心。所以,这个事情还没有正式开始就夭折了。不过,通过这次尝试我们了解到工友的需求非常大,当时很多工友听说这个事情都非常支持。我们做了个调查,问工友们如果每个月交10块钱是否愿意,很多工友都赞同。

我们认识到,如果想继续做就必须注册,于是我们到处筹集注册资金,后来一位好友慷慨支持,借给我们3万元,其中3000元算捐赠的。2002年11月我们正式注册下来,名字叫"农友之家"。当时叫农友之家的原因是考虑到"三农"的背景。到2006年"农友之家"改成了"工友之家"。

成立工友之家(前"北京农友之家")

机构注册之后没有任何资金,但是可以以合法身份去演出了。2002年10月的一场演出很重要。那是中秋节,我们在清华大学科技园工地上演出,我们也请李昌平去了。李老师请了一个NGO的负责人去看我们演出,她看了演出后很受感动,有意向支持我们。我们就开始沟通,写意向书。2003年4月,这个组织正式资助了我们演出队，那也是我们和NGO合作的开始。

有了项目资助，我们可以寻找稳定的工作地点了，就在海淀的金庄租了一个大房间，2002年4月和5月我们在那里工作和生活。我们租的套房，二室一厅，1500元一个月。客厅用来排练，一间卧室是男生宿舍，一间卧室是女生宿舍。我们原本有去南方巡演的计划，但是"非典"来了，不能干别的，就集中精力进行排练，那时候我们有7个人。在金庄住了2个月后，我们搬到海淀区的韩家川，租了一个小院，1200元一个月，直到2004年6月。

2002年11月，明园学校借给我们一个房间，我们开了一间图书室，也在那里办公和开会。2003年10月，我们接受了20台电脑的捐赠，在读书室旁边建立了一个电脑教室，白天可以给学校的孩子们用，晚上用于工友的培训。当时还没有开展社区工作的意识，就是因为工友有学习电脑这个需求，要满足他们。后来在那里的工作拓展成为"打工者文化教育协会"，这是和居委会合作办的，居委会还给了我们活动场地，那里的工作刘艳真和姜国良负责了一段时间。

2004年我们分出一部分人到东坝，因为明园学校学生越来越多，房间不够用。而东坝蓝天学校刚刚成立，学生还不多，有很多空教室，我们象征性地一年交1万元租金，校长给了三间大教室和一间小办公室供我们使用，我们把电脑班也挪到了东坝。后来蓝天学校学生数量剧增，又出现了场地紧张的状况，我们必须寻找新的空间。

2004年我们艺术团出版了第一张唱片《天下打工是一家》，在社会各界的支持下获得了7.5万元版税。我们用这笔钱在皮村租下了一所废弃学校的场地，开办了打工子弟学校——同心实验学校。

2005年7月14日我们正式入驻皮村。2005年8月21日同心学校开学。

在改变中自我升华

我创办农友之家（后来的工友之家）之后，能感觉到自身发生了变化。一个是自己对生活、对生命的认识有了很大的改变。没有成立艺术团和工友之家之前，我的生活经常被负面情绪主宰，思想经常处于迷茫、痛苦、焦虑和无力的状态。总是觉得自己活得很压抑，觉得自己对未来、对自己的人生没有什么把握。做了这些事情之后，觉得负面的情绪在逐步减弱，甚至有些不再是问题了，而积极的东西越来越多，更自信、更坚强、更有方向了，可以感受到新的价值观正在升腾，人生的意义也如拨云见日一般豁然开朗了，感觉自己回到了生活当中，有烟火气了，有温度了，开始相信自己能够把握住自己的命运；作为一个人的独立性和自觉性，尤其对社会生态的重新认识，都是在这个过程当中建立起来的。以前我不知道自己是谁，就是一个孤零零的个体，和社会没有关系。做了这些事情之后，慢慢找到了自己的身份认同，自己也是工人群体当中的一分子，是这个社会的一分子。

我们就是要自己搭台自己唱戏

艺术团的起点是非常质朴和自然的，就是自娱自乐，唱自己的歌。最初没有什么觉悟，也没有特别强烈的价值观，我自己都不知道这个阶段有多长。在后来的演出过程中，我们越来越认识到演出活动本身和歌曲创作的重要性，更意识到工人文化的重要性。

现在我觉得我们艺术团的活动和创作在文化和价值观上已经具有自觉性了。已经不再是个体的自娱自乐，目标很明确：承载起工人群体的文化。我们倡导劳动文化，对抗资本文化，要帮助工人、帮助劳动群体获得文化上的新生。

回顾工友之家在工人文化领域的工作，几个标志性的事件可以说明机构的发展：2004年第一张专辑出版，2009年举办打工文化艺术节，2010年举办富士康工友悼念晚会，2012年举办打工春晚。

2004年第一张专辑出版以后，有10万张销量，迅速扩大了艺术团的影响力。广泛的媒体报道还有歌曲的传播，让我们意识到艺术团的社会属性。用第一张唱片的版税收入我们创办了"同心实验学校"，这是我们整个机构发展的一个转折点。所以这张唱片无论对艺术团,对工友之家,还是对工人文化的社会影响,都是一个里程碑性的事件。

2009年的打工文化艺术节是全国范围内第一次有规模、有组织的为打工者办的艺术节,提出了"自己搭台自己唱戏""建立工人文化""建立劳动文化"等口号。到2012年已经办了三届,成为近代工人文化建设进程中非常重要的事件,在社会各界包括对政府和高校产生了广泛的影响。中共中央党校、社科院等高校和研究机构的专家学者专门到我们这里来做案例研究,这也给其他劳工NGO团队很大的鼓舞,很多团体参加了艺术节之后就开始加强工人文化工作,比如成立各种文艺小组、工人乐队等,把社区文艺工作作为机构工作的方式之一来做。

富士康事件是中国社会转型中重要的历史事件,它标志着中国靠血汗进行工厂原始积累的阶段到达一个顶峰,让许多工友绝望,甚至用抛弃自己生命的代价进行抗议。在这个时候我们听到了各种声音,却唯独缺少工人自己的。老板说工人年轻心理脆弱,或者从风水上找问题,其他的也很多在为资本辩护。这个时候我们举办了一场悼念富士康死难工友的晚会。这场晚会完全是自发的,一些工人写了诗歌在现场朗诵,现场每个参与者都很悲愤,那是工人之间的阶级情感。虽然这场晚会的影响力没有那么大,但我觉得这是一个体现高度阶级觉悟的文化活动。

二、孙恒的启示

(一)每个人都是由个人经历和社会环境共同塑造的

在创办北京工友之家之前,可以把孙恒作为个人进行分析和讨论,但是现在,如果脱离北京工友之家的工作来讨论孙恒就失去了意义。在讨论的前两个部分,对孙恒的个人成长进行了分析。首先,任何一个人的成长都是在个人经历和社会环境的双重作用下完成的,孙恒也一样,在这样的成长过程中,一个人所经历的历史阶段都对这个人产生深远的影响；其次，同辈人都经历了同一个历史阶段，或多或少受这个历史阶段的影响，但是人与人之间的选择却迥然不同。为了分析这一过程，这里选择了个体性格和社会性格的分析框架。

孙恒作为北京工友之家的总干事，他要关心机构方方面面的工作，而这里我们重点讨论的是其中的社区文化。

表 7-2　孙恒的个人经历和成长

时间和地点	成长的经历	反思
0—10 岁（1975—1985 年）。学龄前在陕西安康恒口，小学 1—4 年级在香溪洞生活，都是在大山里	在大山里成长，与大自然为伴，自己创造与自然环境相连的游戏，造就了孙恒追求自由自在的生活的一种状态；小学四年每天上学路上都要翻两座山，锻炼了孙恒的体质，培养了他非常能够吃苦的品格；学校很小，老师教学很认真，对学习充满兴趣	很少有人愿意在大山里生活，因为那里生活不便，而且社交和娱乐有限。但是，对于孩子来讲，只要具备基本的教育和生活条件，一样可以健康成长，甚至比在繁华的城市更加健康地成长
12—13 岁（1987—1988 年）在陕西安康市新安中学上初一	新安中学是安康最差的中学，学生抽烟、喝酒这样的行为普遍。受到当时流行的电视剧《霍元甲》《陈真》《上海滩》的影响，组织帮派，打架斗殴，孙恒也参与其中	孙恒上初一的行为可以说主要是环境造成的恶果
13—19 岁（1988—1994 年）在河南开封上中学	因为新年联欢时唱歌跑调而发奋学习唱歌，结果不仅唱歌唱得很好，而且成了自己的爱好，继而成为自己上大学的专业方向	唱歌这个兴趣爱好的开始是源于孙恒倔强和不服输的个性。而这样的兴趣只有在一个相对正常、宽松，甚至重视培养孩子爱好的成长环境中才有成长的空间，这包括健康的学校环境、父母的支持、课外音乐辅导课的存在等

(续表)

时间和地点	成长的经历	反思
19—21岁（1994—1996年）在河南安阳上大学	迷茫反叛，认为摇滚音乐可以改变世界；把三分之二的精力放在练琴和乐队上，而不是学校课程的学习	迷茫与年龄阶段相关，因为孙恒到了思考人生和前途的年龄。把摇滚乐当作出路又与那个时代相关，那个时代正好处于中国社会的转型期，众多摇滚歌星的出现为社会和个体迷茫找到了宣泄的途径
22—23岁（1997年9月—1998年10月）大学毕业第二年在河南开封四中做音乐教师	与周围的人格格不入，对大家那种安于现状、麻木不仁的状态非常不能接受，又找不到出路，陷入深深的痛苦之中	痛苦的人都是不能接受病态社会现状的人，而这样的人反而被病态的社会认为"不正常"
23—25岁（1998年10月—2000年2月）在北京、东北和河南各地做流浪歌手	在流浪演唱的过程中，孙恒有机会接触到众多处于社会底层的劳动者，逐渐从摇滚歌手的个性宣泄转变到"为劳动者歌唱"	每一个人找到自己和找到方向的年龄可能不同，但肯定是在成人之后，但是成人之前的个性、成长环境和经历都发挥了不同程度的综合的影响
创办北京工友之家（2002年11月）	创办了机构，孙恒找到了自己、找到了朋友和同事、找到了人生的方向和目的，孙恒走在解放自己和改变社会的道路上	

（二）做什么样的人：个体性格和社会性格

弗洛姆在《健全的社会》①一书中这样定义社会性格："在某一文化中，大多数人所共同拥有的性格结构的核心，这与个体性格截然不

---

① ［美］艾里希·弗洛姆著，孙恺祥译：《健全的社会》，上海译文出版社2011年版。

同，属于同一文化的个体的性格彼此有别。社会性格的概念不是指某一文化中大多数人的性格特征的简单总和，……我们只有涉及社会性格的功能才能理解社会性格。"（弗洛姆：63）"社会性格的功能在于以这样一种方式对社会成员的能量加以引导：社会成员的行为是否遵从社会模式并非出自有意识的决定，而是他们想要按照他们必须遵从的模式行动，与此同时，他们也在按文化要求而行动的过程中得到满足。换句话说，社会性格的功能是，在特定的社会中锻塑及引导人的能量，目的在于保证社会的持续运行。"（弗洛姆：64）

表7-3 以孙恒为例分析个体性格和社会性格

阶段	时段	社会性格的作用	个体性格的表现
1. 发育期：社会性格处于显性和优势，个体性格处于隐性和发育期	出生到高中毕业	学龄前在大山里自由自在，父母也少有管束，这时候是大山的性格作为社会性格在起作用；上小学期间，教学环境的社会性格是相对宽松、愉悦和朴素的	可以翻山越岭的吃苦精神和毅力；自由自在；充满想象力和创造力
2. 迷茫期：社会性格和个体性格发生冲突	大学期间和大学毕业初期	上大学不是为了学习服务社会的本领，而是为了获得个人成家立业的技能，为了浪漫的爱情和校园生活；工作是为了谋生；生活就是小日子	吃苦、独立自主、创造力、叛逆精神
3. 抉择期：个体性格逐渐起主导作用	流浪和寻觅	音乐的功能是娱乐消费者和听众，文化产业是为资本服务的；资本和权力在经济和文化上对普通劳动者进行双重剥夺，并将这一切合理化	对真正的精神解放和精神自由的追求，进而产生了对主流文化的不认同，以及对普通劳动者的认同；毅力；叛逆精神

(续表)

阶段	时段	社会性格的作用	个体性格的表现
4. 自主与创造：个体性格占据主导地位，成为一个相对自主的人	创办北京工友之家至今	要想追求好的物质生活就必须顺从和融入资本和权力所构建的结构	创造一个新的空间，这样的一种自主和创造综合了孙恒从小到大所发育和培养起来的个体性格。全国第一家打工文化艺术博物馆的口号是："没有我们的文化就没有我们的历史，没有我们的历史就没有我们的未来"；全国第一个打工文化艺术节的口号是："自己搭台，自己唱戏"

大部分人在人生经历中都会经历前两个阶段，到了第三个阶段，个体性格突出的那部分人才会有突出的抉择期，而那些个体性格始终处于隐性的人就不会面对明显的抉择期，就自然而然地顺应社会性格了。对于那些被社会性格所主宰和塑造的人来讲，就不存在自主与创造了，而是顺应和融入。个体性格突出的人，会经历抉择期，或者说是冲突期，但是冲突的结果多种多样，可以有消极的：顺应、妥协、消极抵抗、麻木、破坏；也可以有积极的：抵制主流文化中消极和反动的东西，创造有利于社会、环境和人类进步的生产和生活方式。

（三）社区：文化的空间和现场

孙恒和其他几位创始人从北京工友之家成立之初就确立了立足社区的工作方针，这是基于对机构自身能力的定位，是基于对打工群体状况和社会现状的认识。第一，打工群体从农村进入城市以后就失去了有效社会网络的支持，个体在社会中以碎片化的形式存在的时候难以维护自身的权益；在工作场所，企业文化的典型表现是资本文化，这种文化的直接目标是在经济上剥削工人，在文化上压迫工人，并且有意阻断工友之间的互助和团结。在社区，人与人之间不存在雇佣和管理的关系，能产生互助。这是基于社区对于促进人与社会关系功能的认识。第二，打工者在企业中只当作被雇佣的劳动者来对待，但是打工者作为完整的人，有除了工资之外的完整的人的需求，而这些需求被企业和社会有意无意地忽视，而在社区这个空间里，打工者不再是被资本购买的劳动力，回归父母、子女、夫妻、邻居和朋友的身份，在这个空间里可以讨论人作为人的各种需求，可以发育正常健康的人与人之间的关系。这是基于社区在满足人作为完整的人的需要和角度去思考。第三，扎根社区也是基于我们对如何实现改变社会这个理想的思考。很多人都很有社会理想，但是回到现实的时候却无所适从、无能为力。北京工友之家的创始人和工作人员都是外地人，一穷二白。大家既要生存又希望承担社会责任，这个时候，城乡接合部的社区在空间上提供了一种可能性。

1. 社区的概念

社区这个概念里有两个字，"区"指一定的地理范围和物质条件，"社"指在一区域内发生联系的一些人，人和人之间有了联系就是"社"。在社区当中有一些最基本的要素，第一要素是人，其他的要素围绕人的生计和人的社会需求展开，包括：公共事务的管理机构、学校、公共文化交流场所、医院或者医疗诊所、家庭、住房、生产和生产场所（如工厂、农业生产）、服务和消费场所（如商店）。社区可以有一些自我的循环，生产、消费、服务、社会交往等，形成一个体系。

理想化的社区中，服务、组织、关系都是为了促进社区当中人和社群的发展，但是现实中的很多社区是不完整的。很多社区具备了社区概念中"区"的含义，而没有"社"的功能。最典型的就是城市的住宅小区，那里主要承担的是住房和日常生活的需要，而缺少了很多社会组织的功能。

农村社区和城市社区的差别。在中国的一些农村地区，生产和生活还是相对集中在社区中完成的，基本具备社区的典型特征。当然，随着工业化的发展，农村地区的就业也发生了很大变化，很多在农村生活的劳动力已经不局限于农业生产活动，而是就近参与到工业和其他行业中。也就是说，在农村社区，生产和生活也发生了剥离。在城市，出现了三种类型的聚居区：城市人口和较高收入人口聚居区，打工人口聚居区和工业区。在城市人口和较高收入人口聚居区，生产和生活基本剥离，回到居住小区的主要目的是"睡觉和休息"。打工者聚居区可以分成两种类型：一种是聚居区，在这里很大部分人口的生产和生活集中在社区内完成，包括做小生意的、在聚居区内和周边企业和单位上班等，比如说北京的皮村；还有一种是集宿区，在这里只提供工友的住宿和相关的生活服务。工业区可以分成两种类型：以厂区为核心的综合生产和居住的厂区生活区；围绕工厂形成的工业区居住区。

2. 社区的类型

现将社区和聚居区的类型汇总如下。

表7-4 社区和聚居区的类型概述表

社区和聚居区		生产和生活状态	说明
农村社区	农业生产为主体的社区	生产和生活相对集中在社区中完成，基本具备社区的典型特征	中国工业化和城市化的发展不是促进了乡村建设，而是导致了乡村的衰败。村级基层选举是中国大地上正在践行的民主形式，从法律上赋予了农村人口相对于城市人口较高的政治权利。农村的社区服务和组织化普遍非常薄弱甚至缺失

(续表)

社区和聚居区		生产和生活状态	说明
农村社区	农业生产和非农就业并重的社区	很多在农村生活的劳动力已经不局限于农业生产活动,而是就近参与到工业和其他行业中。也就是说,在农村社区,生产和生活也发生了剥离	在农村生活却从事非农就业的人口在劳动权益保护上找不到组织。农村社区的社区服务和组织化普遍非常薄弱甚至缺失
城市聚居区	城市人口和较高收入人口聚居区	生产和生活基本完全剥离,回到居住小区的主要目的是"睡觉和休息"	企业或者单位是城市人口的工作场所,只跟经济收入和职业发展相关;小区是生活场所。个人和国家之间出现了断层,个人表达公民意见的空间只能体现在虚拟空间上
	打工者聚居区	很大部分人口的生产和生活集中在社区内完成	打工者在城市的角色只是出卖劳动力,没有其他的空间,在子女教育权、居住权和政治权利上都是不受保护的。打工者聚居区只是打工者的居住地
工业区	厂区生活区	工厂为职工提供的住宿场所	从厂方来讲,建设生活区的直接目的是满足对劳动力的需求,但工人的集中居住必然会形成相应的社会组织
	工业区居住区	当地居民或者政府集中出租给打工者居住的地方	对于当地居民来讲,出租房屋是赚钱的手段。一些致力于社区服务和社会服务的机构会在打工者的居住区开展活动

说明:这个表格根据作者对社会现状的了解归纳形成,一定是不完善的。这样归纳是为了便于展开进一步的思考和讨论。

3. 皮村的特殊性

北京工友之家从 2005 年进驻皮村，长期开展社区活动，探索社区工作的方向和意义。在上面的表格里我罗列了很多不同类型的社区和聚居区，每一个地方和空间都有那个地方特殊的历史，也同时被烙上了时代的印记。而我们在皮村的实践是针对打工者聚居区的文化实践。

皮村是一个典型的城边村，本地人口大约 1400 人，外地人口有 1 万—2 万人。随着北京城市的建设，外地人口的居住地被逐步从市里赶到郊外，打工者的居住地在过去的十年间从三环辗转到四环外、五环外、六环外。由于周围村庄的拆迁，皮村的聚居人口日益增多，为了获得拆迁补偿而盖起的出租房和商铺也日益增多。但是，具体到底多少人在这里居住，我们很难准确计算。2011 年，北京工友之家社区工会[①]做了一个关于工厂和商铺的调查，获得了部分信息。

根据北京工友之家社区工会在 2011 年上半年的初步统计，皮村大概有大大小小的工厂企业 205 家，企业雇佣的工人从 4 人到 200 多人不等，平均每个企业的工人大约 17 人。这样统计下来，大概有 3485 人在皮村的工厂企业上班，其中 70% 为男工，30% 为女工。皮村的工厂企业做家具、门窗、橱柜、展览的比较多，也有空调、纸制品、铁艺、印刷等工厂企业。皮村的工厂企业生产的产品都是内销，而且很多是供应北京的市场。

根据北京工友之家社区工会在 2011 年 2 月的普查，皮村一共有 215 家各类店铺，经营内容包括：餐厅、超市、汽修、工程、五金、电脑、手机、美容、美发、医药等。一共有 367 位从事这些小商业和服务业的人员和雇员，其中 304 位是店主，有 114 家店是夫妻共同经营的（占店铺的 60%）。店主中女性 156 位（51%），男性 148

[①] 2011 年获得总工会的批准，成立北京工友之家社区工会。经过一段时间的筹备和工会骨干培养，2013 年 8 月 25 日晚举行了工会会员大会，民主选举了工会委员会及工会主席。

位（49%）。63位雇员中，女性34名（54%），男性29名（46%）。

从2011年到现在，皮村又增加了几条商业街，新开了很多商铺，所以居住和从业人员又增加了，但是具体数字没有统计。

4. 社区的活动

表7-5简单总结了工友之家在皮村所开展的活动。这些活动充分反映了打工者的文化状态和文化诉求。

表7-5 北京工友之家社区活动概述

社区工作类型	活动内容	思考
娱乐活动	·KTV大奖赛 ·乒乓球赛 ·社区活动中心（舞蹈、乒乓球、电影放映）	不同的人有不同的需求，处于不同的状态。但是大多数人都有一个共同的需求，在有时间的时候需要一些娱乐和放松。为工友提供这样一个场所，不仅满足了工友的需求，而且为社区工作者和工友建立互信互爱的关系提供了机会
互惠店	低价出售二手衣物和其他物品，降低打工者的开支	社会企业是北京工友之家自力更生、艰苦奋斗的重要途径，同时也为工友提供了方便。满足工友的需求是社区工作的基本方向
学校	从2005年开始开办同心实验学校，为打工子女入学提供方便。为学生开办各种兴趣小组，举办家长课堂和家长交流活动	为城市打工子女提供基础教育的机会是工友之家办学的初衷，"上好学，做好人"是社区办学遵循的校训。打工子弟学校无法对学习成绩做出硬性要求，但在课堂教学和课余活动中加入促进学生健康发展的和针对流动儿童特点的教育内容。在对毕业生的访谈中发现，打工子弟学校的教育实践对一些在留守和流动中备受伤害的儿童起到了"疗伤"和促进健康发展的积极作用

(续表)

社区工作类型	活动内容	思考
图书室	免费借阅图书	并不是所有人都热爱读书,但读书是打开视野、获得知识、启发思考的重要途径。开办图书馆,为工友准备了休闲类图书,也准备了思想教育类图书,是工友之家发现和培养骨干工友的途径
培训和交流/工会活动	·法律培训 ·电脑培训 ·维权热线 ·吉他班 ·话剧小组 ·皮村报编辑组及文学小组 ·社区讲堂 ·工会的组织建设	满足打工群体的物质、精神和组织需求是开展社区活动和工会活动的目的。在满足物质需求方面工友之家的作用是非常有限的,只能起到力所能及的作用,这也符合工友之家的功能定位。 工友之家工作生活在皮村处于被拆迁前的狼藉和充满生活气息的混乱之中,就如同无数中国人生活在浮躁和不安的环境中一样。但是,大家的内心是踏实和坚毅的。也许皮村社区实践的某些物质实体会随着皮村的消失而消失,但是社区工作者所积累下的组织经验和思想方法却不会消失

5. 文化的现场

皮村是一个分裂的、不完整的社区,也是一个过渡性的社区。皮村处处彰显本地人和外地人的分裂,乡村和城市的分裂;同时,在混乱之中,又可以看到在这个社区中的很多可能性,比如,北京工友之家在皮村建立了一个社区活动中心。在别人看来,皮村是不稳定的、流动的,面临拆迁,外地人之间也是不团结的,从这个角度来说,没有什么社区可讲。但是转念一想,在这样的环境当中,可以诞生工友之家,可以建设社区文化活动中心,工友下班之后可以在活动中心看书、学习、跳舞,有一个聚会的地方,这些都是可能性。假设一下,如果外部的环境和条件改善些,将来政策给了一个比较稳定的环境，城市不再那么急于拆迁，这些可能性马上可以变成非常积极的因素，我们理想中的社区感觉就有了。我们现在已经在探索和实践理想社区的可能性，并且有了一些感觉，只不过局限在局部空间中，因为我们无法改变外部的环境。

孙恒回忆说："在昨天（2012年5月1日）我们办的五一劳动节社区晚会上，剧场里孩子家长的参与积极性就很高。比如说老耿，40多岁了，是皮村家具厂的工人，家是河北的，离婚了。他唯一的希望就是拼命赚钱，供他女儿上大学。他在工厂没有什么人可以交往，郁闷、压抑。他告诉我，他因为苦闷，曾经三天三夜没吃饭。有一天他下了班，路过我们社区活动中心，看到很多人在那儿跳舞，发现都是外地人，很好奇，刚开始只敢在旁边看，后来站在最后跟着慢慢跳，再后来每天晚上都跳到最后，现在还参加了我们的演出。自从加入舞蹈队以后，他的精神面貌变了，变得积极乐观，因为他通过这个活动建立了社会关系，认识了很多工友。他通过视频不断地学新的舞蹈，学完之后带着别的工友跳。"

"昨天在后台我听到舞蹈队参加演出的妇女聊天，她们特别开心。她们平时虽然参加社区跳舞活动，但彼此并不很认识，这次演出之后她们在后台就熟识起来，交流各自的境遇，或慨叹，或欢笑，情绪得到了充分的释放。平时跳舞是松散的，跳完就走，没有交流，没有团队的感觉。昨天是演出，那种现场的氛围和她们作为一个集体舞蹈一起演出的状态，让她们有了集体的感觉，人和人之间有了某种关联。相信这次活动以后她们再在一起跳舞的时候感觉就不一样了。"

"社区文化是一个核心，是新的人和人之间的关系，新的氛围，甚至是一种新的价值认同。比如，昨天演出时，当我们唱《天下打工是一家》时，一些工友就特别开心，都跟着唱，他们说这是他们自己的歌。活动结束以后，有两个年轻工友去图书馆值班室缠着许多要拷我们给工友们写的歌曲，因为在其他工友的手机里听过。这些歌曲是传递和凝聚工人文化的桥梁，因为歌曲背后传递的是一群人共同的情感和体会,这种共同的情感体会慢慢地形成共同的认识。这些认识不是凭空掉下来的,需要去创造某些条件,比如新工人剧场演出的现场;还需要一些传播的途径,比如说通过歌曲,通过戏剧等形式。"

文化是一个社区的灵魂,社区的物质条件就像人的躯体,文化就是人的灵魂。大多数的城市小区只有骨头和肉,没有灵魂了。没有灵魂应该还是可以叫社区吧,就像人没有灵魂也是人吧。

6. 文化的战场:自己搭台自己唱戏

北京工友之家的重要工作立足点是:倡导新工人文化。这里从三个方面来说明新工人文化的含义。第一,从文化的主体性上来说,新工人是主体。文化主体性说的是,一个文化代表谁的视角,表现谁的生活。我们所说的新工人代表的是 2.63 亿从农村到城市的打工者。第二,从文化所代表的价值观来说,新工人文化的核心是劳动价值观,尊重劳动,尊重劳动者,这体现在各个方面。从收入来讲,工人应该获得公平合理的工资;从劳动关系来讲,工人的劳动力不能被简单等同于一种成本,人不是商品,更不能被简单等同于劳动力。从文化所代表的思想和道德上来讲,新工人文化反对资本文化和资本霸权,资本文化的典型表现是拜金主义、消费主义,资本霸权已经导致资本对权力的操控、对资源的掠夺和对人性的泯灭。第三,从新工人文化的功能来说,是希望广大工友可以面对现实,而不是选择逃避和麻木。一个人、一个群体、一个社会如果不敢面对自己的现实,那么就没有希望。现实很残酷,面对它让人痛苦,感到无力,所以,工友常常因为无力改变现实而选择逃避:有的沉迷网吧游戏、看娱乐大片和韩剧;有的沉浸在小家庭的生活和爱情里;有的则呈现出形式上的反叛,比如"杀马特"现象。

麻木的典型特点是对该有反应的事情没有了反应。人的机体能够对外界做出反应,是因为我们有丰富敏感的神经系统,可以避免身体受到伤害。当人的精神麻木时,会对遭受的各种精神折磨失去痛感，没有了痛感就失去了反应能力，就不会做任何抵抗。麻木的状态也许在很大程度上等同于失去灵魂的状态，只剩下一个物质的躯壳。记得在一次讨论会上，一个大学生问孙恒从事现在工作的动因，孙恒想了想说："如果说最初的动因，那是因为我感觉非常迷茫和痛苦，痛苦得经常失眠；但同时，我相信这世界上一定有一条道路。"

文化需要载体和表现形式。工友之家没有去占领主流舞台，一是财力不允许，二是文化不认同。所以在2009年1月的第一届打工文化艺术节上，我们提出了"自己搭台自己唱戏"的口号。

打工者的工作体验是作为劳动者的体验，打工者的生活体验是作为底层民众的体验，这些体验是这个群体文化形成的物质基础。那么，代表劳动者的基于劳动者生活和工作体验的积极文化，就是我们所说的"新工人文化"（见表7-6）。新工人文化不是某种现成的东西，而是还原一种创造的过程。这个创造过程基于打工者的日常生活和工作，这个创造过程造就了一个个鲜活的个体，乃至整个新工人群体。

表7-6 北京工友之家文化倡导概述表

文化形式	具体说明	意义和影响
歌曲专辑	2004年9月10日打工青年艺术团（现名：新工人艺术团）出版第一张专辑《天下打工是一家》； 2007年5月1日出版第二张专辑《为劳动者歌唱》； 2009年出版第三张专辑《我们的世界 我们的梦想》； 2010年出版第四张专辑《放进我们的手掌》； 2011年出版第五张专辑《就这么办》； 2012年出版第六张和第七张专辑《家在哪里》和《反拐》	一个工友说了这样一个小经历：一天下夜班，他身体极度疲倦，精神也非常萎靡，几乎处于崩溃边缘。这时公交车里一个乘客手机彩铃响起，播放的是《劳动者赞歌》，他浑身为之一震，心头暖暖的； 2013年9月14日，据滚石公司统计，新工人艺术团歌曲的彩铃已经有40多万人下载

(续表)

文化形式	具体说明	意义和影响
新工人文化艺术节	新工人文化艺术节在皮村共举办四次：分别为2009年1月1—3日第一届，2009年10月24—28日第二届，2010年9月11—13日第三届，2013年9月6—8日第四届； 艺术节的呈现形式丰富多彩，包括歌曲、戏剧、诗歌、电影讨论、主题展览、论坛、工作坊、研讨会、联欢、赶集等； 第二届艺术节的主题是"打工者居住状况"。第四届艺术节的主题是"新工人：家在哪里？"配合艺术节主题，大家创作了相关的歌曲、戏剧、小品来反映打工者的现状和思考	现在社区工作和文艺工作成为一些劳工机构的日常工作内容； 新工人文化艺术节已经成为劳工文化发育和生长的舞台，成为劳动团体文化交流的阵地，成为劳工议题讨论的现场，也成为一些劳工问题研究学者的考察现场； 2013年9月8日皮村第四届新工人文化艺术节上，一位劳工机构的年轻人说："我是听着孙恒、许多、国良哥的歌曲走进劳工机构的"
打工春晚	2012年1月8日下午2点，第一届打工春晚在皮村新工人剧场举行，主持人有崔永元和沈金花。来自全国各地的劳工团体献上了质朴多彩的文艺节目； 2013年1月26日下午2点，第二届打工春晚在共青团中央大礼堂举行，主持人依然是崔永元和沈金花。除来自全国各地的劳工团体、农民团体和其他民间机构代表，献上了质朴多彩的文艺节目，中国台湾和中国香港的劳工艺术团体也参加了演出； 2014年1月12日晚7点，第三届打工春晚在朝阳区文化馆TNT剧场举行，主持人是杨锦麟和沈金花。来自全国各地的劳工团体献上了原创的节目，来自泰国的劳工乐队演出了"劳动的尊严"	央视春晚是全国人民大都关注的春节娱乐节目，但反映打工者心声的节目很少，即使其中有打工者形象的节目，打工者也往往以被丑化、被娱乐和被关怀的形象出现。打工春晚希望可以为打工者献上春节娱乐节目，节目来自打工者，由打工者表演，真实、质朴地反映打工者的心声； 2013年9月14日，两位来自山东淄博的打工者带着他们为环卫工人谱写的歌曲，找到了皮村打工春晚的总导演王德志。他们告诉王导，身边的很多工友都观看了前两届打工春晚，心情非常激动，但是得第一届比第二届更好，因为更质朴、更贴近打工者。他们希望打工春晚可以持续地办下去，打工春晚给予他们动力和希望

(续表)

文化形式	具体说明	意义和影响
打工文化艺术博物馆	2008年5月1日,北京工友之家创办了中国第一家"打工文化艺术博物馆",展示改革开放三十年打工者的历史。"打工三十年:流动的历史"是博物馆主展厅的长期展出内容; 2009年10月—2011年7月,配合第二届打工者文化艺术节,博物馆进行了主题展"打工者居住状况",北京工友之家、苏州工友家园、深圳小小草都开展了调研和拍照,并参与了布展; 2011年8月至今,配合第四届打工文化艺术节,博物馆进行了主题展"新工人:家在哪里?" 博物馆开馆至今接待了来自全国各地的参观者,包括劳工团体代表、工友、学者、官员、大学生等	打工文化艺术博物馆是一个活的博物馆,它不是对历史的描述,而是对历史的解读,也在争取改变着历史;打工文化艺术博物馆不是拿来主义的博物馆,而是一个研究型的博物馆,大家调查研究来解读历史和现实;打工文化艺术博物馆不是一个陈列馆,而是一个社会活动场所和社区活动中心,因此,博物馆和工人、社区同呼吸共命运; 2011年10月,四川省金堂县政府借鉴皮村打工文化艺术博物馆的结构、内容和风格建成了一家"农民工博物馆",这是国内政府建设的第一家这样的博物馆。博物馆开馆那天金堂县政府邀请了农业部代表、著名学者,以及北京工友之家总干事孙恒等出席

延伸阅读

13

新工人文化的现场对话

"劳者歌其事——新工人艺术团诗歌、民谣会"于2011年3月26日晚在朝阳区文化馆9剧场进行了演出,以下是演出后演员和观众的对话。

问:我听说你们会去工地演出,那是什么样子的?

孙恒：工地上的工友特别随意，在剧场里会有一种形式上的束缚；在工地上，大家围得比较近，不会那么规规矩矩，但是如果喜欢你唱的歌就会拼命鼓掌。工地的管理者很少会欢迎我们，但是也有个别的会同意我们去演出。

问：有没有更好的方式，吸引更多人的注意，把你们的理念更好地宣传出去？如果可以上中央电视台，是不是就可以宣传力度更大？

孙恒：我每天都在想啊。"旭日阳刚"代表打工者身份，作为个人来讲是个很好的事情，有知名度。有一次央视找到我们，要求我们唱《想起那一年》，但是需要改歌词，要有一种衣锦还乡的感觉，我们没有同意。如果有一天央视请我们去，又允许我们唱自己的歌，那我们就去。我觉得我们艺术团最重要的是要坚持为劳动者歌唱的原则。如果有一天我们上了中央电视台，却脱离了劳动人民，那你们就可以臭骂我们一顿，以后也不用来听我们的歌了。我们艺术团如果走上商业化的道路，那就不是我们了，我们不希望走上专业化艺术团体的道路。艺术一定不能脱离生活，艺术就应该是老百姓生活当中很自然的一部分。我工作累了就开口唱歌，唱跑调了也没有关系。我唱歌的目的是什么？就是要抒发我最真挚的感情，说我最想说的话，这就是艺术，没必要搞那么高、那么精英。我们希望艺术回归劳动者本身，回归劳动人民的生活本身。我们的生活就是我们的艺术。所以每个人都是艺术家。

问：我感觉这是一场具有丰富内涵的演出。我也很高兴，你们把我们看作是一起的，有一种被接受的感觉，这样也许将来自己可以使上劲儿。我想问的是，你们的目标是什么？离实现目标还有多远？

王德志：我们的目标是将来有尊严地生活在这个城市。我们会一直做，争取做，我们死了还有其他人继续做。

孙恒：如果你觉得你是个劳动者，就不存在不被接受的问题。

问：今天的大多数观众不是工友，想问你们演出的目的是什么？

孙恒：在今天这个现场，可能在座的都会有共鸣，但是将来在你们的工作场所就不一样了。你们将来工作的地方，估计公司里会有清洁工、厨师等，见到他们的时候希望你们还记得今天的感受。

王德志：也是为了筹款哪。在座各位花钱来观看我们表演，就是对我们的支持。

问：我知道你们艺术团还导演过戏剧，想问问戏剧导演是什么学历水平？

许多：我们的学历大都不高。我们的艺术创作通常是需要什么就拿来用，不会迷信"戏剧"这个词。文艺不应该是被垄断的东西，高高在上的。

孙恒：学历不等于知识，知识也不等于智慧。

问：如何看待20世纪80年代以前的文艺理念？新工人文化的出路是什么？

王德志：无论那个时代实践得怎么样，那个时候没有艺术家，只有文艺工作者。法国大革命时，工人写诗、进行文艺创作，最初的目的也不是革命，就是希望获得尊重。不能期望文艺一下子能改变什么，出了这个剧场也许就忘了。

孙恒：我们的逻辑是，从问题出发；知识分子的逻辑往往是，从理念出发；我们的实践原则是，先做起来再说！大胆表达出自己想说的是最重要的。

问：知道你们机构也有大学毕业生，想问问他们是怎么被吸引过来的？

福菊：我不是先加入艺术团的，我是先来工友之家的。我在学校认识了金花学姐，她是来这里实习，然后2005年毕业留在这里。我开始是来这里实习，后来做志愿者，最后留下来。我的直觉是，外面的世界有时候很虚伪、很做作；而在这里，大家像亲人一样，会夸你也会批评你。这个团队对我的成长非常重要。

第八章
组织动员、资源整合与多元共治
——外部资源输入背景下郝堂村不同发展阶段的案例分析

唐溧　杨璐璐　高俊

【导读】当前大多数地方普遍发生的是"项目下乡"和"资本下乡"对乡村治理的重构，形成的是以政府和资本等外部需求为主导、以"精英俘获"为内涵的分利秩序，缺乏公共性建构。本文以郝堂村为例，探讨了外部资源输入背景下，基层地方政府赋权于村集体，自主完成内外部资源有效整合的客观经验过程。其核心机制在于村集体前期通过再组织化动员重塑村庄主体性；中期通过村社内部交易占有政府项目集中性投入撬动的土地资源资本化收益，进而转化成村集体经济基础；后期分别运用"土地杠杆"和"财政杠杆"撬动工商资本和村民的成倍资本投入，形成多元主体共同参与的乡村治理格局。然而，麻烦在于复杂权力关系变化条件下的"村财"[①]上收导致村集体再次丧失主体性，使得村庄发展陷入"阻滞"。

21世纪以来，中国已经处于"工业化中期阶段"。胡锦涛总书记明确指出"工业化初期阶段农业支援工业、农村支援城市；进入工业化中期阶段则需要工业反哺农业、城市反哺农村……"随之而

---

① 本报告中的"村财"不是一般意义上的"村财乡管"，而是指郝堂村集体通过土地运作和资源整合形成的村集体所有的固定资产等新增财力。

来的是，2003年中共中央提出"三农"问题成为全党工作的重中之重、2005年提出"社会主义新农村建设"、2006年全面取消农业税费，并且相继建立广覆盖的新型农村合作医疗和新型农村社会养老保险的社会保障体系以及针对农村生产、生活、教育、养老等不同名目的全方位强农惠农政策补贴框架。截至2015年，国家为缓解"三农"困境和改善基层治理而大规模增加的基本建设及社会事业投资累计已近10万亿元之巨（董筱丹等，2015）[1]。

在如此大量的"项目下乡"支持下，政府"善意"和"善举"都得到前所未有的表达。原来在国家工业化初期阶段形成的以"汲取"为内涵的农村经济政治环境得到空前改变，农村基础设施建设面貌也发生巨大变化。然而，实际政策效果似乎并不尽如人意。具体体现为：大多数地方普遍发生的是，"项目下乡"及紧随其后的"资本下乡"正在重塑乡村治理结构——作为外部主体的政府和资本，因与分散小农的交易成本过高而主要面向新型规模经营主体重构乡村治理体系（龚为纲，2015）[2]。在此过程中，形成外部主体和村内精英之间稳定的"合谋"关系，共同垄断国家"项目下乡"和乡村经济发展带来的公共利益空间，普通农户基本处于被"边缘化"的地位，是为"精英俘获"，使得政府"善意"和"善举"难以落地成为基层"善治"。（课题组等，2009[3]；邢成举等，2013[4]；张良，

---

[1] 董筱丹、梁汉民、区吉民、温铁军：《乡村治理与国家安全的相关问题研究——新经济社会学理论视角的结构分析》，《国家行政学院学报》，2015年第2期，第79—84页。

[2] 龚为纲：《项目制与粮食生产的外部性治理》，《开放时代》，2015年第2期，第103—122、第5—6页。

[3] "建设社会主义新农村目标、重点与政策研究"课题组、温铁军：《部门和资本"下乡"与农民专业合作经济组织的发展》，《经济理论与经济管理》，2009年第7期，第5—12页。

[4] 邢成举、李小云：《精英俘获与财政扶贫项目目标偏离的研究》，《中国行政管理》，2013年第9期，第109—113页。

2016①）最终，形成的是与"乡村利益共同体"不同的分利秩序②，即以"权力"分配为中介，围绕项目资源分配形成的结构化的"权力—利益"网络，吞噬大量国家项目资源，导致公共资源的"私人化"，加剧乡村的社会分化以及基层治理的"内卷化"。(王海娟等，2015)③

河南郝堂村的乡村建设试验，正是肇始于上述宏大的现实背景之下。作为一个传统的中部省份农村，人均收入只有4000元，大部分青壮年劳动力外出务工，村中以老人、妇女、小孩等留守群体为主，土地撂荒现象比较普遍，抛荒面积约占总耕地面积的20%；村庄垃圾和污水遍地，环境卫生也没有得到有效整治。从这个角度而言，郝堂村有着大多数中西部农村的"原子化"和"空心化"特征，即使获得相对集中的政府项目等外部资源注入，客观上也面临着上述结构性困境。然而，在"把农村建设得更像农村"的乡建理念引领下，在地方政府、社会组织、工商资本、村"两委"及本村村民的共同参与下，经过八年的"可持续发展试验村"探索之路，郝堂村先后多次得到中央电视台《新闻联播》、《人民日报》等中央级媒体的宣传推介，其"逆城市化"的美丽乡村建设经验似乎已经具有某种"政治正确性"，确实令人欣慰。对此，值得认真思考的是：同样是外部资源注入，在郝堂村是否已经产生及为何产生不同的政策实践效果？郝堂村是如何改变上述结构性困境进而实现治理转型的？郝堂村的客观经验过程是否具

---

① 张良：《"资本下乡"背景下的乡村治理公共性建构》，《中国农村观察》，2016年第3期，第16—26、第94页。

② 分利秩序最先是由贺雪峰提出的，陈锋、李祖佩、王雪娟等相继对这一现象进行了深入研究。

③ 王海娟、贺雪峰：《资源下乡与分利秩序的形成》，《学习与探索》，2015年第2期，第56—63页。

有可推广的普遍性意义？

当然，作为一场正在进行之中的乡村建设试验，郝堂村突破现有制度空间的创新性探索，也势必面临着多重结构性矛盾与阻力，一定程度上也引起政策领域和意识形态领域的诸多争论。由此看来，只有对上述问题做出"去意识形态化"的客观分析，对于郝堂村的经验归纳才能"去伪存真"，才有可能实现从"特殊"到"一般"的理论升华。

一、第一阶段：在地化组织动员重塑村庄主体性

郝堂村位于河南省信阳市平桥区东南部城郊，一方面具有中国中部传统农村地区的典型特征，比如农业生产收入普遍较低，农村"三要素"长期净流出，村内以老人、妇女、小孩等留守群体为主，以及村庄公共服务相对缺乏等；另一方面，因距离市中心城区只有17公里而具有一定的区位优势，境内水系资源也较为丰富，自然资源禀赋相对较好。全村面积22平方公里，下辖18个村民小组，640户，共2385人。村庄三面环山，耕地面积只有1900亩，主要种植水稻；茶场和山林众多，生产茶叶和板栗等经济作物。

2009年之后，郝堂村之所以能够获得村庄内置金融的发展机遇，向再组织化方向转变，乃至于后来以此作为切入点，进行全方位的村庄改造和社会建设，将内置金融的经济功能与村"两委"的治理功能相统一，一方面当然与郝堂村"两委"班子既有的组织基础、社会声誉及自身的区位优势高度相关；但另一方面，也与信阳市政府在地方府际竞争中的差异化竞争策略高度相关。

（一）地方发展策略转型条件下的再组织化动员

2008年之前，信阳市在河南省的经济发展中处于相对落后的地

位，作为黄淮四市之一，信阳市属于典型的农业大区、粮食大区、工业小区、财政穷区。即使是在黄淮四市中，信阳也是产业基础最薄弱的。若是按照一般的工业化、城市化发展思路，信阳市几乎没有任何竞争优势可言。同时，由于地处淮河中上游，处于大别山区这一生态敏感地区，国家为了保护生态敏感区的环境，为当地和全流域的可持续发展创造条件，特将信阳市划为国家第一批主体功能区试点示范城市。

当时的市委书记认为，只有从"改革"和"生态"的角度才有可能形成一定的政绩竞争优势。与本地自然生态环境相结合，地方发展思路开始逐渐转向农村综合改革试验区和城市化宜居环境建设。最初，因为难以对接中农办的"国字号"招牌，信阳市只争取到河南省农村综合改革试验区的政策，后来，这个试验区才上升为国家级农村综合改革试验区。"美丽信阳"的发展目标需要城乡统筹一体来共同打造，作为地方政府，不能抓了城市丢了乡村，一定要全域考虑、城乡一体。打造美丽城市和美丽乡村是有所区别的，前者主要靠政府投入，后者需要动员社会力量、调动老百姓的积极性。可以看出，信阳市"改革"和"生态"这两个发展思路是相辅相成的。城市化宜居环境建设的发展理念也是把城市建设的重点放在山水之间，通过出台区域开发和产业发展负面清单，从源头上把不利于环境保护的企业、产业拒之门外。这一政策思路在后任市委书记的施政方略中也有延续。

其中，农村综合改革试验区建设主要承担四大任务：深化集体林权制度改革试点、改进农业补贴办法试点、涉农建设性资金整合试验、扶贫开发综合改革试点。具体内容几乎涵盖农村改革的方方面面，比如土地流转、农村金融、社会化服务、乡土人才、科技服务等，后来这个试验区才上升为国家级农村综合改革试验区。

也正是在上述背景下，原本有着不同利益导向的"亲民生"的中央下乡和"亲资本"的地方下乡才有了结合的可能性。① 然而，不可否认的是，地方政府对于发展政绩的追求往往具有一定的路径依赖，尽管发展理念有所转变，但发展方式和手段却没有太多改观。以农村金融为例，在以农村综合改革试验区的名义进行的改革过程中，也不可避免地出现从上到下逐级下达指标的行政指令，要求都得开办小额贷款公司、村镇银行、资金互助社等新型农村金融机构，并且还要满足注册数量上的要求。很快，信阳市就成立几百家资金互助社。后来，又因相关部门的把关不严而引发"高息揽储""高利贷跑路"等金融乱象而受到严格整顿。郝堂村成立夕阳红老年资金互助社的设想相对比较早，但也是在这种条件下完成注册登记的。其中，值得一提的是，信阳市其他的资金互助社都是以民办非企业单位在地方民政部门登记的，唯独夕阳红老年资金互助社是通过体制内的关系协调在地方工商部门登记的。

> 郝堂村当时正好也在做资金互助社，然后我就去登记，信阳市试验办表示做资金互助社采取的形式是"政府倡导、民政登记、财政监管"。之所以没法在工商部门登记，是因为地方工商局是垂直管理的，在工商局登记需要有金融从业资质，得有像银行一样的柜台、门面、防盗门、保险柜等。我们总共就34万元，所有手续办下来得花一二十万，支撑不了这个开支，但是我们又想把它变成在工商登记的正规组织，让农民相信，最后只能凭借我这个科技局长，

---

① 承担国家综合安全责任的中央政府采用国家信用配合政策手段下乡，以集中制国家的强大主权信用所派生的国家财政和金融作为乡村基本建设和社会政策的主要资金来源，目的在于构建"民生新政"之下的和谐社会，是为"亲民生"的中央下乡。资本短缺条件下的地方政府将中央各部委带有"普惠"性质的财政转移支付项目整合打包，集中投资地方规划中的园区基础建设用来招商引资，目的在于吸引外部资本的大型项目投入，拉动地方经济增长。是为"亲资本"的地方下乡。

之前也做过发改委主任和政研室主任的身份找关系协调，苦口婆心地争取到工商部门一年登记时期，在平桥区我们是唯一一家，第二年政府有规定又改成民非在民政部门登记了。

——摘自 2016 年 4 月 15 日平桥区原科技局长访谈记录

在相关政策支持下，夕阳红老年资金互助社（以下简称"互助社"）在 2009 年 10 月 12 日正式挂牌成立。从股权结构来看，平桥区科技局出资 10 万元，前来帮助做乡村发展规划的李昌平课题组出资 5 万元，村委会出资 2 万元，共 17 万元作为公共股，不参与分红、不参与决策；接着，让村支书寻找包括她在内的 7 个乡贤，每人出资 2 万元，共 14 万元作为发起人股，不参与分红，有一定的决策权；最后，通过做工作，又吸纳村中 15 个老年人，每人 2000 元，共 3 万元，作为老年人股，不参与决策，有分红权和担保权，形成互助社最初的 34 万元自有资本金。这一股权设计的作用在于调动村内乡贤的积极性和责任感，形成一个"负责任"的小集体，防止出现一般意义的"公有地悲剧"，导致政府资金"打水漂"，也占据了村中老年人所代表的"道德高地"，但能否避免由此产生的"精英俘获"还有待进一步观察。

> 开始做互助社时没钱，我给在外面打工能挣点小钱的人打电话，我说求求你了，我也想为这个村庄做点好事，我也想拯救这个村庄，我们有李老师来指导，我们有机会了。他们也比较体谅我、信任我，他说你想干啥，你要多少钱。我给他们讲了我的想法，我说一个人不拿多，拿两万块钱吧。那时候他们能拿两万块钱就不错了，当时我害怕两万块钱他们不给。我说这么多年来我家一直在做生意，我在市区有房子，如果我把这两万块钱玩丢了，我把我的房子卖了赔给你。如果做好了，钱还是你的钱。他们对我

也很信任，当时就讲，你不用操心了，这个两万块钱我们给你，你做好了就做，做不好这些钱我们也不在乎。

——摘自 2015 年 10 月 5 日村支书访谈记录

自农村"大包干"改革以来，乡土社会经历的是长期的"去组织化"过程。在小农已经成为分散的、细碎的小规模经济主体的条件下，村庄内部之间的互助合作关系也越来越弱化，信任资源极其匮乏。虽然，分散的小农经济有着现实的资金合作需求，但其在资金融通、人力资本、物质资产、社会资本、组织网络等资源禀赋上的种种缺陷，又导致他们难以形成有效合作（张晓山，2002[①]；李昱姣：2010，2011[②]）。与此同时，由于"小农机会主义""搭便车"等问题的存在，普通农民不愿意也没有能力支付前期组织成本，而往往陷入一定的集体行动困境（贺雪峰，2004[③]；宫哲元，2008[④]）。因此，但凡农民内部的经济和信用合作运作良好、风险可控的，大都通过某种方式支付了前期的组织成本，通过再组织化的方式得以重构村庄的信任关系网络。据此看，郝堂村的资金互助组织，主要还是由政府资金和外部资金作为"引子"（大头），承担前期的投资风险来吸引村内资金的后续注入，同时也借助了村支书个人的信用担保动员村内乡贤（小头）和吸纳老年人零散资金（散户）加入，才完成组织成本的支付过程。

[①] 张晓山：《联结农户与市场——中国农民中介组织探究》，中国社会科学出版社 2002 年版。
[②] 李昱姣：《合作悖论：农民经济合作的财力资源要求与自身能力的不足》，《社会主义研究》，2010 年第 2 期，第 73—78 页；李昱姣：《合作的另一个悖论及其破解——农民经济合作组织人才资源的不足和外部力量的介入》，《社会主义研究》，2011 年第 1 期，第 110—115 页。
[③] 贺雪峰：《市场经济下农民合作能力的探讨——兼答蒋国河先生》，《探索与争鸣》，2004 年第 9 期，第 18—21 页。
[④] 宫哲元：《集体行动逻辑视角下合作社原则的变迁》，《中国农村观察》，2008 年第 5 期，第 37—41、第 58 页。

（二）内置金融组织的制度运行与信任关系构建

从互助社最初的制度设计来看，主要是把村内老年人的闲置资金聚集起来满足村内年轻人的生产生活贷款需求，贷款利息用于互助社的公共积累和入社老年人分红。一方面，年轻人贷款需要提供林权证、土地承包经营权证做抵押，这些带有较强成员权特征的产权证能够在社区范围内流通，由此将原来静止的要素变成可以在农村金融组织内部流动的金融资产，解决在正规金融机构遭遇的"抵押品缺乏"问题；另一方面，贷款需要有2名以上入社老年人担保，并且每名老年人仅有5000元的担保额度，年轻人要多贷款，必须与老年人搞好关系，无形之中提高了老年人在村庄中的地位。同时，也是利用老年人担保所象征的"道德高地"去控制信贷风险，任何情况下都不能拖欠老年人的"养老钱"，也能解决在正规金融机构遭遇的"信息不对称"问题。这种内生于乡土社会、与农村土地集体所有制和农户承包经营制度相适应的、以血缘地缘关系维系的村社边界作为其经营边界的社区性金融形式也被李昌平称为"内置金融"。

2010年2月6日，也是农历腊月二十四小年，在村委会公开大会上，给入社的第一批15个老年人进行第一次分红，每人分红320元。在一定程度上，形成了很好的示范效应，因互助社和村"两委"是一套班子在负责，也借此重新树立了村"两委"的正面形象——从原来的"要钱、要命"到"给钱"。此后，入社老年人越来越多，2011年达到97人，2013年入社老年人达到262人，入社率100%。

延伸阅读 14

郝堂村夕阳红养老资金互助社年底分红

2016年2月2日一大早，记者一行来到平桥区郝堂村采访，见到村委会门前热闹非凡，一打听，原来是村里近300位老人在这里等着年底分红。

"领了分红好过年啊！"郝堂村66岁的村民黄承家说。

自从2013年交了2000元钱入社，黄承家已参加了三次这样的分红。他的邻居罗植伟去年满60周岁，也交了2000元入社，今年也能得到分红了。

"2016年每人500元，前些年都是800元。"罗植伟说，"不过我们都理解，2000元钱放银行里一年下来也就几十块钱。"

郝堂村支部书记胡静想的都是大账，2016年互助社总资金316万元，经营收入33万元，拿出26万元分红，剩下的计入下年度投资。除了说清楚这些账目，她还反复向老人们解释分红减少的原因，利率下降是一方面，早期发起成立互助社的资金也到了分红的年份。更重要的，为了资金安全必须选择稳健保守的投资。2017年1月10日，互助社总资金273万余元，运营收益36万余元，按照章程规定40%收益用于分红养老，2016年共有266位入社老人，每人分红550元。经过八年的发展，累计为入社老人分红109万元。

向互助社贷款甚至比向银行贷款还麻烦，因为除了各类个人征信和抵押要求，还必须有2名以上参与互助社的老人担保。

> 郝堂村村民黄启军2015年盖新房开农家乐，选择了向互助社借款。
>
> "主要是也想为村里做些贡献，借了30000元钱，一年时间付了4500元利息。"黄启军说，"这些钱基本都用于村里老人养老，钱都花在村里，值！"
>
> 尽管如此，黄启军拿到钱还是经由互助社发起人之一的陈军和村里黄继珍等老人担保后，此前他还抵押了自家的林权证。
>
> "必须保证资金安全。"胡静说，"我们会谨慎地开展多种投资，争取让老人们的红包一年比一年大。"
>
> 资料来源：刘翔、马童：《乡亲们，大年分红啦！》，《信阳晚报》，2016年2月3日。

最初，互助社只吸收老年人存款，2011年后吸储范围有所扩大，资金总额达到250万元。具体来看，一是入社老年人可追加股金2万元，作为优先股（等同于发起人股）享受当年银行2倍的利息；二是本村村民也可入股，享受比银行高1个百分点的利息，但入股资金最高不超过10万元；三是吸收社会上不求利润回报的慈善资金。在贷款方面，单个农户的最高限额10万，一年期贷款年息12%，3—6个月折合年息18%，1—2个月折合年息24%。在利润分配方面，利润总额的40%用于老年人分红，30%作为公共积累，15%作为管理费，15%作为风险金。互助社2009—2016年的经营情况见表8-1。

表 8-1　2009—2016 年互助社经营情况表

年份	入社老年人数	人均分红（元）	分红总额（元）	风险金（元）	管理费（元）	公共积累（元）	利息总额（元）	资金总额（万元）
2009	15	320	4800	1800	1800	3600	12000	34
2010	48	530	25440	9540	9540	19080	63600	34—170
2011	97	720	69840	26190	26190	52380	174600	170
2012	210	800	168000	63000	63000	126000	420000	200
2013	262	800	209600	78600	78600	157200	524000	250
2014	262	800	209600	78600	78600	157200	524000	250
2015	262	500	131000	49125	49125	98250	327500	250
2016	266	550	146300	54000	54000	105700	360000	273

数据来源：阳哲东：《结构功能主义视角下乡村多元治理的问题研究——以信阳市郝堂村为例》，中国人民大学硕士学位论文，2016 年。

客观来看，互助社的这套制度设计本身是与乡村熟人社会的经济、文化特征相适应的，虽然也存在类似于一般正规金融机构"旧债转新债"的灵活操作，但总体上在重构村庄内部信任关系的同时，能够有效控制信贷风险。然而，问题在于，随着互助社的入社老人越来越多，2013 年本村年满 60 周岁的老人全部入社，仅分红开支和管理费（人员工资）两项刚性支出就需要 28 万元，在息差收益只有年息 6 厘的情况下，意味着每年至少需要实现累计 467 万元的信贷规模，而互助社的资金总额只有 250 万元，即使全部顺利放贷出去也不够，商业可持续性严重堪忧。

（三）内置金融组织在可持续发展挑战下的外延式扩张

郝堂村作为一个工商业经济严重欠发达的农村，前期贷款需求主要是以农民的种养殖和基本生活需求为主，贷款规模并不大，最初几年因入社老年人人数较少，基本还能够维持分红开支。2011年以后，村庄进入大规模的项目建设阶段，互助社的贷款用途开始呈现一定的多元化特征，也客观存在"跨社区、跨业务"等"违规经营"[1]，主要依靠"非农贷款"激增，才得以维持不断增长的刚性开支，但也由此积累了较大的信贷风险。

一方面，村集体整合土地需要金融资源，而村集体本身经济基础薄弱，没有被外部工商资本所接受的有效抵押品。于是，2011年6月10日，在区委书记的协调帮助下，信合建设投资集团无偿借给夕阳红养老资金互助社160万元，村集体获得的第一笔贷款，就是村集体以16个人的个人名义分别向互助社借款10万元得到的，借款期限两年。村集体获得的第二笔贷款是2011年12月1日固始籍企业家借给郝堂村集体性质组织绿园生态旅游公司的150万元，月利率0.85%，借款期限两年。[2] 后来村集体也是转向以互助社的名义借款的。这两笔外部借款有力地支持了村庄初期的建设和发展，主要被用于村庄核心区域的土地整合和收储，2012年年底当年还清——前一笔是连本带息偿还，后一笔是用16亩土地偿还。

另一方面，村民基于郝堂村发展乡村旅游的良好预期，纷纷开始创办农家乐，派生出很多建房的贷款需求。因农家乐的投资成本比较大，平均投资在四五十万元，而每户的贷款上限只有10万元，村民就发动亲朋好友帮助贷款，最后导致多笔贷款汇集到一个人，也有着潜在的贷款风险。

很显然，在村庄建设时期，互助社主要也是依靠这两部分贷款的利息收入来维持262个入社老人、共20多万元的分红开支的。值得注意的是，2013年前后，地方政府鼓励村民修建农家乐的两年贴

---

[1] 有关部门对于农村资金互助社监管的基本原则是坚持社员制、封闭制、不设资金池。

[2] 资料来自《平桥民生工程实录》。

息贷款部分也是由互助社参与运作的，在郝堂村乡村旅游品牌形成之后，村民运营农家乐的收益情况较好，基本两三年就能回本，修建农家乐的贷款也能如期偿还，有效化解了贷款过度集中的风险，地方政府的两年贷款贴息也就成为互助社的收益，用于入社老年人的分红。于是，乡镇政府据此认为互助社主要是靠政府的贷款利息补贴才得以维持，其自身的发展并不具备可持续性。

> 当时政府鼓励村民去借贷，由政府补贴利息，当时村里就在互助社里，比如说，假如有60万元，上去开一个60万元的利息条，盖互助社的公章……拿这个条政府就给补贴了，补贴完了后，等于把政府的钱给搞进来了，这个利息一年可以有个十万八万的。还有一些就是借老板的钱，当时区里领导不想动用政府财政把村建起来，因为没有说服力，就跟老板说你支持一下村庄的发展吧，给村里借100万元到200万元，以互助社的名义借的，实际这和互助社是不符合的，借来以后，政府说的要补贴利息，本来是一分利，但上报区政府就可能说2分利。其实还是靠政府，后来政府发现了，就规定必须报账，不然不给发，一停止补贴，它马上陷入资金的混乱状态，几年就发不下去了，给老年人兑现不了了。

——摘自2015年10月7日街道办党委书记访谈记录

从课题组调研情况来看，互助社确实尚未形成稳定的盈利能力，也就是说没有统购统销的村庄经济基础抑或通过相对稳定的、常态化的、规模化的村民生产生活贷款需求来产生足额的金融收益，即使不提留任何风险金和公共积累，也必须维持至少28万元的分红开支和管理费两项刚性支出，才能巩固村庄内置金融的运作基础。这实际上也就解释了2015年入社老年人的分红水平从800元降到500元、存款年息也从8%降到6%，以及互助社动用风险金和公共积累给老年人的内在原因——在贷款需求有限难以产生足额贷款利息收入，加之政府利息补贴也停止的条件下，无法维持过大的刚性开支。但与此同时，不可否认的是，互助社在村庄建设前期促进在地化组织动员作用、构建村庄内部信任关系，以及在村庄建设时期帮助村集体在土地开发过程中，提供资金融通作用是客观存在的。

（四）另两类再组织化动员：村庄垃圾分类和集体外出参观

除此之外，在建设前期，村集体主导的村庄垃圾分类和组织村民外出参观所产生的组织化动员作用也是不容忽视的，对于村庄主体性的塑造也产生积极作用。

延伸阅读 15

郝堂村垃圾分类和集体外出参观

2011年，北京绿十字生态文化传播中心主任孙君受到禹明善的邀请，进入郝堂村协助进行乡村建设，但是孙君为了考察村干部的战斗力，要求三个月内把村庄的垃圾分类做好，他才会介入村庄建设。当时的郝堂污水横流、垃圾遍地，村主任胡静非常赞同进行垃圾分类，但是村支书曹纪良持反对态度，最后由禹明善做好曹书记的工作。

接下来是做村民的思想工作，村干部利用春节期间外出务工人员正好都回来的机会给大家开会，讲垃圾分类的重要性、村庄建设的重要性及村庄发展的前景。但村民都不是很理解，觉得把村庄治理好是一件不太可能的事情。

> 村委便组织村民分批出去参观、学习浙江安吉、江西婺源、安徽西递、河南辉县、湖北枝江等地的新农村建设,一次出去四五十人,每次五六万元,资金主要是区委的王继军书记解决。看到其他地方乡村建设得好,出去学习的人回来也愿意跟着村干部走,还可以帮助村干部给其他村民做工作。
>
> 过去村子里比较粗放,有一栋房子的对面是牛棚,到处是牛粪,后来村干部带户主去郭亮村参观学习。回来以后经过村干部的一番劝说,他自己把牛棚扒了。他是第一个为了共同利益扒掉牛棚的。现在这户户主还是带头人。
>
> 大部分村民同意之后,垃圾分类工作就开始了。房前屋后卫生由村民自己做,村民小组的公共区域由小组组长做,村集体范围内的卫生由村干部做。对于依旧不执行的村民,由村干部组织学校的小学生在老师的带领下到村民家检查,进行卫生评比。小学生认真诚实,如果不干净就会直接说出来。小学生之间也会互相比较,回家后让爸妈爷爷奶奶打扫家里卫生。三个月后,村庄焕然一新。

二、第二阶段:外部资源注入带动村庄内部资源整合

在国家层面如此大量的公共财政资金支农背景下,郝堂村依托前期村庄内置金融的发展基础,以及中国乡建院的"三农"问题专家李昌平、乡村设计师孙君等为代表的外部力量支持,在信阳市农村综合改革试验区的试点村中获得了相对倾斜性的政府项目投资。据统计,中央财政对于"三农"的支出,2002 年为 1905.4 亿元;2006 年增加至 3517.2 亿元,占财政总支出的 14.97%;2011 年为

10497.7亿元，首次突破1万亿元，占财政总支出的18.6%；2012年12387.64亿元，2013年13799亿元，在1万亿元基础上逐年递增。（肖唐镖，2014）① 郝堂村的政府项目投资主要集中在2011—2013年，投资总额约5300万元。截至2009年上半年，全国行政村总数是691510个，平均来看，这三年每个行政村能够获得的政府项目投资约为530万元，只有郝堂村的1/10。然而，倘若对于郝堂村的经验认识仅仅停留在它是因获得大量政府项目投资而打造出来的、缺乏可复制性的样本工程上，则未免过于简单化，而且势必会忽略郝堂村作为一个正在进行之中的乡村建设试验过程本身所代表的探索性意义。

另一方面，在现实运作中，大量财政支农的专项项目资金被无效浪费、层层截留的情况比比皆是，甚至在当前的"项目下乡"过程中形成外部主体和村内精英之间稳定的"合谋"关系，共同垄断国家项目资源下乡和乡村经济发展带来的公共利益空间，普通农户基本处于被"边缘化"的地位，而村庄精英则有条件获取绝大部分项目收益。最终，形成的是与"乡村利益共同体"不同的基层分利秩序，从而加剧乡村社会的两极分化。

因此，倘若通过相对集中的政府项目资金注入，能够带动乡村内部资源整合，进而形成一定的内生增长能力，促使乡村治理朝着"善治"方向改进，其所具有的研究价值仍然十分可观，本文正是从这一视角出发来研究郝堂村的客观经验过程及其可能具有的借鉴意义。

（一）政府项目等外部资源注入奠定村庄发展基础

一般而言，2011年之后郝堂村开展的村庄改造与社会建设，既

---

① 肖唐镖：《近十年我国乡村治理的观察与反思》，《华中师范大学学报（人文社会科学版）》，2014年第6期，第1—11页。

是在前期内置金融组织发展基础上的进一步深化，也借助河南省农村综合试验区的政策机遇获得大规模政府项目的集中性投入。2011—2013年，在区委书记的支持下，郝堂村直接与平桥区各职能部门对接，获得专项项目资金，项目资金能够足额及时到位，一定程度上街道办事处处于被"边缘化"的地位；2013年之后，随着郝堂村的项目建设期结束，项目支配权重新上收至街道办事处，需要由街道办事处与上级政府对接，再投放到村庄建设，在此过程中出现部分项目资金被截留挪用的情况，因镇村两级财产关系变化，以及相应权力关系调整对郝堂村的发展产生较大影响，后文将详述。

郝堂村借助上级政府大约5300万元的基础设施项目投入后，全村范围内的道路、桥梁、水域治理、公共服务设施等方面有了极大的改善（见表8-2），而且在中国乡村建设规划研究院的帮助下，因地制宜地做了符合豫南民居特点的整体改造，打造了符合乡村生态环境特点的荷塘等在地化景观，由此村域范围内的土地有了巨大的潜在增值空间。

表8-2　2011—2016年郝堂村政府项目投资

项目名称	项目来源	项目金额（万元）	备注
村庄整体规划	平桥区政府	180	中国乡村建设规划设计院的设计费
30公里道路	平桥区财政局	2000	区财政局整合涉农专项资金集中性地投放在郝堂村
旧房改造		360	
图书馆及配套设施		300万—400	
日间照料养老中心	平桥区民政局	60	村集体垫资130万元，因土地手续问题，区民政目前补贴60万元
原养老中心（花间驿）		60	重新装修后对外出租
薄弱学校改造	平桥区教体局	600	修建村宏伟小学
污水处理	河南省环保厅	70万—80	修建污水处理设施
小流域治理	国家水利部	1600	"以奖代补"

(续表)

项目名称	项目来源	项目金额（万元）	备注
美丽乡村	国家住建部	2000	以郝堂村名义申请的项目资金，实际并没有用于郝堂村的建设
合计		5230万—5340	不含美丽乡村专项项目资金

（二）村集体主导的土地滚动开发与公共财产关系构建

本来，20世纪80年代农村土地征占收益主要被用于村社内部的工业化原始积累，农村耕地"农转非"的增值收益转化为乡镇企业的核心资产来源，成为乡村集体经济的重要基础，并经由村社福利等方式反哺社区，在此过程中征占土地引发的社会成本较低。但是，从80年代后期起，中央开始试图部分上收农村土地变性收益权，先是遭遇地方反对，后来逐步明确了将耕地转为工商业用地的权力收归国家所有的政策取向，实际上将本属农村集体的土地非农化使用权，赋予更具市场意识的公司主义的地方政府，使得公司化的各地方政府可以利用国家权力介入形成的土地产权残缺的制度条件，频繁使用国家才有的权力介入土地制度变迁，遂从根本上改变了乡镇企业土地资源资本化的机制，开启了地方政府主导的土地资源资本化的进程。[①] 这也就意味着农村土地收益权由基层社区上提至地方政府，从而不再具备反哺社区的功能，村社集体与个体农户的交易地位当然也随之下降。

与此形成鲜明对比的是，在2011年以来郝堂村的村庄建设过程中，区镇两级政府将垄断占有的土地非农化使用权重新"还权"于村集体。在上述政府项目集中性投入背景下，村集体依托前期的再

---

① 温铁军等：《解读苏南》，苏州大学出版社2011年版，第79—80页。

组织化动员基础，自主完成对村庄土地的内部整合与资源资本化的滚动开发。这是村集体在资本原始积累过程中的"惊险一跃"，除了需要获得现行体制条件下的地方政府赋权，更大的需求在于规模化的金融贷款资源。当时区委、区政府领导担心郝堂村项目没有说服力，不想直接动用财政资金扶持，于是就通过私人关系帮助村集体协调了两笔共计310万元的外部借款，用于村内核心区域300多亩土地的整合收储。

整个土地收储过程充满了村干部、村民小组长与村民三者之间的"讨价还价"，客观上也是村内民主治理的实践过程，最终在村"两委"的主导下达成一个三方相对满意的均衡结果。

> 延伸阅读 16
>
> ### 郝堂村委会有关征地的会议记录
>
> 2011年4月27日，村委召开红星小组村民代表座谈会，就红星组流转土地问题进行商讨，红星组共有农户42户，挑选出9名村民代表参加会议。会议由村长胡静主持，着重指出了在村庄建设中要坚持村民自治，反对招商引资，依照老百姓自己的意愿建设家园。基础设施由各局委争取项目协助建设，建设后交付村里共同管理。会议第一项就红星组需要改变性质的土地做出了决议：以1.7万元/亩的价格补偿给村民。代表彭凤霞提议：建议将土地作价成股份入股到村集体里面，参与村庄的收益分成。代表曹邦兵提出：希望价格再增加一点，可以的话，代表回去和村民开讨论会。支部书记曹纪良同意每亩增加1000元，请代表们尽快回去商量结果，拟定好合同。代表郝长富提出1.8万/亩一口价，如果村委同意，就跟村委签订

合同，村民的工作由代表们做通。征用村集体建设用地70亩。

2011年6月8日，郝堂村支两委召开红星小组村民会议，就试验村开展以来的进展情况进行分析和讨论。村民李秀琴等对于已经开建的循环路占地不补偿的规定表示不理解。她认为修路上面给的有钱，干活的也捞到钱了，占地20多亩不补偿钱说不过去。村主任胡静强调了生态文明村建设的长远意义。经过村民讨论，大家表示要坚持修路占地不补偿的传统村规。

2011年9月1日在郝堂村村部召开红星组村民代表大会，村干部孙德华，郝堂村委班子及红星组村民代表徐大国、朱明强、曹邦兵、郝长富、袁祖传、李长城、黄启军、吴军参加本次会议。会议就建设村庄公共设施新征"幺塘以上到新小学以下的土地及原黄秀清家西边及里凹"两块地，征求代表意见。代表郝长富提出，大家如果愿意和村集体谈土地流转方案，就和村集体协商，如果不愿意，也不勉强；代表徐大国指出，征咱们组的地就是发展咱们组，只要村集体愿意要，我们就愿意提供，但是价格不能按原来的1.8万元/亩，应该有所提高，听说七桥村和辛店村征地价格是2.24万元/亩。

村长胡静提出，既然说到价格问题，咱们旁边的村也有参照，比如说七桥村是2.24万元/亩，咱们本次就是依照七桥村的价格。支书曹继良总结说，开这个会是先给大家通通气，村里讨论商量是2.24万元/亩，大家回去和社员们商量商量合理不合理。

资料来源：阳哲东：《结构功能主义视角下乡村多元治理的问题研究——以信阳市郝堂村为例》，中国人民大学硕士学位论文，2016年。

与当前基层地方政府在征地过程中产生的愈演愈烈的对抗性冲突相比，郝堂村集体主导的征地过程非常平稳，几乎没有引起任何"上访"行为，"负外部性"要小得多。究其实质，主要是因为村社为产权边界的集体所有制是村社内部一组成员权的集合，在以血缘地缘为边界的社区范围内，与土地使用权主体村民之间属于内部交易，而且是一个多重博弈过程。

接着，本报告需要具体分析的是，上述被村集体以1.8万元/亩或2.24万元/亩相对较低的价格统一收储的土地用途及其土地用途性质发生转变过程中的级差地租收益分配情况。马克思主义政治经济学的基本原理指出，一切经济社会关系的实质最终都取决于分配关系。在郝堂村的土地实际运作中，主要体现在以下三个方面（详情见表8-3）。

第一部分，100多亩用于公益用途，村集体出土地，然后向政府申请专项项目资金建造学校、图书馆、会堂等公共服务设施。虽然难以产生经济效益，但是潜在的社会效益和政治效益巨大，客观发挥的是"土地换公共服务设施"的社会功能。

第二部分，100多亩出租给外部工商资本做商业性开发，因租赁时间过长而基本等同于出让或买断，采取的合作形式是多样化的：（1）2012年在村庄建设资本极度稀缺但土地价值还没有显化的发展时期，不管是村集体征地，还是修建集体产权的房屋设施，都面临很大的资金缺口，只好以8.5万元/亩的价格先后出让两块共计40亩、出让总额300多万元的土地，获取现金流收入，是为"土地换现金"；（2）为了吸引早期的外部工商资本投资，聚集人流物流商流，也采取了"土地换寺庙"的交易形式，村集体免费提供50亩土地，下乡的工商资本修建一座占地19亩寺庙作为偿还，其余用于商业性房产开发；（3）几乎以成本价（征地成本+手续费）3.5万元/亩将10亩的土地出让给企业，用地企业承诺以此建立手工坊，吸纳农村妇女就业，相当于"土地换就业"。

第八章　组织动员、资源整合与多元共治

表8-3　2011—2016年郝堂村集体土地开发建设情况

项目类别	征地批次	项目名称	原用途	现用途	占地面积	征地成本（万元/亩）	出让价格（万元/亩）	总成交价（元）	投资方	投资金额（元）外部投资	投资金额（元）村内投资	使用年限
村级集体建设用地 原有建设用地	—	村委会	寺庙	公益用地	1亩	—	—	—	村集体	—	100万	自有
	—	乡建院	寺庙旁边菜园	商业用地	1.7亩	—	10	17万	乡建院	100万—200万	—	70
	—	招待中心一栏尾楼	20世纪90年代村内小学	商业用地	?	—	—	5万/年	工商资本①	300万	—	30
	—	村门面房	道路旁边荒地	商业用地	1—2亩	—	—	—	村集体	—	160万	自有
	—	7016宾馆	20世纪70年代村内小学	商业用地	2亩	—	8.5	6.5万/年	工商资本②（龙潭酒店）+村集体	200万	—	30
	—	招待中心龙潭人家	20世纪70年代村内小学	商业用地	6亩	—	—				140万	30
新增建设用地	第一批次	停车场	荒地	商业用地	25.5亩	1.8	—	216.75万	工商资本①	0	0	60
	第一批次	村会堂	荒地	公益用地	10余亩	1.8	—	—	村集体	—	200	—

327

(续表)

项目类别	征地批次	项目名称	原用途	现用途	占地面积	征地成本（万元/亩）	出让价格（万元/亩）	总成交价（元）	投资方	投资金额（元） 外部投资	投资金额（元） 村内投资	使用年限
村级集体建设用地 新增建设用地	第一批次	村图书馆	荒地	公益用地	1—2亩	1.8	—	—	村集体与区财政局合作建设	300万—400万	—	—
	第一批次	宏伟小学	荒地	公益用地	14亩	1.8	—	—	村集体与区教育局合作建设	600万	0	—
	第一批次	荷塘月色世外桃源	荒地	宅基地	近1亩	1.8	3.5	3.5万	本村村民	—	40万—50万	—
	第一批次	手工坊	荒地	商业用地	20亩	1.8	3.5	60多万	工商资本	几百万	—	—
	第一批次	其他公共设施占地	荒地	公益用地	10亩	2.4	—	—	工商资本	—	—	—
	第二批次	花间驿	养老中心	商业用地	2亩	2.4	—	6万/年	工商资本	8万—9万	60万	10

328

(续表)

项目类别		征地批次	项目名称	原用途	现用途	占地面积	征地成本（万元/亩）	出让价格（万元/亩）	总成交价（元）	投资方	投资金额（元）		使用年限
											外部投资	村内投资	
村级集体建设用地	新增建设用地	第二批次	建寺庙+地产开发	荒地	公益用地+商业用地	50亩	2.4	—	土地换寺庙	工商资本	1000多万	0	—
		第二批次	山洼地	荒地	未开发	16亩	2.4	8.5	150万	工商资本	0	0	—
		第二批次	日料中心+紫云英	荒地	公益用地+未开发	14亩	2.4	—	—	村集体与区民政局合作建设	120万	—	—
		第二批次	曹湾小组未开发地	荒地	未开发	80多亩	2.4	—	—	—	—	—	—
		第二批次	祠堂茶文化一条街	荒地	未开发	50亩	2.4	—	—	—	—	—	—
		拟新征地	村口新建停车场	荒地	公益用地	40亩	—	—	—	—	—	—	—

第三部分，余下的 100 多亩作为村集体预留的未开发地，准备打造"郝堂茶文化"一条街，借此形成一定的村庄内生型产业支撑，后期村集体也有条件可以内部化占有这部分土地的全部增值收益。

除了上述原来作为荒地等农业用地变成商业用途之后，会产生级差地租收益之外，20 世纪 70 年代小学和 90 年代小学原址及村庄寺庙等原来作为公益用途不产生直接经济效益的村集体建设，在现阶段的开发过程中，被转化成商业用途也会产生级差地租收益，最后是村集体和用地企业共同分享因土地性质变化带来的增值收益。

与此同时，郝堂村也在不断的滚动开发过程中形成估值高达数千万元的村集体所有的固定资产（见表 8-4，资本价值被高估）。这些村集体所有的资产主要以固定资产为主，大多难以产生经营性收益。而且，郝堂村集体的土地运作和发展也不完全是一个本地化的土地资本化过程。在村庄建设时期，没有任何经济基础支撑的郝堂村集体曾经最高负债达 600 万元，由于资本极度稀缺，村集体不得不向外部工商资本让利带动村庄发展，付出的代价也很大。其间有很多诸如"土地换公共服务设施""土地换寺庙""土地换就业"的做法，这些对外的交易活动有成功，也有失败，构成村集体最为真实且艰难的资本原始积累过程。总体而言，村集体只是内部化占有部分土地增值收益进而将其转化成村集体所有的固定资产（房屋、门面房等），早期介入的外部工商资本以"名义上租赁，实际上等同买断"的方式，占有村庄发展后期更大的土地增值收益（据了解，2016 年郝堂村核心区域的土地价值已经达到 14 万元/亩），但也因为土地指标没有真正落实而难以变现。对于土地指标的问题，后文将详述。

表 8-4 郝堂村集体资产

修建时间	资产名称	单位	数量	金额（万元）
1993	郝堂村部	平方米	2000	380
2007	荷园酒店	平方米	2700	380

(续表)

修建时间	资产名称	单位	数量	金额（万元）
2008	卫生室	平方米	700	120
2010	龙潭酒店	平方米	3800	500
2011	公厕	平方米	200	50
2011	污水处理厂	平方米	500	100
2012	宏伟小学	平方米	24000	1000
2012	岸芷轩	平方米	60	50
2012	乐龄养老中心	平方米	800	300
2012	叶楠、白桦纪念馆	平方米	300	200
2012	张玉衡故居	平方米	200	80
2012	自来水厂	平方米	150	200
2013	资源分类中心	平方米	600	40
2012	旅游自行车	辆	200	20
2013	农副产品展厅	平方米	500	300
2013	郝堂会堂	平方米	380	200
2013	自行车棚	平方米	2500	200
2013	柏油路	千米	6	90
2013	水泥路	千米	15	225
2014	居家养老中心	平方米	800	300
合计				4735

三、第三阶段：多元主体的互动关系演化

地方政府前期大规模集中性的项目投入，极大地改善了郝堂村的基础设施环境，加之郝堂村因距离信阳市中心城区只有17公里而

具有一定的区位优势；而且，2013年之后，郝堂乡村旅游的知名度也在不断提高，创造了2013年之后内外部多元主体"搭便车"的条件，这些主体共同分享前期政府沉淀性项目投资的溢出效应和村庄内部资源的资本化收益。

尤其是在当前城市投资空间基本饱和、资本严重过剩的背景下，工商资本和城市中产阶级都有着迫切的下乡需求，但两者的利益动机却具有很大差异性。一般而言，规模化的工商资本下乡单纯从事一产化的农业生产，除了获取政府补贴之外，大都无利可图，因此部分工商资本下乡真正看中的是农村集体土地的"非农"开发收益，并试图按照利润最大化的原则改造乡村社会；而城市中产阶级下乡则有着更为个性化的需求，大多想要消费的是田园风光、乡土文化、乡村回忆及寻找乡愁，最终希望的是留住乡村的美好，当然也不排除少部分中产阶级群体也有着类似购买"小产权房"的投机套利行为。

以上构成郝堂村发展过程中最主要的三类外部力量。虽然当前资本下乡具有一定的普遍性，但也并不是每一个乡村都有资本下乡的客观条件。对于郝堂村而言，前期高达数千万元的政府项目资金注入，确实创造了后期各类外部主体争相涌入的"搭便车"机会，但也因为投资前景不明朗及农村集体土地无法直接"农转非"等制度性障碍，隐含着很大的政策性风险。因此，客观而言，郝堂村的前期"招商引资"一定程度上也是借助了地方政府的信用背书和村集体的"地租让利"；尤其是区委书记的个人信用背书，最初过来投资开发的主要是通过区委书记的私人关系帮助协调过来的。

（一）"土地杠杆"和"财政杠杆"撬动工商资本和村民的资本投入

这些早期"下乡"的工商资本动辄投入几百万到上千万元不等的现金修建经营性设施，比如承担对外团体接待的旅游招待中心、修建吸纳本村妇女就业的手工坊、寺庙及商品性房产等，带动了村内土地价值的显化过程。因此，村集体主要是以土地为杠杆撬动外部工商资本的成倍资本投入的，对于郝堂村的乡村旅游发展起到至关重要的作用。对此，需要说明的是，尽管2013年郝堂村名声大噪之后，地方政府帮助协调300多亩的用地指标解决村集体的"非法占地"问题，但也只有运作"土地换寺庙"的工商资本，通过个人关系找河南省国土资源厅协调，支付了近20万元/亩的土地使用费、耕地占用税、增减挂钩费等相关税费之后，才完成正式的土地出让手续，获得土地所有权证和土地使用权证，其他用地指标基于种种原因尚未真正落地。

延伸阅读 17

工商资本和中产阶级下乡

案例一：手工坊。2012年，为了促进村民就业，尤其是村里妇女的就业，郝堂村引进了一个从事纺织业的老板，希望在郝堂村建一个手工坊。在吸纳村里妇女就业的同时，也不耽误接送孩子上学。为了吸引老板在村里投资，村委把一块10亩的土地，以征地成本价3.5万元/亩的价格承包给这个老板，总价35万元，期限六十年，基本等同于买断。值得注意的是，在签合同时，村里明确手工坊必须起到为村民服务的作用，如果没有做到这一点，村里有权收回土地。后来，老板出资几百万元建设了手工坊，但是由于产业不景气及村民无法完成手工坊的技术要求等原因，手工坊最终经营失败，目前一直处于闲置状态。

案例二：胡家宅院。从郝堂村口进入，可以看到十分气派的一片建筑，就是胡家宅院。宅院老板是本村人，常年在外经营加油站，拥有从新疆到内蒙古一带共22家加油站。只有逢年过节才回家，也会带外地的朋友过来游玩、开会、聚会，不收取住宿和餐饮的费用。他自己不亲自经营，而是找亲戚代为打理，不支付给亲戚工资，农家乐的收益归亲戚。2015年开始经营，土地面积是12亩，购买土地花费60万元，平整土地10万元，加上装修建造成本一共花费700万元，经营投资巨大。胡家宅院共有11个标准间，价格150—160元，接待的游客包含一些旅行团，游客有来自台湾、北京等地的，多为郑州和驻马店的。

案例三：位于村委会后面的龙潭人家和旁边的7016客栈是同一个老板的，2010年开始营业，房屋面积共1000平方米，占地3800平方米，一年租金6万—7万元，房屋由村集体修建，共花费100多万元。龙潭人家三层全部是餐饮，7016客栈是住宿，共有两个标间，3个套房，标间280元，套房480元，不仅供游客住宿、餐饮，而且也会承接一些企业、政府的会议和论坛。酒店大堂服务员的工资为1800元/月，高于村里其他农家乐的帮工工资（1500元/月），说明经营收益不低，经营形式和城市的酒店一致，目的是赚取收益。

案例四：花间驿位于村委会后面，就在大片荷塘边上，大约2亩地，租期十年，分3次付清，几年下来好几十万元，第一次支付了十几万元。老板说道："这里的春天、夏天，包括秋天景色很好，晚上满天的星星，连星星眨眼都可以看见。对我来说，60%的思路不是真正把它当成生意来做，而是作为一种生活方式，为自己和朋友们提供休闲的场所来用的，有生意就做，能够不赔就行，然后朋友周末、假期休闲有一个聚会的地方，要想真正完全赚钱，我跑到这没有必要。"这属于典型的城市中产阶级下乡。

案例五：如莲茶馆也叫"三号院"，是一对夫妻经营的，原来是报社编辑，后来经人介绍，辞职后一家人来到郝堂，从2013年租用的"二号院"到2015年租用的"三号院"，已经在郝堂待了四年，现在租金一年1万—2万元，租期五年。这也是城市中产阶层下乡的典型代表，目的不是获取高额经营利润，而是为了远离城市的雾霾和喧嚣，减轻工作压力，提高孩子的身体素质，从其装修风格也可以看出来是非常小资的。

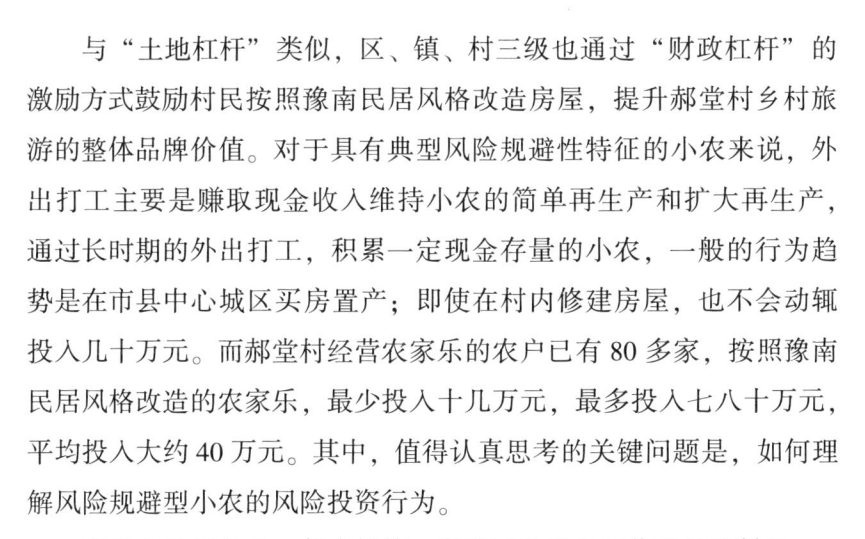

与"土地杠杆"类似，区、镇、村三级也通过"财政杠杆"的激励方式鼓励村民按照豫南民居风格改造房屋，提升郝堂村乡村旅游的整体品牌价值。对于具有典型风险规避性特征的小农来说，外出打工主要是赚取现金收入维持小农的简单再生产和扩大再生产，通过长时期的外出打工，积累一定现金存量的小农，一般的行为趋势是在市县中心城区买房置产；即使在村内修建房屋，也不会动辄投入几十万元。而郝堂村经营农家乐的农户已有80多家，按照豫南民居风格改造的农家乐，最少投入十几万元，最多投入七八十万元，平均投入大约40万元。其中，值得认真思考的关键问题是，如何理解风险规避型小农的风险投资行为。

事实也正是如此，郝堂村第一家房屋改造的工作是最难做的。

> 延伸阅读
> 18

郝堂村的建设从"一号院"开始

郝堂村之前没有旧房改造的先例，村里的房子要么拆了重建，要么废弃不管。要找到一户愿意接受改造的试点是孙君他们面临的第一个问题。孙君认为试点的选择需要抓住两个关键点，一是户主，户主首先最好是党员，是村干部，这样的人觉悟高，好引导；二是房子，用于试点改造的房子应该是老房子。但是村里人认为老房子没有价值，不肯为老房子花钱。为了项目的顺利推动，改造用房的定位更改为：新房子中形式上较新，但年代较长、建筑格局和生活方式依然是旧的，即不适应现代生活方式的"新"房子。

最终找到一处满足要求的房子，房主张厚建既是党员又是村里的生产队队长，还在城里做装修。房子建于20世纪90年代初，算是村里最早一代的新房子：两层平顶的砖房，外墙贴瓷砖，有一部室外楼梯，没有室内卫生间。红砖墙围起的院子里，设有厕所和猪圈。这样的房子，建筑形式是现代的，但布局延续了传统的方式，说明户主有向现代生活方式过渡的需求。经过村干部与房主的协商，第一户试点选定，且被命名为"一号院"。

房子需要进行从功能到形象的全方位大改造。功能如果不改，还是不能适应现代化的生活方式；形象不改，则没有乡村的味道。

第一，改厕。房主想请孩子回来住，家里不能没有卫生间；老两口年纪大了，夜里行动不方便，也得有个卫生间。房主一开始担心室内厕所会有味道，但是想想城市里的室内厕所，这种疑虑就消除了。

第二，改楼梯。将原本在室外的楼梯改到室内，这点主人没有任何异议，也是他原本的希望。

第三，阳台不要窗。"一号院"原本的楼梯在外面，需要一个与其相连接二层的两个房间，也就是现状悬挑出的走廊，开窗的走廊影响到了房间的采光和通风。孙君建议去掉窗子形成部分开放式阳台，劝说户主："中国汉字里堂屋的'堂'字，拆开最上面是太阳，然后是房子，再下面的口字代表人，最下面是土地。也就是说阳光进来的屋子才是堂，照不进来的那是小人房。现在的走廊窗子遮住了阳光，全家人都住在小人房里，这样好不好呢？"主人听后觉得很有道理。二层的两扇窗子，一侧增加了中式的木质窗框，减弱了原本铝合金窗户的冰冷生硬感；另一侧拆掉了窗子，又拆掉部分墙体，增加了通透的范围，改造后的阳台，方便了农村人晾衣服，晒猪肉、晒鱼等，功能上又成了一个晒台。

第四，屋顶防水。现在主人家的房子是平屋顶，既无坡度又无排水管道，天长日久，就出现了雨天屋顶积水、渗水的现象。改造方法是将原有平顶改为坡屋顶，既解决了排水问题，又提升了保温效果，同时与乡土建筑的风格相契合，可谓是一举三得。

第五，重修家门。中国人的传统理念，大门要像家里的男人一样，得是顶梁柱，要撑起门面。重修的大门更像是北方比较有特色的门头，朴实又大气。

第六，立面做"丑"。"一号院"房子的外墙面原本贴满了白瓷砖，如果将来要对外，要做生意，立面风格上也得有特色、有价值，乡土气息就很重要。孙君想用当地的石头，房主不同意，觉得石头是常见材料里最丑的；用当地的免烧砖，房主也不愿意，觉得是砖头中最丑的。孙君又跟房主讲道理："这个漂亮啊！这样的砖看着像青砖一样的，又比青砖古朴大气；下面配上石头，房子看着多结实。房子就是要有结实感，你现在的房子看起来跟个纸片似的，这才是不漂亮。"之后画了不同角度的立面给主人看，看着看着，房主也觉得真是漂亮了。

又用同样的方式完成了院落的景观布局、污水处理池、公厕与沼气池等室外设施的改造。最终，七八万元的改造费用不仅完成了建筑结构、功能改造和室内装修，还完成了庭院景观和生态系统的重建。

张厚健的"一号院"现在取名"老张山庄"，做起了农家乐。基层政府通过提供桌椅板凳的方式加以支持，桌椅板凳的费用通过基层政府在"一号院"吃饭折算进去。政府按此种模式扶持了几家农家乐后，郝堂村的农家乐就带活了。建设资金不够的，基层政府可以为村民提供借贷帮助。游客逐渐多起来，为了发展住宿业，只要农户有空房愿意开展乡村旅游，基层政府就给他们买床及相关物品。

一个试点成功后，接下来的建设活动会很容易开展。从一户试点入手，而不是整体规划后全面实施，这可能是村庄建设与城市建设一个非常重要的区别。"一号院"还没有完成的时候，已经有六七户人家找到孙君，要求进行改造。

资料来源：孙君、胡静：《郝堂——中国式乡建》，第79—87、第384页。阳哲东：《结构功能主义视角下乡村多元治理的问题研究——以信阳市郝堂村为例》，中国人民大学硕士学位论文，2016年。

第一家房屋改造完成，树立了村民们心中对于房屋改造的良好印象，也产生一定的示范效应。接下来，区、镇、村三级主要是通过房屋改建补贴和新建房屋两年贴息贷款两项具体政策予以扶持，共培育了十几家房屋改造典型，随着郝堂乡村旅游的知名度越来越高，通过他们的农家乐经营成功陆续带动周边其他农民的房屋改建，示范效应进一步放大，更为重要的是强化村民对于郝堂村乡村旅游未来发展的良性预期。因此，预期的形成和强化是促使风险规避型小农做出风险投资行为的关键变量。

具体来看，房屋改建补贴资金来源于危房改造的专项项目资金，补贴标准是每平方米130元。每平方米房屋改建的总成本是600元，政府补贴和农民自筹的出资比例约为1∶3.6。2011年、2012年政府房屋改建总补贴为400万元，至少撬动的是1440万元的村民改建投资，每户获得的房屋改建补贴从几千到几万元不等。新建房屋贷款贴息主要是对于新建房屋的贷款贴息两年，由街道办事处帮助协调一家村镇银行发放总额为200万元的贷款，区财政负责贷款贴息，而且还需要区财政、街道办、村集体三家提供担保，担保比例为50%∶30%∶20%，需要承担最终不良贷款的偿还责任。每户获得的贷款额度5万—15万元不等，主要是补贴早期建房的十几户。新建经营农家乐房屋的平均成本约四十几万元，除了银行贷款，平均每户还需要自筹30万元左右，政府担保和村民自筹的出资比例也接近1∶3。

因此，上述阶段，区、镇、村三级主要是通过"财政杠杆"撬动村民的数倍资本投入的，同时伴随着大规模政府项目和外部工商资本的进入，多方面因素的共同作用不断引导、强化村民对于郝堂村发展乡村旅游的良性预期，最终促使风险规避型小农的风险投资行为得以发生，也改变了郝堂村民的收入结构。2009年郝堂村民人均收入约4000元，其中：务工收入占70%、务农收入占30%。2015

年全村经济收入达到2100万元，人均收入高达9130元，较2009年人均收入翻了一番多，务工收入与务农收入占比急剧下降，农家乐等服务性经济收入占比迅速提升。截至2015年上半年，全村共有72户经营农家乐，直接带动200余人就业，每户农家乐年均纯收入在8万—50万元不等；而且，带动大量青壮年劳动力回流，郝堂村青壮年人员回乡比例已接近80%。

（二）街道办事处上收财权弱化村集体的治理主体作用

值得注意的是，2013年也是郝堂村发展的一个很重要的时间节点，以五里店街道办事处党委书记的更迭为标志，原来由村集体主导的项目资金支配权被街道办事处收回，紧随其后发生的是街道办事处开始截留挪用项目资金，主要体现在农村危房改造项目和美丽乡村项目的运作过程之中。最初郝堂村亟须发展，而农村危房改造没有及时下达，就由村集体先行垫付农村危房改造的资金。2013年街道办党委书记更迭之后，这笔项目资金依然没有下达到村，被街道办事处挪作他用，后来需要村书记帮忙应付审计过关。另一个项目是，街道办事处以郝堂村的名义争取到2000万元的美丽乡村建设资金，村书记表示这个项目资金并没有具体用于郝堂村的相关建设，在项目验收时，街道办事处就把郝堂村原来已经投入建好的项目设施作为美丽乡村项目资金的投放点，实际上利用当前"项目制"管理体系中各条线部门各行其是造成的信息不对称而进行"张冠李戴"，最后借村委会公章完成相关的项目验收手续。由此，也客观反映出围绕郝堂村项目建设的区、镇、村三级之间的关系正在发生一系列的深刻变化。

更进一步，郝堂村在2011年成立负责运营村集体资产的绿园生态旅游公司也在2014年被注销，公司所有的资产全部上收街道办事处管理。最初，村集体成立集体所有制企业绿园生态旅游公司，一方面是为了规避经营性风险，村"两委"和绿园公司实行政企分开，在经营出现问题时，可以适当剥离；另一方面是负责管理村集体资产，实现一定的财权自主性，可以根据村庄建设的实际需要进行投入，因而也就具有一定的事权安排自主性。在当前"村账乡管"的基层财政体制安排下，本来应该发挥自治功能的村"两委"主要是对上负责，帮助乡镇政府落实国家惠农政策以及处理征地拆迁纠纷等。然而，郝堂村借助上级政府项目的大规模投入，顺势完成对村庄土地的内部整合与资源资本化的滚动开发，从无到有地形成了村集体经济基础，实现一定程度上的"产权与治权相统一"和"财权与事权相统一"，由此势所必然地会削弱街道办事处的行政控制能力，进而对既有的体制安排形成挑战。

因此，街道办事处重新上收村集体的这部分"新增财权"，主要是基于两个方面考虑：第一，村集体发展壮大之后不便于形成有效控制；第二，郝堂村的发展本身是一个试验过程，面临很多涉及土地、金融等政策性争论以及有关发展村集体经济的意识形态争论，导致街道办事处这一级客观存在着"权力和职责不对等"的问题，一旦出问题势必要承担连带责任，因此上收村集体财权也是规避政治风险的需要。

随着2014年郝堂村的"村财"重新上收街道办事处，村集体对于土地出让收入及房屋出租收益基本失去支配权，村支书虽然表示不同意见，但因村庄建设过程中"非法占地"问题，以及区委书记通过私人关系帮助协调的外部投资"下乡圈地"而落人口实。郝堂村作为区委书记的挂点村，在市区换届选举之际，区委书记个人背负着巨大的政治压力，最后以2016年8月村书记的"被动辞职"来缓解各方之间矛盾紧张的局面。由此，导致村庄发展一定程度上陷入"阻滞"。

四、小结与进一步讨论

当前，社会各界对于郝堂村的乡村建设试验都给予了极大的关注,也从不同角度对其实际经验过程进行了深入解读,也因此产生褒贬不一的、极具争议性的评价。经过多次研究后,我们还原了郝堂发展的整个过程,希望以郝堂作为一个参照,为中国千千万万的村庄发展提供经验教训。

客观来看,郝堂村的乡村建设试验,大致经历了三个具有明显异质性特征的发展阶段:第一阶段,始于2009—2011年村"两委"主导下的内置金融发展,内置金融组织的经济功能与村"两委"的治理功能相适应,通过多种方式的组织动员和内置金融的股金分红重塑村"两委"的主体性和合法性,也从最初的"无组织化"状态开始向组织化方向转变;第二阶段,兴于2011—2013年政府项目的大规模投入,区、镇两级赋予一定的发展空间,村集体借此顺势完成对村庄土地的内部整合与资源资本化的滚动开发,从无到有地形成村集体经济基础,同期带动外出劳动力和资金相继回流;第三阶段,盛于2013—2015年多元主体的互动演化,区、镇、村三级分别通过"土地杠杆"和"财政杠杆"撬动工商资本和村民的成倍资本投入,这些内外部主体既能"搭便车"地分享前期政府沉淀性项目投资的溢出效应和村庄资源的资本化收益,也把郝堂村逐渐打造成全国知名的美丽乡村休闲旅游地;最后,陷于2015年前后区、镇、村三者之间复杂关系变化,村庄发展一定程度上陷入"阻滞",接下来的转型发展步履维艰。

附录一 本地性与开放性: 以内置金融为切入口的郝堂乡建

孟斯

2009年9月李昌平第一次走进郝堂村时,这里和千千万万的村庄一样,也是一幅凋敝景象:到处是垃圾和污水,满山是无人采摘的板栗和荒废的茶园，还有留守的老人、小孩、狗。走进村部，他们正好看到村长胡静一个人在办公室里打瞌睡。

胡静告诉李昌平一行人，随着大批青壮年外出务工，郝堂村"空心化"情况日趋严重，每年都有"空巢"老人喝药、上吊自杀。说起自己有什么希望，胡静说，"离任前，唯一想的就是为老人做点事"。但是做事需要资金，村里早已没了集体经济。

胡静 18 岁嫁到郝堂村，从 1975 年高中毕业就一直在郝堂村工作。农业学大寨时她是民兵营长，后来又当村妇女主任。2005 年起担当郝堂村村长。无所事事并不是这位女村长的本心。但她面对的是时下农村普遍存在的问题，用李昌平的话说，农民正在变成"市场贱民，社会流民和政治贫民"。

当时郝堂村是一个贫困的山区村，人口 2300 人，村域面积 20 平方公里，当年人均收入 4000 元左右，打工收入占 70%，农业（以茶叶和板栗种植为主）收入占 30%。

一、成立"夕阳红"

郝堂村的问题并不算特殊。最近二十年来，中央政府对农村转移支付越来越多，各级党委政府对农村派出的驻村工作队和大学生"村官"也越来越多，但农村与农民相关的问题越来越凸显。究其原因，是村社共同体的缺失，农民缺乏有效的组织。乡村社会千百年来首次成了"无主体"社会，农民作为单打独斗的个体，无论在市场博弈中，还是政治权利、社会权益上，都势单力薄，缺少话语权。

千百年来，中国乡村的家族共同体是有共同"产权、财权、事权和治权"的统一体。中华人民共和国成立后，通过社会主义改造建立了新的村社共同体。但改革开放后，村社共同体的"事权和治权"名存实亡了。

李昌平给胡静的建议是——成立一个养老资金互助合作社。靠"内置金融"为村庄造血，扩大集体经济，重新获得产权和财权，以此来重建村社共同体。传统社会中的家族共同体集"经济发展、治理和服务能力建设"三种职能于一体，在借贷、水利水务、技术推广、教育文化、扶贫济困、治安调解、协税等方面为农民提供更有利的支持。如今的村社共同体也要做"三位一体"。"内置金融"是李昌平创造出来的一个名词，它指的是社区内部金融，是村社合作金融，是本地人（农民）主导的金融，只对本村社成员贷款，利息也归村社成员，李昌平从十七年的农村工作经验和此后多年的"三农"研究中总结出一个道理："要建新农村，先建新金融"——"内置金融"是使传统小农升级为有组织的现代小农、使乡村治理从无序走向有序的切入点。在李昌平的家乡湖北省监利县的王垸村，这种资金互助形式从2003年已经开始实践。

胡静是一个行动力很强的村干部，有了方向后，凭着她在村里的威信和诚心，合作社启动资金在10天时间里被筹集齐：由胡静在内的7名本村村民作为发起人，每人出资2万元。随后平桥区科技局、李昌平当时在河北大学的课题经费等又投入部分不参加分红的股金。从后来更多的乡村内置金融实践来看，内置金融合作社成立，前期沟通思想阶段的效果往往决定了接下来的推进速度和质量，这包括跟村干部沟通，进而由村干部召集乡贤，获得乡贤的理解、信任、支持和参与。村干部的动员能力、乡贤为家乡做贡献的公益心和他们对"内置金融"的理解程度，都起到重要作用。

9月下旬，召开发起人大会，确定"夕阳红"为养老资金互助社名称，确立"资金互助促发展，利息收入敬老人"，选举"夕阳红"养老资金互助社理事会和监事会。"郝堂夕阳红养老资金互助合作社"（以下简称"夕阳红"）于2009年10月12日挂牌成立。

合作社的直接作用有两个：1. 村民通过资金互助，解决了发展融资难题，农户和集体都增强了发展能力；2. 互助社的利息收益，部分分红发给入社的老人，提高了农村老人养老的收入与幸福感；合作社成立之初本金共计34万元，其中就有第一批的15名入社老人（村民年满60岁可以申请成为老人社员），每人入社股金为2000元。

为了保证合作社的健康运转，社员们"吵"了两天两夜，"吵"出一套合作社章程。虽然主意是李昌平出的，但合作社为农民服务，同时农民也是操办合作社的主体，明确这一点，最初的章程就必须是村民自己民主讨论的结果，这样才能保证大家都心服口服、真心诚意按照章程做事。这个过程绝对不能省略，也不能由外人代替。在热烈的讨论中，李昌平和他的团队发现，因为涉及自身的利益，社员们仔细研究，一丝不苟，在贷款审批、风险控制、收益分配、养老功能方面能够考虑得周到而公平。

关于吸收存款，章程规定：一是入社老人可追加股金2万元，作为优先股享受银行两倍的利息；二是本村村民也可入股，享受比银行高1个百分点的利息，但入股资金最高不超过10万元；三是吸收社会上不求利润回报的慈善资金。

关于发放贷款，章程规定：一般贷款需要两个入社老人担保，需要农户林权证进行抵押；贷款需要理事签字授权，监事负责审批，两者相互制约；贷款利率接近当期农村信用社贷款利率。

关于利润分配，章程规定：利润的40%用于老人分红，30%作为积累资金，15%作为管理费，15%作为风险金，发起人不分配利息。

二、内置金融解决农民贷款难问题

合作社成立后，村里的沉淀资金被激活。截至2013年上半年，合作社资金总量已经达到340万元。全村170多个60岁以上老人加入合作社，入社率超过80%。最早一批入社老人连续四年收到分红，累计已超过2000元的入社本金。与此同时，合作社累计发放贷款超过500万元，有力地促进了农户生产发展。

村民贷款更容易，生活也就有了新的变化。2011年郝堂村村民沈发军贷款 8 万元买了一辆轿车,加入婚庆车队,补贴家庭收入。他说:"在村里十分钟就办完手续,太方便了,过去跟亲戚借,欠人情;跑银行,一趟趟去也不一定能贷到。现在不用请客也不用跑路,省事省心多了。"

村民黄建国有两个孩子年龄都尚小,他的妻子是聋哑人,家庭收入主要靠黄建国务农和打零工。看到村子的旅游发展很好,2014年他从互助社贷了 5 万元开农家乐,这样他不用出去打工了,既能照顾家人,又有务农外的收入。

贷款的支持能给村庄和村民发展带来助力,并非偶然,实际上是资源配置效率的提高。金融活动的本质正是提高资源配置效率。中共中央党校经济学部教授徐祥临说过,中国传统农业和农村经济系统,是一个货币供应制度性短缺的经济系统。根据凯恩斯的经济理论,货币短缺,导致劳动力、土地等生产要素配置效率低下。

而农村却一直处于资金"失血"状态,即农民存款容易,贷款难。于是,即便资金短缺,但总体而言,资金却在从农村流向贷款更活跃的城市。正规金融机构并非有意不愿意向农民放贷,根据李昌平的研究,这是因为有"三个致命弱点"难以克服。

一是成本太高。因为小农贷款额度很小,小农居住又分散,给小农贷款的成本相对企业而言实在是太高。给企业贷款数千万元或数亿元,一个信贷员就可以了;要是给小农贷款数千万元或数亿元,可能需要数百个信贷员。一般而言,正规金融机构为小农提供贷款,年利息低于15%是无利可图的。二是信息不对称,风险高。一家一户的小农贷款后,小农贷款经营状况如何,信息是不充分的,金融机构难以跟踪管理,风险不好控制;而大企业,财务规范,经营信息相对透明,风险控制比较容易。三是抵押品变现和可经营性差。农民虽然有很多土地、山林、水面、房屋等财产,价值数以百万亿计,但不能成为正规金融机构的有效抵押品,因为正规金融机构很难变现或有效经营小农的抵押物。而"内置金融"恰恰能克服上述弱点。在同一社区内部的借贷活动，因农村的熟人社会而大大降低了成本和风险。而且因为有老年人的参与，在十分看重人情孝道的农村，借款人若不能及时还款，更多了一份道德压力。同时，农民财产（如土地的经营权）在合作社可以实现有效抵押，由此激活了这类产权的价值。

农村看似贫困，却并非不可能融资。华中科技大学中国乡村治理研究中心贺雪峰教授曾对此撰文分析：

"很多人都在说农村资金短缺，那是在理论上没把农村经济看透。为什么这么说呢？我给大家举个例子就很清楚了。1000口人的一个村，一个人有1万元钱存款，三口之家，有3万元存款，这不算什么富裕户，这是中等偏下的。如果平均都按1万元来算，这个村就有1000万元的存款余额。另一方面，从生产生活的实际需要出发，这个村1000个农民的贷款需求是多少呢？我告诉大家——到不了1000万元，一般来说500万元左右，大大少于存款金额。但就是这个村，1000万元的存款放在银行或老太太的箱子里，500万元的贷款需求分散在各家各户，想借款的人却借不到。有钱的人难道不想把钱借出去，然后带来利息收入吗？但是他又担心本金利息收不回来。这就是农村金融的现状。这就是说，在有剩余资金的农户和缺少生产生活资金的农户之间，供给和需求衔接不上。所以造成了农民贷款难，造成农村货币资金供应短缺这样一个假象。"

内置金融的展开，保证了农村农业发展的收益归于农民，也与我国的土地集体所有制形成配套，解决的是当前金融制度不适应我国农村土地制度的问题。同时郝堂村的资金互助形式为老年人提供了养老的社会福利，并提高老年人公共事务参与水平和他们的社会地位。这对于一个村子尊敬老人、凝聚人气起到了很大作用。村庄的共同事业首先得到了老年人支持，接着老年人影响他们的家庭，进而得到中年人、年轻人的积极支持和参与。

几年时间下来，从不了解到信任，村里选择入社的老人逐年增加。2014年1月28日，又到了郝堂夕阳红养老资金互助合作社一年一度的年会，以及给老人们分红的日子。在分红现场，李昌平说："跟五年前相比，老人们的变化特别大。第一次分红时，很多老人接过分红，手都是颤颤巍巍的，很激动。如今，老人们都穿上新衣服，开开心心地参加分红大会，像过节一样。"

这种风气潜移默化地增强一个村庄的凝聚力和组织能力，从而促使村庄更加有效地使用政府在新农村建设中提供的扶持资金和资源。

除了资金互助，通过内置金融的途径，农民闲置的、静态的生产要素被转化为动态的资产。农民带土地、宅基地、林地等入社，农民作为社员期间，合作社得以通过流转，集中这些随农民入社的生产要素。这为后来村集体成立的绿园公司集中转租土地，凭借规模化优势，提高土地收益，返利于农民，同时扩大集体经济，提供了条件。

从全国来看，农民有数十亿亩土地和水面，有数百亿亩山林和待耕地，如果这些静态的"生产要素"能够变成动态的"金融资产"，农民每年就可以动用数十万亿计的资金实现"自我发展"。这也是为什么农村土地等"金融资产化"被视为促进"三农"发展的关键举措。2009年中央一号文件强调："农村金融就是建立现代农业的核心。"

2011年2月21日，河南省农村改革发展综合试验区建设总结表彰暨信阳市委农村工作会议上，郝堂夕阳红养老资金互助社被命名为市级示范合作社。

三、新农村建设：政府提供服务，农民作为主体

2009—2011年是郝堂村建设的第一阶段，即以内置金融为切入点的村社共同体重建实验。2011—2013年是第二阶段，2011年生态画家孙君作为总规划师的"郝堂茶人家"建设项目启动。孙君担任

主任的北京绿十字生态文化传播中心承担了郝堂村的村庄修复改造和开发活动。此时的郝堂村已经在村庄治理能力、集体经济实力、人心所向上做好了准备，这和很多被动接受改造的村庄不同，使得此后建设中的一些机制和设计理念都更加体现了村民的主体性。

2011年孙君和李昌平共同创建了中国乡建院。孙君在规划设计、落地实施上的优势和李昌平在内置金融上的优势互相补充，以郝堂实验为模本，共同探索系统性乡建的理念实践和强调农民主体性的工作方法。

信阳市作为河南省农村改革发展综合试验区，郝堂村的建设始终有政府的大力支持、充分参与。这是和许多民间乡建项目不同之处。虽然中国乡建院是一家民间机构，但我们看到在当下中国的乡村建设中，政府不能缺席，也不会缺席。而直面政府的诉求，充分调动政府资源，整合各方资源优势，才能搭建起一个具有开放性的、可持续的新农村建设平台。

在郝堂，各级政府都提供了支持，并尊重和认同实践者们的乡建理念和方法。平桥区委书记王继军说："平桥区之所以下大功夫建设郝堂实验村，就是想给社会做一点贡献，这个贡献就体现在示范、样板效应上，它的意义就在于建设了一个名副其实的村庄，让人们看到农村是有价值的，农民是有尊严的，农业是有前途的。"

2011年4月，平桥区在区委党校召开"郝堂茶人家"可持续发展实验村项目建设研讨会，评审了《郝堂茶人家——北京绿十字信阳市平桥区可持续发展项目建议书（讨论稿）》。会议达成"建设我们美好的乡村家园"的共识，按照"把农村建设得更像农村""和农民一道建设新农村""围绕增加就业岗位建设新农村"的理念，建设五百年以后依然存在的村庄，实现"农民是有尊严的、农村是有价值的、农业是有前途的"建设目标。

随后，郝堂村支两委召开红星村民小组（郝堂村的一个村民小组，小组所在地是郝堂建设的核心区域）村民代表座谈会，商量出了建设村庄需要占用农民土地时，给农民的补偿标准；明确村庄建设首要任务是保护现有的生态环境，村内所有的树木不能砍伐变卖。

村庄基础设施建设和土地开发需要更强有力的主体。但是如果通过招商引资引入企业开发，之后村庄发展就会有失控的风险，村庄自主发展的空间有被限制的可能，同时以郝堂村现在的实力，未来开发的收益也不能保证有多大比例回流进自己人的口袋。因此村里一开始就想通过合作社来做土地流转集中。但是前期又考虑到公司的运作更简单，最终决定在2011年成立集体所有的信阳市平桥区绿园生态旅游投资有限公司（以下简称"绿园公司"，这个公司在村庄的大规模建设完成后被注销，后来仍依靠合作社进行土地流转活动），法定代表人为村支书。公司由村支书曹纪良任董事长、村长胡静任总经理。这个新成立的村集体经济组织的主要角色是负责土地开发，村里所有土地流转都必须经由公司之手，外来资本若想租用土地，也必须经过绿园公司。这样也是为了避免重走很多地方新农村建设的弯路，即外来资本以便宜的价格买走了农村的土地，并享受开发获得的大部分利润。

建设的资金从哪儿来？绿园公司最初的启动资金便是来自夕阳红养老资金互助社的160万元贷款。这些钱作为征地补偿，帮助绿园公司开启农村土地流转经营。在郝堂村的建筑改造和新建中，集体经济组织用贷款补偿了农民基础设施的占地。而农民盖房和改造中短缺资金，也可向夕阳红申请贷款。另一方面，基础设施的完善和土地的规模化，抬升了土地租金，使绿园公司、资金互助社和农民都能够受益。

四、从垃圾分类开始民宅改造

郝堂村的每一座民宅改造前期，设计师都会与户主做充分的沟通，了解他们的需求。能改造的房子，就不会推倒重来，避免浪费。不过在"郝堂茶人家"规划启动之前，郝堂村村庄建设的第一步是从垃圾分类开始的。

第一次受邀来到郝堂,孙君通过接触这里的干部、老百姓,知道"夕阳红"的运营情况后,决定留下来做设计。不过,他先给村干部留了一个任务:做垃圾分类,村庄干净了,就留下来帮农民盖房子。接下来,村"两委"马上召集村民,一个组一个组地开会,做动员,全村老老小小齐上阵,捡垃圾,该分类的分类,该卖废品的卖掉,该做肥料的运到大田去。

看似简单的垃圾分类,让农民自己清理生活的村庄,其实就是村庄规划建设前的一次总动员。在过去几十年的发展中,中国村庄的凝聚力逐渐消退。而通过简单的垃圾分类,村干部和村民很快就会发现,大家团结起来付出一点点努力,就能初步改变家乡的面貌。这样,大家就有了信心,相信集合起来还能干更多的事,建设好自己的家乡。

2011年4月,郝堂村召开了村民代表大会,出台开展垃圾分类、环境整治、卫生保洁的实施意见,并提出杜绝乱砍滥伐,禁止伐木烧炭。在此之后,依靠村民的自发动员,村委会的引导,加上政府的扶持改造,郝堂的环境有了极大的改善。

在郝堂小学里,老师给孩子们提要求,做讲究卫生的表率。每次放学,老师都会给每个孩子发垃圾袋,让孩子们在放学的路上顺手捡垃圾。孩子是每个家庭的主心骨,孩子连接着家庭,家庭连接着社区。

当孙君依约再度来到郝堂时,他看到了村里的变化,并开始了郝堂的规划建设。

很多人并不能理解乡村建设的难点,与城市相比,从设计的难易程度来讲,似乎乡村的构成元素更为单一,功能需求也并不复杂,但从事过相关工作的人都知道,一旦深入实施层面,总会遇到各种各样的问题——要么房子舒服了,乡土的味道丢了;要么够乡土了,老百姓不接受,说是"改来改去还让我们住这破房子"。而孙君的目标是要把房子建设得既舒服又乡土，还要说服把房子看得比生命都重要的农民接受他们的改造方案。

农民的模仿能力强，创新能力弱。一个试点成功了，后续的建设活动会很容易开展。所以民宅改造从一户试点入手，而不是整体规划后全面实施。为了给郝堂村农民宅房改造做准备，平桥区可持续发展实验区办公室人员和孙君一起考察了传统豫南民居，造访擅长建造豫南民居的民间建筑师。

郝堂村之前没有过建筑改造的活动，村里的房子要么拆了重建，要么废弃不管，农民们都封闭在自己对房子建设的理解中。要找到一户愿意接受改造的试点，如同打开一个封闭观念中的缺口。这个缺口如何找？是民宅改造面临的第一个问题。

经过一番寻找和协商，孙君团队找到了张厚建。他是党员，又是村里的生产队队长，还在城里做装修。他家的房子是比较典型的外贴瓷砖的砖房，建造时间大约是20世纪90年代初，没有室内卫生间。主人原想把房子拆了盖新的，不相信通过改造可以实现房子的重生。但孙君拿出其他村子改造好的案例照片给他看，表明建成效果确实不错，终于说动了房主。

接下来团队具体调查了解主人对房子的改造需求。"一号院"的正房进深比较浅，所以整体上就觉得房间小了，主人很想加大。但孙君认为现在的大小才是刚刚好。他向主人解释：中国自古形容小房子便有方丈、斗室之说，9平方米左右，3米乘3米，这是非常适合一个人的尺度，两个人一般就需要14—16平方米。这样的判断是以人体温度为参考的：晚上十二点到凌晨一点的时候，房子和人的温度正好平衡，如果房子太大，要靠人的体温来养房子，这样的房子就不是养人的，是伤人的。孙老师对房主说："你可是盖了一个面积和人特别相适宜的房子，将来别人家盖房子，也得按你这个标准盖！"主人听了很得意，这个尺度就保住了。

正房对面的外围有一圈红砖院墙。高高的院墙，是私密性的保证。在很多农民的观念里，没了院墙就不像个家。改造的第一项——拆墙，便成了一个难题。孙老师解决问题的方法先是与主人打心理战，摆道理：第一，房子是农村人的脸面，改好了得"炫耀"给别人看看；第二，原来开门见厕所，拆掉以后开门见山，风水大好；第三，围墙里面一个人字是"囚"，寓意不好，非常不利于家里小孙子的成长。主人听到这里，心里已经接受了拆围墙的观念。而后再讲功能：无墙可通风，猪圈的味道就没有了；而且，没了院墙，原本墙外的空地只要稍加整治，从心理上到视觉上都像极了自家的新院子，面积无形中被放大了一两倍，将来还可以在家做个小生意。拆墙的难题就这样解决了。

墙拆了之后，视野果然开阔了，主人也觉得拆得好。接着，团队又跟主人沟通，增加了室内卫生间、室内楼梯，改善了采光，增加了屋顶防水。

跟大多数新农村建设相比，这种方法需要花更多的时间与农民户主沟通，听取他们的需求，并用耐心使他们放弃那些不利于改善居住环境和舒适度的旧观念。新农村建设的设计不应该把农民排除在外，应该摆正一个观念，那就是外来者是服务者，农民始终是他们自己房子的主人，自己住的房子要建成什么样子，最终决定权在农民自己手里。

在"一号院"的改造中，房主接受团队的建议，建立了一个家庭污水处理池，于是一个小型家庭湿地生态水池出现了。接着，又考虑到开农家乐的需要，建了一个男女分开的小型公厕。此外，还建了沼气池。当地政府鼓励开发沼气作能源，沼气技术和资金是由政府负担的，这样将来两个厕所的排泄物一起汇入沼气池，沼气能源所需的原料就基本满足了，节能又环保。

这个院子的改造特点，一是与民居建筑配合，完成乡村院落景观的营造；二是结合家庭生活的湿地生态系统和沼气能源系统，做到了节约和环保，实现了家庭的内部循环。

从这座房子开始，村民逐渐开始认识到乡土材料的美。本地的石材、环保的免烧砖、透水的三合土再次登上乡村建设的舞台；拆掉围墙，拆掉厕所并将厕所移到家里，这些村里人觉得离经叛道的改造也实现了；人们还接受了家庭污水处理系统的设计，接受了室内设计的概念，开始重视施工的质量。

值得一提的是，"一号院"的水池由乡村景观设计师鲍国志完成，乡村工程师李如道监理。他们是中国乡建院请到的两位来自农村的建筑师。这些来自乡村的建筑师、施工人员和工匠具有丰富的农村建筑实践经验，同时又在不断接受着现代建筑宜居设计的理念。他们既接地气，又能创新，新农村建设需要的正是这样的本地建筑师。

位于外院的一角，呈不规则状近圆形，驳岸采用了当地开采的山石堆砌成仿自然式，石间偶然点缀一个陶罐，罐口四分之一处与水面相平，视觉上又像是一个由罐口出水的水口一般。水池与正房之间保留了原有的几棵小树，软化建筑外轮廓的同时，与建筑一同形成了水池身后层次分明的画面背景。水池中搭配种植的水生植物可以有效地完成污水中的有害成分的净化过程。水里养上鱼，鱼能养活了就说明水质是好的，可以排到河里了。再养上几只鸭子，鸭子"扑腾扑腾"下水的动态景象又平添了几份乡野人家的意趣。

2013年郝堂村被住建部评为"美丽宜居村庄示范"之一。孙君总结了郝堂村规划的成功模式遵循的若干原则，如：

保持村庄田地之间的形态，方便村民生活；

村庄规划以村干部想法为主体，尊重本地风水先生，设计师只是从控规的角度适当调整；

村庄公共建筑有区别于公园和景区的本土特色；

全面对接好政府项目与国家政策，确保项目具有落地性；

破坏环境的事不做，对农民有伤害的事不做，违规的项目不做；

坚持财力有限、民力无限的"公众参与性"，同时要完善民主集中制的严格民约；

调研工作做得越细，规划就越有落地性。

五、水系：生态相宜，生活相融

在垃圾分类总动员后，2011年5月，郝堂的水系治理启动。水利局在郝堂的清洁小流域项目启动，红星大堰开始清淤。

农村非常看重"风水"，实乃水对村庄的影响太多。任何一个村庄，但凡经历了百年的生长，它的水系、道路无不是经历了村民数代人磨合与筛选，不仅与自然审美融为一体，也与生活、生产是相辅相成的。在郝堂村水系治理过程中，原有河流、沟渠、堰坝保持不变，新建的桥梁、堰坝则注重几个原则：生态相宜，生活相融。

在施工过程中，河道中与河道边的树木也都悉数保留，并没有为图施工之方便而砍掉。水坝修建中，尽量采用绿色生态护坡，"让小青蛙可以回到水里"。

与孙君一样，负责郝堂园林绿化与景观设计的农林专家鲍国志，也非常了解树木对于一个村庄的价值。所以，在他的规划中，村里原有的树木一棵没动，而且要围绕原有的树木做文章。

河道中的石墩都保留下来，人们在河中洗衣、洗菜，孩子在上面嬉水，人们早已习惯的生活方式不会因为新农村建设而受影响。

开始水系治理前，这里的河水因为负载了太多污水、垃圾，已经不复清澈。要还郝堂一个山清水秀，就必须做好污水处理和排放。在其后的设计中，团队结合当地情况采用了雨污分流、民居化粪池、小型生物处理池、堰塘二次处理及全村三级污水处理系统相结合的污水处理配套方法。

规划设计及后期建设中，在村里顺应地形地势布置污水处理官网，实行雨水生活（生产）污水分流，在合适的地方建造了一户或几户民居联用的小型化粪池。通过财政奖补方式，村里推广了家用沼气 120 户，改建水冲式三格化粪池卫生厕所 200 座。在一些重点地区，尤其排污量较大的农家乐、餐饮集中地区，推广家庭湿地处理系统，利用沙石、土壤及水生物对所排生活污水进行初步处理。

同时，按照就近排放原则建立雨水分散处理体系，使雨水能尽快就近排入水体。院内雨水经排水管有组织地排入院外排水沟网。地面雨水经排水沟集中排入就近沟渠河道堰塘。

此外，村集体经济集中购置了一百多亩水田，将其改建为一个身兼数职的荷塘。首先，种荷养藕给村里带来集体经济收入；其次，它成了郝堂吸引游客的重要风景；最后，它有一个外人不在意但对村民非常重要的功能——荷塘的水生物及塘泥可以净化水体。

"虾回来，鸟回来，人回来"，孙君说这是判断一个村庄建设成功与否的标志。如今的郝堂，经过一番精心规划设计，人们能看到白鹭等水鸟不时从水面、稻田上飞过，一个山清水秀的生态村庄就此重生。

六、教育活则乡村活

政府对郝堂村的建设项目很重视，看到它欣欣向荣的态势，更进一步增加投入。2011 年 6 月，郝堂茶人家启动月余，新小学的筹划又开始了，教育局筹资 260 万元以确保新学校的建设。而这座当时尚在建设之中的学校，已经被列入平桥区可持续发展的教育试点。这样的目标，使得学校在规划建设时就开始显露出了"与众不同"。

今天很多人来这所学校，会慕名参观学校的"明星"厕所。之所以出名，不仅在于它是新型粪尿分集生态厕所（也称"干湿分离厕所"），更在于它建在了这里的学校，还有学校师生把它变成以行动来践行生态理念的教学"道具"。

该厕所由台湾建筑师谢英俊设计，以轻钢结构搭建，不仅使用环保，连外观都很原生态，如果无人指引，只怕很多人会找不到厕所所在。

之所以称其为生态厕所,是因为这种厕所保留了农耕文明的乡村数千年来以粪尿用作肥料的传统。而干湿分离的设计又规避了传统农村厕所脏臭和容易滋生病菌的弊端。随着生活水平的提高,很多农村家庭都开始学习城市生活方式,使用抽水马桶。盲目照搬这种方式到农村是荒谬的,因为原本可以做成农家肥的粪尿被当成垃圾,还要再建处理设备处理和排放入河流。谢英俊设计的生态厕所有传统农村厕所的优点,却通过巧妙的设计,维持了清洁无臭。但因为使用上跟普通厕所不一样,大小便需要分开排,目前也只有在学校里能行得通,村民家里还没有用上。

学校孩子们用得很好。在老师的指导下,孩子们自觉地按照方法使用这个特殊的厕所,并且保持着它的清洁卫生。从儿童时期就开始接受和习惯这样的厕所,将可以使他们在长大成人之后,更容易接受在自己的家中使用这种特别的厕所,从而逐渐推广开来。

生态厕所作为学校的一个亮点,也让孩子们身体力行地体会着农村生态保护的内涵。由此学校老师们进一步探索和拓展生态保护教育。

比如,孩子们可以和父母一起,认领校园里的菜地,用学校厕所的生态肥料施肥。在此过程中,孩子们向父母学会了一些种菜的农活本领,老师带着孩子练习观察、记日记;而孩子们的劳动所得,可以为学校食堂做贡献,或与家人分享,学校也会给孩子的努力予以相应的教育费用上的优惠补贴。这种方式能够让孩子们认识到农业种植作为一种技能的价值,从而认识和理解农民的身份,并进一步产生认同感。这是一种综合教育,包括生态环保、农业技能,也包括儿童对于农民身份和农村家园的自信心。

在郝堂小学的食育坊(即学校餐厅)里,有关健康、生态的营养知识,也和孩子们的用餐结合在一起。更何况,他们的饮食中就有自己用生态厕所的肥料亲手种植出来的生态蔬菜。这些接受了新知识的孩子们，就如蒲公英一般，改变着村里的每一个家庭。

不仅孩子们，到访的大人们也会从中获得感悟。《南风窗》记者李北方曾用一篇名为《为发展寻回智慧》的报道来记录它，文中这样写道：

"六年前的冬天，第一次听建筑师谢英俊先生谈到他的'生态厕所'的设想，当时以为只是一个不切实际的空想。不久前，在河南信阳的郝堂村小学，终于看到了谢先生这一想法的实践。举动虽小，震撼颇大。这个实践可以视为对当代发展方式的一个批判，它提示的是，在最大限度地使发展满足人的需求的同时，可以将'发展的悖论'限制在最小的范围。发展所需要的智慧，应该是对人和自然关系的重新思考。就中国而言，在熟稔现代科技手段的基础上，我们亟须激活的是中国传统文化中所蕴藏的智慧因素。"

学生联系着家庭，学校联系着社区。村庄的发展，有着孩子们的参与和影响；学校的教育因为村庄发展的方向而适应并创新。

2011年，新的学校还在建设当中，村里的建设已经从垃圾分类开始。为了改变大人们的卫生习惯，小学生们担任起"环保小卫士"，挨家挨户入户评比打分。这些铁面无私、态度认真的孩子们，让大人们心服口服，并且都"不好意思不改正"。如今，这已经成为村里的新"传统"。

新学校投入使用后，老师们把村庄的发展变成了教育创新的参考方向。比如，按照郝堂茶人家的规划，茶叶种植和茶文化会成为村里发展的一个方向，于是，老师们带着孩子们开展茶艺课，感受茶艺之美。比如，村庄开展健康服务进家庭的持续活动，孩子们同时也在学校里通过食育课学习健康的饮食生活习惯，并将其带入家庭，与村庄的活动互相促进。

随着教育改革的推进，在很多村级小学难以为继的情况下，郝堂宏伟小学的教育改革做得有声有色。随着郝堂乡建的推进和这座村庄日渐著名，学校也更加开放和自信地迎来越来越多的社会组织和资源，如公益组织为学生开设的环境教育课、食育课等。然而不可否认的是，和很多村小的困难一样，宏伟小学也面临教师和资金的短缺问题。

七、本地人参与：从乡建到生计

在郝堂乡建中并生的信阳乡村建设协作者中心（以下简称"协作者中心"），起到了发动本地人、对接外部社会资源的作用。协作者中心2011年3月在民政登记注册，是民办非企业单位，它的理念是"助人互助、互助助人"，在协作过程中培养协作者，培养志愿者以协作者身份参与农村建设。在协作农民过程中，为农村建设培养本地的协作人才和社会组织，并创新农村建设的方法和模式。这个本地NGO将自己的使命定义为：1. 致力孵化内置金融，发展壮大集体经济；2. 搭建返乡创业平台，关注乡村教师成长；3. 培养内生发展动力，促进乡村综合发展。

协作者中心创建并管理着村中的公共空间"岸芷轩"。这是建筑师谢英俊设计的一座轻钢结构建筑。岸芷轩为游客和村民提供喝茶、交流、阅读等活动。这里有各种类型的图书一千余本，不定期举办电影放映、专题讲座等活动，还针对村小学生开展第二课堂活动。不过这座有点文艺的茶室，现在更多是被村里的小孩子和年轻人接受，跟农民之间还是有一点距离，同时随着村庄经营类别的增加，岸芷轩的盈利模式还需调整。

此外协作者中心还运作着社区公益超市，正处在初期的探索阶段。

乡村教师俱乐部项目，则旨在通过建立乡村教师的共同学习体，关注乡村教师个人能力建设，并适时为他们对接适合的外部资源。

乡村建设的一个目标是希望在村里创造就业机会，让人回来，让村庄重新焕发生气。2009年的郝堂村是空心村，人都不在，何谈建设村庄？2011年村庄建设起来，在外打工的村民开始陆续回村创业。到现在已经有三百人左右回村或在周边工作，居住在村里。随着来旅游的人越来越多，村民开办农家餐馆、住宿的多了起来。现在已经有了四十多家农家乐，接待住宿量能达到三百人。再加上内置金融合作社，村民更容易得到贷款，又进一步为回村创业降低了门槛。

在家创业比在外打工的工作生活环境都有明显改善，而收入至少不会比打工少，如果善于经营，也会有不错的收入。

2013年协作者中心协助几个本村年轻人创立了青年创业合作社（平桥区新农人生态农业技术服务专业合作社），注资10万元，流转了水田100亩，将水稻种植转变为荷塘等景观农业的替代种植，交由合作社运营管理。现在的荷塘不仅为村庄提供了广泛的周末乡村游的景观效应，并且在运营过程中将种子免费发给村民，良好的带动效应使得村民自觉调整种植结构，现荷塘面积已扩大到300多亩，产出的有机莲蓬和龙虾已经为郝堂村民带来了不可或缺的经济收入。

八、旅游的繁荣和挑战

郝堂村的新农村建设实践着"把农村建设得更像农村"的理念，建筑和景观都充分展现了乡土味道，再加上山村的天然风貌，水系整治得自然生动，牛羊鸡鸭跑来跑去，很快就吸引了周边的市民来旅游。随着电视台等大众媒体报道得越来越多，还吸引来很多周边省市的游客。夏天荷花盛开的时候是旅游高峰期，甚至有些人满为患了。最多时一天的接待量甚至达到了上万人。

郝堂村建设带动了旅游业的发展，并非早先计划，因此旅游管理和经营，仍然处在低水平阶段。旅游挑战着村庄的环境资源承载力，也挑战着村庄管理者的管理水平。村委会和村民从心理上和能力上都还没有对迅速膨胀的旅游产业做好准备。村民的经营项目非常同质化，无非是农家乐的餐饮住宿，再加上销售一些本地特产，如豆酱、臭豆腐、茶叶、酒等，缺乏品牌建设和特色定位，因此附加值也不高。旅游创收还停留在比较初级的水平。而且，旅游的人多了，就出现了随意丢垃圾、采摘荷花等不文明现象。

2013年协作者中心搞了一次众筹项目，希望募集3500元来支持一个环境卫生评选活动，募集来的资金包括组织宣传费用170元和评选的奖品费用3330元。这次评比由郝堂村小学生代表组成了环境评审团，对村里的十八个村民组六百多个家庭进行卫生评比活动，检查垃圾分类、污水处理情况、居住环境等；另对村里四十多家农家乐进行卫生评比，评星定级。通过活动的准备和开展，帮助村民认识到村庄整体环境与个人利益之间的关系，促进自治规范章程的制定；也将通过运用网络、微信、展板等形式将环保的理念传递给每一位来到郝堂村的人。

最近几年村里又有了新的变化，越来越多的城里人到郝堂来经营，涉及业态包括餐饮、民宿、游乐场所等，使得郝堂的服务更加多样化。尤其是村民没人做的素食餐馆、咖啡馆、亲子乐园，丰富和提升了村庄的旅游服务。

九、郝堂变化

对郝堂的变化，李昌平总结如下。

变化一：自主新农村建设。在河南农村，各地的新农村建设都是政府和开发商主导的，农民和村"两委"完全处于被上楼和被建设的状态。郝堂村因为有了"内置金融"，村"两委"召集村民代表会议，决定自主建设新农村。村集体向养老资金互助社贷款160万元，先后将农户400多亩承包地流转至村集体统一建设新农村，新农村建设的土地增值收益归村民共享。村集体资产不到两年的时间增加了2000多万元，且在全国新农村建设普遍的农民被上楼的情况下，郝堂村新农村建设自主坚持适应逆城市化趋势建设新农村——"把农村建设得更像农村"，郝堂村迅速脱颖而出，成为远近闻名的新农村，农村农业服务业化水平不断提高，农民收入快速增长。

变化二：统分结合的双层经营体制得以完善。在郝堂村，农户可以将自己的承包地和林地用于抵押贷款，也可将承包地和林地自主流转给合作社统一经营。村里还建立了回乡青年创业合作社、农家乐合作社、郝堂村茶叶合作社，村集体注册了属于郝堂村民共享的品牌。在农民收入快速增长的同时，村集体的统一功能越来越强了。

变化三：村民自治落到了实处。郝堂村在游客越来越多的情况下，保持山清水秀，没有垃圾，做到污水不出村，养老敬老蔚然成风，健康教育和健康生活进入家庭，社会治安越来越好……民主决策和村民自治不再是水中之月。

变化四：人口开始回流。2009年前的郝堂村，农户是逐步减少的；现在的郝堂村，离开了六十年的老郝堂也回来了。不仅郝堂村人回来了，城里人也争先恐后成为郝堂村村民。

郝堂村每年都有新的建设工程、新的经营业态和经营者出现，而这些都以自发的民间市场行为为主。所以，郝堂村不再是静止的村庄，农民的生活环境和经验都在变化和丰富起来，机会变得更多，名气变得更大，政府对它投入的关注也越来越多。在已有的成绩上，是否还有干劲儿通过进一步的创新和转型，保持和提升发展的态势，则考验着合作社，也考验着当地政府。

李昌平撰文对郝堂的设想中，表达了对郝堂的期望之一就是"要在基本组织制度、基本经营制度、基本治理制度上有突破"：

2009年的郝堂，村里只有村"两委"两个组织在发挥实际的作用——主要是对党和政府负责，对村民提供极少的服务，对极少的集体资产实施简单的承包经营管理。今天的郝堂，农户家庭经济结构和质量发生了根本性变化，各种在郝堂创造价值的经济组织和社会组织呈爆炸式增长，郝堂村社集体资产资金也有了爆炸式增长，郝堂各种主体在创造价值的过程中需要的服务也有了爆炸式增长。原有的村社两委依然要对上级党委政府负责,但对郝堂村村民负责、对郝堂村内的各种主体负责、对郝堂集体资产资金保值增值负责、对郝堂生态环境负责,已经心有余而力不足了。郝堂村的治理结构和治理方式必须发生变革,以适应新的要求。这些变革不是村民自己可以决定的,也不是乡建院和村民商量就可以决定的,仅仅一个"村财乡管"的制度就足以致发展中的郝堂于死地,但就这么一个制度也不是村民可以撼动的。郝堂治理结构、治理方式和政策配套与时俱进的试验,必须由政府设计和主导实施。

仅仅就郝堂村内部的治理结构而言,乡建院曾经这样构想过:

郝堂通过改革试验,要在探索新的村社共同体建设上有突破,在新集体所有制和新集体经济实现方式上有突破,在新双层经营体制上有突破,在新民主自治模式上有突破。总之,要在基本组织制度、基本经营制度、基本治理制度上有突破。

再从合作社本身的业务看,村民在旅游服务中赚到了钱后,贷款需求减少了,随之而来的就是合作社贷款业务量的减少,外加长者社员人数增长,于是就拉低了长者社员的分红。比如2017年年初分红时,合作社总资金已经下降到273万余元,前一年也就是2016年的运营收益是36万余元,266位长者社员每人收到的分红是550元,比最高时的800元已经下降了三成。2017年合作社骨干已经在着手实现合作社功能的拓展、业务的升级,向给农民提供综合服务发展。

如今郝堂村确实充满活力,甚至有点躁动。它是否有能力消化更多社会资源的投入,自主地选择良性发展的方向,未来存在变数。但郝堂村从内置金融出发来激活村庄自治的方法,已经给更多村庄建设提供了有意义的样本。

附录二　村社共同体重建是乡村发展的根本任务

李昌平

为什么需要重建村社共同体？

乡村社会是一个自治社会。没有乡村共同体就没有乡村自治。

传统中国乡村社会，是以家族共同体自治为主、士绅治理为辅的社会。家族共同体在借贷、水利水务、技术推广、教育文化、扶贫济困、治安调解、协税等诸多方面都发挥主导性作用，家族共同体是传统乡村社会发展和治理的最重要的主体。

中华人民共和国成立之后，中国共产党对传统乡村社会进行了一次根本性的改造，把以家族共同体自治为主的社会改造成了以村社共同体自治为主的社会——以村社区为边界，建立起以地缘、水缘、业缘为主纽带，亲缘、血缘、熟人关系为辅纽带的村社共同体社会。村社共同体的主要特征表现为"四权统一"和"三位一体"，即以土地集体所有制为基础的"产权、财权、事权和治权"的统一和集"经济发展、社区建设和社区治理"的三种职能于一体。村社共同体的逐步发展壮大成为主导乡村政治、经济、社会（区）发展、建设和治理的最基本的组织主体，也是国家实现计划经济、统购统销和获得"剪刀差"收益的最基本主体。家族共同体由于其产权和财权被剥夺而逐步衰落。

改革开放后，我国农村从"家庭联产承包责任制"转向"分田单干"，从集体所有制下的"大稳定、小调整"的土地"均分"制度转向"增人不增地、减人不减地"的土地"差别占有"制度，特别是税费改革后土地"差别占有"无偿化、长期化后，维持村社共同体存在的土地集体所有制和集体经济被取消，村社共同体的事权和治权也名存实亡。村社共同体及村社共同体治理的乡村社会逐步瓦解，但家族共同体并未因为村社共同体的瓦解而发展壮大，乡村社会千百年来首次成为"无主体"社会，小农成为"政治贫民、市场贱民、社会流民"的"三民化"趋势日益突显，农业和农村经济非农（民）化趋势日益明显，乡村社会从有序到无序的趋势日益明显。

近二十年，尽管政府不断加大财政转移支付力度，但农村仍是一盘散沙、一团乱麻，各级党委政府对此怪状感到忧心忡忡。政府每年都从省市县抽调很多干部组成工作队驻村蹲点指导和协助村干部工作，指导农村村级两委班子能力建设。但派下去的工作队，绝大多数除了给钱搞点面子工程外，并无其他作为。村级两委班子总是加而不强，成堆的矛盾和问题无从着手解决。有一些地方也做过一些大胆的探索，譬如富人治村、"公司+农户"、"龙头企业+基地+农户"、"龙头企业+合作社+农户"、专业合作社、行业协会等，但都不能改变农村一盘散沙、一团乱麻的趋势。

农村是一个自治社会，自治主体是村社共同体，村社共同体必须是集"经济发展、社区建设和社区治理"三种功能于一体的综合性组织，这种组织也必须是"四权统一"的。如果农村没有"四权统一"的集"经济发展、社区建设和社区治理"于一体的综合性组织——村社共同体，农村是无法健康发展和有效治理的。因此，建设社会主义新农村，最基础性的任务之一是重建乡村社会的村社共同体。

在当下，如何重建村社共同体？

今天的中国，我们不能再用革命的手段重建村社共同体了。我经过二十多年的探索，觉得村社内置金融——村社内部互助合作金融是重建村社共同体最有效的切入点，内置金融村社是最佳的村民共同体模式。

在市场经济环境下，小农迫切需要合作合力才能避免"政治贫民、社会流民、市场贱民"化的趋势和命运。如何最快地形成最有力量的合作组织呢？在宪法规定的土地村民集体所有制、统分结合的双层经营体制之下，在村社（空壳）中内置合作互助金融是重新组织农民和完善村社共同体的最佳途径。即使在村社共同体相对完整的村庄，内置金融后也会使得共同体能力倍增。

为何内置金融有如此妙用呢？这是因为农民、农村、农业最缺钱，钱是一般性等价物，钱是连接各种关系和要素的纽带中的纽带。资金互助合作是一切合作的基础，资金合作使一切合作实现交易成本最小化。此外，在宪法规定的农村产权制度、经营制度约束下，只有村社合作金融是村社集体土地产权、农户承包权、集体成员权充分实现的基础，是各种要素优化配置的基础。

因此，在当下中国，村社内置金融是组织农民（共同体）的有效方式，内置金融村社是农民组织（共同体）的最佳形式。

推动农村发展的力量是什么？

研究农村发展，首要研究的是农村发展的动力。

当我们面对一个在全球化、市场化背景下日益衰败的村庄，要让村庄重新焕发活力，除找政府外，一般的思路有两种：一是向外看——招商引资，一是向内看——团结起来自力更生。招商引资虽然来得快，但往往容易失去自主性，自己的土地、人力、资金等三大要素被商人资本化，发展变成了与本村村民关系不大的事情，发展成果不能为村民共享；团结起来自力更生，自己的三大要素依靠自己的力量资本化，自主发展，发展成果为村民共享。当然，自主发展也包括平等的对外合作（招商引资为我所用）。

所以，村庄发展，增强自主性是关键之关键。

如何增强自主性？

乡建院在实践中摸索的基本经验是：农村发展必须优先研究金融制度创新（钱）、土地制度创新（地）和组织制度创新（人），因为钱、地、人三大要素是最基本的、决定性的要素。金融创新——钱生钱；土地创新——地增值；组织创新——人增权。金融创新推动土地创新，金融和土地创新推动组织创新，三个创新是一个有机的整体，金融创新是最基础性的创新，金融制度创新的性质决定土地制度创新的性质，金融和土地制度创新的性质决定组织制度创新的性质。钱生钱、地增值、人增权所带来的收益全部归村民自己享有，才是自主性的发展。

对农村村社而言，真正属于自己的金融就是村社内部的合作互助金融——内置金融。只有村社内置金融才是为村社服务的金融，只有内置金融的收益才是属于村社的收益。只有在村社建立起内置金融后，村社土地集体所有制下的承包地或成员权金融资产化才能成为现实，土地金融资本化所带来的资金资本化收益、土地资本化收益才是属于村民自己的收益，建立在内置金融和土地集体所有制基础上的村社共同体（组织）才是真正的农民自组织——是"四权统一""三位一体"的村民村社共同体组织。

第九章
咱老百姓自己的"银行"
——梨树合作金融发展记录

俞宏霞

【导读】 只要是按照正规金融制度要求成立的合作金融机构，成本一定会被推高，因此贷款业务达到一定的规模才能产生足够的收益来覆盖这个高成本。梨树县的合作金融组织和正规的金融组织一样，都面临着这样一个困境。在竞争相对比较激烈的情况下，合作金融组织又不能超过社区范围来开展经营，这就意味着这种合作金融组织或是亏损，或是必死无疑。因此，现行的金融制度是排斥性的制度，不是包容性的，且金融资本的排斥性是内生的。

位于吉林省西南部的梨树县是传统农业大县，农民主要以玉米种植、养殖等传统生产为主要收入来源。谁也不曾想到，就在这样一个普通的东北贫困县，在 2000 年前后，农民就自发地开展了合作社经济的探索和实践，全县各乡镇竟涌现出上百家合作社，合作范围涵盖了农村种植，养殖的产前、产中、产后各个环节，农产品的购销，涉及农村医疗、教育、养老等社会事业领域的合作，甚至开始探索农村金融领域的合作，引起了中南海的关注[①]。

[①] 谢勇模：《一个引起中南海关注的合作社——梨树县榆树台镇百信农民合作社调查》，《中国乡村发现》，2007 年第 1 期。

梨树农民轰轰烈烈的合作实践运动,被媒体生动地称为"梨树合作社现象"。

一、合作社"梨树现象"

> 吉林省梨树县的农村合作社数量多、影响面广,全县8%的农业人口都参与其中。梨树县发展农村合作社的经验也被冠之以"梨树现象"。
>
> ——2006年10月24日新华社讯

梨树县位于吉林省西南部,地处东北松辽平原腹地,属于世界玉米黄金带,土地肥沃平坦,素有"东北粮仓"和"松辽明珠"之美称,土地面积4209平方公里,人口83万,其中农业人口63万。梨树县以农业为基础产业,是国家重要的商品粮基地。作为一个普通的东北贫困县,今天的梨树县进入人们的视野,闻名全国,是因为这里是全国首家农村资金互助社的所在地,是资金互助这一历史性创新制度的发源地。

联合购销:吃差价让农民们走到一起

梨树镇夏家堡子夏家农民合作社①是从"吃差价"开始的。社员们把购买鸡饲料的钱集中起来直接到厂家批发饲料,每吨鸡饲料比从经销商处购买节省了1200元。2000年,合作社刚成立时只有6户农民,1年后发展到60多户。社员人数增加了,购买能力强了,就与饲料厂坐下来谈判,从4家中选出一家合作,当年就为每户养鸡户平均节省成本2300元左右。

---

① 夏家农民合作社即央视一套大型电视连续剧《阳光路上》的创作原型。

生产合作：打造生态牧业园区

吃差价让农民走到了一起，但是随着社员的日益增多，合作社实力不断壮大，大家已经不满足于联合购销节省下来的成本了。大家打算自己组织起来进行生产合作，拉长产业链条，生产出来的产品供应合作社社员，从而可以节省更多的成本，剩余的产品进入市场则可以赚取更多的利润。

开展生产合作在梨树县的合作社中早有先例。比如，梨树富邦农牧发展合作社2002年成立时，只有30户养猪专业社员。成立初期，合作社组织社员统一购买猪饲料，享受批发价。但随着合作社的发展，社员数量增多，饲料需求量增大，大家开始考虑自己生产饲料，把饲料厂的这部分利润也拿过来。2003年合作社就成立了饲料厂，生产富邦饲料供应合作社社员。万发镇（太平乡）李家村百信农民合作社建立饲料加工厂后，进一步组织社员开展生猪养殖合作，又建立了生态牧业园区。牧业园区占地1.84万平方米，第一批有14户养殖户入驻。

消费积累：教育、医疗、养老

开展消费合作方面，胜利乡郭家合作社创办了合作社粮油商店，合作社将社员在粮油商店购买日用品产生的消费积累按比例分别计入教育、医疗、养老三个成员账户。社员家庭成员看病或是子女上学可以从医疗、教育账户中取出积累的资金，如无需要，教育、医疗账户中积累的资金将转入养老账户中，作为社员养老金。

二、一个知识分子和八户农民的结合[①]

"梨树合作社现象"是如何发生的呢？

首先，农民群众的觉醒和探索是基础。当老百姓在现实生产生活中体验到合作比单打独斗能做更多的事情、获得更多的收益时，在有觉悟的农民带动下会进行合作的探索和尝试，并希望把这种偶然性的合作长期化、制度化，这种思想的萌芽和探索的开始是梨树合作社在21世纪之初蓬勃发展的基础。

其次，当地政府的支持和引导是助力。在2000年前后，中国工合国际多次在梨树县举办农民合作组织能力培训班，将合作社这一在国际上已有上百年探索经验的组织制度系统地介绍给梨树县老百姓，让合作思想的萌芽找到了一个更为明确的发展方向和组织形式。当时盛传梨树县政府与加拿大将会有相关的合作项目，政府将在合作社这一领域投入大量资金扶持，这一说法更是调动了老百姓兴办合作社的积极性。

最后，说到梨树合作社，就不得不提到一个人，梨树合作社十多年的探索发展，从合作社想法的萌芽，到制度规范的逐步建立，再到现在成体系发展，都离不开他的思索、探寻和耕耘，这个人就是大家口中的"合作社狂人""合作社疯子""超现实的理想主义者""资金互助社之父"——姜柏林。

姜柏林原是四平市银监分局的一名工作人员。1997年他当时所在的单位按照中央对农村信用社改革要求进行了深入的调查研究和摸底工作，他也开始了深入农村、了解农民的组织调研工作，穿梭于村庄之间，深入田间地头和农民交流。在长期的研究和实践中，他深切地体会到，实行家庭联产承包责任制后"单打独斗"的小农

[①] 本节部分内容根据梁漱溟乡建中心早期人才计划项目学员调研笔记整理。

户与高度社会化、组织化的大市场之间，小农户和大银行之间存在着深刻的矛盾。农村"个体的生产关系"，不适应组织化的市场竞争，无法包容更高生产力的发展，在市场竞争中处于弱势地位。他认为解决这一矛盾的必然方法是要让弱者联合起来，让被分散的农民再度组织起来、联合起来。但以什么样的方式来组织农民，他还没有答案。需要解决的问题繁多复杂，他反复模拟如何操作，画着各种逻辑符号。有时遇到难以回答的问题，就再跑到农民中去寻找答案，以致有的人说他"疯"了。每一次和农民座谈后，他总能有新收获，这种收获的积累，使他渐渐对如何建设社会主义新农村这一问题的认识有了质的飞跃，一个崭新的思路在脑海中逐渐清晰。一开始他把这种新的制度设计称为农村发展机制，后来他才了解到，原来这就是国际上公认的"合作制"。

从 1999 年开始，姜柏林和志同道合的农民周斌、周河、李连志等人深入农村广泛宣传合作思想，鼓励和引导农民自我组织起来建立合作社。在他们的宣传和指导下，不少村屯因地制宜，发挥优势，确定合作社的服务和发展方向。夏家、郭家、李家、董家……几乎每一个合作社都有姜柏林的足迹和身影。

组织农民的过程是艰辛的、复杂的。为了让农民认识合作社，引导农民自我组织起来，姜柏林自己掏腰包到村里去办培训班，给农民讲课。在他们的带动下，不少村屯的农民开始兴办合作社，但有时也会遇到不讲理的老百姓，质问他们到底想干什么，图什么，是不是来骗钱的，甚至有的老百姓会在培训时上去抢他们的讲义，砸他们的桌子。有的合作社在姜柏林的指导和带动下办起来之后，稍有发展便将他们踢到一边，忘记了合作社的原则，脱离了合作社宗旨，使合作社变成了少数人牟利的工具。也有的合作社在发展中一遇到困难和挫折，便完全归咎于姜柏林。为此，有一次，姜柏林为了让一家合作社继续发展，甚至拿出自家的存款替合作社还债补亏。

在梨树合作社蓬勃发展的大潮中，榆树台镇闫家村百信农民合作社也逐渐兴起。

2003年9月，一名辽宁客商到梨树县闫家村买羊，出价每斤2.3元。村民们希望把价格提高到每斤2.8元。客商以羊的数量过少不够一车而拒绝。为什么不约几户人家一起谈价、一起卖羊呢？于是，村民姜志国联合张红军等5家养殖户一起卖羊，羊的数量一下子达到了70多只，每只羊多卖了30多元。联合销售让村民们尝到了甜头。

统一销售可以提高议价能力，要是组织大家统一购买饲料、种子、化肥的话，就可以降低养殖、种植成本，通过联合，一买一卖不就能增收了吗？这个事情之后，几户农民就萌生了搞合作社的念头。

梨树县榆树台镇团结乡是"合作社爱好者"姜柏林的老家，他和姜志国是叔侄关系。姜柏林在1999年完成《21世纪中国农村合作经济模型》后，一直在寻找能将其想法付诸实践的土壤。闫家村几户农民的举动和想法引起了姜柏林的注意。

中国农村社会是熟人社会。姜柏林从1999年起开始深入农村广泛宣传合作思想，但老百姓们不认识他，也不明白他说的事情，都以为是骗人的，真正愿意尝试的没有几个地方。而闫家村姜志国等农民和姜柏林的这种血缘和地缘关系，正好构成了彼此信任的基础，极大地降低了合作社组建初期的组织成本。

2003年11月10日，闫家村九组姜志国等5户农民，又联合5户养羊户，每户入股100元，在姜柏林的指导下发起成立了梨树县榆台镇百信农民合作社，制定了章程和纪律条款。后来有2户农民退出，此后一直是8户核心户带领合作社发展。2005年年底，合作社成立了农机互助小组、学习互助小组、资金互助小组和自来水互助小组，共吸收43户入社。

合作社初期发展过程中有很多组织成本和制度成本，在总结前期发起经验的基础上，闫家村百信合作社独创发起人制度，规定8

户核心发起人一年内不得退股,三年不得享受分红。

生产合作

1. 打造生态牧业园区

这8户农民是因为联合卖羊走到一起的,但是羊的养殖是需要一定周期的,不可能保证每次卖羊的时候都有那么大的数量,没有一定的数量也就争取不到好价钱。因此,想要促进增收,合作社就必须组织社员扩大养殖规模,有规模才有市场,有规模才有效益。于是合作社最开始把养羊作为主要的经营项目,想效仿梨树县太平百信农民专业合作社建立生态牧业园区。但是,后来当地政府出台"禁牧令",不允许在林间放养羊群,建立养羊牧业园区的尝试以失败告终。

2. 创建农机型合作社

养羊需要粉碎饲料,2004年2月1日,合作社8户核心户共筹资5800元买来一台揉搓机供社员共同使用。但是在2004年年末,养羊的项目失败后,大家把羊都卖了,机器也就闲置了。

虽然联合购买的第一台机器闲置了,但是联合购买机器的这一过程却使大家受到启发,合作社在买回第一台农机之后,产生了"创建农机型合作社"的想法,希望通过合作社联合购买农机,共同支付单家独户无力负担的购买成本,共同享受机械化带来的增效增收。

吉林省是我国的产粮大省,除了养殖以外,最主要的经济来源就是种植玉米。玉米种植的成本主要有两部分:一部分就是种子、化肥、农药等生产资料,另一部分就是春种秋收时的人工费。第一部分成本已经通过"三资"的统购统销有效降低,那第二部分成本呢?合作社能不能组织社员联合播种、联合收割呢?这样不就能省下不少人工费,进一步促进社员增收了吗?

为此,2004年4月13日,8户核心户又筹资16000元购回一台精密播种机配四轮用于社员发展生产。精播机主要是核心户轮流使用，采用"谁用谁买油，谁使坏了谁维修"的原则开展服务。精播机的使用节省了农业成本，也为社员取得了一定的经济效益。据估算，8 户农民使用机器耕种，节约种子资金 1530 元，比以往雇用他人耕种节省费用 4800 元，合作收割、集体抗旱减少招待费用 2000 元，统一购买种子、化肥、农药可节约 2000 元，由于耕种及时、科学管理合理增收 11200 元，以上 5 项共增收 21530 元，平均每户增收 2500 元左右。

但是，其他农户只看到了合作社社员出钱买农机，节省下来的钱大家却没有看见，所以农机互助合作的示范效应不是很明显，合作社成立农机互助小组后，小组社员也一直维持在 10 户。

创建学习型合作社

闫家村合作社创办之初，社员家人对合作理念认识不透，不理解这些合作社骨干在做的事情，家庭矛盾时有发生。很多当地老百姓对合作社也不理解，以为这些人又是要搞人民公社，吃大锅饭。而这时除了《中华人民共和国宪法》第八条（"农村中的生产、供销、信用、消费等各种形式的合作经济，是社会主义劳动群众集体所有制经济。"）赋予劳动群众开展多种形式合作经济的权利外，中央政府和有关部门还没有出台任何与合作社相关的法律法规、政策文件，国内关于合作社的介绍和研究也比较少，个别基层干部对合作社也不理解，以为大家是在搞传销。

2004 年 2 月 6 日，工合国际在太平镇李家村百信农民合作社组织培训，闫家村百信合作社派 5 名社员前去参加学习。这次学习让闫家村合作社的社员和梨树县其他合作社有了更多的交流和接触，对国际合作社原则有了了解，同时也意识到学习的重要性。

面对合作社发展的"内忧外患"，2004 年 2 月 28 日，闫家村百信合作社理事会经过研究，提出"建立学习型合作社"的口号。4

月，合作社设立农民合作讲习所，开始组织社员在闲暇时间有计划地学习。经过两年多的努力，社员形成了"以社员自我学习为主，'走出去'和'请进来'相结合"的学习模式。

一是社员自我学习。合作社号召社员入股购买了中国农业大学的函授教材，成立学习互助小组，组织社员集体学习。学习互助小组还成立了妇女部，带动社员家人参与学习，创建学习型家庭。

二是"走出去"。合作社不仅组织内部互助学习，还鼓励社员"走出去"取经和充电。积极组织社员参加对外交流，参加各种培训班。在合作社成立之前，合作社发起人自筹资金，先后两次到梨树县太平百姓农民合作社取经，多次参加工合国际在梨树县举办的农民组织能力培训班，推荐多人赴北京等地参加学习。

三是"请进来"。合作社成立后引起了社会各界的关注。来闫家村调研、参观者络绎不绝。合作社利用这一机会，请前来调研的专家学者给合作社的社员们讲课，也让骨干社员们在专家学者面前分享、汇报。这样既能开拓社员们的思维，同时也能增强社员们的自信，锻炼社员们的能力。

延伸阅读
19

农民合作讲习所突破合作意识障碍

闫家村资金互助合作社的农民合作讲习所成立于 2004 年 4 月。其学习的内容非常广泛，包括有关合作社知识，如合作社的理论知识、合作社的历史、合作社在世界各国的发展现状，党和国家对农村的路线、方针和政策，《毛泽东选集》，《妇女权益保护法》，怎样用正确的方法教育自己的子女，以及掌握农业科技知识等。

合作社基本知识的普及,坚定了社员团结互助的决心和恒心。合作社的副理事长李辉对于合作社最初决定组织学习的动机作了如下的描述(李辉是一个只有小学四年级文化的刚刚满20岁的小姑娘——作者注):"没有文化的合作社是长久不了的,也是没有生命力的。农民大部分文化水平不高,如果不学习,对合作社怎么搞不清楚。2003年11月10日,榆树台镇百信农民合作社正式成立,与此同时,我们也听到不少闲言碎语,有人说我们又开始'吃大锅''归大堆'了,还有不少人问我们'啥是合作社',还有个别干部以为我们在'搞传销'。而我们因为文化水平低,也无法跟大家解释清楚这些问题。理事会为此专门开会讨论这一情况,认识到应该通过学习来提高大家的文化水平。当时,工合国际正在梨树搞合作社培训班,我们马上和他们取得联系,派社员代表参加培训。虽然只有短短的两天学习,但是参加学习的社员感觉学到了不少东西,尤其是国际合作社'七项原则'等知识,很多内容对于我们来说,是从来没有听说的,所以很快我们便成立了学习小组。"

《毛泽东选集》成了社员们解决合作社发展中的困难的思想武器。在当今以个人主义价值观为基础的文化氛围中,既是小私有者又是劳动者的农民,虽然意识到合作起来的必要性,但合作起来却非常困难。合作社需要自己的理论武器,在这个寻找过程中,合作社社员经过实践的摸索,找到了毛泽东思想。小农意识和官文化是合作社发展中的最大障碍,社员们从《为人民服务》《反对自由主义》《纪念白求恩》等文章中获得了启发,从中学习了作为人人平等的合作社,如何处理个人与个人、个人与集体的关系;面对合作社的挫折和困难,社员们从《矛盾论》、《实践论》和《愚公移山》中学到了解决问题的观点、立场和方法，表现出了在面对矛盾时的坦然和从容，以及解决矛盾的智慧和耐心。

资料来源：杨雅如：《农民合作社发展之路：外力引发内力，推动农民形成主体力量》，《三农中国》，2008年1月。

三、合作社"金融危机"

通过统购统销，一买一卖就增收，从理论上说很容易做到，但实践起来却不那么简单。正如前文所说，刚发起合作社时，只有5户社员联合卖羊，羊卖完了，增收了，其他的农户看到他们自己的羊没有卖上价，也想加入合作社。但是，羊的养殖是需要一定周期的，等社员们下一次卖羊的时候，就没有那么多羊了，也就卖不到好价钱。所以，为了卖好价，合作社的一个迫切需求是组织生产形成规模，因为有规模才有市场，有规模才有效益。于是，合作社号召全体社员加大养羊的规模。然而，参加合作社的农户很多都"底子薄"，养更多的羊需要更多的钱，没钱的只能去向亲戚朋友借钱，民间借贷也不是那么容易的。在农村，一户人家缺钱了，借钱的方式有几种：首先想到的是向亲戚朋友借，这种方式不需要利息，但需要搭人情，而且受亲戚朋友间人际关系的影响；其次就是"抬钱"，"抬钱"就是村里有钱的几户人家把余钱拿出来专门用来借贷，利息比一般银行贷款的利息高；最后就是向银行申请贷款。但是随着1998年商业银行撤出农村市场，为农村提供金融服务的主要就剩信用社、邮政储蓄银行和少量的农业银行网点。但就是这所剩无几的金融机构，在面对农民旺盛的金融需求时，因为农户贷款小额分散，交易成本较高，信息不对称，而小农又天然地缺乏抵押物，不便于风险控制和成本控制等，这几家金融机构一般也不愿为小农提供金融服务。只有村里的大户，在承担很大的人情往来成本后，才能从这些金融机构贷出一点钱来。

这几种农村原有的借钱方式无法满足合作社社员扩大生产的资金需求。资金成了合作社发展的一大瓶颈。

除了羊的统一销售外，闫家村百信农民合作社还组织社员统一购买"三资"，希望能降低社员种植玉米的成本，促进社员增收。然而，这看似简单的降低成本的增收方法却也因为资金短缺而实行不下去。农民手中的资金流动也有一定的季节性，一般春季种地的时候需要投入资金买种子、化肥，每年10月秋收之后一般粮价较低，一部分农民会选择把粮食先储存起来，到了来年五一左右价格较好时再出售，收回投入的资金。问题是资金的投入时间先于资金的收回时间，三四月份就要买种子、化肥，五月份卖粮的钱才能到手。所以在农村，大多数农户是靠高价商业赊销的方式来购买化肥维持生产的。要想通过统一购买种子、化肥来降低生产成本，一是需要把社员组织起来，形成一定的采购规模，绕过中间商，直接和厂家对接；二是要打破传统赊销的方式，尽可能地用现钱购买。但是大规模的采购需要很大一笔资金，而大部分社员手中又没有现钱，因此，统一购买"三资"也同样遭遇了资金的瓶颈。

不仅仅是闫家村百信合作社，其他合作社也遇到了资金难题。太平李家合作社为兴建生态牧业园区、建饲料厂投入不小。园区建成后，社员入驻园区，开始养殖，需要抓猪崽，这又是一笔不小的投入，但社员手中资金不足，合作社也没有剩余资金可以支持社员，合作社面临资金短缺、生产停滞的"金融危机"。

四、股权信贷：自动充实资本机制

在一次聊天中，姜志国和姜柏林谈到闫家村合作社的资金困境，感慨地说，要是社员们能从信用社贷到钱就好了。信用社原本不就是信用合作社吗？能不能让合作社整体在信用社入股，然后由信用社按照入股比例贷款给合作社的社员呢？一直在思考信用社改制与农村发展问题的姜柏林在农民合作组织发展与信用社改革之间找到了结合点。

通过合作社联合购买降低成本，用节省下来的成本（消费积累）投资农信社获得农信社的股权，达到获得农信社信贷支持的做法，被吉林省政府调查研究室总结为两社互助的"股权信贷"模式，也称作"自动充实资本机制"①。其优势在于将过去"农民—信用社"的信贷关系，变成"农民—合作组织—信用社"的股权信贷关系，在扩大农民信贷能力、满足农民资金需求的同时，也使当地的农村信用社实现了扭亏为盈，为探索信用社改革提供了可供参考的思路。

太平李家百信合作社首先尝试"股权信贷模式"。合作社尝试引导社员向信用社入股。2001年8月，8户农民共同向当地信用社入股3200元，合作社向信用社提交贷款申请书，信用社根据申请书调查核实，在符合信贷的前提条件下，信用社利用联保贷款方式，分四次贷款，累计为8户农民贷款7.1万元，解决了商业赊销难题，节省下来的成本又全部向当地信用社入股。用社员的话来说就是"既省钱又挣钱"，既解决了股本金来源，又使生产发展有了金融做后盾。

由于农民讲信用，信用社改进服务方式，加大贷款力度，累计为合作社社员贷款310万元，农民多补栏生猪6000多头，增加收入50多万元。合作社顺应农民的要求，引导农民走出家庭养殖模式，建立生态牧业园区，使牧业生产达到专业化、标准化和规模化。经过社员申请，民主决定，按相同出资额共同出资建设集"种猪孕育、商品猪、沼气、饲料加工厂和有机肥厂"于一体的循环经济生态园区。

然而就在社员们满心欢喜，准备大干一场的时候，新的问题出现

---

① 姜柏林：《走进"梨树合作社"》，《中国农村金融》，2006年第6期。

了。太平李家百信合作社入驻生态牧业园区的14户养殖户生猪出栏的时间有前有后。先出栏的养殖户买了生猪之后，就把信用社的贷款连本带息还上了，准备申请第二笔贷款，到合作的种猪场抓猪崽，继续投入下一轮养殖，但是，贷款没有申请下来。因为信用社要求14户农民必须都把贷款还上之后才能考虑发放第二批贷款。但第一户出栏时间和最后一户出栏时间中间相差几个月，这样越是信用好、养殖好的农户生产反而越被耽搁了。心急的农户没有办法，只好到百姓家去购买便宜的、没有经过种猪场统一防疫的小猪崽，结果第二年牧业园区疫情暴发，对合作社和社员都造成沉重的打击，一个良性的循环生产链条就此断裂，太平李家百信合作社也就此一蹶不振。

一个新的难题又摆在了姜柏林和这些具有创造性的农民精英面前：如何化解现有金融生产关系与农村生产力发展之间的矛盾呢？

五、资金互助社：咱老百姓自己的银行

2004年，闫家村百信合作社社员李炳久病重，同时信用社借款到期，还完信用社贷款后家中无钱支付医药费，亲戚朋友处能借的钱都借了，但还是不够，家里人都急坏了。合作社其他社员听说了李炳久家的困难，于是商量，每户出点钱，凑出5000元，由合作社做担保，把钱借给李炳久，利息按照银行利率计算，考虑到李炳久家的困难，经过大家讨论，一致同意不收利息。

姜柏林听说这件事情后，非常感动，梨树县榆树台镇闫家村百信农民合作社基于自身发展需求的创造，正好化解了摆在姜柏林和太平李家村百信合作社面前的难题。如果现有的金融生产关系不能满足老百姓的需求，不能适应农村生产力发展要求，为什么不在中间搭个桥梁，打造一个专门为农民服务的合作金融组织？

2004年7月，在姜柏林的指导下，姜志国、张红军等8户农民各出资1000元自主创立了梨树县闫家村百信农民资金互助合作社。

随着政府开始倡导禁牧，发起的合作社的10户社员卖掉了羊，将钱入股到合作社，形成合作社最原始的借贷互助基金。他们向非合作社村民宣传加入合作社的好处，有亟须用钱的可申请加入合作社，向合作社入股后，合作社可帮助解决临时资金周转困难。

这样，有些农民抱着试试看的想法入股200元，借走了1200元，入股500元，借走了3000元，虽然钱很少，但解决了大问题。最开始，这10户社员担心的问题是，钱贷了出去能否按时收回来。结果证明，钱百分之百收回来了。他们总结经验：只要贴近社员需求，服务好，效率高，那么社员的还款意识就强，就没有想拖欠的。

合作社还在姜柏林的指导下，按照合作制的原则及金融风险控制的原则，制定了章程和管理机制。

百信互助社基本组织结构为三会一层：即由全体32个发起人组成的社员大会是互助社最高权力机构（如通过或修改章程、选举理事会和监事会等）；社员大会选举产生理事会和监事会，理事会负责日常的经营管理决策，监事会负责经营管理的监督并对社员大会负责；互助社设经营管理层，实行经理负责制开展具体业务。互助社实行简洁治理，由理事长兼任经理，有4名具体工作人员。

经营机制主要有以下几个层次。

治理机制。充分发挥社员大会的权力控制作用，重大的决策事项通过召开社员大会或临时大会表决，或向社员发函征询意见（如本社的利率调整）；发挥理事会民主决策作用，重要的经营计划、人事调整、制度建设、费用支出、宣传培训等由理事会民主决策；建立了理事会重要决策事项征询监事会意见制度，充分发挥监事会作用，监事会享有独立的监督权力并对社员大会负责。

管理机制。经理负责日常的经营管理，设会计、记账、出纳和业务员各一名负责具体业务操作。

①入社管理，由社员提出申请，本社社员推荐（介绍），入社小组培训，经理事会审核通过；

②贷款管理，建立了贷款申请、调查、保证、审批、监督等业务管理制度；

③财务管理，500元以下费用支出由经理负责审批，500—3000元由财务管理小组审批；3000元以上由财务小组审批后征询监事会意见。

④核算管理，互助社开发了综合的业务信息系统，从社员档案到业务流程及监管报表均建立了自动采集程序，为互助社发展提供了基本保证；

⑤安全管理，建立了章票分管、双人融资、双人存取款和值班值宿等制度。

⑥其他管理，如宣传培训、社会协调、制度建设等仍是互助社重要工作管理内容，互助社充分发挥两会成员和骨干社员作用，实行分工负责制，成立了妇女学习小组、社员培训小组（拟条件成熟后专设教育培训部门负责社员培训工作）、互助文化宣传组、制度建设小组等，共同促进经营管理水平的提高。

风险防范机制。互助社以社员信用担保贷款为主，建立了八项风险防范措施。

①社员信用过滤机制，社员入社需有互助社成员介绍信用程度，培训小组经过集体考核信用进行过滤，对信用较差的给予否决，理事会把好入社社员第一道信用关；

②自动充实风险资本机制，社员贷款最大杠杆率为1∶10，即社员最高贷款不得超过自有股金的10倍，并要符合审慎监管要求；

③保证机制，社员申请贷款需由本社成员信用保证并承担贷款连带责任；

④激励与约束机制，社员贷款按期归还，给予信用保证人贷款利息额20%的奖励，如违约将降低保证人的信用等级、停止股金的分红，停止贷款权利；

⑤信用评级，社员贷款由信用小组进行信用评级，借款人违约，

信用评级成员信用降级；

⑥重大灾害共担机制，互助社对不可抗拒的重大事故造成无力还款，经借款人申请、社区评定小组推荐、理事会会同监事会决定，提请社员大会表决，可以减息、停息、免息和核销贷款；

⑦项目风险保险机制，对自然风险较大并有一定规模的贷款项目，需要提供保险；

⑧对超过一定额度的大额贷款，需要与互助社交易，通过合作经济防范个体经济的市场风险。

利率定价机制。互助社利率采取灵活的市场定价，根据民间借贷利率、农村金融机构贷款利率、本社信用建立情况和期限等，本着覆盖成本、保持可持续发展和有利于竞争与合作的原则，确定贷款利率，互助社建立初期执行三个期限利率，即三个月、六个月和一年期。

延伸阅读 20

百信制度三字经

德守信，信守诚；产权基，民主控；
结构美，治理善；岗责清，须规范；
风险露，资本吸；法人责，全资产；
个人责，股权额；学章程，记宗旨；
减逐利，加服务；小快散，社区安；
杠杆率，审慎性；资本约，比例控；
集中度，控风险；有呆账，减利润；
大要合，强需联；社员益，心中记。

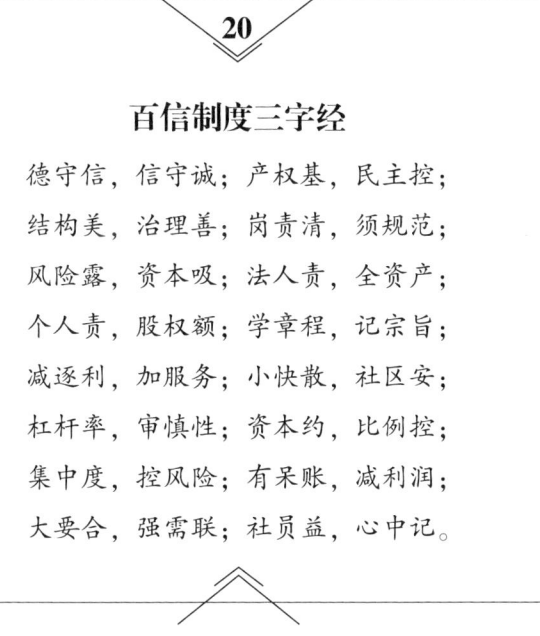

六、乡建调研实践基地

2003年11月，姜柏林应邀到安徽霍山参加交流会，并做了关于"国际合作社原则怎样与中国实际相结合"的发言，引起了中外学者的关注。也是在这次会议上，姜柏林认识了正在河北翟城村做乡建的邱建生。之后，姜柏林受邀到翟城村给来自五湖四海的农民分享梨树合作社的经验，并在翟城组织当地农民开办合作社。姜柏林在翟城一待就是半个月，后来因为工作原因，不得不离开翟城。当时参加学习的山东姜庄马宜场、湖北十堰向昌海等回家后，都在乡建学院指导下纷纷组织成立农民合作组织。

随后温铁军、李昌平、刘老石等乡建领域的研究者纷纷到合作社调研考察。时任中国人民大学乡村建设中心主任的刘老石还组织高校支农社团学生到闫家村百信合作社支农调研。在支农大学生的协助下，2004年7月18日，合作社成立秧歌队。

2004年12月，沈阳师范大学中文系2002级学生谢勇模，通过下乡调研接触到闫家村合作社。合作社的制度和社员的精神面貌吸引了谢勇模，他决定休学一年来观察合作社的发展，谢勇模的举动极大地鼓舞了合作社的社员。

通过乡建平台和大学生的传播，闫家村百信资金互助社的经验传播到河南兰考南马庄、河北保定顺平合作社。

三年来百信合作社经过不断地进行组织创新和制度演变，推动了民间资金互助组织不断发展，也为互助社创造了新的发展机遇和条件。

1978年，小岗村的18家农户为了能吃饱饭，"不在（再）向国家伸手要钱要粮"，率先实行了"包产到组、包产到户"。他们写下了一段中国农村经济改革乃至整个经济体制改革的历史。三十年后，为了发展生产，为了在市场竞争中获取谈判地位，闫家村9社8户农民探索组建资金互助组织，为中国农村金融体系改革乃至整个经济体制的改革、社会的改革拉开了新的序幕。

2003年闫家村百信合作社成立,并建立资金互助小组的时候,依据的只是《中华人民共和国宪法》第八条:农村中的生产、供销、信用、消费等各种形式的合作经济,是社会主义劳动群众集体所有制经济。这条法律赋予农民探索合作经济的权利,但缺少任何具体的指导。合作经济该怎么做,资金互助该怎么搞,更多的依据是农村现实的情况和农民的实际需要,以及姜柏林依据合作制原理、金融风险控制原理指导大家制定的自我规范制度。

然而,对于合作社以外的很多农民、学者来说,这时候的合作社及资金互助组织是非法的,大家总在担心和议论,这么做会不会是非法集资,会不会因为违反法律被抓起来。2004年中央一号文件指出:"改革和创新农村金融体制,要从农村实际和农民需要出发,按照有利于增加农户和企业贷款,有利于改善农村金融服务的要求,加快改革和创新农村金融体制。"然而这一时期,主流的改革关注点仍然是农村已有但已逐渐商业化的合作金融机构——农村信用社。

2005年中央一号文件指出:大力培育由自然人、企业法人或社团法人发起的小额贷款组织,有关部门要抓紧制定管理办法,引导农户发展资金互助组织。2005年中央一号文件第二十五条在"加快推进农村金融改革"下,除了继续强调继续改革原有的涉农金融机构——农村信用社、邮政储蓄银行、农行、农发行、国开行外,第一次明确指出"引导农户发展资金互助组织"。

2006年中国银监会出台《关于调整放宽农村地区银行业金融机构准入政策更好支持社会主义新农村建设的若干意见》(银监发〔2006〕90号),意见指出"农村地区的农民和农村小企业也可按照自愿原则,发起设立为入股社员服务、实行社员民主管理的社区性信用合作组织"。意见明确指出了七点具体调整内容:(一)放开准入资本范围;(二)调低注册资本,取消营运资金限制;(三)调整投资人资格,放宽境内投资人持股比例;(四)放宽业务准入条件与范围;(五)调整董（理）事、高级管理人员准入资格；（六）调整新设法人机构或分支机构的审批权限；（七）实行简洁、灵活的公司治理。

根据指导意见的精神，2007年银监会连续发布《农村资金互助社管理暂行规定》（银监发〔2007〕7号），《农村资金互助社组建审批工作指引》（银监发〔2007〕10号），《农村资金互助社示范章程》（银监办发〔2007〕51号）。

2007年《中华人民共和国农民专业合作社法》出台，资金互助组织在法律主体和业务合法性上都有了依据。

这些政策的出台，离不开闫家村姜志国、张红军等人的探索，离不开姜柏林的坚持，正是广大群众的尝试和探索奠定了改革的基础。

2007年闫家村百信农民合作社向四平银监分局递交筹建申请，开始按照银监会的要求组建农村资金互助社。2007年3月9日获得金融准入许可证，梨树县闫家村百信农村资金互助社正式开业，标志着资金互助正式获得金融监管部门的承认，农村资金互助社这一新型的合作金融组织正式被纳入金融体系的范畴。时任中国银监会副主席的唐双宁出席开业典礼并贺诗一首：次第东风三月来，梨树万顷竞开怀；报春一蕊争先放，无尽繁花遍地开。开业典礼上，唐双宁副主席激动地把农村资金互助社称为"咱老百姓自己的银行"。

在全国首家农村资金互助社的带动下，2010年，梨树县又有三家农村资金互助社获得金融准入许可，开业成立。他们分别是梨树县小城子镇利信农村资金互助社、梨树县小宽镇普惠农村资金互助社、梨树县十家堡镇盛源农村资金互助社。

七、钱荒

"全国首家农民互助社'百信'至今已发放贷款近30万元，却只吸收到7000元存款。"这句话出自2007年11月22日《第一财经日报》上发表的一篇题为《百信告急》的文章。文章中指出："目前该互助社入了96户社员，共有13万元股金，开业至今只吸收了7000元存款，存款余额仅1000元，另从四平市新华城信社融入20万元；而互助社已放出了76笔贷款，贷款余额近30万元。"

这说明农村资金需求旺盛，但供给严重不足。虽然互助社取之于民，用之于民，能把一部分的金融剩余留在农村，但仅靠一家刚成立的资金互助社很难扭转原有的不平衡。虽然《农村资金互助社管理暂行规定》中明确资金互助社的业务范围之一是"从其他银行业金融机构融入资金"，资金互助社从理论上说是可以搭建起大银行和小农户对接的桥梁，建立资金回流机制，姜志国等人也想到了这个办法，然而当他们积极地和当地各家金融机构联系融资时，却遇到了障碍。

"'现在吉林银监局还没有出台政策允许银行对资金互助社进行融资。'这是四平市城市信用联社和农行梨树县支行的答复。而实际上，农行梨树县支行每年吸收存款2亿元，贷款只能放出1.2亿元，还有8000万元资金用不出去。"[1]

"钱基本上都放出去了，得赶紧找资金，不然互助社业务可能陷入停滞。"互助社理事长姜志国说。[2]

八、粮食信托：一体两社相互融资[3]

2010年，面对闫家村合作社的融资压力，姜志国提出了"粮食换现金"这样一个想法。基于这一思路，他和有关专家、社员结合玉米生产经营特点，巧妙运用信托这一金融方式，共同研究设计出

---

[1] 《百信告急》，《第一财经日报》，2007年11月22日。
[2] 《百信告急》，《第一财经日报》，2007年11月22日。
[3] 本章节部分内容根据梁漱溟乡建中心人才计划一期学员谢勇模调研报告整理。

粮食信托制度基本模型。

"粮价上涨，农民手里没粮""农户院里有粮，手里没钱"这种现象存在了很多年。"东北是玉米主产区，玉米刚收上来的时候，往往是价格最低的时候，因为这时大部分农民需要出售粮食变现来偿还贷款、安排生产与生活支出，通常农民就会季节性地大量将玉米卖出去，这就造成了粮食价格的低谷期。当粮食价格上扬时，大部分农民却已无粮可售。"姜柏林在接受《中国商报》记者采访时道出了农村金融制度的短板。

粮食信托推出后，加入当地资金互助社的农民可将粮食存入与资金互助社相关联的粮食信托合作社的储粮仓内，由后者为其开出仓单，标明存货数量及授信仓单质押款额度。以此为凭据，社员可以在信托期内任何时点，随时向资金互助社贷款。

但由于闫家村百信互助社开展粮食信托存在一定的基础设施方面的问题，暂时还难以解决，于是，将粮食信托合作制度安排在具有一定条件的小城子镇亲仁村和泉眼岭乡南水村云翔合作社开展试点，进行探索性实践。

梨树县云翔粮食信托合作社成立于2008年8月，最初主要为社员提供种子、农药、化肥、饲料等农资的联购分销服务，2009年年初，社员入股150多万元，兴建近1万平方米的厂区和近800平方米厂房和办公场所，原计划建立饲料厂，后因融资不畅而搁浅。后来，合作社理事长李云翔等人了解到农村资金互助社能为老百姓解决资金难题，邀请梨树县闫家村百信农村资金互助社理事长姜志国来云翔辅导成立资金互助社。当姜志国来到云翔合作社时，看到宽阔的合作社大院，眼睛一亮，这不正是开展粮食信托的理想地点吗？这一想法得到云翔合作社的认可，并立即付诸实践。

骨干带头，典型示范。俗话说，说得好不如做得好。2010年，云翔合作社动员31名合作社骨干先行示范，将自家的粮食拉到合作社的储粮仓库——玉米篓子里，合作社合计为社员储粮400多吨。

与传统农户的储粮方式相比，合作社的玉米篓子六面通风，可使玉米自然失水，省略了传统的煤炭烘干过程，既保证了质量，同时也减少了碳排放——减少了环境污染！玉米篓子由铁网和铁架子组成，铁网的孔隙很小，老鼠根本钻不进去。合作社的存粮方式与散户大堆存粮方法相比，可使玉米免去车碾、人踩、鸡刨、鼠嗑及霉变等损失。据有关专家统计：仅此几项损失便可达到收成的10%。

一体两社，相互融资。粮食信托以农户为主体，同时建立资金互助和粮食信托制度，以钱换粮，以粮换钱，相互融资。社员将粮食存入合作社场所后，由粮食信托合作社开出仓单，标名存货数量、授信仓单质押贷款额度（粮食信托总额的90%），社员可以在信托期内随时向农村资金互助社贷款。在条件成熟的情况下，粮食信托合作社还可以用社员粮食为资金互助社向其他银行融资进行质押担保贷款。

独立核算，两社一体。资金互助社和粮食信托合作社分别实行独立的核算体系和组织结构，其中粮食信托合作社设理事长1名，理事2名；监事长1名，监事2名。工作人员有会计、出纳、保管、记账等。资金互助社设立理事长1名，理事4名；监事长1名，监事4名，业务经理和客户经理各1名。工作人员有会计、出纳、记账、微机操作人员等。两社人员交叉任职，理事长均为李云翔。截至2011年7月31日，合作社共发展223名社员入社，社员既是资金互助社成员，同时也是粮食信托合作社成员，社员集中分布在泉眼岭乡8村36个自然屯，社员总计承包面积198垧[①]。其中，资金互助社吸收社员股金49.71万元，融入上海P2P网络借款139.5万元，累计为社员发放贷款220笔270.7万元，贷款余额181.7万元。

自主决策，择机销售。粮食信托合作社充分发挥信托制度优势，农户将粮食储存到合作社后，仍然拥有粮食的所有权，合作社只负

[①] 1垧地＝10大亩＝15小亩（1大亩＝1000平方米，1小亩＝666平方米）。

责仓储管理和组织销售。合作社向农户提供粮食市场价格行情，分析粮食价格走向，由社员自主决定售粮时机，以获得较好的市场收益。通过信托制度的安排，不仅建立了明确的产权关系和风险分摊机制，而且让小农户和大市场之间形成有效对接，粮食仓储和流通机制实现了创新。当合作社的粮食信托达到一定规模时，合作社还可以统一与粮食需求企业对接，组织社员统一售粮，提高农民在市场上的谈判地位。

独立储存，免收费用。每户粮食虽然集中到社，但实行分仓保管，不归大堆。合作社粮食信托合约办法规定，农户售粮价格低于粮食信托基价免收服务费用，如高于信托基价，按其差额（售价-基价）的20%收取服务费用。为促进社员对粮食信托合作社的了解和认识，合作社在开展业务初期免收服务费用。

合作社骨干的示范带头，让老百姓看到粮食信托的好处，也引起媒体、专家学者及合作事业同行的关注，来云翔合作社参观考察的人络绎不绝。第二年秋收前，很多社员要求把粮食存放到合作社院子里，但合作社场地有限，又不能打击社员的积极性，这中间应该如何平衡呢？

合作社能不能把玉米篓子发下去，让老百姓把粮食占在自己家的院子里，之后和互助社签订粮食信托协议，社员家庭五户为一个小组，建立监督机制，之后合作社同样给社员开出粮食仓单，社员凭仓单也可以到资金互助社办理质押贷款？经过合作社理事会的讨论，互助社在2011年推出了家庭粮食信托计划。

云翔合作社一体两社的制度创新，以及生产、金融、粮食、购销相结合的综合发展模式，引起了北京一家关注农村发展公益组织的关注。该组织在对云翔合作社综合考核的基础上，决定对合作社的发展给予资金支持。但在资金到位前要求合作社进行整改：一是规范财务，二是明确产权结构。

这两点要求从何而来呢？原来云翔合作社一直都没有专业的会

计，合作社内部的财务管理一直没有跟上创新的步伐。这也是很多合作社发展过程中面临的一个共同的问题，抓业务、抓服务，但是忽略了合作社作为一个经济组织其内部规范管理的重要性。

云翔合作社创办之初是由三人发起，共同出资建起了合作社的基本雏形，盖了房子，打了水泥地面。随着合作社的发展和经营内容的几次变更，合作社多次增资扩股。2011年北京公益组织要求云翔合作社进行整改时，合作社共有11名发起股东，大家都出过资，出过力，一起干过事情。但是整个过程中并没有明确股权，也没有核算各自应该承担的亏损费用。整个合作社从股权结构的角度考察，可以说还没有形成组织。虽然在名义上形成了理事会、监事会，但是遇事还是所有发起股东一起商量，之后指定一个人去做。从组织架构的角度来看，云翔合作社在这个时候还并不能称为组织，而只是一个有合作理念、有服务"三农"意识的农民团队。

产权结构、组织架构、财务管理都是合作社核心问题。然而，面对着北京公益组织的整改要求，云翔合作社在这些方面的问题一下子完完全全地暴露出来了，这让合作社有些难以招架。

整改，为了项目资金必须整改。虽说粮食信托制度有相互融资机制，在制度设计上合作社可以凭社员在合作社储存的粮食到商业银行融资，但是这个途径想要畅通，合作社想要和商业银行实现对接，并不仅仅是一件理论上的事情，改变社会生产关系是一项漫长的社会科学试验，在试验的过程中需要有很多人不断地去碰壁和承担相应的后果。对于云翔合作社来说，融资渠道没有打开，前期硬化地面、购建房产、购买玉米篓子都需要资金，再加上创建初期探索养羊项目失败形成的亏损，合作社现在的资金非常紧张，所以必须想尽一切办法获得这笔资金支持。

为此，合作社请来了刚从粮库退休的会计帮忙整理账务，北京公益组织也派来了财务督导，监督和指导合作社规范财务。发起股东们也开始没日没夜地开会和争吵：合作社亏损、债务谁来承担？

合作社的房子、地面、固定资产该归谁所有？

大家都开始意识到自己的责任，也开始争取自己应该享有的权利。由于前期账务不规范，合作社从创立到现在也已经两三年了，以前的账目完全就是一笔糊涂账，但是没有人让步，所有的发起股东在北京公益组织的要求下必须算清这笔糊涂账，拿出一个解决方案来。合作社的涣散也就是从这里开始的。

就在大家关系极其紧张，对于利益分配极其敏感的时候，北京公益组织做了一个火上浇油的决定。该组织推出了一个"合作社带头人培训项目"，要从合作社的主要负责人中选出一位来参加这个计划。矛盾的关键点在于，参加这项计划的人可以从公益组织得到一定的岗位补贴。为了确定人选，合作社的矛盾进一步激化。

没过多久，合作社内部的矛盾转变为对粮食信托制度的抨击和怀疑，同时展开了对制度设计者和推动者姜志国和姜柏林的抨击，姜志国和姜柏林只好暂时停止对云翔合作社的指导工作，轰轰烈烈的粮食信托制度试验也就这样暂告一段落。

之后，云翔合作社又回归到传统的产业思维中去，继续从社会上贷款建粮仓、建烘干塔，硬化水泥地面，还将合作社的土地变更为国有用地，这些项目都是需要投入资金的，这样的决定对于危机重重的云翔合作社来说无疑是雪上加霜。合作社的发起人期待着国有土地变更完成后可以用土地抵押贷款，这样就可以冬去春来，春暖花开了。但事不如人愿，合作社在花了很多资金变更土地性质之后，贷款并没有申请下来，合作社从此进入冬眠，开始了漫长的还债之路。

而在财务整改的过程中，合作社的糊涂账也越来越糊涂，之前有人钻了合作社账目不清的漏洞，虚假报销费用，挪用合作社资金等财务造假问题一一暴露，至此，合作社整改也回天乏术了。

云翔合作社的兴衰，粮食信托制度的坎坷探索之路给了梨树合作社的实践者们极大的教训和忠告。组织制度的创新必须与生产力的发展相适应,这是创新的基础,也是根本。同时,健全的治理结构、合理的利益分配机制、风险承担机制,良好的财务管理和内部控制也是一个制度正常运行的必要保证。二者相辅相成,缺一不可。闫家村百信合作社创办以来,始终强调的发起人制度(好人办社,产权监督,民主管理)也在防范道德风险方面显得尤其重要。现在很多农村组织创新过程中往往忽略了这三方面的根本问题,一味上项目,找资金,舍本逐末。

当然,虽然云翔合作社最后停滞不前,陷入危机,但其对于粮食信托制度的探索和传播却起到了很好的示范带动作用,粮食信托的种子开始在东北大地生根发芽。

九、行业自律:成立北京农信之家

在国家政策的推动和引导下,到 2011 年,全国先后有 49 家资金互助社取得了金融许可证,成为名正言顺的社区互助型银行业金融机构,这些组织产生了很好的示范效应。国家政策的鼓励和推动,资金互助制度的可复制、可推广、可持续性质,加上农民对金融服务的极大需求,很快,资金互助组织就在全国遍地开花了。

农民资金互助组织呈几何级数的增长,一方面反映了资金互助制度在中国大地上强大的生命力,但另一方面却也隐藏着风险和危机。

闫家村百信农村资金互助社正式成立之后,引来社会各地的农民参观考察。逐渐地,形成了一个以姜志国为核心,以姜柏林为指导的资金互助制度推广团队。这个团队也意识到资金互助组织井喷式增长背后的隐患,意识到在国家明确监管责任的过程中,资金互助组织加强行业自律,进行自我规范的必要性。

一直陪伴着闫家村百信资金互助社成长的谢勇模,在休学蹲点一年之后回到学校完成学业,毕业之后到沈阳一家 NGO 工作。谢勇模也一直关注着农村资金互助组织的发展，他在工作之余筹备了"草根金融论坛"，凝聚了一批关注资金互助组织发展的有识之士。2009年3月，谢勇模辞去了NGO的工作，在好友的帮助下，在北京房山窦店一处民房建立了农村金融工作室，并在当年6月初和中国人民大学乡村建设中心联合举办了第二届草根金融论坛。在前来参加论坛的浙江玉环九山资金互助社理事长苏光锋的邀请下，谢勇模到浙江工作一年多。

之后，在姜志国和苏光峰两名理事长的建议下，在姜柏林的指导下，2011年8月13日，来自浙江、河北、河南、安徽等地的12位理事长召开会议，决定共同发起设立"北京农信之家咨询中心"。农信之家是一个以"传播农民信用合作文化，提高农民信用组织化"为使命，为全国各地的资金互助组织提供咨询服务的行业自律组织。2011年12月26日上午，在中国人民大学乡村建设中心举办的"2011年合作经济论坛"上，中国人民大学农业与农村发展学院院长温铁军教授和青岛农业大学合作社学院李中华教授亲自为北京农信之家揭牌，北京农信之家正式成立。

2013年4月"北京农信之家"正式更名为"北京百信之家"，先后推动山东、河南、安徽、湖北、东北等地的200多家资金互助组织的成立，形成了以东北为基地，辐射河南濮阳、郑州、商丘，山东济南、菏泽、济宁，安徽阜阳，湖北荆州等周边地区的资金互助组织群。

农信之家成立不到一年，一条新闻报道引起了社会对资金互助组织的关注和担忧："2012年10月14日，江苏连云港市灌南县4家农民资金互助合作社突然关门停业，负责人下落不明，2500多位村民储存在合作社的钱款不知所踪，涉及资金1.1亿元。"①

---

① 《连云港4家农民合作社突然关门村民上亿存款不知所踪（终）》，中国广播网，2012年10月23日。

面对社会的疑虑，北京农信之家的行业自律体系经受住了考验，农信之家所有的会员单位都没有受到这次事件的影响。同时，农信之家网站发出姜柏林接受《中国金融》采访问答录，题名《农民资金互助社并不存在乱象丛生问题》，回应江苏跑路事件。通过对资金互助社内部管理和外部监督的分析，姜柏林指出：

"经过几年探索发展，资金互助组织已经取得了相当多的制度性成果和办社经验。农民资金互助组织总体发展情况良好，并不存在乱象丛生问题。我们不能用个别极端负影响案例否定新型农民信用合作组织发展方向和取得的重要制度成果。现在合作社发展面临的困难和问题，表象在农民内部民主化制度成本较高，实质是外部化的法律及政策条件没有配套而产生的问题。"

"一粒种子生命力再强，没有外部的适宜温度、水分、阳光等条件作用，不但要付出巨大成本，而且要付出生命的代价（或者是声誉代价）。现代市场经济条件下，小生产者要走向社会化大生产，参与市场竞争与合作，唯一的出路就是联合与合作，这是亿万小生产者参加合作的内生动力，但我们外部的法律，特别是具体的政策还不适应其发展要求，这需要从外部来制定具体的法律和政策加以支持，才能促进合作社规范健康发展。"

农信之家积极参与社会讨论，引导社会各界正确看待农民资金互助组织，并借此机会展示了资金互助社的制度优势及老百姓的政策诉求。

十、联合自强：构建三位一体五级联合合作体系

资金互助组织在全国各地的复制推广速度是惊人的，在体现出强大生命力的同时，其发展也是令人担忧的。梨树县在全国首家农村资金互助社的示范带动下，在良好的政策环境中，发展更是生机勃勃。到 2014 年，梨树县基本实现乡镇资金互助社网点的全覆盖，

有的乡镇甚至成立了两三家互助社。

各互助社虽然都是独立的法人主体，但行业相同，性质相似，又是左亲右邻，互相连片，一旦任何一家资金互助社像江苏连云港一样出现了问题，势必会迅速地影响到整个梨树县。

部分乡镇一个地方门对门就有两三家资金互助社，在目前具体的政府监管主体还不明确的情况下，如果无人协调市场秩序，最后势必会形成恶性竞争。

同时，在资金互助社发展的过程中，发起人也意识到互助社管理人员和工作人员在金融、财务等方面的专业素质不足，长远来看，很难适应互助社的发展要求。

因为各乡镇经济基础不同，梨树县资金互助社发展规模参差不齐。部分互助社剩余资金较多，财务成本较高，而部分乡镇农户对资金需求较大，互助社资金不足。虽然从第一家资金互助社成立到2014年已经十年了，但是互助社与原有金融体系之间仍然没有形成有效的对接，农村金融生态体系的构建还有一个漫长过程。而且，独立经营的一家互助社很难应对金融市场中的财务风险和支付风险，也很难有效地调节当地资金余缺，为社员提供有效的服务。

北京农信之家虽然在全国范围内成立了行业自律和规范组织，但由于地理距离过远，监管半径过长，而且全国这么多的市县，仅靠农信之家的十多名员工是很难一一指导的。资金互助制度社员制、封闭性的区域特性，也要求各区域层层联合才能形成一个多层次的行业自律体系和抗风险体系。

于是，2014年，出于行业自律、规范管理、培训指导、风险控制等方面的需求，闫家村百信农村资金互助社联合梨树县七家资金互助社共同发起设立了梨树县吉信柏林农民合作联社。联社成立后，为了进一步推动梨树县资金互助组织规范发展，又吸收了十家资金互助社加入。

联社的成立，在梨树县形成资金互助组织的行业自律体系、风险管理体系及自我服务体系，在中国合作金融制度的探索上又迈进了新的一步。

联合是农村合作金融组织发展的必然要求和客观规律。任何金融组织都天然存在制度性缺陷，资金过剩会产生财务风险，流动性不足会产生支付风险。所以，金融组织，包括合作金融组织，都必须要形成体系才能弥补制度性缺陷。合作金融组织想要形成体系，唯一的途径就是自下而上的层层联合。

那么，社与社之间如何联合呢？

联社在姜柏林的指导下，按照合作制的原则及金融风险控制的原则，制定了章程和管理机制。

1. 发起人制度——利益相关人同额持股，分工不同，按章办事，相互监督。联社由16家资金互助社共同发起，每家成员社出资额相同，单个成员社出资比例不超过总股金的10%。

2. 完善的治理结构。联社设立了社员大会，为联社最高权力机构。社员大会下设监事会和理事会，理事会负责做出日常经营管理的决策，监事会负责监督联社的规范运营。理事会聘任社长一名，负责领导各职能部门开展具体工作。另外，联合社还设立了选举委员会和薪酬委员会，分别负责换届选举提名组织工作和联合社管理人员薪酬方案的制定与考核。

3. 成员社双重审核制度。互助社申请加入联社，成为联社社员必须经过审核。首先，要求互助社的发起人诚实守信、声誉良好，且符合互助社对发起人的要求；其次，要求互助社股权结构合理、治理结构完善有效、财务制度健全、经营状况良好。

4. 独立经营，授权管理。互助社共同发起设立联社，联社在工商部门注册，成为独立的经营主体，自负盈亏。成员社以其股金和在联社的社员积累为限对联社的债务承担责任。同时，成员社经各社社员（代表）大会决议，授权联社对本社进行规范管理、监督指导。

5. 自律管理及退出机制。联社设立规范管理保证金，各社在年初向联社上交规范管理保证金，若在联社监督规范过程中，发现违规操作，则扣罚规范管理保证金，相应地，管理规范的成员社将得到奖励。若在联社监督过程中，发现问题拒不整改的成员社，经联社社员大会决议，强制清退。

联社成立后，建立了监督检查小组，不定期到成员社就财务管理、业务规范及社内管理等方面进行检查指导，协助成员社规范有序运营；搭建资金调剂平台，在联社成员社范围内，开展同业存放业务，各社剩余资金可以存放联社，有效降低成员社财务成本，预防财务风险。同时开展同业拆借业务，向流动性不足的互助社融通资金，促进互助社更好地满足社员需求，服务社员；设立稳定基金，各成员社按其资产总额的一定比例将备付资金存放到联社，建立抗风险资金池，更好地防范支付风险。联社与商业银行合作，将稳定基金存放在商业银行，一旦各社出现支付风险，除了可以动用稳定基金之外，还可以从商业银行获得融资。稳定基金搭建起了与金融体系对接的桥梁，这是任何一家资金互助社无法单独实现的。

联社成立后，对内组织合作社原则、合作金融政策法律、财务、业务、服务礼仪等方方面面的培训，提高了从业人员的素质和能力。同时，联社还统一聘请了专业的法律顾问和财务顾问，为成员社提供更为专业的指导和咨询服务。对梨树县其他乡镇新成立的资金互助社，联社也会提供咨询和督导服务，对发起人进行培训，在其运营规范，符合条件后，发展其成为联社社员，有效地规范了当地市场秩序。

联社成员社的员工平均年龄较小，队伍整体年轻化，这为互助社后备人才的培养提供了良好的基础。联社提供锻炼平台为农村年轻人提供多元化的发展空间，让员工共享合作社发展的收益，很多员工在互助社工作一段时间后，都选择成为互助社的股东，和互助社共同发展。

农村劳动力要素外流，农村青年想要返乡却无路可回的问题，一直是社会关注和议论的焦点。合作社联合成体系之后，不仅成为农村资金的蓄水池,而且成为农村人才的蓄水池,联社这一平台有效地搭建起农村高素质人才回流的桥梁。目前,联社的工作人员基本都是当地返乡的大学生。

合作文化的导向影响着合作组织发展的方向。梨树联社继承了闫家村百信合作社"创建学习型合作社"的传统,推出"四个一工程",要求联社及其成员社全体员工"每天阅读一刻钟,每天写一篇日记,每周学唱一首歌,每月阅读一本书"。2017年联合社推出"春草计划",引导社员和员工通过日积月累的学习,提高自身能力素质,加深对社会、对农村、对生活的理解和认识。

梨树联合社在总结梨树试验区十多年来以信用合作为核心,以产业合作为龙头,以消费合作为抓手的探索实践经验和制度创新经验基础上,确立"一二三四五发展战略"。

> **延伸阅读 21**
>
> ## 梨树联合社"一二三四五发展战略"
>
> 一大使命:提高农民组织化程度,共创人类社会新制度;
>
> 两大引导:引导城市资金下乡,引导农村资本进城;
>
> 三大集团:金融集团、消费集团、投资集团;
>
> 四大支柱:金融、文化、教育、科技;
>
> 五大体系:宣传推广体系、教育培训体系、自律认证体系、融资结算体系、项目管理体系。

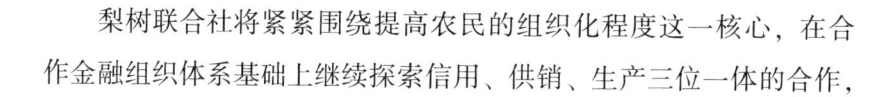

梨树联合社将紧紧围绕提高农民的组织化程度这一核心,在合作金融组织体系基础上继续探索信用、供销、生产三位一体的合作,

构建"县—乡(镇)—村(屯)—组—户"五级体系(见图9-1)。

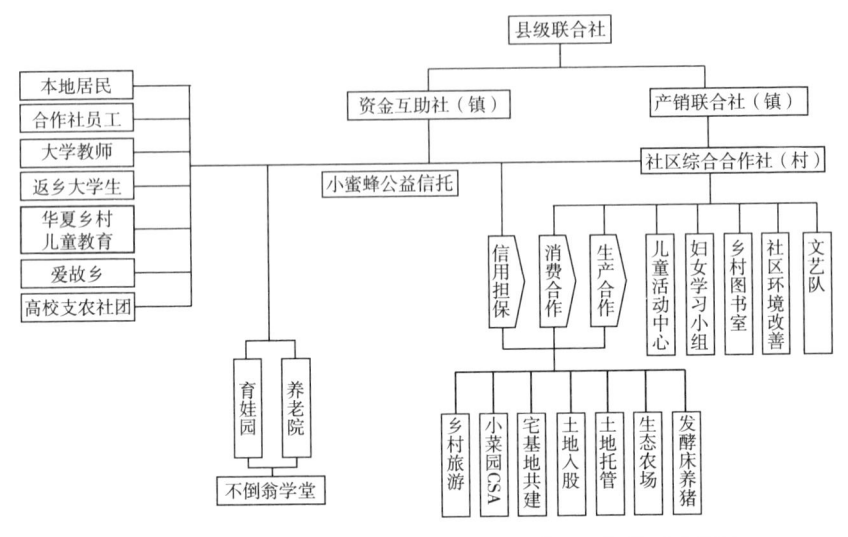

图9-1 "县—乡(镇)—村(屯)—组—户"五级体系示意图

十一、扎根社区:共建村社新型集体经济共同体

2016年,梨树联合社提出"对外联合、对内扎根、内外互助、完善制度"战略规划,开始依托乡镇资金互助社推动村级社区综合合作社建设。

闫家村作为全国首家农村资金互助社所在地,在现有合作金融基础上开始探索村社共建,探索为社员提供综合服务。2015年,闫家村百信互助社3户发起人将自家宅基地入股到合作社,建立了闫家大学,对外作为农村合作金融教育培训基地,传播梨树经验、百信经验;对内作为合作组织员工和社员自我教育、自我学习的基地;而对村庄来说,闫家大学也是闫家村新的文化中心。闫家大学正式启动后将推出"YWY计划",由乡村儿童教育入手,推动乡土文化重建,再从孩子的食育工作入手,推动社区生态种植养殖。

小城子镇六屋村众汇农民合作社是联合社推动的第一个试点,经济合作主抓"三个一一"。

一存一贷，巩固合作金融组织基础。 村级互助社设担保合作部，为社员提供信用担保，社员生活急需资金，生产发展需要加大投入，都可以通过村级社担保，到镇级资金互助社贷款。对合作金融组织而言，风险控制是一大重点，熟人社会，信息对称，极大降低了农村金融服务的交易成本，也是风险前置识别的重要条件。由村级互助社进行第一步的社员资格、借款资格审核，极大地加强了信息对称性和及时性，更有助于在风险可控的前提下，为老百姓提供方便快捷的金融服务。

随着农村土地确权、宅基地登记工作的开展，农民这一小资产者在获取金融服务过程中缺乏抵押物的问题似乎得到解决。信用社、邮政储蓄银行等也适时推出土地收益权保证贷款等产品。然而土地的三权分置，土地所有权归村集体所有，这一性质客观存在，一旦发生违约，无法对抵押物进行处置，即使处置了，在法理上也难以自洽，甚至会引起不必要的纠纷。针对这一问题，资金互助社与村级社合作，符合条件的本村村民将土地入股到村级社，由村级社担保，社员到资金互助社借款。一旦发生违约，村级社则可以对土地收益进行处置。通过这样的制度设计，有效盘活了老百姓手中的资产。

一买一卖，降低购买成本，提高增值收益。 村级互助社成立后，开展社员生产资料，如化肥、种子统一购买服务，社员生产服务统一购买。成立后第一年秋收，合作社直接与黑龙江合作社合作，打包购买农机服务，市场价机器收一垧（10 大亩）地，把玉米运到家是 1100 元，合作社只收 1000 元成本价，一个农忙季节，合作社共计收割 300 垧土地，仅收地这一环节就为社员节省 30000 元。合作社下一步计划开展社员日用品的统一购买，社员农副产品的统一销售工作。同时通过消费合作，逐步引导社员建立正确的消费观念，引导社员转变生产方式。

一统一分，在保障粮食安全的基础上合理配置资源。 东北是中国重要的商品粮基地，但随着农村劳动力进城务工，土地的经营管理也越来越不上心。合作社通过土地入股、土地信托等方式，合理整合农村土地资源，在保底承包价格基础上，年底还会依照入股份额进行分红，增加老百姓收入。而成为社员之后，留守在家的孩子可以到合作社办的幼儿园上学，参加合作社夏令营，老人可以到合作社办的养老院，家庭日常生活用品的采购也可以通过合作社完成。将来如果想回农村创业，还可以拿回土地或者是通过合作社承包到更多的土地。通过一统一分的土地制度创新，让农村人既能进城打拼分享城市发展红利，又能盘活资产，分享农村发展红利。同时通过合作社提供的综合服务，让年轻人既可以放心进城，又可以返乡创业，摆脱"进不去的城市，回不去的家乡"的尴尬处境。

延伸阅读 22

村社共创经验"一二三四五"

一个方向：共创村社新型集体经济共同体

两个先导：合作金融先导，文化教育先导

三个提高：提高党在农村的执政基础和经济基础
　　　　　提高村民自我管理自我服务能力
　　　　　提高人民群众的幸福生活质量

四个目标：生态文明、信用良好、消费适度、生产有序

五个关系：农民与农民互助关系
　　　　　农民与政府互利关系
　　　　　城市和乡村互惠关系
　　　　　工业和农业互补关系
　　　　　传统和现代互融关系

十二、合作金融：改革的总抓手

2015年《吉林省农村金融综合改革实验方案》发布，梨树县被确立为新一轮农村金改试验区中的重点试点地区。该方案提出，力争用五年左右的时间，在实验地区形成多层次、广覆盖、可持续、竞争适度、风险可控的农村金融体系。梨树试验区也焕发出更大的创新活力：基于小蜜蜂公益信托的小蜜蜂工程、全国第一金融生态村暨合作金融教育中心项目、合作之家主题绿色餐厅合投项目都已经启动。全国首家汽车保险合作社、农村保险互助合作社、农村信用消费合作社也在筹建之中，战略支撑单位四平百信传媒、沈阳云汉科技团队也已经开始运转。梨树周边地区，如公主岭市、辽源市、伊通县等也都成立了联合社，市县级联社的成立已经具备一定的组织基础。

从梨树合作社十多年的探索经验可以看出，资金互助是构建农村合作体系的有效切入点，同时也是农村合作经济体系的基础。而农村合作金融的构建必须是成体系的，农村合作事业的发展也必须是经济、金融、文化、社会事业联动的。在资金互助成熟制度的基础上，梨树试验区将继往开来，在合作金融、合作经济、合作文化方面继续创新发展。

乡村建设，百年传承、任重道远，梨树试验区十多年的探索仅仅是一个起点。用姜柏林的话说，"三农"问题的破解需要一代代浪漫而现实的理想主义者以勇于承担责任和使命的精神、敢于创新和实践的精神、甘于付出和奉献的精神不断探索前行。而尊重农民的主体性，尊重农村的多样性，发挥金融的工具作用，以信用合作为纽带，带动生产合作，消费合作，促进当地医疗、教育、养老、扶贫、生态环境改造等社会事业的发展。在公平获得资本红利的同时，要让资本成为"三农"发展的服务者而非主导者，让农民成为资本的主人，是梨树合作金融探索背后更具深意的经验。

附录　我的实践报告：中国农民信用组织化探索

姜柏林

20世纪90年代初期，随着市场化程度的提高，"三农"问题开始积累与积聚。到了90年代中后期，"三农"问题就集中地反映出来，之后引起了社会各界广泛关注。正是在这个大背景下，我开始关注"三农"问题。

1996年国务院印发《关于农村金融体制改革的决定》（国发〔1996〕33号），主要改革内容之一是：农业银行与农村信用社脱离行政隶属管理关系，由县级联合社负责农村信用社行业管理，由中国人民银行县支行负责监督管理。1997年中国人民银行二级分行负责农村信用社改革、发展和监督管理，实施一套人马两块牌子三项职能。1997年中国人民银行四平市分行成立农村合作金融监督管理机构，我被组织安排到这一部门，负责改革、发展和监督管理具体工作。

这是我能够从合作金融维度考虑"三农"问题解决方案最重要的工作背景，这个背景条件伴随了我二十年，使我对合作金融经济理论、历史、政策和实践经验有了较为系统的了解和研究，对国内国际合作社运动的发展过程及其经验教训有了初步的归纳和总结。

20世纪90年代中后期各种资本下乡及其部门利益化对农村的盘剥已经明显化了。向银行借钱，形成商业资本，商业资本开始纷纷下乡瓜分农村市场。这是道义上促使我深入农村了解农民、找办法帮助农民的最直接背景和动因。

我的工作处于地市级城市，从事货币政策执行、银行业监督管理和农村合作金融管理等工作。在这样一个工作背景条件下，我必须从理论政策上思考问题，才能够准确把握好政策。要想让政策有效贯彻落实，必须要研究和总结基层的实践经验、反映他们的诉求。

这样的工作使我能够从多维角度思考问题，从理论、政策和实践三个维度综合性提出问题的解决方案。

1997年我对国家为什么要恢复农村信用社合作制做了深入的研究和思考，与此同时对农村信用社调查摸底和进行分类风险处置。思考与工作结合一起时，灵感可能产生创造。我预感到农村发展可能存在一种新制度和机制。我决定深入农村调研并开展试验。

吉林梨树县闫家村服务中心试验。 1998年我建议闫家村姜志国等几户农民成立一个叫"百信服务中心"的组织，主要任务是提供信息、技术和饲料、农资等服务，服务中心只提管理费，中间商业销售利润让度给"社员"，以此观察工农产品剪刀差。我们找了代加工厂，最好的原料和配方做出的饲料是每吨1900元左右，市场现金价2600元，赊销在2800—3000元。后因姜志国肘关节受伤及农民没有现金购买能力，基本都是赊销，项目被迫终结。

取得实验数据后，我进一步观察到种子、化肥、粮食等各种市场一买一卖过程中有巨大的商业差，而此时假冒伪劣商品也层出不穷。如何解决需要一种机制，是什么机制呢？这让我兴奋但满脑子的问题还无法全部解决。于是晚上下班后就到农村哥哥家中找些对农村熟悉的商人聊天，了解他们是怎么挣钱的，后来发现让农民经济上组织起来，是减少盘剥的最有效办法和唯一办法。

通过经济办法让农民自我组织起来，我深知这是时代的伟大课题，是中华民族屹立世界民族之林和实现伟大复兴的必由之路。

希望中的兴奋，让我难以入眠。我开始自立课题，用各种图示解构组织路径。但课题预设的假设条件是农民手中有足够的现金支付能力。事实上这是一个逻辑上的悖论，能否突破这个悖论，成为课题能否自洽的最后节点。为找到打通这个节点的办法，我再次来到闫家村与姜志国探讨这个问题，姜志国说了一句话：把消费积累转化成农村信用社股金。这让我找到了使经济动脉和静脉能够交互相融互为转化的新思路。

1999年我写出了《21世纪中国农村合作经济模型》课题报告。

送给有关领导和部门，他们都说看不懂。这份报告的主要内容是：由农民入股组成合作社，由农村信用社提供社员买方信贷，合作社与生产厂家集团议价，批零差价（消费积累）转化成社员交易量股金；用农民买方市场培育农民自己的工厂，通过农村信用社合作制改造，让农民在经济上联合起来，实现农村集体经济的二次飞跃。

吉林梨树县大榆树村合作社试验。 2000年元旦放假，我在客运公交车上遇见了高中同学周彬。他是梨树县董家乡大榆树村民办老师、务农。我向周彬介绍了我研究的课题，委托他与当地村民做个调查了解，看农民是否能够理解。一周后，周彬回电话说：他走了些农户，大家都很感兴趣，但农民们提出的有些问题，他也无法回答。于是，我们定了1月15日这天到董家乡张家街小学讲堂课。这天梨树大雪，我到张家街已经10点多了，屋里还有40多人，他们说来了七八十人，有的要回家喂猪和给孩子做饭等先走了。我进到教室后，除了感到抱歉外，让我心里感动的是，黑板上写着：把农民重新组织起来，走大合作之路。我认为这是农民自我组织的诉求。课堂上我从农村调查开始，比如：村里有多少户，有多少人口，有多少土地产多少粮，养多少猪，用多少饲料、化肥、种子等，然后再从一买一卖讲起，让听课人自己计算联合和个体经济差价。课讲得很成功，听课的村民说：这应是共产党干的，有红头文件吗？课后几个农民骨干自愿留下来继续探讨如何组织管理和分配等。

2000年4月2日梨树县董家村百信农民合作社由56户社员发起成立，范围涉及5乡6村。发起大会通过了合作社章程，选举了理事会和监事会。周彬任合作社理事长，周和任合作社监事长。主要做了以下工作：组织县农技部门讲课，推广新品种新技术，组织社员现场到农机推广示范区考察，联合购买精播机，推广一穴一粒（每公顷100斤种子减少到40斤）和深耕硬压施肥法，组织社员联合购种等。后因这里雨天进不去，雪天出不来，种完地基本没有可与社员交易的业务而暂时放弃。

吉林梨树县夏家村合作社试验。 2000年7月左右，我在梨树县城认识了史洪江。史洪江在梨树县夏家村，爱人张淑香。夏家村距梨树县城3公里，属于城郊村，靠近公路，具有地理位置优势。我们决定将这里作为主要示范点建设，因此把精力与财力集中一点配置，以取得突破。这个社我们主要做了合作知识与文化培训，出工出钱修路、联合购销、共同抗旱，联合信贷、化解村户矛盾、土地纠纷，因为促进了合作社文化建设，化解了村内矛盾，促进经济发展和社员增收而闻名于全国。2001年吉林省委书记王云坤到夏家村百信合作社调研：包产到户只解决了农民积极性问题，并没有解决市场问题，这是新型经济组织制度创新。由此，我们才逐步摆脱了"组织农民造反"的社会压力。2002年这个社成为农业部全国首批农民合作社示范社后，合作社更名为夏家农民合作社，我们就退出了指导。

吉林梨树县郭家村合作社试验。2001—2003年在梨树县胜利乡郭家村开展了百信合作社医疗教育养老模式试验，这个样本写入吉林省农民合作社教材。

吉林梨树县李家街村合作社试验。2001—2004年应梨树县太平乡李家街田永海邀请，2001年8月我来到李家街组织合作社。该社由养殖生猪的8户社员发起设立，共出资3200元初始资金，其中田永海出资2300元，其他7户社员各出资100—200元不等，并说如果被骗了就当随个人情份子吧。8户社员共存栏育肥猪516头。当时的情况是，农民购买精饲料基本上是依靠赊销（以解决扩大规模资金不足），这就与我研究的课题有了高度的关联性。我决定在这里再做个新示范，让新型合作集体经济壮大起来。从理论上讲，联合购买成本会下降但前提条件是要有货币资金，但确实没有，如何解决？我们必须建立合作社和农村信用社联结的机制。于是将社员投向合作社的股金转化成农村信用社股金，形成股权信贷模式。到2004年合作社向农村信用社入股资金超过64万元（已经超过农村信用社股金1倍多），形成固定资产近200万元，养殖生猪出栏量上万头。吉林省政府发展研究中心调研总结股权信贷两社互助新模式，省委副书记林炎志批示：请农委注意推广。

延伸阅读 23

百信"三大"理论基础

三大原则:

1. 农民是否在经济上得实惠,权益上得保障;
2. 政府工作是否得亮点,干部和人民群众关系和谐相处;
3. 合作社得发展。

三大精神:承担责任和使命的精神、勇于创新和实践的精神、甘于付出和奉献的精神。

三大作风:理论和实践相结合的作风、与人民群众密切联系的作风、实事求是走群众路线,开展批评与自我批评。

三大标准:符合监管原则标准、符合经济规律标准、符合行业自律标准。

三大方向:提高农民信用组织化、提高农村市场经济组织化、提高农业生产组织化。

三大地位:农村金融体系基础地位、农村经济组织核心地位、农村信用文化主导地位。

三大功能:内部造血功能、蓄水功能、杠杆功能、组织复制功能。

三大作用:调整生产关系(生产关系载体)、发挥桥梁作用、连带作用(党、政府、媒体的纽带)。

三大法宝:联系群众,扎根社区;协调各方,统一战线;制度创新,抓住金融。

三大集团:金融集团、投资集团、消费集团。

三大差距:缩小城乡差距、缩小分配差距、缩小区域差距。

三个结合:城乡结合、工农结合、知识分子和农民结合。

三大思维：1. 自然科学思维（数学、物理、化学）；2. 社会科学思维；3. 宇宙科学思维。

三大改造：改造世界观、改造人生观、改造价值观。

三个不变：1. 坚持党的领导地位不变；2. 坚持对合作社的信仰不变；3 坚持服务社员，谋求社员共同利益，追求社员共同发展的原则不变。

三个自信：理论自信、道路自信、制度自信。

第十章
以青春救乡村
——福建省秀屿区东峤镇汀塘村乡村建设工作纪实

张俊娜　江丽丽　吴瑞[①]

【导读】 与21世纪前十年兴起于税费冲突之际的乡建案例不同,开始于21世纪第二个十年的福建汀塘乡建,缘起于爱乡富商主动"回哺"。而闽西地区特有的风土民情村庄政治,也塑造了本方水土的乡村建设形态。年轻的志愿者们既要做小朋友的"大姐姐""大哥哥",又要小心翼翼地与村庄内外各脉人物斡旋腾挪,一点点地推动心底对美好乡村的想象。可能正是因为苦辣酸甜、提笔万千,写作者们在正文案例之外,又辟出大篇幅来袒露内心的纠结、感动、无奈和期待。这一扇扇敞开的"窗口",仿佛一下子把我们带到了一个可以体验写作者心绪变化的私密空间。都说乡村的成长,也是人的成长,这当然包括实践者们自身的成长,以至在种种挫折后,看到年轻志愿者们由"慌乱忐忑"到对"因人成事"的淡定理解,忽然让人感到一种五味杂陈的老练。至于"乡村建设的意义",究竟是用来"骗取村民和政府支持的说辞,还是我们说服自己能够留下来

[①] 此文由汀塘社区大学前后三任负责人张俊娜(2011年7月—2012年2月)、江丽丽(2012年3月—2013年8月)、吴瑞(2013年9月—至今)联合完成。文中出现的村民用化名或代号。

继续做的理由"的争论，恐怕也难有个答案。

在台湾地区的商场里与柜台小姐闲聊，得知她在台北市一所普通大学读书，我问她将来的就业选择，她说不知道，眼里透着忧虑。近年来台湾经济并不景气。我随口说，去大陆吧！大陆工作机会多。她马上说，不行！我走了，台湾怎么办？我要留下来帮助台湾。我不忍心追问工作没着落的她打算如何帮，因为她的语气如此坚定。我想到了我们这些年轻人，走出大学，直接来到了乡村，二十来岁的年纪，充满了憧憬、热情，当然也有迷茫。很多人问我们，想建设什么样的乡村？说实话我们常常答不上来。但我们仍然留了下来。我们凭什么做乡建呢？一没专业技能，二没社会资源，三没工作经验。我们有的只是青春。

2010年，邱建生老师的乡建工作广受赞誉，一些人希望他将社区大学开到更多的地方。而福建省域的公益事业主要聚焦在捐资助学上，对于乡村社区的发展，还未有专门的公益资金支持。民非注册也没放开，地方政府对于民间组织的社会建设行为仍持犹疑态度。因此乡村建设实践困难重重，一路走来，步履维艰，几至经营惨淡，一个项目点只有一个人员在苦苦支撑，仅能维持其"活着"。

刚巧此时，正荣集团新上任的CSR负责人期望能找到一条新的公益之路，不是短暂地提升弱势群体的物质水平，而是带来具有生命力的影响，使之具备某种改善自身或地区条件的能力，继而促进社会的美好发展。西部阳光基金会时任秘书长梁晓燕将福建地区的乡村建设事业推荐给他，由此，正荣与乡建搭上线。经过2010年一年的接触，双方取得高度互信，展开了密切合作，2011年在福建东、中、西部皆布下试验点，包括汀塘村。

一、汀塘村概况

（一）村容村貌

汀塘行政村隶属于莆田市秀屿区东峤镇，分为汀坪、欧厝、李厝、南坪、下厝里自然村等 8 个村民小组，距镇政府所在地约 5 公里，距莆田市区约 30 公里。交通便利，西邻上塘珠宝城（仅一沟相隔），北靠省道笏埭公路，南临湄渝高速和兴秀肖高速，石城疏港大道（村民按其宽度称之为"60 米路"）贯穿境内。

汀塘村之所以带"塘"字，因村内有较多的水道、池塘。东圳水渠从村庄的东北面经过，为村内的农田提供灌溉用水，灌溉面积 50 亩，但是最近十年来东圳水渠的水减少了很多，常年断流。西部有一条水沟，为本村灌溉和排洪的主要河道，将村里的耕地和盐碱田南北隔开。2011 年我们刚到汀塘时，看到池塘、沟道被人为填埋占用，或被水浮莲、芦苇和黑土等垃圾"霸占"，池塘之间缺乏流动，变成一塘死水，恶臭连天，部分沟道十米宽的水面仅剩半米。

全村耕地面积 768 亩（其中水田 403 亩，旱地 365 亩），林地 30 亩。拿村民的话说"人均不到三分地"。妇女们利用这稀少的土地种些花生、地瓜等，供自家食用。她们珍惜土地，精耕细作，连公路沿边的一绺地也会被勤劳的老人种上一排花生。

（二）婚姻家庭

全村常住人口中，非农村户口的人有 172 人，占 4.68%；农村户口的人数为 3507 人，占 95.32%。通过我们的调研发现村里 50 岁以上的妇女大多数不识字，甚至连普通话都不会。

莆田农村由于社会文化活动不够活跃，加上传统观念的影响，与开放的先进地区相比，莆田男女自由恋爱的少，遵从长辈意见的多。而一些封建思想、世俗观念浓重的家长一般都会包办婚姻。虽然如此，莆田的离婚率还是很低的，大家会凑合过一辈子，男大当婚，女大当嫁，父母之命，媒妁之言，认定了一个人就要跟过他一辈子的观念根深蒂固。一旦离婚就会被周围的人指指点点，这对于要面子的莆田人来说，是无法忍受的。

家庭中，妻子负责一切家务事及田里的活儿。丈夫负责外出赚钱。丈夫在家几乎不做饭不下田，一些男人甚至不知道自己家有多少田地。莆田女人的隐忍、勤劳在福建省是出了名的。因此，莆田男人落下了"大男子主义"的名声。女性很少在村里公共场合表达意见，她们认为抛头露面的事情是男人干的。

每户家庭至少要生一个儿子。如果前几胎是女孩子，那么女性要一直生下去，直到生出男孩为止。如果第一胎是个儿子，那么后面生男生女都不会太紧张了。

当地政府官员和村委无奈地说，计生占他们工作量的百分之七八十。镇里给每个村都分了计划生育指标，然后根据各村完成的情况进行评比，并进行相应的奖励和处罚。在我们刚进入汀塘村时，从村委那里了解到，那两年（2010—2011年）的计生工作指标很多都没有完成，在镇里排名一直是垫底，村支书曾经因为没完成指标在全镇村干部会议上做检讨，挨上级领导的骂。而村民们也常常对村委粗言冷语。村委表示工作压力很大，在他们看来，计生工作吃力不讨好，导致干群关系不融洽。

（三）社会经济

村民土地人均不足三分，百姓靠农业是无法供养家庭的。于是改革开放后，村民纷纷外出打工，打工成了主要的收入来源。

汀塘在外经商者一般学历较低，十之八九小学没毕业，多是先经过几年外出务工，积累经验和学习技术之后开始摸索创业，或是通过亲朋纽带关系开创自己的事业，"同乡同业"现象普遍。莆田人的性格中充满了矛盾。他们在家互相计较争斗，邻居间为了一锄头的地而争得头破血流；莆田人在外却紧密抱团，互帮互助，开创了金银加工、木材加工、民营医院等商业帝国。如今，汀塘籍商人遍及全国，甚至在国外也有分布（东南亚、非洲、中东皆有村民在），著名的有欧氏三兄弟分别创办的欧氏集团、正荣集团、融信集团。

有的家庭为了赡养老人及照顾小孩，无法外出，一边种着一亩三分地，一边在家里做来料加工：金银打磨、服装缝合等。很多家庭都放有一到两台缝纫机承接来料加工。家庭加工按件计价，村民每天收入在 100—200 元。

由于村民收入来源多元化，有的靠经商，有的靠打工，有的靠种田，导致村庄贫富差距很大。我们走访发现，一户人家刚盖了新房，室内墙壁没有粉刷，露出红砖。床是一块木板，下面用砖头垫了四条腿。我们也去了高收入的村民家参观，内部装修富丽堂皇，六层楼，据说造价 500 万元。时任村主任介绍，当地贫困人口占七成[①]。

（四）村庄政治

汀塘村没有集体经济来源，村委的一切开支来源于上级财政转移支付及向当地富商"化缘"。村委工资来源于上级，工作考核来源于上级，村"两委"的工作围绕乡镇制定的各种指标开展。在这种情形下，村委很难成为"保护型经纪"，加上计划生育的硬性任务，可想而知，村委和村民关系上存在严重的紧张感和对峙感。这给乡建开展社会建设工作留下了空间。

莆田人的矛盾性格也反映在村民对村委的态度上。一方面摇头叹气，觉得村委人心不善，贪赃枉法；一方面，习惯于唯村委马首是瞻。在社区大学召集村民做什么事情时，村民总是向我们建议，

---

① 2011 年访谈村主任。

你们先征求一下村委的意见。

我们进入汀塘村时，村支书欧成功常常向我们倾诉其内心的郁闷和纠结，甚至因为工作失眠，还得了神经性头痛。他的口头禅是"上面千条线，下面一根针"。他知道自己角色的重要性，所以在某些受不了的时刻，也敢摔了上级电话，愤愤地说不干了。

他又舍不得走。看着村庄在自己手下慢慢改变，这给他带去巨大的成就感。他喜欢在村里待着，不喜欢城市生活。他自豪地透露，有个算命先生说，汀塘发展的辉煌二十年要来了。

二、汀塘社区大学成立

（一）乡建来到汀塘村

该村外出富商热衷回馈桑梓，已有修路建校、举办乡村文化节等义举。2011年应热心家乡发展的正荣集团公益事业部门领导的邀请，中国人民大学乡建中心来到汀塘村，希望以汀塘社区大学为载体，协助当地开展经济、教育、文化、卫生等方面的建设工作，为汀塘村的综合发展服务。通过培育汀塘的文艺、体育、经济等组织，开展丰富多彩的文体活动，拓展村民的公共生活空间，促进村民的经济文化合作。

这是乡建团队在福建地区成立的第三个乡村社区发展项目点，之前两个点分别位于福建的西部和中部。乡建团队希望借助莆田汀塘项目点的成立，探索福建东部经济发达地区的乡村社会建设工作。基于前两个项目点的教训和经验，汀塘社区大学将最初半年的工作目标定为：社区动员，落地生根。

（二）社区大学落地生根

在乡建十多年总结出来的"文化入手，成本最低，见效最快"

经验指导下，汀塘社区大学在短短半年时间里，联手镇政府、村委、村小学举办了大量的文化教育活动。

1. 夏令营让村民们认识了社区大学

乡建福建基地认为，农村夏令营是一个肩负着改造农村教育和大学教育双重使命的良好纽带。同时，大学生和孩子们还是乡村建设的重要力量，他们是在地化知识系统构建中的一环。所以乡建福建基地积极筹备，从全国各高校招募优秀志愿者，集中培训一周后，分配到三个项目点，开展为期三周的夏令营，调研及开展村庄文化活动。

汀塘村的夏令营异常火爆，共有300多名小学生及中学生报名参加，即从一年级到九年级的在学儿童。夏令营课程丰富多彩，充满趣味。我们乡建基地的志愿者采用参与式教学方法，提升学生的主体意识，借鉴了国际"阿福童教育"的教学模式，结合汀塘村学生的具体情况，灵活地举办游戏教学，培养起了学生对学习的兴趣、对家乡的热爱。

夏令营结束时，乡建团队组织了"舞动青春　情满汀塘"的汇报演出，给学生及当地村民提供了展示自我的舞台。乡镇领导莅临指导及观看，并为大学生志愿者和支持夏令营的热心村民颁发志愿者证书。上千村民怀着好奇心来观看，这群大学生志愿者到底干了什么？当他们看到自家的小孩子站到舞台上大大方方地表演时，兴奋了。社区大学不失时机地介绍自己，在晚会上亮相发言。

夏令营期间，大学生志愿者每天去家访，同时开展的还有走家串户调研，极为有效地宣传了社区大学。

老村支书说，过去从来没看到小学生在路上主动跟老师打招呼的。那年居然听到他们对路上碰到的大学生志愿者说：老师好！由此他认为夏令营让村里小孩子们更懂礼貌了。他从夏令营认识了社区大学，虽然不太懂社区大学到底要干什么，但他心里认定了这是个好事，是对汀塘村民有益的事。之后老支书在社区大学举办的活动中，屡屡伸出援助之手。并积极向其他村委及村民介绍社区大学。他的一个做生意的朋友听到他的讲述，很感动，直接从兜里掏出三千元钱捐给社区大学。刚好那段时间志愿者在教妇女们跳广场舞没有音响，于是拿这个钱买了一个带轮子的音响。

夏令营之后，社区大学还参与到村小学的代课。小学校长希望给社区大学安排一门课，每班每周一节，社区大学自主决定上什么课。考虑到学校既有的课程现状，我们选择了给孩子们上美术、音乐、阅读等课程。因为我们常常外出，间或人手不够，导致课程断断续续，时常暂停。

除此之外，我们还尝试了其他项目，比如成立小志愿者协会。协会主要由三年级和六年级的小朋友组成，通过给大家培训"志愿者精神"、带领志愿者去老人协会打扫卫生、参加爱心互助大卖场、图书室管理、爱好环境宣传等，培养小孩子对家乡的热爱之情、奉献之心。两次活动后，因项目负责人的离开而中断。一年之后，在一位实习生的努力下，重建小志愿者协会，并分成四个小组：环卫队、记者团、图书室管理员、扫盲班小先生。实习生离开后，再次中断。在乡村驻点的工作人员基本都是不稳定的，工资低、工作压力较大，不能被大家理解和认同，很多实习生没有办法留下来，工作人员流动性较强，很多很好的项目就没有办法开展下去，不仅仅在汀塘村，在其他的乡村也是如此。

夏令营期间，通过家访，志愿者发现家庭教育中存在很多问题，但苦于夏令营短短一个月的时间，无法带给孩子们更多改变。于是社区大学想尝试做一些后续跟进，发起了"成长陪伴计划"，在家长的同意下，有兴趣的孩子们可以来社区大学和志愿者同吃同住两周。我们希望以自身言行做示范，影响孩子们养成良好的生活习惯；希望培养孩子的学习兴趣、做事主动性、人际交往能力、文明礼仪等；希望以孩子生活观念和日常行为的改变，带动家庭的变化，比如尊老爱幼、团结互助、爱护环境等，进而促进汀塘社区更加美好和谐。成长陪伴计划很受关注，通知一贴出，孩子们争相报名。时间都排到了半年后。项目开展了两期后，由于暴露出很多问题，于是终止了。

延伸阅读
24

志愿者的反思（一）

　　从以上那么多的"希望"可以看出，我们对自己开展的农村工作抱有很高的期待，我们赋予了事情本身很多"意义"。但是项目本身的期望，与执行项目的工作人员的能力是有距离的。当我们作为年轻的大学毕业生来到农村时，我们刚踏入社会，刚开始学习如何做饭，正毛手毛脚不能自顾呢，却需要照顾孩子们的生活，真是很重的负担。有个小女孩儿早晨突然流鼻血，把我们吓坏了，简直手足无措。并且，我们每天特别忙，常常熬夜到十二点才睡觉，这并不能给与我们同住的孩子们带来好的影响。

　　经历种种挫败后，我们这些年轻人终于理解了一个词——"因人成事"。我们也更趋向于踏踏实实地做小事，做力所能及的事。我们看到一个好的创意时，首先想的是它的可执行性。这也使得外面来的专家和领导在给我们善意地提各种建议时，看到的却是我们无动于衷的表情，也许他们会认为我们在给自己找各种做不成的理由。或许我们会礼貌地点头称赞，"恩，您说的有道理"，可是一转身，撇撇嘴摇摇头。有时候实在是被对方的热切逼得受不了，就丢句狠话："要不，您来做？"我们多么希望那些见多识广的专家和领导不只给建议，也能成为行动者，和我们一起陪伴村民成长。是的，是陪伴，不是视察。

> 我们团队内部也开始了争论,我们做的事情,哪有那么多"意义"可言。那些意义是我们"骗取"村民和政府支持的说辞?还是我们说服自己能够留下来领着微薄的补助,每天灰头土脸继续做乡建的理由?还是它真的就有意义而我们认识浅薄不确信?

2. 扫盲班让村民走进社区大学

村里阿姨看到志愿者给小孩子们上课,于是跑过来问,可以教我们识字吗?社区大学回应村民需求,在暑期开办了扫盲班。大学生志愿者白天教小孩子,晚上教他们的妈妈和奶奶。

暑期结束后,大学生志愿者纷纷离开,但扫盲班却坚持办了下去。由懂莆田话的江丽丽任授课老师,编辑教材。江丽丽 2011 年由福建农林大学本科毕业,选择了回到家乡教村民识字。

妇女们忙完一天的活儿后,拿起书包来到社区大学,围坐在圆桌旁,学习说普通话、写字。这一切都是免费的,但是妇女们丝毫不因免费就不珍惜,她们比即将参加高考的学子们都认真。她们看到社区大学的志愿者们每天吃得简单,青菜也没几根,常常心疼。于是从家里拿来自己种的菜悄悄放进厨房;开蛋糕店的妇女提了一袋袋的鸡蛋糕往社区大学送;送花生,送腌咸菜……以至有一次算账,大家惊奇地发现一周才花了 6 元的生活费!

从村民的角度来讲,扫盲班的开展对汀塘村妇女的文化提升是非常重要的,同时这也是培养妇女自信的一种方式,从社区大学层面来讲,增加了村民对社区大学的信任度,也有利于村民自组织的培育。从社区层面来说,增强了村民与村民之间的互动性与情感的培养。

3. 各种文化活动让村民熟悉社区大学

社区大学入驻汀塘村后，为了能够尽快扎根社区，让汀塘村村民、村委会建立对社区大学的信任，开展了一系列"轰炸式"的活动：最初是借势大学生志愿者来盘活整个社区，之后半年又举办了4次大型活动，覆盖老人、妇女、儿童三大重要群体，吸引了绝大多数村民参与到我们的活动中来。

除了文化教育活动，我们乡建团队积极与村委联系，参加汀塘村党员代表大会、村民小组会议、建立团支部等，融入当地生活，利用一切机会向村民介绍社区大学。

这一系列文化教育活动为下一步工作形成铺垫。

（1）社区带头人涌现出来。这些村民有组织力，理解能力强，不在乎别人的眼光，有胆量走在前头。

（2）村民的交际圈扩大。村东和村西的在一起开展娱乐活动，一起聚餐，使他们相互认识，并成为社区活动中的好伙伴。

（3）带动形成奉献、团结、友爱的社区氛围。每次晚会上出现的歌曲，很快便会被传唱到大街小巷。如《相亲相爱一家人》《常回家看看》《幸福在哪里》《感恩的心》《精忠报国》《歌唱祖国》等，这些歌曲表达的含义，对人心教化起到一定作用。

（4）形成了社区大学在汀塘村的影响力。社区大学有了一定的群众基础。不断有村民对我们说，你们来了之后，村里热闹很多。大家都能感觉到社区大学来了，村子不一样了。当地"做戏"时节，家家户户都宴请宾客，我们会接到很多邀请吃饭的电话，一个晚上要吃好几场。在文艺队聚餐、十音八乐聚餐中，村民常常会根据我们的时间来定聚餐时间，为的是能够让我们参加。

（5）社区大学以务实的工作态度获得当地政府的认可。省市区镇等各级政府部门领导相继到社区大学调研参观。村委会举行宴请时，会邀请社区大学的工作人员参加，并且安排社区大学的工作人员和镇里领导及村里有威望的人坐在一起。村委会选举时，邀请社区大学的负责人参与选举，同时还和秀屿区、东峤镇相关领导共同坐在主席台上，这是对社区大学的一个政治肯定。

半年目标圆满达成。第二年社区大学减少了大型活动，在和当地涉及老人妇女儿童的某些政府部门合作下，仅维持一些常规的活动，比如母亲节小聚会，夏令营，四点半课堂，妇女文艺队日常排练、图书室借阅、小记者团等。社区大学将工作重点放在了社区组织培育上面。

值得一提的是，社区大学在一开始的自身定位上，始终受到乡建经验的影响，比如"党政主导、群众主体、社会参与""外发促内生"等。我们一方面跟村民强调，"我们将来是要走的，你们要努力站出来，有所担当"；另一方面，我们也在逐步培育组织，在组织中锻炼村民，发掘有公心的村庄带头人。

延伸阅读

25

志愿者的反思（二）

这里笼统呈现出来的是社区大学刚创办时开展的几个项目。我们作为外来人，实际上"走进村庄"的行为和尝试数不胜数。我们努力地打消村民对我们的疑虑，积极地融入群众中去。有时候我们会在村庄转悠，见人就问好，靠增加刷脸次数，使村民逐步适应我们的存在。村庄一有动静，我们必去蹭热闹：我们混在一群白头发的老年人中看莆仙戏，我们跑去拍摄村委如何调节村民矛盾……

我们在农村待着，一开始赶鸭子上架，不知不觉中练就了十八般武艺。不仅要和大姐聊得来孩子的教育，还能和老爷爷谈几句养生之道；不仅会写各种活动的策划及汇报材料，还能手脚利索看到晚会上灯泡坏了立马上去搞定；不仅懂得运用国家大政方针政策为项目寻找合法存在依据，游说领导们从半信半疑中接受你、认可你继而跟你合作，还得面对不同群体时而用大白话时而用学术语言解释我们的工作——何为社区大学、平民教育、乡村建设？你去找村民聊天，人家正忙着，你不能双手插在兜里站在旁边看啊，于是你抡起锄头就下地了，边干活边聊天。这些还不够，某些时候儿童项目缺人手时，你得上场陪孩子们痛快地玩儿，甭管你心里惦记着这半年的工作简报要赶紧写出来提交上去，不然下个月的工资恐怕发不出来了……

一个人在项目点上，最先学会的是自己照顾自己。告别大学里吃食堂的生活，在这里每日三顿饭，你是赖不掉的。清晨起床后，做早饭，打扫院子，洗衣服，陪来访的村民聊天……我们的生活和工作融为了一体。生活即工作，工作即生活。

我们作为住在村里长期陪伴村民的年轻人，技能有限，能够教给村民的很少，反而是村民在教我们，比如教我们种菜，教我们如何处理村庄错综复杂的关系。在扫盲班课堂上，我常常会想起那句话："当我们教会农民写'耕耘'二字时，农民却教会我们如何犁地。"多年以后，我才意识到长期的农村工作和短期下乡不一样。短期下乡中，我们的身份是大学生志愿者，可以凭借热情、兴趣很快地把农民发动起来，跟我们一起玩儿。长期的农村工作，是需要深入农村生产和生活中的，需要有过日子的能力、创造美好生活的能力。这时的我们，如果没有基金会的项目支持和生活补贴，恐怕没有能力在乡村生存下去。在农民眼里，我们是被可怜的对象。因为我们吃的穿的都十分寒碜，叫他们心疼。他们无论如何也不会让自己的孩子走上乡村建设这条路的。

> 我常在一些会议上碰到乡建前辈们，一些 2000 年年初就开始参加乡建的青年人，现在已陆续进入中年，走在奔四的路上。经过十多年的磨炼，他们有了自己立足社会获得经济来源的一技之长，他们在生活面前游刃有余。乡建依然是他们安身立命之所在，但是他们比刚大学毕业时更从容了，农民也更愿意听他们的了，比如他们指导农民开展资金互助、生态农业等。

三、社区大学培育村民组织

推动农民自组织是社区大学的一个重要目标。社区大学认为志愿者作为外部力量进入村庄，激发村民主体性的成长，促进内部自组织的形成，并承担起社区公共事务，才能在真正意义上推动村庄的发展。

（一）文艺队

2011 年 7 月，汀塘社区大学迎来了第一批暑期志愿者，热火朝天地教阿姨们跳舞，一开始很多阿姨都不敢站到广场上跳，只是旁观。志愿者自己先跳，男志愿者也去跳。过了两三天，一部分比较胆大的阿姨加入进来，并开始慢慢学习。由于担心自己跳得不好被人笑，几个妇女还抽空在白天去社区大学找志愿者学。有一些老奶奶说闲话：这些跳舞的妇女们不害臊，敢在广场上抛头露面。但是闲言碎语挡不住大家的欢乐。过了一个星期后，社区大学召集妇女们开了个会，宣告成立妇女文艺队，这下大家有了组织归属感，更加愿意去跳舞了。社区大学趁热打铁，又鼓励妇女们参加夏令营晚会，在全村人面前表演。妇女们一方面渴望参加，一方面又不自信地推辞。她们被志愿者逼着参加，于是紧张不已，临表演前几天，每天下午都去社区大学练习。几个简单的动作，跳了一遍又一遍。她们终于上台了，即使表演中始终害羞低着头，但能迈出这一步已是不易。

2011 年 9 月，社区大学借着中秋节，把村民们请到社区大学，共度佳节。大家边吃月饼边看暑假的晚会视频，文艺队妇女们看到自己在台上的表演，笑弯了腰。快结束时，我们就腰鼓队和盘鼓队的组建进行通知，妇女们踊跃报名。村委会表示支持这样的一个文艺组织，并花了 7000 元钱购买了腰鼓和盘鼓。社区大学邀请了河南退休工程师 74 岁的衡生喜老师给大家教鼓。

衡老师教学经验丰富，他自退休后就在乡村教村民们腰鼓和盘鼓等，他还会编排扇子舞，是曾经在多个乡建试验点组织文艺活动的老牌乡建志愿者。他在汀塘村一住就是一个多月。因为村民白天忙着干活，只有晚上才能学习。握惯了锄头的双手去拿小鼓槌还真是大挑战，村民们一个晚上学习两到三个动作。要么是忘了，要么是动作不标准。衡老师也不急，重复一遍又一遍。他爱开玩笑，村民们笑嘻嘻地就学会了，也不觉得乏味。

我们特别注意到衡老师会让村民之间互相教，让学得快的人教学得慢的。整齐划一的动作，如果看谁跟不上，那么他就会让大家重新做，直到所有人都跟上了，他才会教下一个动作。他是那么受人尊敬，说话又很风趣，丝毫不会让人不悦。于是村民们都听他的，没有人提出异议。这个过程中重塑大家的集体意识，从而让这样的文娱活动成为一种自然而然的教育过程。

分田到户后，大家各扫门前雪，自顾着赚自己的钱。通过这种文化活动，尤其是腰鼓，这种需要集体完成的表演，大家重新学会了相互帮助，不能嫌弃别人动作慢。待衡老师离开后，又有新人加入，村民已经可以自己教了。

社区大学的志愿者陪村民全程学习了腰鼓和盘鼓。并且，之后每周两次的练习，志愿者们也陪着练。文艺队开始慢慢成型，可以参加村里和镇里的演出了。

社区大学有意识培养文艺队的骨干，推荐他们参加北京聚贤社举办的"农村带头人"培训，并申请到7500元的小额项目启动资金（共3人，2500元/人）。这笔钱就作为文艺队的组织建设资金。社区大学不失时机地制定每周集体学习的制度。在组织成立初期就建立学习的制度，是从别的项目点的失败经验中学来的。如果一开始不这么规定，之后再想叫村民过来学习，村民们的反应是，我为什么要学习？我不需要！或者说我去学习，你给我多少钱？一开始这么定了，大家会觉得学习是理所应当的事，不会有那么多托词。集体学习内容有财务知识、化妆、妇女卫生保健、土地政策、乡村环保等。外出接受过培训的村民，有了学习意识，回来后在集体学习中表现积极（如主动鼓掌、发言），她们的态度又会带动整个团队的氛围。大家争先恐后学习，唯恐被别人说闲话。

每次聚餐之后，我们会安排学习，让外出参加培训的村民们给大家分享在外面看到了什么，学习了什么经验，哪些可以应用到汀塘村。社区大学会提前准备好PPT及投影设备。

文艺队还选出了队长、副队长、财务人员等，并在社区大学的推动下成立了一个"文艺基金"，（由聚贤社支持的）7500元是原始资金。如果外出表演获得酬劳，其中的20%—30%不会分掉，而是投入"文艺基金"中。

延伸阅读

26

志愿者的反思（三）

一个朋友参访了乡建的一些项目点后，提了一个问题：为何乡建在农村到处推广腰鼓、盘鼓。这种文化是当地本来就有的，还是乡建强加的？她在每个乡建项目点都能看到腰鼓、盘鼓，这让她想到了"文革"时的样板戏。可查资料显示莆田当地有"车鼓舞"，打法肯定与从河南传过来的盘鼓不一样，衡老师教的盘鼓在黄河边上表演会更有气壮山河的味道。现在大家看到大江南北到处都有衡老师的学生，那是因为能够下基层教农民的老师太少了！我们找不到其他老师！

曾经有个福州的管弦乐指挥，信誓旦旦地说要培训农民，多长时间之后让他们达到去维也纳演出的水平！可是去汀塘看过之后，就不再提了。因为农民没办法每天啥都不干，就跟着他训练。农村需要的是能够适应农民生产生活节奏的老师。

我们和分布在不同项目点的同人经常在邮件组里讨论村民的需求是什么，我们能够做什么，我们所推行的是否真是村民需要的？我们担心很多活动只是我们的一厢情愿，而村民因为顾惜我们才陪我们玩，并非出于喜爱活动本身。我们也担心项目书中"通过培育汀塘的文艺、体育、经济等组织，开展丰富多彩的文体活动，拓展村民的公共生活空间"是我们自以为是的想法，而非村民的实际感受。这种惴惴不安、诚惶诚恐的心情始终伴随着我们，纵使不断受到村民称赞，也不敢放松。

我们曾经组织大家围坐一圈，问她们对自己家乡的看法，或者希望自己家乡变成什么样。

妇女们抿嘴摇摇头，没有想法。或者给你一句：我说不来！推推旁边的人：让她说！

后来，当看到妇女们在一起讨论学习什么广场舞，学习什么歌曲时，我们万分喜悦。或许我们该更加乐观点，学习表达想法的过程不是一蹴而就的。不管怎样，她们已经在表达了。

我们常常苦恼，如何发掘村民的需求，他们的需求有显性的，也有隐性的，我们如何辨识？如果问村民需要什么，可能十之八九会得到同一个答案：钱。但是赚多少钱才算够呢？我们能够帮助村民致富吗？显然不能，反倒是村民们常常可怜我们补贴低，不断送食物和衣服给我们。

当我们看到妇女们敢于登台表演时，她们脸上的自信和欢乐让我们逐渐找到了自己的价值。一年后，当我们看到村民们开始关注村庄公共事务并投入行动时，我们又找到自己的价值了。从刚来汀塘时，听到当地村民说我们这里人心不行，太自私、攀比心强，到两年后，看可持续发展协会、爱乡协会、汀塘民间理事会等组织相继成立，村庄精英们无私奉献，我们终于看到了自己的价值。人心变革是个漫长的过程，我们陪伴村民慢慢成长，十年也不惜。

（二）可持续发展协会

和大多数的农村一样，汀塘村的很多年轻人也都外出打工或者经商。一些爱心人士期待能够回报自己的家乡，可是不知道该把资金投到哪里才合适。村干部想为村庄做一些事情，却苦于没有资金，村委也很头疼因不被信任而得不到捐款。社区大学作为一个平台，打算推动成立一个可持续发展基金，由当地贤达人士来管理使用，于是就有了"可持续发展协会"[①]，让有爱心的人可以放心地把钱交给这些有公益心的人去管理，去经营，去为村庄出谋划策。

---

① 取"可持续发展"这个名字，一是呼应中央提出的可持续发展观；二是给村民灌输这样的理念，爱护家园，庇荫后代。后来发现村民叫起来并不那么顺口。常常减缩成两字——"协会"，或者叫"你们那个什么协会"，我们自嘲这是知识分子的"掉书袋"遭遇了水土不服。

2012年3月，汀塘社区大学和村委会去沟通此设想，并且请村委推荐合适人选进入协会管理基金。社区大学和村委会达成共识：社区大学和村委会成员都只是监事，不加入协会当理事。于是村委会召开村民代表大会，召集一些村委会自认为很有公益心的人，大约三十余人，而很多村民代表都不知道村委会打电话叫他们过来干什么，都以为是村委会有事情通知就过来了。第二次开会，二三十个人只剩下了真心想为村庄做一些事的5个人，毕竟这是村庄公益的事，需要的是自愿。另一方面，社区大学并不知道留下来愿意加入的村民能力和威望如何。

社区大学随后对这5个人一一拜访，通过和他们聊天，让他们进行再推荐，并再逐一拜访。在这个过程中，有些人在观望，有些人是三顾茅庐一请再请，有些人认为自己年事已高不断推辞。经过社区大学不断游说，不断交流，最终形成了一个11人的小组。其中有一半是村委会推荐，另一半是社区大学请出山的。这个组织在不断磨合中，基本确定并稳定了人选。随后的一个月里，大家一起在社区大学开会讨论了四五次，最终确定了会长、会计、出纳、审批人及账目公开人。

刚开始协会没有具体项目，也没有资金，成立后的两三个月也没有怎么开会。但作为一个组织，需要行动来显示存在感。正荣公益基金会愿意出资10万元，作为启动资金，来推动"可持续发展协会"持续性发展。于是大家就开始讨论先做村庄环境整治[1]，这样的讨论从2012年8月开始一直持续到了11月。

---

[1] 实际上，社区大学2012年上半年就开始在全村做预热：首先是5月时在乡镇领导的联络下，和协会成员、文艺队骨干、村委一起去了邻近环境治理模范村参访。上午实地参访，下午便组织大家开会讨论：我们要一个什么样的汀塘村？7—8月组织大学生开展村庄环境卫生调研，访谈中问村民对村庄的看法，引导村民去关注自己生活的家园。同时夏令营中对小孩子开展以"爱故乡"为主题的课程。晚会上妇女文艺队表演环保小品，再次吸引大家广泛关注。社区大学利用各种机会，在各个群体中传播环保理念。为下一步的环境整治行动做铺垫。

协会成立的同时，十音八乐班也开始筹划了。半年后，社区大学认为参与的人越多事情越容易做，于是从十音八乐班挖掘到3个积极分子，在没有经过会长同意的情况下，就直接把他们拉进协会中。我们之前没有考虑团队成员之间是否和睦，是否愿意一起共事；团队成员是否能够代表各个地方，而非都是一个派系的。后来做事的过程中，随着协会人员的增加，组织管理的成本上升了，这些问题一一浮现。协会开展垃圾治理工作后，陆续有一些成员因和其他成员的意见不合而萌生退意。

陈三木是可持续发展协会理事，也是十音八乐班级积极分子。因为十音八乐在国庆节要表演，需要用到音响设备，陈三木提议从这10万元里面支取一部分钱去买个音箱，因为没有财务流程方面的培训，他在没有得到会长指令的情况下，就开车积极去买了，而且更要命的是他一个人去买！这让很多人不满，虽然大家没有在会上表达，但是在背后却和会长反映，项目经费总共就10万元，不应该把1万元花在音响设备上，继而觉得他有吞钱的嫌疑。陈三木觉得很委屈，认为自己尽心尽力做事，却得不到大家的认可。

这使社区大学意识到组织制度的重要性，马上和大家一起开会讨论，通过不断参考其他地方的财务制度和《狮山报告节选》，并经过大家同意，最终确立了可持续发展协会的财务和表决制度。会长在这方面发挥了重要作用，他总是考虑周详，处理得当。

后来，购买垃圾桶的时候大家已经学会了做账，而且都做得很认真，包括如何签字，如何报账、出账，都一笔笔地做得很清楚。

接着大家就垃圾桶的设计、宣传、安放位置与保洁员聘用等问题进行讨论，并一起去购买地下管道、材料，以及请人过来施工等。因为一个团队每个人的性格都不一样，需要不断磨合，在这一过程中，垃圾桶的设计也逐渐成型，基本是上口小，下口大，上面安装一个盖子，他们认为要让村民学会用垃圾袋，然后统一从下口用铁铲把垃圾弄出来，这样可防止小狗在里面乱咬垃圾，上面再弄一个盖子，防止下雨导致垃圾发臭。而用地下管道，既不容易被人偷走，也不容易坏，因为很重，需要用到铲车把垃圾桶铲到各个角落。然后在垃圾桶内部灌水泥。其中一个问题他们认为只能用垃圾袋，而志愿者和他们说这样会污染环境，达不到环保的作用，他们不听劝告。所以志愿者也很头疼，不知道该如何引导。

在这个过程中，因为有一些村民的观念还没有改变，或者说志愿者的宣传没有做到位，有些村民是反对的，所以社区大学不得不动员东峤镇相关人员和村委会的人，强制性放置垃圾桶。

垃圾桶安放的时候，有些村民希望能放一些到自家门口，有一些人却坚决反对，并开始骂可持续发展协会的人，特别是会长。会长承受着很大的压力，几度要求退出，社区志愿者和书记一直在做他的思想工作，因为没有人比他更适合当会长，如果会长退出，会导致好不容易建立起来的组织解散，功亏一篑。社区大学希望可持续发展协会能成为村庄的核心力量，这样社区大学就可以逐渐退出舞台。

后来大家经过一番考虑，建议选出一个副会长来协助会长办事。这样会长既不用退出，又可以稳住整个团队，同时可以用副会长去注册（注册需要法人代表）。但大家一直没有找到合适的人选，这件事就搁浅了。

大家在社区大学召集下，聚到一起开会讨论，如何开始垃圾治理的工作。大家先画出村庄的地图，然后一起骑着摩托车在村里实地勘察，标记垃圾桶的摆放位置。

团队每个人的性格都不一样，大家小心翼翼地探触着彼此，不断磨合。后来因为垃圾桶刷漆的事项，到底是闹翻了。部分人认为选择的刷漆工价格偏高了。做事方法的不一致，表达成言语上的冲突，导致最后有些人退出了队伍。每个成员对此都有自己的解析：

"他个性太强,听不进去别人意见""讲话有人讲,做事时没人""有的人嘴巴讲很厉害,但做事就……""队伍扩大,人太多了,讨论事情麻烦"。

村里所有的事情诸如修路、装路灯、垃圾清理等都是村委们在张罗,村民们也形成了思维定式,关乎村庄的事务都指望村委。如何推动他们关注自己生活的家园,心动且行动,是我们要努力的方向。如果这点不能做到,大家即使加入了这个"可持续发展协会",也还是会陷入一种自主性困境:常常不知道要做什么,坐等吩咐。社区大学往前推一步,他们往前迈一步。

每次开会,会长都会问我们今晚会议要讲什么内容,我们就让他来决定,或者适当补充一些意见。私下里,我们不断找会长及其他理事们一对一地聊天,弄清楚他们的想法,并适时地激发他们表达出来。

村庄垃圾治理,绕不开村委,于是屡次邀请村委一起开会。但是村委有顾虑:他们在,可持续发展协会的人就无法畅所欲言。在垃圾筒设计上,村主任就提出了不同意见。协会人员马上就不高兴了:到底谁是主导?以谁的意见为主?村委干脆就不参加会议讨论了。但是他们仍关注整个事情的进展,社区大学也时时跟他们沟通。

东峤镇党委政府认为,这些垃圾桶很漂亮,所以希望在落款单位上体现政府参与,希望其他地方的村庄可以学习。于是我们的垃圾桶上出现了"东峤镇党委、东峤镇人民政府、汀塘村两委会、汀塘社区大学、可持续发展协会"五个单位。

10万元的垃圾整治资金,很快就没剩多少了。大家一致认为有钱才可以做事,没有资金进来,事务基本上就停了。

延伸阅读

27

志愿者的反思（四）

　　协会理事们倚重社区大学，相互之间的看法往往寄希望通过社区大学传话。除了平素常在一起玩儿的两三个理事，协会里的大部分理事之间还是陌生的关系，内部的沟通机制远未形成。这样一个小项目客观上起到了大浪淘沙的作用，做事踏实勤勉的人得到彰显。村委也看到了在民间协会的低成本运作之下产生了良好社区效益。社区大学一方面看到事情做成了，有欣慰；另一方面看到村庄精英之间的角力，有焦虑。

　　如何将村民推到前面，显然我们年轻人经验是不够的。跟村庄精英们的沟通也是费劲儿的，我们需要适应"话中有话"的聊天方式，琢磨话语背后的真实意图。有的人表达委婉，不会直接说自己想做什么；有的人表达模糊，我们也可能会错意。

　　在跟村委及镇政府的沟通中，由于我们的不自信和不坚持，一些更加民主柔和的做事方式未被采纳。

　　我们整天忙着协调协会内部争端，到处灭火。疲惫时，我们开始一点点反思，如何定位，如何统筹各方资源，提出方案，明确分工。把各个单位、群体放在合适的位置上，共同发力。

　　我们慢慢了解农村人有自己的一套处理事务的方式。村民提醒我们，要观察每个人的特点，然后考虑做事情的方法步骤，这样才能更加有效。

(三) 十音八乐班

2011年暑期夏令营结束的汇报演出，社区大学希望除了大学生志愿者和小孩子的节目之外，还能有一些村民的节目，但是找不到合适的人。老支书从隔壁村找来几位头发胡子花白的老人家，上台拉了一段十音八乐。十音八乐是莆田地区传统的民间说唱曲种，又是器乐演奏的乐种。2012年4月，汀塘村很多村民向社区大学询问是否可以成立一个十音八乐班，社区大学的工作人员根据村民的需求，开班报名，并寻找老师。在镇长和镇计生办主任及汀塘村两委会的努力下，从镇里请到三位老师。

报名学习十音八乐的村民有60多位，面对这样一个大的班级，在热心村民的出谋划策下，建立了班级架构，选出了5个负责人，各有分工。A是组长，B负责帮忙买乐器，C负责音响设备、印乐谱及接送老师，D负责抄乐谱、担任会计，E有拉奏二胡经验，就做助教。而5个负责人经常进行开会探讨，如该如何教学，如何更好地管理整个十音八乐班。

在管理团队过程中，几位负责人提出班级分组，每天安排一组打扫社区大学的卫生，并且不分男女老少，打扫好教室卫生方能离开。对于日常开销，他们会集中做账，集体签字，做到公开公正。如每个月初二、十六作芽（作芽就是一种莆田传统的一种信仰），要买一些水果拜谢天地和土地公，并请老师吃饭。于是大家集体开会，觉得有必要让学员们捐钱来维持日常开支，又让每个人交100元，其中有一些学员自发要捐500元，共计捐了8000元左右；其中，他们购买大鼓大约花费4000元，其他用作日常开支。学员们学习的积极性持续保持，并在2012年暑期"夏雨雨人"夏令营首次上台演出，得到了镇里、村里的一致好评。

学员水平参差不齐，有些人就开始嫌弃某某人拉得太快，某某人拉得不标准。原本大家每天在欧氏祠堂里一起练习拉二胡，渐渐出现个别人组建小团队，自己找地方练。

2013年，一个去市里登台表演的机会，激化了矛盾的爆发。有些人认为，去市里表演就应该挑出精英团队，不能什么人都上台；而有些人认为，拉二胡本身就是一个娱乐的东西，不要去伤害一些人的自尊心。最后组长提出请老师用考核的方式来选人，考核通过的就去市里表演，考核不通过的就在家里练习。一些学员害怕考核不通过没有面子，直接弃权不参加。一部分人认为，这样是在伤及一些人的自尊心，和我们的初衷完全不符合，因此拒绝这样的一个方式，并且产生一种看法：认为整个十音八乐班就被某几个水平高的人操控。最终一批人独立出去，自己请老师，自己买乐器，自己练习。而社区大学始终没有办法协调好他们之间的关系。

虽然组织内部后来有分歧，但客观讲，十音八乐班的成立，提升了汀塘村村民的整体文化修养，促进了村民之间的相互了解和认识，十音八乐班组织性较强，涉及范围广，一定程度上增强了汀塘村的凝聚力，对汀塘村整个村庄的发展具有重要意义。

延伸阅读 28

志愿者的反思（五）

我们经常说，民族的才是世界的，那什么是民族的呢？乡土的才是民族的。在这个全球化知识系统的缝隙里，我们着力构建一种本地化的知识系统。乡村知识具有多样性，没有办法被标准化，也没有办法形成集成式的传输，我们看到社区大学可以作为这样一个载体，对应乡土知识的多样性，知识体系的在地化及乡土文化传承等多个方面。莆仙戏是我国最古老的剧种之一，被誉为宋元南戏的"活化石"。2006年列入第一批国家级非物质文化遗产名录，十音八乐正是莆仙戏的伴奏。

村民对十音八乐的热爱超出我们的想象，短短几天报名学习的人数达 68 人。社区大学的客厅不够用了，就把教室挪到祠堂，祠堂里面原有四桌麻将，乌烟瘴气，自从被十音八乐班占用后，干净许多。

政府官员看到这种现象之后，感慨说这不就是发展乡村文化吗？镇计生办主任领着省计生办领导来社区大学参观，说，看看他们贴了一个十音八乐的招生通知，字还歪歪扭扭（小学生志愿者帮忙写的），才几天就 40 多位村民报名，我们那么大的海报（整一面墙）贴在那儿竟然没有人看。镇计生办支付了十音八乐的老师费用，并和社区大学合作，每月开展一次针对妇女儿童的社区活动，计生办出活动经费。后来团委、妇联、文体局、宣传部、卫生院、法院、老干局……都来了，希望和社区大学合作举办活动。

文艺队成员因为参加十音八乐而耽搁了文艺队每周的团队学习。社区大学找一个晚上召集大家开会把制度再落实，规定每个月文艺队的表演情况和账目都在月底公布，形成一个良性的循环。区妇联愿意每个月给妇女做一些维权、法律、婚姻家庭等相关讲座。为了能够和区妇联的资源对接，我们开始把每周三定为学习日，七点半练习打腰鼓，八点到九点左右进行专题学习。

大家每次外出表演，总会拿出一定比例的钱投入文艺基金，外出表演越多，捐献给文艺基金的钱就越多。腰鼓队的妇女觉得自己这段时间表演比较多，所以要和盘鼓队分开做账。甚至经常外出表演的人，因觉得自己对文艺基金捐献多，没有外出表演的人对文艺基金捐献少而有意见。社区大学和文艺队骨干及时"教育"大家，告诉大家我们是一个团队，我们不能去斤斤计较，我们要的是一份开心，而不是去在意一点点钱。

> 大家才没有把文艺基金分掉。
>
> 文艺队和十音八乐班的人有重合，文艺骨干们积极建言献策，越来越多地发挥主体性。让我们觉得只要他们凝聚起来，一切的问题都不是问题。我们也越来越感受到用文艺的力量把这些人组织起来的威力。
>
> 我们同时也看到了莆田汀塘的阶层分化。社区大学开展的活动吸引了村里有钱有闲之人参加，为这个阶层的内部互动形成了良好的氛围。但是贫困村民日日忙碌拼命赚钱，无暇也没有信心参加活动。社区大学有滑向"汀塘村富人娱乐中心"的危险。穷人之间通常有个共享机制，这是农村穷人为他们自己创造的"安全网"。我们思考着如何通过设计项目，拓展穷人的安全网，把富人的资源也网进来，使资源能够覆盖到更多阶层的人，甚至是更多地向穷人倾斜。有老师和同人建议开展村庄内置金融，认为开展文化活动在当地形成了丰厚的社会资本，如果平移到经济领域，可以降低组织成本，产生良好的收益。但是我们认为条件不成熟，所以没有实施。

（四）爱乡协会

从2012年8月到2013年年底，通过这一年多的组织（可持续发展协会、十音八乐班、文艺队）磨炼，有经验、有公心、有想法的村民骨干涌现出来。汀塘社区大学在汀塘村三年，已经扎根村庄形成一股第三方"势力"[①]。社区大学希望打造多方力量共同参与的

[①] 2012年6月，老村支书（1986年开始担任汀塘村村干部，1994年担任书记，退下后继续在村委当支部委员）接受《家园》杂志采访时说："社区大学是这里的'第三者'，这是褒义的，因为他们来了后做了很多村干部做不了的事。"

乡村社会治理平台，缓和村民和村委之间的不理解和摩擦，并在共同做事中以言行影响村委。于是我们产生了组建爱乡协会的想法。

1. 协会成立

爱乡协会定位是关注村中发展和公益事业，成为村中承接外来资源服务村庄的团队，社区大学希望通过爱乡协会打造村委与村民沟通的平台，同时激发村民的自主性。

2014年4月中旬，我们根据以往的观察，把合适的人选列出来，然后挨个去请。最早找到的是陈三木（原可持续发展协会会长），开始的时候他一直都说自己身体怎么怎么不好，无法参加。可是一谈到将要开展的项目的时候，他的眼睛就闪闪发光，兴致很高。他也很感兴趣我们都找了谁来做这些事情。第二次再见会长已经是5月中下旬了，那天我们想去找一个自然村的两位积极分子，却没找到，在路上碰见陈三木。远远地我们就和他打了招呼，他问我们去哪里，我们把去找另外两个候选成员的事情说了一遍，接着把话题引到让他当会长的事情上来。我们夸以前可持续发展协会在他的领导之下做得有多好，并称赞他管理财务做得细致严格。他笑着回答说："我哪里是什么领导，应该是你们领导我才对，财务当然要严格，毕竟人家老板给我们那么多钱，我们一定得给人家做好账，不能做得不清不楚的，对不起人家老板。"不知道是赞扬他奏效了还是我们的坚持打动了他，他又问我们现在找到了几个人，打算怎么做，到时候他也来看看。这个转变让我们吃了一惊，有他这个表态，我们在人员上就有了很大的保障（他如果去了，那么我们要找的另外两个人也一定会去）。

陈三木对于爱乡协会是非常关键的人物，他的去留影响到爱乡协会能不能筹办起来。他是一个有眼界的退休老干部，做事有原则，懂得处理团队之间的关系，统筹能力极强。

我们第二个找的是赵乙，他个性鲜明，说一不二，敢于直言。

做他的思想工作是一件很难的事情，不过我们表现出足够尊重，所以他也跟我们谈了很多以前我们不了解的情况，表达了自己对某些人和某些事的不满。第一次找到他的时候，先是泡茶聊天，半小时后他开了两罐啤酒，我们一起喝了起来。他问："都有谁会参加？"本以为他问这个预示着有可能会参加。但聊到最后他说："不去了，我现在在家里养养花，拉二胡，多逍遥自在！管那么多干吗，搞得背后被人家说一大通，吃力不讨好。我这个人本来就直，看不惯的东西肯定会说，不说就难受，说出来又容易得罪人，不去！你们要是来我这里玩，我随时欢迎，但是去弄那些不适合我。"赵乙的思想工作我们做了三个半小时，还是没有突破。后来又去找了几次。最后我们选择放弃，把他定位在组织外的骨干志愿者，再给他弄个身份——爱乡协会顾问。这样一来我们不会失去他的支持，平时也有借口去找他讨教。

第三个找的是许丙，他包容性很强，常为社区大学着想。又找了丁、戊、己、壬、癸……在挨个跟他们聊天的过程中，他们会告诉我们村里复杂的人际关系，也基于丰富的经验给我们提建议，如：协会成员不能太多，最多9个人就够了；协会成员之间得合得来；社区大学得一碗水端平，多听听大家的想法。

我们足足花了将近两个月的时间做动员工作，不停地找这些人聊天喝茶，聊完之后还得再揣摩他们的真实想法是什么。也许这样的沟通成本很高，但是前期的铺垫越多，后边事情越好开展。了解大家的顾虑所在，预测将会出现的不良状况，可以提高组织解决问题的能力，有利于一个组织稳步前行。

2. 协会运作

爱乡协会成立以后面临的第一个挑战是确定会长。会长人选涉及宗族的争斗，是我们工作两年来遇到的最大压力。有两位人选，各有支持的群体。也有人提前给我们吹风，一定要选谁谁当会长。

第一次会议上计划公开选举,但是猝不及防间被村支书点了名,要我明说谁适合当会长。正在踌躇间,苏村委推举陈三木当会长。本来陈三木就是我们期待的会长,于是我们顺势支持陈三木当会长。就这样会长被定了下来。当时料想会引起另一个派别的不满。于是就设置了两个副会长,予以安抚。

对于一个没有实际利益的会长,大家如此看重,无非就是:面子问题,财务管理问题,以及这个团队以后谁说了算的问题。这些和我们开始筹办爱乡协会的出发点是有出入的。

开完会的第二天,我便找相关人员聊天。果真失利的一方心里有不满,林丁直接提出要退出。当时我就愣住了,林丁有一定的号召力,在社区工作中起到重要作用。另一方面他确实也为社区大学付出很多。在聊天中发现他除了以"退出"来表达不满和气愤之外,还有个想法就是再增加一个人。了解他的想法后,我们开始聊以前他为社区大学做的工作(没有他们帮忙,社区大学很多事情是不好办的),以及每次是如何辛苦如何无私付出。两个小时过去,我们最后撂下一句话:"不管你去不去,反正我们是不会让你退出的!"那天自己真切地感受到心力交瘁,虽然他们不针对社区大学,但是相互之间的较劲儿,真是让我们为难。

回来在路上刚好碰上许丙,就拉着他到社区大学来聊天。许丙一坐下来就问我们:"你们昨天是不是提前商量好了会长是谁?"虽然他没有直接表达不满,但我能感觉到他不满意。我先解释了昨晚的情况:首先,社区大学也是打算通过选举来选会长的,但是昨晚遇到的情况很突然,没有办法按照我们原计划继续选举,那我只能点人来做会长了。其次,我再推荐您(许丙)做副会长,分管教育基金,并且所有事情并非会长一人说了算,爱乡协会是团队成员说了算,大家一起来决定事情。他听了之后说:"是啊,昨晚要是你不选我当副会长,我就立马走人了!后边你让我来分管教育基金的事情,还是比较好的,那个钱是我去争取回来的,他们都做了些什么呢？那些钱也是我们本家的钱关他们什么事？（教育基金是由许丙堂弟出资筹办的，许丙对教育资金的管理还是挺有想法的。所以参与爱乡协会，是希望将这笔钱更好地运用于村中教育事业。）好了，没事了，就这样吧，已经选出来了我们就不要变了，也不要再说什么了，先好好做事情，教育基金的钱我们还是得快点争取回来，不然我们没有钱，说话都没有分量。"

就这样跌跌撞撞地开了第一次爱乡协会会议，第一步已经迈出去了就不能收手，做得好也要做，做不好更要做。为了把团队建立起来，即使很小的事情，也要把大家都集中起来商量讨论，不断地让大家见面说说聊聊。这中间开了三次会议，主要是确定垃圾桶、保洁员的人数和工作职责问题。这三次会议发现一个问题就是：苏村委还是不能改掉作为村委的一贯强势作风，其他的村民成员也暂时都无法摆脱心中的顾虑，无法直言不讳。就如在三次会议中，垃圾桶事宜都是苏村委一个人在那里发言，将事情拍板下来。保洁员的人数、工资和职责也都是村委开会定下来的。

苏村委觉得："我们不要和他们（爱乡协会成员）商量那么多，他们这些人也想不出什么东西来，靠他们我们什么事情都办不好。"

爱乡协会许丙认为："村委说会把钱交给我们去做。我们这边的钱要是先垫出去，到时候他们没钱进来我们怎么办啊？要是没有钱进来我们就不干了，我们吃得有那么饱吗？闲着没事干啊，这本来就是村委他们自己的事情，凭什么让我们社区大学[①]来承担？"

每个人七嘴八舌都有不同的想法。现在回顾这种状况是一件好事，说明大家用心了。但当时作为社区大学工作人员的我们，感受就是压力很大。大家都按自己的一贯作风做事情，不顾及全局，没有考虑社区大学为什么提出要做环境整治。我强烈地感受到他们之间的矛盾和不信任，他们固执地坚持自己觉得对的东西，都不肯让

---

① 大家对社区大学有很深的认同感，出口常常都是"我们社区大学……"。

步。在村委会和村民间长期的不信任关系中,要把苏村委的意思以可被接受的形式转达给爱乡协会成员,同时不断地协调两者间的关系。我们当时完全手足无措,协调力不够,定力不够。

第四次会议我们觉得是爱乡协会的一个转折点,会上陈三木给苏村委和老支书提出来一个想法:"我们社区大学本来就是做公益的事情,没有什么钱,村委曾经说过要把钱(政府拨的环境治理项目经费)放到爱乡协会里边来,那我们可不可以考虑爱乡协会每做一个项目,就从里边抽一部分出来给社区大学,作为村庄公益事业的开支用呢?爱乡协会的人时时惦记着家乡公益事业,希望村委答应拨付的钱能到位。"

第四次会议,苏村委作为主持人,他说完,却没有人开口接话,尴尬的寂静。看到这样,吴瑞就主动开口一一点名,述说着这几年他们为社区大学所做的事情。最后说到了大家所处的位置不一样,所以看法和立场也会不一样。社区大学作为外来者,可能三年五年就离开了,而大家都是当地人,抬头不见低头见,那大家开会的时候是否可以对事不对人呢?我们好好讨论事情,不针对人。

苏村委站起来说:"首先我得代表汀塘村感谢你们这些志愿者,你们为汀塘村奉献了那么多。还有我现在当着大家的面保证,也向社区大学保证,爱乡协会里讨论的事情,即使有不同意见,我不会在以后的工作中报复,也不会针对大家。同时我也是一名共产党员,我相信我们党,他说的有那肯定就是有[①]。"

大家一阵沉默。沉默之后陈三木说:"钱一定得到位,我们才能做事情,没有钱我们凭什么去管那些保洁员呢?他们的工资又不是我们发的,我们说的话他们肯定不会听的呀!"慢慢地大家就讨论开了,你一句我一句的。苏村委当即分别打电话给镇上领导和企业集团捐款负责人,当着大家的面问清楚了钱都可以放到爱乡协会来管

---

① 指镇政府拨钱给汀塘村做环境治理。

理。钱能够到位，大家都觉得有了干劲。

3. 协会的主动性

爱乡协会成员把环境治理工作当作自己的事情来做，大家都发挥自己的主动性。现在大家都会找我们来说：我们协会得开会了，还有很多事情都没做呢，你快召集大家开会来商量这些事情要怎么解决。而不像之前的可持续发展协会那样，是我们伤透脑筋的想会议内容了。

爱乡协会招聘了新的垃圾清理员，购买了垃圾车等工具。每天安排人员巡逻督查。由于环境整治工作受到大家的好评，得到大多数村民的认可，爱乡协会成员更有干劲了。

延伸阅读 29

志愿者的反思（六）

比较莆田汀塘和其他项目点 P 村的社区工作，外部力量进入社区后，都积极从文化入手，推动成立文艺组织或者生产组织。但是 P 村的文艺队为何专注于自我利益的实现，无法关注社区发展？可能与一开始推动成立组织时目的不明确有关，为了组织而组织。忽略了奉献精神的培育，也无意识树立组织在社区中的威望。

反观莆田汀塘村：1. 推选了一些社区志愿者外出培训，并灌输给他们一种意识，出去学习并非旅游，回来后是要带领大家做事的；2. 在文艺队，以制度的形式明确集体学习的重要性；3. 在通过社区大学牵头和做好资金保障的前提下，把村民组织推到前台，助其拥有在社区发展上的发言权，当然我们前期做了大量的思想工作，使成员明白加入组织是来奉献的。地方团体的担当能力和社区威望需要通过做事来提升，汀塘社区大学后续还得强化对核心领导人的鼓励，并通过活动设计使他们在社区服务中受益，益处可以是心理上的满足、更多的参与机会、对新技术或者项目的优先接触便利等。

农村发展动力的来源必须是农民自身的干劲、观念和决心，以及来自集体主义的自助。不管是任何项目，最根本的目的仍是要培养地方的能力，通过这种能力可以激发和增强农村社区积极分子的主动性。只有通过大量的尝试与调整才能让所有参与活动和村庄事务的村民树立起一种主体意识和责任感。

社区大学是个与当地习俗和传统相协调的社会组织，我们一直认为，我们的工作不仅着眼于教育，更着眼于社区。"外发促内生"，除了带给当地社区一些实用的技术、简单而有效的管理方法以外，最为重要的是，要培育当地人在遇到一连串的问题时，仍能继续变革和学习的积极性。这种愿望的实现，有赖于对村民的大量培训。

我们作为"推动者"——唤起当地居民的主动性、能增强当地居民的责任感——同样需要培训，但我们所接受的培训远远不够。

我们团队现在的难题是问题意识不够，没有充分的调研，易从个人以往的见闻和经验出发，又有一颗迫不及待做事的心，觉得可以开展这个项目，开展那个项目。我们能够规划汀塘社区大学一年的工作，但是更长远的目标蓝图和行动路径，心里实在没底。

我们经常苦苦思考的，是如何实现自我学习及带领村民学习，如何引导村庄各个组织把分析问题、解决问题作为组织的目标定位。我们担心自己开发项目是在模糊不清的思路下开展

> 的。我们既对问题缺乏足够的认识，又对行动所欲达到的目标没有明确的理解。
>
> 我们仍在努力。我们努力地深入农村的环境之中，更真切地去理解农民。

四、社会力量参与下的乡村治理新态

汀塘于 2013 年被选作莆田市第一批"城乡一体化"试点村。借此契机，汀塘画出"幸福家园"建设蓝图。编撰《美丽莆田幸福家园——汀塘新型社区修建性详细规划》，以隔壁的"上塘珠宝城"作为改造依托辐射区域，对该村的新型社区配套设施进行详细的规划，包括新农村建设、警务室、卫生所、休闲广场、幼儿园、酒店、活动中心、篮球场、羽毛球场、公园、绿化带、池塘溪流、智能社区建设等。

2013 年开始启动沟道整治工作，以期恢复流水环绕乡村的原生态美境。就地取景，依托原有的池塘、老榕树、古井等修建生态公园。要恢复整个汀塘村的水系，工程浩大，不仅需要大笔资金，且需要填埋池塘占地种菜的村民们的配合。

虽然汀塘村迎来了建设高潮，但是村支书忧心忡忡地说，现在是靠政府项目，以后没项目了，拿什么搞建设？他也焦虑自己卸任之后，谁来带领村民继续往前走。

从汀塘村走出去的老板们开始依托社区大学反馈故里。正荣集团 2014 年开始，每年投入 100 多万元给汀塘籍老人和学生发放养老金、助学金；还参与了村庄的"城乡一体化"建设，提供给村委会 60 万元用于环境绿化；欧氏集团投入 100 万元用于村庄垃圾清理；

融信集团准备投入150万元用于村庄池塘治理。这些捐款都是通过社区大学对接的，社区大学向资助方提交项目书，社区大学和村民骨干、村委一起将捐款落到实处。

2014年年底，村支书谋划成立了一个汀塘村民间理事会，来协助村委处理村庄公共事务。该理事会成立后，首要推进的就是池塘治理。东峤镇政府对池塘治理大力支持，以镇政府的名义发了《关于汀塘村治理水系恢复工程的通告》。村委采纳了我们的建议，问过群众意见之后再动工。村支书要求每个村小组的负责人、汀塘村民间理事会成员拿着征求意见书，挨家挨户让大家按手印，就"是否同意对个别人非法填埋占用的沟道、池塘恢复原状"表态，90%的人把手印摁在了"同意"栏。一周的时间就通过征求意见做通了村民工作，大家不断催促社区大学联系融信集团，钱尽快到位，2014年年底趁着旱季将池塘清理完毕。民间理事会的村民骨干说：我们这些人不缺烟不缺酒，我们既然做就得做好，不能砸了自己的牌子！

大家做事的积极性高涨，不计回报义务付出。现在是社区大学被村民推着走！

镇政府、村委、爱乡协会、汀塘村民间理事会、社区大学都在参与村庄的公共事务。工作有交叠，人员有重合，社区大学上下腾挪，左右解释，希望能够搭建互信的平台，大家放下成见，一起做事。显然，困难重重，但大家继续迎难而上。

延伸阅读

30

志愿者的反思（七）

多个组织参与村庄公共事务，并非就是好的。它也有可能导致多个利益群体的角逐争斗，形成内耗。也有可能让我们现阶段的工作在下一阶段变得"反动"。温老师屡次教导我们，先不要预设好坏，价值判断，也不要拿西方理论来套用，而是记录、总结、分析，用实践经验来构建新的知识网络。

我们不再套用社工话语称"村民是主体，我们是协助者"，虽然负责人换了一任又一任，但社区大学可能永远都不会退出汀塘村。小资（小知识分子）对小资（农民）服务没有现成的模式可循，没有理论指导，就是实践摸索。我们开始思考在做事过程中，如何和村民互为主体。我们在和村民的"斗智斗勇"中，如何改造着自己的思想，调整自己的言行。晏阳初曾说，"欲先化农民，必先农民化"。这十几年的学校教育都是教我们"脱农""去农"。不管我们怎么深入农村，我们都无法再成为这个群体中的一员。

乡建的路上，困难重重，挫折不断。

曾经因为被村民骂而哭泣——隔壁大叔一直蹭我们的网络用。那几天因为搞活动，社区大学志愿者多，需要用网络的人员增加，于是把他家的网线拔了。大叔一大早过来骂人：你们领导都说让我用网了，你们凭什么拔我的网线，滚出我们村！后来他妈妈过来把他拉走，指着他脑子说：他这里有问题，不要跟他计较，你不要哭了。

曾经因为一个人独自驻守在社区大学而恐惧害怕，晚上听到老鼠的撕咬声，眼泪就扑嗒扑嗒掉。这样的日子有三个月之久。

曾经因为无法协调村民各派系之间的矛盾，没有及时按照其中一派的愿望及时表达意见而被骂了足足一个多小时。

曾经因为经验不足没有按村委的心意把事情完成而被骂得狗血喷头。

曾经面对各派之间的剑拔弩张，无法形成合力，眼看着组织要解散，内心难受又不知道该怎么做，而在全体成员会议上忍不住流泪。

我们为什么没有离开？

因为乡亲们的殷切期待。

我们为什么离开了？

因为自己的无力。

我们手中握着那么多专家给的利农良方，也看了各种理论学说。但是现实中我们处理的却是各种关系：跟团队成员的关系、跟村民的关系、跟政府的关系，以及跟自己父母的关系。这些无不考验着我们的自控能力、沟通能力、协调能力、察言观色能力，甚至是"欺哄"能力。

乡建崇尚"事业主义"，不是"人本主义"。人与人之间的维系是这份事业，而非感情。不会因为讨厌谁就离开了这份事业，也不会因为喜欢谁就赖着不走。乡建那么多年"无组织，无纪律，无固定资金来源"，反而生生不息，绵延南北。

要问我参加乡建最深的感受是什么，或者说最大的收获是什么，我的回答只有四个字：改造自我。不再孜孜以求个人世俗的成功，将别人踩在脚下，同时被更多的人踩在脚下；我们在往前走的同时，会转身注目身后的人们。在这个过程中结识了很多类似的人，比如安徽阜阳南塘合作社，社区内的精英们开办金融合作的目的是"与最慢的人同行"。

我们和来自天南海北的年轻人坐在一起分享生命故事，问及为何做乡建，发现大部分人是因为受到身边师友的影响——他们改变乡村的信念，为乡村献身的执着感召了我们。有老师说我们是没有拿到中产阶级入场券的那部分人，无法找到正规体面的工作而被迫乡建，拿着微薄的补贴，自欺欺人地拿理想麻痹自己。

> 有老师说我们是这个病入膏肓的社会中的精英。只有草根阶层才能找到社会结构的缝隙，推动变革。我们内心面临很多压力，被自己的欲望所牵引，我们的身体和情感都会朝那个方向走。我们的忧虑、彷徨、纠结、看得远……这正是精英的特质。我们有能耐不从众，我们能抗拒主流的诱惑，这诱惑来自身边的亲人。亲人不断动员我们去找高薪的工作，告诉我们谁又买房买车了。我们比一般人更有孤独感和压力。一般人会因别人影响心生焦虑，比如没有完成老板布置的任务，而我们的压力来自对自己的不满。
>
> 因为这个世界充满困顿，所以我们投身苦难，并因此相逢。

附录　汀塘村扫盲班的故事

江丽丽

汀塘村部分妇女有强烈的学习欲望，其中有历史因素、个人需求和社会生活需求。从历史因素来看，莆田地区重男轻女的现象由来已久，男尊女卑的观念根深蒂固，在经济水平有限的情况下，在大多数的家庭中，都把教育机会让给家里的男丁，很多妇女得不到受教育的机会，导致妇女不会说普通话、不识字的情况大量出现。而如今，随着妇女地位的不断提升，很多妇女表达了强烈的再学习诉求，只是苦于没有很好的途径或是平台；从个人需求来看，在"信息大爆炸"时代，电视、电脑、报纸等随处可见，已经深入农民的生活，汀塘村的妇女越来越觉得读书认字及进行普通话交流的重要性。

如住在我们隔壁的一个学员说,"我现在什么都不愁,家里的事也都不用我操心,就是想着好好认识几个字,以后老了,我就可以看看电视,消磨时间,要不然都没有娱乐生活,对着电视,也不知道到底看的是什么,我现在每天拉着我的孙子叫他教我拼音"。这个阿姨只要从城里回来,就跑到社区大学叫我教她汉字和拼音,她读书的愿望非常强烈。如另一个学员说,我每次看着那些外地人在讲普通话,都不知道他们到底说的是什么,很想听懂,却没有办法,实在很无奈。学员林阿姨说,很早就想读书认字了,可就是没有这个机会,之前说要去上塘夜校,可是又远又没有时间,听说这边有办扫盲班的,她大中午就跑到社区大学,不管三七二十一就报名了,生怕赶不上或者名额满了:"这个社区大学真好,我们终于有书可以读了!"

从社会生活需求上看,中国经济的不断发展,大量的农民外出务工,而汀塘村90%的青壮年劳动力都外出打工或者经商,剩下的就是留守儿童和妇女,很多妇女经常会跟随自己的丈夫或者儿子出去,却苦于不会讲普通话。

如一个阿姨说:"我老公在浙江义乌开珠宝店,我有时候过去看他,但在那边普通话实在听不懂,又不知道怎么坐车,看不懂路标,每天都只能待在家里,很是无聊,很快就跑回来了。"住在社区大学前面房子的学员林阿姨说:"我现在下定决心学习,为什么呢?因为我之前在公交车上看到一个聋哑人,虽然是哑巴,可是认识字,就在手机里输入那两个地名,售票员就知道了。所以我觉得不认识字就和盲人似的,寸步难行。"可见,由于社会交往等各个因素影响,学会认字和学说普通话成了汀塘村民迫切的社会需求。

她们的学习热情非常高,54岁的苏阿姨,家里卖肉,只要有空闲时间,就开始拿起教材读。有次小学老师对我说:你们的学生很认真啊!我去她那里买肉,边卖肉,边学习,还拿着本子问我怎么念。

不仅如此,很多学员都是这样,她们总是那么积极地学习,当我在教拼音的时候，我只要说一个词，她们会很快拿起手中的卡片。课后，一些阿姨会留下来把布置的作业做好，或者是把上课的内容再回顾一遍。

汀塘社区大学成人教育项目一开始是在社区工作人员的筹备和暑期高校志愿者的推动下开展起来的。等到志愿者走了之后，就由工作人员担任老师进行上课，大家的积极性仍然很高，当然在这个过程中，有些人跟不上，有些人因为家务繁忙也没能过来上课。学员也在慢慢减少。

扫盲班第一期学员一周上六次课，周三放假，每次上课时间为19：00—21：00，固定学员有20人左右，其他的学员是流动性的，而学员的年龄不一，有70多岁的老人，也有30多岁的中年妇女。为了统一管理，于10月初，设置班级组长负责制，形成一个有组织、有纪律的集体。她们的学习积极性很高，并且有部分学员习惯提前到教室，一起复习前一天的课程，大家集体朗读，互帮互助，把不懂的弄懂。汀塘社区大学的成人教育项目教学内容主要是拼音、常用字词、日常对话等，经过三个月的教学探索和经验总结，形成了乡村特色的教学内容和管理方法。

我们根据村民的实际需求，开发了扫盲班的教材，在教学方式上，我们也是根据村民的实际需求来进行调整，不断满足社区需求。

在教学内容上，以需求为主，根据学员的学习需求，进行课程设置；贴近生活，以生活为素材，如介绍家庭成员称呼、水果、蔬菜、厨房用品、交通工具的名称等；加入一些经典歌曲，如《幸福在哪里》《常回家看看》，革命老歌《打靶归来》等，增加学员的学习兴趣；加入当地的传统元素，如诗歌朗诵《我是莆田人》；增加一些生活常识，如"红灯停，绿灯行"口诀、二十四节气歌、介绍了312健康疗法；在教学策略上，学习拼音时，采用播放视频的形式，拍下汀塘村的照片，制作成PPT，图文并茂，便于学员认知。应学员要求，我们也开发出了教材，用A4纸打印发放，一般为二号字体，方便老人阅读和复习；根据学员容易忘记的特点，用不同的形式重复教学，如采用肢体语言，如有需要，还会采用实物辅助教学。比如，教刷牙时，拿牙刷做刷牙的动作，为了调动学员参与的积极性，会增加提问、小组接龙，或者上台表演对话等环节。

在不断教学中，这些学员也开启了自己的智慧，在不断探索怎样学习更好的过程中，他们的主体性也呈现了出来。

过去我们上什么课，她们就听什么课，现在她们会自己提出更合理的、适用于她们的上课方式，如许阿姨说，"要不我们一组学员用普通话，另外一组用本地话翻译，这样的话，一些基础差点的人就可以跟上，也便于我们更好记住"。经过试验，这样的上课方式还是挺不错的，也便于大家学习，这是她们的智慧。

简单来说，汀塘村妇女的成人学习就是"启智"的一步，学习过程中妇女们不仅学会了读书写字，更学会了社团生活和相互协作，以及可能涉及的思考问题和分析问题的能力。这种交往能力，就是"开力"的一步，而这样的成人学习是为"建设"做准备的。例如提高自身、建设家庭、美化社区、发展农村妇女经济等。

刚开始上课的时候，很多妇女都不敢读出声音，她们害怕读错，在志愿者和社区工作人员的指导下，她们慢慢开始大声朗读，并且是很整齐的朗读。刚开始提问时，这些农村妇女站起来都觉得紧张，现在比起之前好了很多，还可以上台进行对话。一个下雨天，卖肉的阿姨，居然在电话里用普通话和我说"老师啊，今晚有没有上课啊"，真把工作人员给高兴坏了，她们终于敢用普通话交流了，这是一个大大的进步！

之前大家只是过来上课的，现在她们慢慢开始熟悉，上课的时候会互相学习，互相帮助，有说有笑，形成一个良好的交流沟通氛围。她们自发地提议在社区大学集体聚餐，一起洗菜做饭，其乐融融！她们常常带水果来和大家一起品尝，一个学员说："今天发言一句啊，我们来这里就是一种缘分，聚在这里真不容易啊，我们开心了很多，不仅学到了知识，还认识了这么多人，为我们的相聚，我请大家和老师吃水果！"

重阳节晚会的时候，从一开始没有人愿意上台，一直是互相推脱甚至逃跑，到在晚会当天能整齐地站着、声情并茂地朗读、有肢体语言地合唱，她们逐渐找到了自信，找回了快乐和开心。她们已经不再是孤单的留守妇女，而有了自己的一片天地。

汀塘村的妇女在上课的过程中，打破了原先沉闷、单调的生活模式，重新有了踏入学堂的机会，认识了一些贴近生活的字、词，学习了一些日常对话，该项目在一定程度上丰富了汀塘村妇女的精神文化生活，促进了村民间的交流，加深了村民对汀塘村的认同感。

许厝村的谢阿姨，聊天时说道："学普通话很有用的，这次去福州，看到红绿灯，我就忽然间想起一句老师上课讲的话'红灯停，绿灯行。'"旁边的朋友听了哈哈大笑说，看来你去上课真见成效啊！她还说，现在每天我老公一到七点就赶着我去上学。说：读书去！谢阿姨隔壁村的一个阿姨，听说有夜校上，就赶紧报名了，每天晚上骑着摩托车过来。74岁的朱奶奶就住在社区大学隔壁，每日早早来报到，等着上课。她孙女说："我奶奶每天都去上扫盲班，回来拿着老师发的教材，让我教她念。每天急急忙忙吃完饭，说要去上课！"玉金笑着说，之前啥都不懂，上次孙媳妇（外地人）说，帮我把那个水桶拿过来，今天我终于听懂了，原来说的是那个装水的，虽然我现在七十几岁了，可是我还是觉得学点文化好。

同时扫盲班学员上台表演，提高了她们的表演水平。当她们第一次站在了舞台上，不仅提升了汀塘村妇女的自信心，间接地还改变了传统的男尊女卑的思想观念。如六十几岁的学员欧阿姨说：过去上课，我都是一个人晚上偷偷地从很远的地方绕到社区大学，连手电筒都不敢开，看到人也只是躲着，不敢跟人家打招呼，问吃饭了没。怕被别人笑话说这么老了还读书。自从重阳节晚会上台之后，我就不怕了，我走最近的路，反正大家都知道了，无所谓啦！读书又不是见不得人的事，怕什么啊！她是一个读书很认真的阿姨，每天晚上都很早过来复习前一天的功课。

课堂为妇女提供了交流、沟通的平台，营造出互帮互助、团结合作、共同学习的和谐社区氛围。

一天下午，妇女文艺队的苏凤霞，打电话说大家在她家唱歌，要我过去教。邻居们都聚在她家，一边拣茶，一边练歌。《打靶归来》一连教了一个星期，整首歌一个字一个字地教，现在已经唱得很顺畅了。苏凤霞指着旁边扫盲班的一名学员说，她一点半就把晚饭做好了！大家听了笑作一团。她们俨然已经是合格的学生。

林阿姨的女儿（初中老师）说：我妈现在作息时间都改变了，以前八点多给她打电话问在干吗，得到的回答就是在睡觉。现在呢，听到的是在社区大学读书！林阿姨自己也说她现在晚上八点都睡不着了，总是想着来社区大学转转，要不然没劲儿。不知道为什么，最近她好久没有来社区大学读书了，于是我去家访，她告诉我说：最近生病了，胃疼了好几天，想想我之前在社区大学上课，每天都好好的，现在为了照顾孙子没法去上课，居然病了好多天，早知道我就去上课了，呵呵。

但是有些学员确实因为自身家庭的束缚没能全程参与课程。

有一天工作人员路过梅阿姨家，问她最近怎么都没有去上课，她说："最近老头子身体不好，刚做完手术，我很想去学习，真的很想！"她边说边弄白萝卜，她笑着指着手上的东西说："这是白萝卜啊（普通话）！"顿时，我觉得这些阿姨好可爱！她们的学习热情度好高，只是缺乏机会。现在他们有这个机会，却背负着家庭的很多事情，没办法能够全身心投入。

农村教育工作往往都是比较艰难的，同时也是需求非常大的，社区大学为这些农村妇女提供了这样一个机会，对她们来说是难能可贵的。但是妇女们在家庭中扮演着非常重要的角色，特别是莆田妇女地位低微，往往都是牺牲自我来顾全整个家庭。比如外出带孩子带孙子，照顾丈夫等职责，所以难免会有不可持续性，这也是整个城市化进程所带来的农村衰败后果之一。

第十一章
乐和家园,我们的乡村梦
——北京地球村

祖 巽

【导读】 四川彭州与重庆巫溪是地球村乐和家园项目的主要实践和试验基地,虽然试验点的自然资源环境与社会经济背景有所差异,项目内容和重点也不太一样,但二者也都体现出了一定的相似性及我们能试作规律性探索的地方:一、无论彭州大坪村还是巫溪县全域,一方面都因自然资源和区位条件制约而无法实现内生性的工业化,另一方面也无法承接大城市飞来的工业化,"工业化+城市化"的道路行不通;二、大坪村和巫溪县全域因无法实现工业化,而客观上保留着较好的生态资源和较完整的文化传统,使生态文明背景下"反梯度"发展成为可能;三、大坪村的基本积累和固定存量因地震灾害被毁于一旦,群众生计也被打乱,巫溪则由于几乎所有青壮年劳动力都外出务工,乡村陷于衰败,治理陷于崩解。在重建生计与治理模式的诉求下,二者在事实上都存在一个阙如的空间需要一些主体来填补,归结起来,首先是农民自发形成的组织及其主体地位,其次是政府财政投入的杠杆作用及制度创新的空间,最后是外部社会组织进入客观上垫付组织和实践的启动成本。"三生合一"的发展模式加上"三方互动"的实践方式,共同构成了乐和家园所代表的符合生态文明建设理念和农耕文明传承要求的乡村振兴基本模式。

当然，这样的实践探索改变的不只是村庄和群众，还有以廖晓义为代表的整个乐和家园实践团队。两次认识转变所导致的三段思想历程，体现的是一个中国人对自我的重新认识，也是一个知识分子对历史、文化和思想的批判再择。从笃信工业文明和技术主义向注重西式环保转变，是一个长期接受西方教育的中国人在既定的文明、哲学和制度框架内的反思与选择，虽具有批判性，但仍未跳出桎梏，在很多时候只是从硬币的一面翻到了另一面而已；批判和告别西式环保主义，而回归到中国天人合一的"道""和"传统，才是廖晓义作为一个中国人、一个知识分子的思想革命和自我重拾。这一认识转变过程是在实践中相继实现的，而被不断批判和扬弃后的认识，又进一步指导实践走向深入。然而，中国的知识分子之中，真正能够站在历史文明最深处作批判性反思和自我改造的人凤毛麟角。近代以来，从日本的"二手真经"，到苏联的"大哥榜样"，再到欧美的"普世价值"，中国人在工业化、现代化和发展主义童话编织的图圈中乐不思蜀，许多知识分子也在"增长率""民主化"的概念森林中迷失了自我，丧失了思考，背弃了祖先和历史。

值得庆幸的是，中国尚有如廖晓义等人能向下看、回头看！

农田是万年的古迹，农具是千年的文物，
农村是古老的名胜，农夫是历代的恩人！

2008年7月23日，北京老舍茶馆，一个来自四川大坪村的电话让廖晓义焦虑不安。当时她正在主持地球村第五届可持续能源记者之星颁奖典礼。自2004年开始，"可持续能源记者之星颁奖典礼"已成为北京地球村一年一度的重要日子，上台领奖的是那些在能源领域进行专业报道的优秀记者。这天，国际能源署署长田中伸男先生亲临现场，给本届颁奖典礼增色不少。

谁承想在这么重要的时刻，在距离北京近两千公里的四川彭州市大坪村，地球村正在筹备的乐和家园却遇上了麻烦，有人正在村子附近开山炸石。

如果当地的石灰矿老板执意在那里开炮，如果地球村大坪村乐和项目点的生态被破坏了，生态家园还怎么做？难道这几个人的矿场能比这座山峰下世代生活繁衍的村民的环境更为重要？

这一年，距离她创办北京地球村环境教育中心，已经整整十二个年头。

一、海归"村长"

廖晓义 1954 年出生于重庆，1971 年作为重庆知青到了云南西双版纳的生产建设兵团。第一次上山下乡，身在乡村，心里盼的是回城。三年后，廖晓义如愿以偿走进四川大学哲学系读书并在毕业后留校任教。那时候她做梦也不会想到自己会在四十年后再一次上山下乡，把乡村建设作为自己的归宿。

1986 年，从中山大学哲学系获得了硕士学位的她来到北京，在中国社会科学院任职。本来她的人生完全可以像学者一样，教书育人，或者继续在中国社科院当助理研究员。但是，一个偶然的机会，让她接触到了一个完全不同的世界。

那时候，廖晓义还是西方哲学和西方工业文明的崇拜者，一个技术主义者。那年，她的一个朋友撰写了一篇关于生态环境的报告，其中有这样一段话："我对人类未来非常悲观，人类会被自己制造的各种灾难毁灭。"对此，廖晓义不以为然，她相信人类可以凭借自己的技术战胜环境问题。

为了说服这个朋友，当时在中国社科院工作的廖晓义翻遍了社科院图书馆的所有藏书，之后她的看法彻底变了。环保报告文学作家徐刚的《伐木者醒来》和《江河并非万古流》，这两本书的内容深深触动了她。书里描绘的环境问题,句句如针扎芒刺,令她坐卧不宁。廖晓义意识到,地球像慈爱的母亲养育着人类的世世代代,可是以无节制消耗自然资源为特征的工业文明对地球的回报,却是无尽地掠夺和污损。"对地球,我也是不肖子孙,如今我要浪子回头。"①

从此她义无反顾地走上了环保之路。她和这位朋友撰写题为《中国工业化的环境代价》的论文,组织影视志愿者拍摄"绿色访谈录",奔赴美国北卡罗来纳州立大学政治与公共管理系国际政治专业做访问学者,1995年回国,创办了公益组织北京地球村。两年后廖晓义在美国驻华大使馆递交了《自愿放弃绿卡登记表》,在放弃理由一栏里,她写到"留在中国搞环保"。

北京地球村是中国最早的也是最活跃的环保组织之一。1996年,集制片人、编导、主持人于一身的她,在中央电视台第7套节目独立筹办制作了每周一期历时五年的电视专栏《环保时刻》;同年,北京地球村与宣武区政府合作,在建功南里建立了绿色社区模式,即社区层面的环保设施和公民参与机制,倡导节约资源减少污染、多次使用、重复利用、垃圾分类、保护自然等绿色生活方式;1998年,她作为主编撰写出版了《公民环保行为规范》《儿童环保行为规范》等环保读物;1999年,北京地球村位于延庆的环境教育培训基地奠基落成,通过2800亩的山地、林地、湿地及山泉小溪为公民亲近自然、接受环境教育提供机会;2000年北京地球村联合国内四十多家环保组织在12个城市发起了"2000年地球日中国行动",并作为北京奥申委的环境顾问参与了绿色奥运行动计划的制定和实施。

2000年6月14日,廖晓义作为当年在全世界唯一有此殊荣的获奖者,赴挪威接受被称为诺贝尔环境奖的"苏菲奖"。当年她在隆重

---

① 安朔:《和"地球的女儿"廖晓义面对面》,《职业技术月刊》,2005年第6期。

的颁奖仪式后，还被邀请到诺贝尔学院讲演，与在任的首相见面，与挪威的思想家对话。然而恰恰是这样的场合、这样的对话和交流，让她看到西方朋友们对于西医式环保的困惑和希望她带去东方智慧的期盼，而这也促成了她在哲学和实践上的西行东归。

那年，她46岁。

二、寻找乐和

从2000年开始，廖晓义开始寻找一种"既包容宗教又超越宗教，既传承东方又吸纳西方，既能形而上又能形而下"的"中国式环保"理论系统。

多年的环保经历让她发现，西方环保本质上是一种"头痛医头，脚痛医脚"的西医疗法，即将物质主义、消费主义、个人主义和人类中心主义所助长的贪婪与自私排除在环保视线之外，将过度消费自然资源的生活方式视为高品质生活，只局限于无度浪费中的有限回收，就环境问题解决环境问题，类似于"治理"，其"成功"在很大程度上是以全球化过程中的污染转移和生态侵略为背景。西方环保只能治理病症，但真正威胁中国生态和未来的还是对美国高消耗生活方式的过度追求。于是，廖晓义和她的地球村尝试着在东方的智慧中寻找环保的新途径，为此，她和刚刚初中毕业的女儿商量决定休学，行走了大半个中国，去寻访国学传人，补习国学经典。

廖晓义发现，中国有着"天人合一"的古老生态文明，儒家的人事、道家的人本、佛家的人心、中医的生命学说及琴棋书画茶等构成的诗意生活都是中国人安身立命的生存智慧，而这样的智慧之根就深植于乡土社会和乡村生活之中。她在走访云贵川等地的乡村时发现，在那些还没有完全被现代病浸染的乡村，还保存着与生俱来的"天人合一"的生态智慧、乡土文脉和自然养生，还保存着他们的知识系统、管理系统和信仰系统。生活留住了信仰，信仰支撑了生活，但是能不能留住这些正在迅速消亡的乡村，能不能避免欧美的单向城市化，而走一条以乡村建设为基础的城乡共生的道路？她不仅仅是观察者和思考者，更是习惯性地要让思想成为行动，让行动孕育思想。

2001年，地球村在北京延庆的一个小山村碓臼石村进行了生态教育和乡村建设的最初尝试；2004年，廖晓义作为策划人和制片人，启动了综合考察乡土文化的"乡村长卷"项目，通过三年多的调研，以汉、藏、苗、侗、傣、普米、布朗等九个民族十个乡村的深入调研和影视制作，形成了一套基于本土文化解决乡村问题的方案；2006年她编写的《乡土中国村民环保读本》出版，该书被送到全国的乡村图书馆；她还向民间中医拜师求教学习中医思维，从中发现了"蓄心能、增体能、惜物能"的生命环保智慧，并以此为内涵参与研制了"一分钟养生操"。

正是在这个行走和求索的过程中，她找到了基于传统文化的现代理念——乐和。

乐和，即乐道尚和。中华民族是一个唯道是从的民族，是一个以道的存在为生存哲学和性命之理的民族。道的真谛就是和，心脑相和、心身相和、义利相和、个群相和、物我相和，天地人和乐在其中。乐和不仅是一种理念，也是一种可落地的操作方案，一种既保存村落、农场、医馆、书院、集市，同时又能够发展生态农业、养老产业、养生产业、创意手工业等的发展规划。这样的方案与模式可以理解为现代化语境下的一种发展道路，一条不是毁灭乡村，而是建设乡村、城乡共生的乡土型城市化道路；也可以理解为一种新的文明，一种身心境和、天地人和的乡村生态文明。如果说"乐和"是一种精神，"家"则是一种社会关系，"园"就是现实的自然的和有形的空间。换言之，"乐和家园"四个字本身体现着万物共生天下一家的内涵。

2008年5月，廖晓义带着团队参与了汶川地震的紧急救援和灾后重建,在四川省彭州县通济镇大坪村将这套"乐和"的理念付诸实践。那年,她54岁。

三、初设乐和

大坪村位于四川北部高山地区,是一个高山村,海拔为840—1320米。总人口860多人,有300多户,11个生产队。"5·12"地震前全村比较贫穷,以农业为生,主要种植中药材黄连,附加玉米、土豆等蔬菜,人均年收入不到1000元。地震时,村内房屋几乎全部被摧毁,亟须重建。

2008年7月8日,廖晓义第一次来到大坪村。当她看到一户人家墙上的"祀祖先如在其上,佑后人焕乎维新"祖先牌位后,她知道,这就是她将要实践自己梦想的地方。然而,这个梦想实施起来从一开始就充满坎坷。

首先是薄弱的基础设施。大坪村地处四川省彭州市通济镇西北部蜿蜒起伏的龙门山脉之中,从通济镇到大坪村有4公里,在雨水与山泉的蹂躏下,这条土路经常泥泞不堪。村民上下山最快捷的交通工具,是有着四个巨大轮毂的拖拉机。

其次是贫困的经济基础。大坪村村民的经济来源主要有两个方面:一是种植土豆、洋姜、玉米等经济作物及黄连、川芎等药材;二是开采周围山里的石灰石、煤矿。以种植黄连为生的8组为例,年人均收入不过1000多元。

最后是复杂的人际关系。当地石灰矿有村干部参与其中,想要停止矿山开采,建设生态大坪,完成大坪村的产业转型,会触及很多人的利益。就在2008年7月的那个晚上,廖晓义接到四川来的电话后的第二天立刻飞赴大坪村。直接与矿主交涉毫无结果后,廖晓义又找到了镇里有关领导,商谈关停石灰矿的事,但同样没有结果。面对这样严峻的问题,廖晓义没有放弃。十多年从事环保的经历已经磨炼出她的韧性。她知道：改变人的观念，从来不是件容易的事。

早在廖晓义第一次去大坪村，与村民描绘生态家园的美好蓝图时，没有一个村民会相信这能实现。廖晓义很清楚，地球村既没有灾后重建的经验，也没有多少在地社区建设经验，更不是当地的组织，这些软肋，使原本就被认作是乌托邦的"乐和家园"的可行性受到质疑。为此在申请红十字基金会项目之前，廖晓义带领地球村团队在一个月时间里打下了乐和家园的根基：帮助村民筹办"大坪村生态协会"并成功注册为社团组织；邀请西安建筑科技大学绿色建筑研究中心刘加平实地勘测并设计建房图纸；邀请四川省地矿局区域地质调查队总工程师范晓团队，对大坪山进行专项地质评估……和村民们在震后废墟中琢磨出可行的重建方案。

2008年8月，"红十字乐和家园"项目获批，项目资金全部用于大坪村震后重建，生态民居建设得到了资金支持。此时廖晓义的身后，是地球村与红十字基金会，前者意味着深厚的社会资源，后者意味着强大的资金支持。从项目实施至今，乐和家园项目总共得到将近500万元的资金支持。其中，中国红十字基金会前后两期出资365万元，主要资助大坪村生态民居及相关配套设施建设。地球村还把来自壹基金的100万元奖金用于乐和书院项目及产业发展，此外，还有南都公益基金15万元的资助款、友成志愿者驿站提供的志愿者支持，以及自备干粮的刘加平和他的义工团队。

资源与资金到位的廖晓义一脚扎根乡村，成了名副其实的"农妇"。其后，她大部分时间都在大坪山的田间地头，偶尔回北京处理一些事务，从"回归乡土"变成了"回归泥土"。村民不知道谁是廖老师，按照村民的习惯称她为"廖孃"。正是村民一口一个"廖孃，廖孃"，坚定了廖晓义在大坪村实践自己理想的信心。

2008年9月27日，她脱下农装换上旗袍，赴纽约接受克林顿基金会的"全球公民奖"，作为该奖项的四位获奖人之一。她用英语发表了三分钟感言，把"乐和"的传统智慧传给了世界。她希望人们从东方智慧中寻找解决世界问题的药方,通过发现作为快乐来源的心能和作为健康来源的体能的意义,减少对于物质能源无节制的消费,来解决人无限的发展欲望和有限的自然资源之间的矛盾,实现生态的平衡和生命的安稳。

两周后,身穿农装的她又出现在大坪山的田间地头,和村民一起盖房修路建生态小农场。在海拔1600米的大坪山上,廖晓义和她的团队,为他们所倡导的集体自强、个人自主、生态自然、道德自律、乡村自豪五大特质的乐和之路奋斗着。

四、践行乐和

接下来,大坪村开始了热火朝天的重建工程。

第一,建房。9月乐和家园项目建筑施工总工程师根据建筑设计专家的设计图纸,预算出各户型的房屋材料用量和造价,通过与生态协会和村民讨论,确定集体管理社会补贴资金、限定人均35平方米的建筑面积、多出的宅基地以股份形式用于未来的集体旅游业发展、形成利于交流和经济发展的小聚落等。接着,三户生态建筑样板房选址动工。

但在建房过程中村民发现了一系列问题,比如原设计图中房屋被设计成前面宽、后面窄,不符合当地的风俗和居住习惯;为了环保而使用的竹胶板,不符合当地长期潮湿的气候导致墙体脱落,为了换材料反而浪费了资源等。总体说来,村民除了对材料的购买和使用有一些异议外,基本上还是肯定了地球村和生态协会在其中发挥的作用。10月后,第一栋样板房落成。至2009年12月,大坪村近百户村民已基本完成家园重建。

第二,配套设施。为了在乡村提倡乐和人居、绿色生活的理念,地球村引进了节能灶、沼气池等环境友好设施,在当地农户普及垃圾分类、废水处理系统等环保观念,乐和家园提供的配套设施包括节能灶、沼气池、污水处理池、太阳能路灯、垃圾分类箱、生态旱厕等。村民们基本上能够接受这种对环境不造成污染、干净卫生的基本设施，不过仍要以实用和便利为第一标准，比如节能灶烧得太慢只适合一两个人用，导致荒废；生态旱厕和太阳能路灯因为气候与费用问题无法使用等，有关绿色生活理念的实践需要与村民的生活需求紧密结合。

第三，公共建筑。2009年2月，随着村民生态民居主体工程（房屋立架）大多数完成之后，开始进入公建建设阶段，从最初的手工作坊和第一座农人会馆的选址，一直到最终颜家坪会馆和木瓜坪小卖部的落成，持续约一年时间。木瓜坪农人会馆、乐和书院、水坪农人会馆、木瓜坪公厕等这些公建除了有专门的功能，还充当着推动村民公共生活的责任。

第四，修路。2008年9月，为保障乐和家园房屋建设材料的供应，在当地政府和地球村的大力支持下，大坪村村支两委租赁大型机械2台、组织村民义务投工投劳800余人次，对上山公路进行整修。10月，市政府决定投资100万元为大坪山乐和家园修通村级公路。依托于政府出资修建的乡村水泥路，地球村又组织村民修建了三条通往不同村组（颜家坪、水坪、高笋坪）的支线和沙土路。

第五，产业项目。2009年年初，经过村民讨论和管委会开会决议，通过了乐和家园产业模式、经营模式、销售模式等一系列产业发展的方向。设计了耕读游艺四个主要产业方向，建立风险分散的生态产业；实行统集分多的经营模式，兼顾集体与个体的发展需求；确定销售思路，尝试打破城乡界限的直购直销方式。2009年1月24日，绝大部分村民填写了自愿加入乐和家园产业体系申请书。

耕读游艺的产业方向主要体现在创意手工业、生态农业和生态旅游业三个方面。在乐和家园的产业项目中，创意手工业主要是组织村民绣手绢，在地震初期给村民带来了精神上的支柱和一部分收入，只是手工手绢的销售没有形成规模，订单的来源无法保证。手工业只是绣手绢也过于单一。生态农业包括种植和养殖，由于当地土壤和气候的原因，再加上没有专业技术人员长期的实验和指导，前几年的收成不太理想，不过也给未来有机农业的发展提供了经验和教训。生态旅游业因矿山开发等各种原因发展缓慢，直到2012年政府关停了大坪村的矿山，并正在修缮村级公路，给生态旅游提供了基础条件。

第六，文化教育。2009年7月7日，大坪村乐和娃娃团正式成立，娃娃们成为环境保护特别是垃圾分类的生力军。2009年七八月份，有大学生志愿者来乐和家园对娃娃团进行了暑期培训，教他们画画，补习功课等，一起上山清理垃圾，丰富了他们的暑期业余生活，大人们也被吸引进来，增强了大坪山的文化氛围。2010年暑期娃娃团的活动开展得不错，但村民们参与的程度和积极性不是很高，一般都是游客来乐和家园时组织大家参与其中，村民们认为文化教育活动并没有形成持续的影响，他们现在最迫切的仍是解决生计问题。

五、坚守乐和

三年过去了，廖晓义对于大坪村乐和家园的愿望又多了一条：能为后人留下一个民间组织参与灾后家园重建的小盆景。但在实践过程中理想与现实的差距真实地考验着廖晓义和她身后地球村每个乐和人。

2011年7月，一支由学者组成的第三方评估团来到大坪村，对红十字乐和家园项目进行评估。一位参与此次评估的调研员认为：乐和家园项目基本是成功的。"项目有很多遗憾，以至村委会、生态协会、村民乃至基金会都有些情绪，但项目成绩不可抹杀。"[①]

[①] 刘虹桥：《乐和家园：廖孃真实的"乌托邦"》，《中国财富》，2011年第11期。

廖晓义承认："我们要接受这些失败，特别是生计项目上不成功的探索。"不过，在种种不成功的探索之中，廖晓义特别提到夹杂着"因过分救助而滋长了村民的依赖心理及部分人的贪欲"。

早在建房时候，由政府统规统建的村民，不用为政府出资建造的新居支付一分钱，还可以拿到每人8000元的宅基地赎回补贴。而大坪山选择"原址重建"的乐和家园，虽然也有政府的补贴和乐和家园项目人均5000元的资助，很多居民需要自己贴钱才能完成建房，这让不少村民心生不平。当初那种因自建生态新居而不必离开家园的喜悦，逐渐变成了某种懊悔，继而转变为对地球村和乐和家园的抱怨。

但村民所感受到的理想与现实的差距不止这些，在大坪山上，操着重庆方言的廖晓义与村民们同住帐篷、板房，吃泡面、咸菜。最初，村民信任她，崇敬她，感动于她为大坪村重建付出的辛劳，他们跟着她建房子、修公路，期待她许诺的那个美好蓝图变作现实。

等到两三年过去，房子建起来，钱袋子却还没鼓起来。

根据生态协会提供的2010年8月至2011年8月的财务报表，大坪村村民共从妇女刺绣、厨娘劳务、环境打造、农产品收购和出车费用等项目中累计获得7万余元收益。刨除各项劳务支出，生态协会还获得3万余元利润。根据协议，所有加入生态协会的94户村民都可按比例获得"分红"。不过，村民似乎并不满意。前两次人均66元的"分红"收入，被村民戏谑为"廖孃发的盐巴钱"。

"很多村民一直以为地球村是北京来的开发商，做农家乐开发，自己可以从中捞钱。他们不懂得社会企业是啥子东西，也肯定想不明白地球村为啥子要从外面找来钱给大坪村盖房子"[①]，生态协会会长袁义全说，"但不管怎么说，廖孃在大坪村至少没有什么错。她为

---

① 刘虹桥：《乐和家园：廖孃真实的"乌托邦"》，《中国财富》，2011年第11期。

大坪村付出了那么多。她也不像山下的那些开发商,她没有从我们这里刮走一分钱"。

在这个问题上,廖晓义认为主要还是缺乏沟通:"我们过早地抛出了那张也许要用十五年才能完成的蓝图,造成了人们的期望和现实之间的落差。"

至 2010 年下半年,各资助方在彭州大坪村的项目陆续收尾,仅有友成企业家扶贫基金会继续提供三名志愿者的津贴。经过多次人员变动,北京地球村在彭州大坪村的项目人员基本稳定下来。此时的大坪村村民,对"乐和家园"已没有两年前那般高涨的热情。

其实,无论是廖晓义当年执意环保,提出的"乐和"这个中式环保理念,还是落地的实验,都让地球村走在了时代和社会前列,当然,面对这个对梦想追逐不停的理想家,面对这个内容丰富、表达玄妙的"乐和"理论和乌托邦色彩浓重的"乐和家园"试点,外界的质疑从未停止过。

质疑的中心聚焦在廖晓义个人身上:廖晓义是不是将个人理想凌驾于机构的能力之上?一个几百万元的项目,如果连窗帘都要她亲自来选,这个项目的执行效率如何?这些质疑,像一根根暗箭,刺向这位年近六旬的妇人。其中也包括廖晓义的女儿,在 2009 年播出的彭州大坪村乐和家园建设的纪录片《家园》里,廖晓义与女儿就乐和家园建设的反复争执是全片最大的矛盾点,即便是最为支持她的女儿,也认为她的母亲还是太过理想。

但是几年来,地球村仍在坚守。廖晓义说:

"我们要和一些人的贪欲与浮躁博弈,要和矿山矿主的私人利益抗争,还要面对外人吐来的唾沫,可我们仍在坚守,就是因为我和我的团队,放不下大坪村的村民,也放不下那个从'5·12'以来的公民精神:这不只是地球村的坚守,它也是民间组织参与灾后重建和社会管理创新的坚守。"

2012 年,一家拥有自然农业和养生技术的社会企业受地球村的感召，来到大坪村落户并给村民带来技术和市场。地球村几位年轻的社工亲手搭建生态猪圈、学习生态养殖技术，并且养出了十几头生态猪给村民做示范，带动了几个养殖户，几年来社工和专家们共同研发的以节气养生乡村旅游计划也一步步成形。村民们再一次看到了地球村这个公益组织的坚韧和真诚。

对于外部的种种质疑，廖晓义并不想解释太多。但偶尔她的话也会冒出重庆人特有的"辣味"："眼下的风气是，不做的去评说在做的、没有经验的去点评有经验的、模板上墨守成规的去评价实践中艰难创新的。但是对于那些只说不做、凭自己脑子里的概念就对乐和家园指手画脚甚至不愿上山来看一眼的所谓的公益意见领袖，我是感到很愤怒的。这本来就是一个探索，请不要那么苛刻。对于在做事在探索的人，难道不应该有一点起码的宽容吗？中国那么多的学者，难道不应该多一些人蹲在基层来试试错吗？"

六、播撒乐和

2010年7月，廖晓义回到她的祖籍重庆市巫溪县，受聘为巫溪县政府顾问。在巫溪县委、县政府的主导下，开始乐和家园建设的政策设计。8月，巫溪县委、县政府将"建设乐和家园"写进巫溪县"十二五规划"战略目标。在随后的两年间，地球村积极参与了巫溪县大坪、羊桥、三宝三个村和县城六个社区的"乐和家园"建设试点。这个时候的乐和已经成为被政府接纳并由政府主导的乡建模式，地球村作为社工组织为之提供理念和技术的服务。

与彭州大坪村的震后重建的大背景不同，巫溪乐和家园项目将重点放在社会管理创新的探索上。56岁回到家乡的廖晓义维护着她与政府良好的互信关系，她将自己和团队摆在"协同者"的位置，帮助成立村民自我管理的"乐和互助会"，建立多方参与、协商对话的"乐和联席会"，以及作为乡村公共事务活动载体的"乐和大院"。

这次，对乐和家园理念的阐述，廖晓义使用了巫溪县委、县政府的官方语言："乐和家园建设，就是以党的群众工作为支撑、以社会建设为基础、以生态文明为方向、以快乐和谐为特质的社会管理模式，将党的优良传统与中华民族传统文化精髓相融合，运用到社会管理之中，实现社会公平正义、百姓共同富裕、人人快乐和谐的总体目标。"

2011年的中秋节，廖晓义在巫溪乐和家园度过。她坚持到羊桥村等九个自然村的中秋联欢现场，和村民一起赏月，共歌共舞。一下车，她便立即被热情的村民包围，干瘦的身体淹没在昏暗的灯光里。在回县城的蜿蜒山路上，她哼起几段儿时的歌谣，感慨地说，"能把公益做到自己的老家，真是福气"。

仅一年时间，乐和家园从最初的三个试点村辐射到三十余个村。在2011年9月28日孔子诞辰纪念日，巫溪全县还启动了"相约论语、全民读经"活动。两年间的乐和家园建设，使巫溪发生了不可思议的变化。

《重庆日报》一篇报道记录了这样的景象：夜里八点，村民在乐和中心的院坝里唱歌跳舞，其乐融融；四方联席会上议事和谐、推心置腹、民主决策；田间地头没有垃圾、农户院里没有鸡屎狗粪。报道还提及，在记者几次三番恶作剧式地往地上扔烟头后不久，这些烟头都神秘地"消失"了。志愿者达志强恰是试点村三宝村村民，他说："别说你们外人觉得神奇，我自己都想不明白村里这些变化究竟是怎么发生的。你能想象大冬天里村民自发下河捡垃圾吗？"[①] 同样让人难以想象的是，守望相助的古老民风因为乐和家园而回到了乡村，那些扛着生活重担的乡村妇女，因为乐和家园的感召，主动成为"爱心妈妈"照顾邻家的留守儿童。乐和家园用社会管理创新

---

① 刘虹桥：《乐和家园：廖孃真实的"乌托邦"》，《中国财富》，2011年第11期。

关爱留守儿童的经验，在2012年央视大型公益晚会"春暖2012——特殊家长会"上亮相，得到社会和政府的广泛关注。

在巫溪老家的日子，被她认为是一生中最难忘的时光。

一天，在巫溪的乐和书院里，廖晓义接到一位老人的电话，他是梁培宽先生，中国著名的思想家、教育家和乡村建设的前辈梁漱溟先生的长子。他愿把出版梁漱溟著作的稿费共十万余元捐给廖晓义，以表达梁家后人对于乡建行动者的鼓励。"接到这笔捐赠，我真是受宠若惊，因为我是梁漱溟先生的粉丝，梁先生是我的偶像！"怎样让这份期望激励更多的乡建人？廖晓义征得梁家后人的同意，用这笔钱建立一个奖项——梁漱溟教育奖，以吸引更多的"梁粉"参与乡村建设。按照廖晓义对于粉丝的理解，你要成为某人的粉丝，就是愿意做他那样的事做那样的人。她不无自豪地说，她算得上梁先生的粉丝，因为她确实在做梁先生做过的事，在做梁先生那样的人。

在巫溪，廖晓义还遇到另一位来自美国的"梁粉"，他是美国芝加哥大学的终身教授艾恺，因其对于东方文化的精湛造诣和写作梁漱溟传记《最后的儒家》而在世界享有盛名。艾恺先生与梁漱溟先生的次子梁培恕先生和长孙梁钦元先生特意来到巫溪的村庄，从村民的生活中感受到"向上之心强、相与情谊厚"的中国精神的复兴。艾恺教授对于他在巫溪的所见所闻给予了很高的评价，之后的若干年里还用流利的汉语津津乐道着巫溪的见闻，认为这是对于梁漱溟乡建的传承和创造，随后他把他写的与梁漱溟先生的访谈录《这个世界会好吗？》送给廖晓义，在扉页上他写着："每当我想到梁漱溟，就会想起廖晓义。"廖晓义说，这是对她最高的评语和勉励。

七、耕耘乐和

2013年，又一个播撒乐和的年份。5月3日，由中央统战部支持、光彩基金会资助的"光彩爱心家园——乐和之家"项目在巫溪、酉阳、黔江的十个乡村启动，地球村的社工志愿者入驻乡村，服务留守儿童、推进乡村建设；6月，重庆南岸区的"乐和家园"项目和湖南长沙县的乐和乡村建设项目也陆续启动。作为最早实验"政府购买公益服务"的社会组织之一，地球村就地招募和培训社工，为政府主导的社会管理创新和生态文明建设提供理念与技术服务。这些项目的时间都是三年，因为熟知基层情况的地方政府和地球村团队都明白，乡村建设是一个艰苦的并且需要时间的工程。

接下来，是一个又一个寒冬酷暑的耕耘。廖晓义和与她并肩战斗十几年的铁杆老同事一起，带领着与自己的儿女一般年龄的一百多名年轻的社工，驻扎在乡村，奔走在乡村，为那个越来越清晰的"乐和"忙碌着。

"乐和家园"建设自2008年以来在川渝湘鲁四省市六区县上百个乡村进行了颇有成效的落地实验，于2014年走进孔子的故乡山东省曲阜市。曲阜市委市政府主导的"学儒家文化，建乐和家园"的工程在这里启动，廖晓义和她的团队为之提供专业社工服务。10月18日，梁漱溟先生的诞辰，北京地球村与中国孔子基金会共同启动的"梁漱溟教育奖"的捐赠仪式也在这里举行。从孔夫子到梁漱溟，让乐和成为民族文化血脉的延续。

乐和家园作为以优秀传统文化为内涵的农村社区建设模式，其特点是通过党政主导和社工服务，激活乡村社会组织，激发自立、互助、公益的道德文化，构建乐和治理、乐和礼义、乐和生计、乐和人居、乐和养生五位一体的社区家园。其基本要素可简述为"一站两会三院六艺"。即，以村（居）两委为主导力量、以社工站为技术支撑、以互助会为自治基础、以联席会为共治平台，以文化大院为公共空间、以乐和书院为学习空间、以百姓庭院为生活空间，在此基础上开展孔子学堂、食育工坊、绿色时尚、节气养生、礼义传习、乡村剧场等活动，促成百姓心中的自主精神、互助精神和公益精神的觉醒。

　　孔子故里五个乡镇九个乡村一年多的实践，也再次彰显了乐和的力量。在乐和家园的试点村，古老的"礼运大同篇"成了妇孺老少能诵会唱的"流行曲"；过去冷漠自私的村民，现在能够积极参与村里的公共事务；过去从不登台的妇女，现在成了小剧场的演员，把村里的婆媳故事演成话剧传播孝道，还能拿着农具自豪地走"农家秀"；过去不懂礼貌的孩子，现在见到长者能够90度鞠躬，而大多数村民学会了以传统礼仪相见。节日节气成为日常的公共生活，村民的义务大扫除成了常规，公共区域植绿护绿成了本分，为公共事务出力，为食育工坊捐物，为公共基金捐款，也成了几乎家家参与、人人争先的风尚。村民的普遍感觉是："活着得劲了！"这个过程中，许多乡贤站出来分担公共责任，村干部也不同程度地改进了工作方法和工作作风，使干群关系得到显著改善。村民们受到更多的尊重，村干部受到更多的尊敬。守望相助、天下为公的儒家思想正在这里播下种子，成为看得见、摸得着、走得进的百姓生活。

八、分享乐和

　　2015年8月，来自曲阜、长沙，以及重庆的巫溪、酉阳、黔江、南岸的五十多名社工骨干们相聚在彭州大坪山，交流分享着乐和的经验与感受，艰难与坚守。晚上的篝火边，大家为五位在培训班期间过生日的社工举行生日礼，村书记和村民们赶过来祝贺，"廖孃""廖孃"地喊，亲热劲不减当年。随着时间的推移，村民们似乎越来越理解了廖孃当年劝导的守望家园的意义。仪式结束了，大家在篝火边跳起黔江、酉阳地区盛行的土家族"摆手舞"，那场面那气氛好不热烈！

　　地球村在四川彭州大坪村的坚守已经走过七个年头。当乐和的种子从这个小小的苗圃走到全国三个省市六个区县的试点村，大坪村已然完成了播种者最初的也是最艰难的使命。廖晓义和她的团队正在与村委会和生态协会及各方商议，在条件基本成熟的时候，建立新的管理机制，地球村将进一步退后为公益支持。

一头扎进土里的廖晓义很少回北京，乐此不疲地奔走于四川、重庆、湖南和山东的项目点。和过去几年一样，北京办公室精干的项目团队独立实施着地球村的历时十年的品牌项目"可持续能源记者论坛""化学品安全与环境健康"。

"铁打的营盘流水的兵。"地球村已经锻造了由在这里工作十多年的执行主任和老将们组成的"铁打的营盘"，并在这个营盘里培训了一批又一批"流动的兵"。

无论在什么场合，廖晓义总忘不了为乡建的年轻人呼吁。呼吁大家认识农村社工对于乡村建设的作用。现在地球村有100多个全职农村社工，分别在几十个乡村，这是让她非常自豪也很感动的地方。社工不是志愿者，而是一种职业和事业。不管在大冷天还是大热天，都在乡建一线工作。廖晓义带着地球村摸索了一套行之有效的社工培育和服务方式。培养社工的四个能力，即遵循社会建设的规律，运用社会工作的方法，明确社工角色的定位，进行社工团队的建设；发挥社工五大功能，即方法提供、能力建设、教育辅导、公益感召和资源引进；运用社会工作六大方法，即社会调研、社会组织、社会教育、社会活动、社会宣传、社会记录。她呼吁乡村建设需要专业社工服务，希望更多的乡建社工得到政府、基金会和企业界的支持和资助。

2015年的春天，地球村乐和社工培训班在曲阜开班，廖晓义的61岁生日和年轻的社工们一起度过。她给自己写了一首"六十晓义"的藏头诗："六旬夕阳无限好，十面躬耕人未老，晓知乐和谋共福，义行大道乐逍遥！"一位社工说，廖老师不是夕阳，是骄阳！于是她欣然将"夕阳"改为"骄阳"。

社工们知道廖老师喜欢在微信里转发的表情是一个萌萌的太阳，她喜欢唱的是《相逢是首歌》里的词儿"心儿像年轻的太阳，真诚也活泼"。然而对她来讲最高兴最欣慰的是身边还有一群朝气蓬勃的小太阳。在生日会上，她没忘了写给社工刘园的生日藏头诗："刘家女儿有情怀，园中长成栋梁材，开慧启智建乡村，心系乐和幸福来！"

九、憧憬乐和

谈到乐和的未来，廖晓义总是喜欢画两棵树，一棵红果树，一棵绿果树，红果树是乐和治理之树。树的根部是建立以互助会为自治基础、以联席会为共治平台、以社工站为技术支撑、以党委政府为主导力量的社会共治，大事政府办、小事社区组织办、私事自己办的三事分流责任共担，以及投入改革和公共资源分配的改革的利益共享。在这个社会机制的基础上构建空间，大院作为公共空间，书院作为学习空间，庭院作为生活空间。在这些空间载体上进行耕、读、居、养、礼、乐的活动。活动设计时考虑价值观知识点，行为规范放在里面。最后在这棵乡建之树上要结出果实：乡贤、乡童、村官、社工、义工、游客、创客。

另外一棵树是乡村生计之树，"互联网+互助会"，再加政府监保、公益担保，法律确保，然后众筹联营共享作为树干，枝头挂的果子有一分田即众筹生态小农场；一个院即用乡村房屋发展养老产业和旅游产业；一个园即依靠互联网在乡村发展创意产业；一群娃即依靠互联网和乡村的空置房屋办民办教育及乡童的教育。这棵树的土壤是社会投资、旱涝平衡；全民参与、食品安全；社会力量、城乡统筹；万众携手、保种救土；精英回流、凤凰反哺；乡村认证、信誉重建；妈妈回家、告别孤独；告老还乡、归根复命。它的根系还是自立互助公益、差异互补共生、尊重沟通包容的乐和思维。

作为在乡建一线摸爬滚打的实验者，廖晓义清楚地知道目前乐和乡村建设的短板和困难，这就是乐和生计的实施。但她和她的团队一直没有退缩，更没有放弃。互联网和全民创业万众创新的时代，似乎给了他们新的机遇，也促使着乐和的深化和升级：把社会文化建设的单腿跳，变成社会文化与经济双腿跑；把脸朝黄土背朝天的土里刨，变成脚踏黄土上云端的云里淘！

她也清楚地知道，乐和是一场正在进行中的实验，一场可能要几代人才能完成的实验。既是实验，就需要时间，需要耐力，需要宽容，需要支持，需要更多的人参与其中身体力行。她常说我们需要批评者，更需要建设者。愿更多人携手同行！

她与众多的乡建实验者一样，不会因为困难而退却，他们清楚地知道乡建的意义。乡村不仅是文化传统的载体，化解现代病的机体，更是新的生态文明的生长地。2015 年 6 月，世界著名生态学家柯布教授邀请廖晓义在第九届生态文明国际论坛上，为来自三十多个国家的上千名与会者做大会主旨发言，廖晓义带去的是中医思维和乐和乡村建设的样本，而柯布教授再次为之击掌，并重申：生态文明的希望在中国！因为中国还有着积淀了几千年文明的并且正在复兴的乡村！

从梁漱溟、晏阳初、卢作孚及之前的知名和不知名的先生，到当代城市化大潮中关注乡村建设的后辈，其中的志士仁人，情之所系、心之所向，不仅仅是乡村的建设，而是由此为再造传统与现代相融的社会找到一种方案，为解决现代化的内在矛盾和危机找到一套方法，为万世的太平和万物的福祉找到一个方向！

2016 年是地球村二十周年的生日。这几年廖晓义最主要的精力用在培养社工和社工骨干上面。她最费心的是如何把几个培养多年的年轻人推上挑大梁的位置，她最期盼的是早日交出接力棒，自己成为护跑者陪伴一程，到了地球村走完两个十二年，也就是到了 2020 年的时候，把地球村完全交给接班人，而她就可以潜心办学分享乐和,可以著书立说乐龄圆梦,圆她自青年时代以来从未释怀的哲学梦。

但她永不会离开乡村乡土乡亲乡情。因为,乡村是中国的根,也是她的家。

(本文的很多内容来自2013年的《社会创业家》杂志,特此致谢!)

后　记

岁月如梭,好事多磨。本书推荐的这些反映新时代生态文明与乡村振兴践行者足迹的案例,从2014年讨论筹备,到建立实践者和研究者合作撰写案例的团队至今,撰写的人员也由于多种原因有了不少的变动,倏忽之间五六年竟然就过去了!现在,终于可以将这些实践创新以案例集的形式呈现给大家。

本书收录的这些案例,主要由作者带领的乡建团队和科研团队,在亲自参与生态文明战略下的乡村建设实践和调研中整理形成。一个个鲜活的案例折射出中国朝向包容性发展的战略转型,体现在基层农村的干部群众和下乡青年人的努力奋斗之中。与之有关的宏观政策演变,时间跨度将近二十年——从1999年中国主要决策者提出以人为本,到2005年新农村建设,2007年提出生态文明,再到2013年确立生态文明作为国家发展战略,2017年强调乡村振兴,都透射中华民族与时俱进、为传承复兴的整体努力。

相应地,早在国家重大战略性调整进入决策讨论的21世纪初,本书作者之一温铁军教授就与海内外几家积极改良的社会力量合作,共同发起了以民间为主的乡村建设运动。初创之艰辛朴陋自不必提,中途之波折多舛亦不足言,仅希望通过对最近二十年来全国各地、不同个体开展的若干代表性乡村建设活动的记叙,展现这个时代中常被忽视的某一历史侧面。

由此,本书迄今完成的所有工作都是多方密切合作进行的集体劳动的成果。本书收录的所有案例的形成过程，也在事实上受到多方面支持和资助。作者的科研团队不仅承接了10个国家级纵向课题，以及教育部和其他部委的重大重点科研项目，而且温铁军教授还受聘担任了国家985计划"中国农村发展试验创新基地（I类）"首席专家、北京市"农林经济管理"一级学科及"农村发展管理交叉学科建设"等重点学科首席专家。此外，我们还有广大乡建志愿者参与的各地试验区和几十个海内外的横向课题。正是得益于这些科研项目和各地试验区参与者的工作基础，作者的团队成员才能在广泛参与实践之中，开展理论见之于实践的调查研究。

本书是课题组所承担的中国人民大学重大规划项目"农村与区域发展比较研究"（16XNLG06）的阶段性研究成果。此外，书中的相关案例也得到了其他课题的支持，分别是：国家社会科学基金重点项目"新农村建设的目标、重点和政策建议"（06AJY003）；国家社科基金重大项目"完善社会管理与维护社会稳定机制研究——农村对抗性冲突及其化解机制研究"（07&ZD048）；教育部哲学社会科学研究重大攻关项目"我国农村金融体系建设与机制创新研究"（07JZD0009）；国家社会科学基金重大项目"作为国家综合安全基础的乡村治理结构与机制研究"（14ZDA064）；国家社科基金年度项目"粮食金融化与我国粮食安全战略研究"（14BGJ048）；北京市社科基金重点项目"城乡二元结构下改善社会治理研究"（15FXA003）；中国人民大学重大规划项目"农村与区域发展比较研究"（16XNLG06）以及中国人民大学国家985"中国农村发展实验创新基地"一、二、三期项目；以及国家环境咨询委员会委托项目"生态农业的政府支持与政策调整建议"及"农业实行产业化战略的环境影响研究"的资助。我们科研团队在各地农村的试验项目，也得到各地政府，以及联合国开发署（中国）、香港社区伙伴、施永青基金会、乐施会、福建正荣公益基金会、北京共仁基金会等海内外机构的资助。

同时，衷心感谢相关单位对本书的大力支持，这些单位有：中国人民大学、福建农林大学、西南大学、北京大学、中国农业大学、梁漱溟乡村建设中心、晏阳初平民教育发展中心、卢作孚研究中心、中国乡村建设院、悦丰岛有机农场、吉林梨树合作社、河南省郝堂村、河北省翟成村、北京工友之家、顺平柿子专业合作社、福建省汀塘村、分享收获、国仁城乡科技发展中心（小毛驴市民农园）、北京地球村环境教育中心、各地爱故乡协会（促进会）等多个单位共同参与，协同开展工作。

总之，本书收录的所有案例包括了作者和海内外的同事、各地基层干部群众、志愿者们，以及许多学生的共同努力，所有参与者的贡献都应该得到相应的尊重。其中，张兰英担当项目综合协调，统筹和参与项目实践，参与历次讨论；刘亚慧协助完成书稿的统筹整理工作；董筱丹、杨帅、潘家恩、杜洁、谷莘、张俊娜等多次参与讨论，为书稿的修改提出诸多宝贵建议；罗士轩、唐溧、韩山、刘岚、侯婷艳、杨璐璐、陈高威、马黎、李玲玲、张辉、崔芳邻、陈璐、陈春文、徐文静、周雅希、郑璐、陈悦怡等参加调研和书稿的修改校对工作。

从2001年开始重启乡村建设，到现在已经将近二十年。在这二十年中，众多的乡村建设实践者默默地在这块中华大地上负重前行，扎根于本土、建构于乡土，追寻着理想，践行着理念，在不同时代环境政策不断变化的背景下坚韧不拔，蹒跚足迹中呈现的是艰辛与反思，更多的是收获与成长。

在习主席强调"培养一懂两爱人才（懂农业，爱农民，爱农村）"的时候，我们希望本书在当下能够为年轻人提供"过来人"的经验与教训，而更多的是融入现实中的历史认知与宏观视野，实践中的反思学习和研究创新，不仅应该成长为"一懂两爱"人才，而且要在乡土实践中渐进地认识客观世界、改造世界！